周蓓 主編

『民國專題史』叢書

謝無量 著

河南人民出版社

中國哲學史

中國哲學史學科的開山之作，以經解經，具有較濃鬱的傳統味道，但也不乏對哲學的現代理解，并運用西方哲學的框架對中國哲學做了初步解讀

圖書在版編目(CIP)數據

中國哲學史 / 謝無量著. —鄭州 : 河南人民出版社, 2016.4(2017.1 重印)
(民國專題史叢書 / 周蓓主編)
ISBN 978-7-215-10079-4

Ⅰ. ①中… Ⅱ. ①謝… Ⅲ. ①哲學史-中國
Ⅳ. ①B2

中國版本圖書館 CIP 數據核字(2016)第 079646 號

河南人民出版社出版發行
(地址：鄭州市經五路 66 號　郵政編碼：450002　電話：65788063)
新華書店經銷　　河南新華印刷集團有限公司印刷
開本 710 毫米×1000 毫米　1/16　印張 29.5
字數 430 千字
2016 年 4 月第 1 版　　2017 年 1 月第 3 次印刷

定價：191.00 圓

出版前言

中國現代學術體系是在晚清西學東漸的大潮中逐步形成的。至民國初建，中央政治權威進一步分散和削弱，加之新文化運動帶給國人思想上的空前解放，新學的啓蒙，新知識分子的産生，民國學術如草長鶯飛，進入一個自由而蓬勃的時代。中國傳統學科乃中國學術之根基與菁華所在，民國學人采用『取今復古，别立新宗』之方法，引入西方的學術觀念，積極改造，使史學、文學等學科向現代學術方向轉型。此外，大力推介西方社會科學的新學科和自然科學，在學習、借鑒乃至移植西方現代學術話語和研究範式的過程中，逐漸建立中國現代學科，使中國的學科門類迅速擴展。一時間，新舊更迭，中西交流，百花齊放，萬壑争流，開創了中國現代學術的源頭。

伴隨知識轉型和研究範式轉换而來的，還有學術著作撰寫方式的創新。中國古代的著作向來以單篇流傳，經後人整理匯編後，方以成册成集的面目出現并持續傳播。直到十九世紀末，東西方的歷史編撰體裁不外乎多卷本的編年體、紀傳體和紀事本末體等，章節體的出現標志着近代西方學術規範的産生和新史學的興起。章節體具有依時間順序，按章節編排；因事立題，分篇綜論；既分門别類，又綜合通貫的特點。以章、節搭建起論述之框架，結構分明，邏輯清晰，較傳統的撰寫體裁容量大、系統性强。它的傳入，使中國現代學術體系從内容到形式被納入了全球化的軌道。民國時期專題史的研究、譯介、編纂、出版恰恰是在這樣的背景下欣欣而發，是學術的實驗場，也是歷史的記録儀。編選『民國專題史』叢書的初衷正是爲了從一個側面展示中國學術從傳統向現代過渡的歷史進程。

專題史是對一個學科歷史的總結，是學科入門的必備和學科研究的基礎，也是對一個時代艱深新鋭問題的解答，是學術研究的高點。民國專題史著作中，既包含通論某一學科全部或一時代（區域、國别）的變化過程的，又囊括對一時代或一問題作特殊研究的，還有少部分是對某一專題的史料進行收集的。原創與翻譯并重，翻譯的底本大多選擇該學科的代表著作或歐美大學普及教本，兼顧權威性和流行性，其中日本學者的論著占據了相當比重。日本與中國同屬東亞儒家文化圈，他們在接納西方學術思想和研究模式時，已作了某種消化與調適，從思維轉换的角度看，更便于中國借鑒和利用，他們的著作因而被時人廣泛引進。

與當代學術研究日趨專業化、專門化、專家化的『窄化』道路迥乎不同的是，中國傳統學術崇尚『學問主通不主專，貴通人不尚專家』的通識型治學門徑，處于過渡轉型期的民國學術在不同程度上保留了這種特徵。民國學術大師諸學科貫通一脉，上千年縱横捭闔之功力自不待冗言，外交家著倫理政治史，文學家著哲學史，化學家著戰争史等亦不乏其人，民國專題史研究呈現出開放、融通、跨界撰述的特點。與此同時必須看到，自晚清以來，中國的命運就在外侮屢犯、内亂頻仍的窘境中跌宕彷徨，民族存亡仿若命懸一綫。這股以創建學科、總結經驗、解决問題爲指歸的專題史出版風潮背後，包裹着民國學人企望以西學爲工具拯民族于衰微的探索精神，及以學術救亡的愛國之心。梁任公曾言：『史學者，學問之最博大而最切要者也，國民之明鏡也，愛國心之源泉也。』這種位卑未敢忘憂國的歷史使命感和國民意識是今人無法漠視和遺忘的。

『民國專題史』叢書收録的範圍包括現代各個學科，不僅限于人文社會科學，學科分類以《民國總書目》的分科爲標準，計有哲學、宗教、社會、政治、法律、軍事、經濟、文化、藝術、教育、語言文字、中國文學、外國文學、中國歷史、西方史、自然科學、醫學、工業、交通共19個學科門類。本叢書分輯整理出版，内不分科，單本發行，方便讀者按需索驥。既可作爲大專院校圖書館、學術研究機構館藏之必備資源，也可滿足個人研讀或興趣之收藏。

與目前市場已有的一些專題史叢書相比，『民國專題史』叢書具有規模大、學科全、選本精、原版影印的特點。本叢書選目首重作者的首創、權威和著作影響力，尤其注重選本的稀見性。所謂稀見，即建國後没有再版，且多數圖書館没有收藏，或即便有收藏，也是歸于非公開的珍本之列予以保存，普通讀者難以借閲。部分圖書雖有電子版，但作爲學術研究的經典原著讀本，紙質版本更利于記憶和研究之用。本叢書精揀版本最早、品相最佳的原版圖書作爲底本，因而還具有很高的版本收藏價值。

『民國專題史』的著作是民國學者對于那個時代諸問題之探究，往往有獨到之處，無論其資料、觀點短長得失如何，要之在中國現代學術史的構建與發展進程中，自有其開宗立論之地位。

中國哲學史目錄

中國哲學史

緒言

今世學術之大別。曰哲學。曰科學。哲學之名。舊籍所無。蓋西土之成名。東邦之譯語。而近日承學之士所沿用者也。雖然。道一而已。莊周論道術裂而後有方術。道術無所不統。方術則各明其一方。道術卽哲學也。方術卽科學也。古之君子。盡力於道術。得其全者。是名曰儒。揚子雲曰。通天地人之謂儒。通天地而不通人之謂伎。儒卽哲學也。伎卽科學也。故百工居肆。以成其事。君子學以致其道。在古之世。道術恆爲士君子之學。稱學而道在其中。及官失學散。乃謂之曰儒學。謂之曰道學。謂之曰理學。佛氏則謂之義學。西方則謂之哲學。其實一也。地雖有中外之殊。時雖有古今之異。而所學之事。所究之理。固無不同者矣。

哲學之名。實自拉丁文之 Philosophia 轉譯而來。本意爲愛智之義。故蘇革拉第曰。我非智者。而愛智者。智與哲義本相通。尙書知人則哲。史記作知人則智。爾雅釋言。智。哲也。方言。哲智也。孔子爲中國哲學之宗。嘗自居好學。又曰。好學近乎智。是卽以愛智者自居矣。智者致知之事。或生而知之。或學而知之。或困而知之。及其知之一也。自吾一身以至於宇宙萬事萬物之理。莫非學者當知之事。知有大有小。有偏有全。見其全者爲哲學。見其偏者爲科學。

故哲學備矣。善夫斯賓塞爾之言曰。世所謂下學。不備之學也。科學偏備之學也。哲學全備之學也。knowledge of lowest kind is un-unified knowledge, Science is partially unified knowledge; Philosophy is completely-unified knowledge.（第一義諦第二編第三十七節）凡科學之原理。無不出於哲學。及其日趨精密。則離哲學而獨立。別樹一科以去。然則科學實自哲學而分。哲學實爲科學之原矣。

所謂哲學之分類。今昔略有不同。近世學者。論其大別。率分形而上學。認識論。倫理學。三種。吾國古有六藝。後有九流。大抵皆哲學範圍所攝。至於哲學史之作。則在述自來哲學變遷之大勢。因其世以論其人。掇學說之要。刪考思想之同異。以史傳之體裁。兼流略之義旨。溯厥前例。遠自孔門。如論語堯曰章。述堯舜禹執中之傳。而繫辭載伏羲至堯舜之取於易道者。宜是哲學史之濫觴也。若夫莊子之天下篇。荀卿之非十二子。司馬談之論六家。淮南之要略。劉向之別錄。班固之藝文志。雖辭有詳略。而誼貫通方。皆折羣言以居要。綜百氏以辨類。於是又有列史之儒林傳。創自馬遷。而後世承之。（亦有名儒學者）惟宋史別出道學傳。蓋儒林傳本以識經術之傳授。其後義例稍廣。所取或雜。故宋世理學大興。遂創爲道學傳。以居純理之儒也。至記述一學派之源流。而爲書者。莫精於朱晦庵之伊洛淵源錄。統一代之學派而爲書者。莫詳於黃宗羲之宋元學案及明儒學案。此其體例皆近於今之所謂哲學史者也。

自宋以來。敘述學派源流之書。視古加詳。而門戶之爭亦漸盛。蓋莫不推尊濂洛。上紹孔孟。於七十子之徒及漢唐學者皆有所絀焉。於是有漢學宋學之分。晚清漢學之幟復張。其絀宋學也又甚。故同一宋學也。當時則有洛蜀之分黨。有朱陸之異同。有永嘉永康之雜學。明以後又有朱學王學之爭。交相非而未有已也。又況宋學之外。又有漢學。漢學之外。又有異端釋老之說。尤道不同不相爲謀者哉。雖敘述源流之書。亦視出於何派之學者。其抑揚進退。恆各殊科。是以學者欲通觀古今學術之變遷。實難得一適當之書也。

茲編所錄。起自上古。暨於近代。凡哲人巨子。樹風聲於當時。標新義於後來者。皆掇其學說之要。用今世哲學分類之法。述之以其條紀貫串。便易觀省也。約其精蘊。故無取繁詞。求其會通。故並存異學。惟載籍極博。挂漏者衆。率爾詮次。尤多未安。聊因載筆。備遺忘云爾。

第一編上　上古哲學史(古代及儒家)

第一章　哲學之淵源

第一節　邃古哲學之起原

天地惡從而生乎。萬物惡從而生乎。人居其間。又惡從而生乎。知乎此者。是之謂哲。不知乎此而欲求所以知之。是哲學之所由起也。故哲學必起於宇宙之觀察。人與萬物並生。以吾心爲主。以外物爲客。見夫營營摶摶者之日接乎吾體。耀乎吾目。而不得其解。乃强名其有始無始。窮其有際無際。更以推之心量之範圍。人事之法則。孰主持是。孰綱維是。前人說之。後人傳之。前人傳之。後人非之。其是且非。至今未有已也。就其是且非者並存而載之。是哲學史所爲作也。今先卽邃古哲學思想之原。一考論之。

邃古哲學思想。旣起於宇宙之觀察。嘗先究何者爲宇宙之本體。何者爲宇宙發生之現象。是一切人事之根本也。列子書中所說宇宙原理。疑是自古相傳之說。而列子述之。天瑞篇曰。昔者聖人因陰陽以統天地。夫有形者生於無形。則天地安從生。故曰有太易。有太初。有太始。有太素。太易者。未見氣也。太初者。氣之始也。太始者。形之始也。太素者。質之始也。氣形質具而未相離。故曰渾淪。渾淪者。言萬物相渾淪而未相離也。視之不見。聽之不聞。循之不得。故曰易也。易無形埒。易變而爲一。一變而爲七。七變而爲九。九變者。究也。乃復變而爲一。一者。形變之始也。清輕者上爲天。濁重者下爲地。沖和氣者爲人。故天地含精。萬物化生。列子之說如此。蓋以太易爲最先。而太初始有氣。下此乃有形質。夫形質具在氣中。天地之間氣有際可知。而所以使氣有際者難知。今之科學最精。亦惟詳於有形質者。知其本於氣耳。氣以外則勢有隔閡。莫能明也。故於未見氣而立太易。始見哲學之妙。蓋有生於無。非顯無不足盡有之理也。此非獨列子之說。白虎通爲漢儒說經之書。亦引此言。以爲出於乾鑿度。

則知此固自古相傳之宇宙原理說。同爲道家儒家所宗者矣。白虎通且申之曰。始起先有太初。後有太始。形兆既成。名曰太素。混沌相連。視之不見。聽之不聞。然後剖判。清濁既分。精出曜布。度物施生。精者爲三光。號者爲五行。行生情。情生汁中。汁中生神明。神明生道德。道德生文章。白虎通未言太易者。蓋自氣之始言之。而推至於道德文章之所自出。以見宇宙原理與哲學原理之一貫也。博雅又推衍白虎通之說曰。太初。氣之始也。生於酉仲。清濁未分也。太始。形之始也。生於戌仲。清者爲精。濁者爲形也。太素。質之始也。生於亥仲。已有素朴而未散也。三氣相接。至於子仲。剖判分離。輕清者上爲天。重濁者下爲地。中和爲萬物。此並言天地萬物所以生成者也。

淮南子又因莊子之說而推論之曰。有始者。有未始有有始者。有未始有夫未始有有始者。有有者。有無者。有未始有有無者。有未始有夫未始有有無者。所謂有始者。繁憤未發。萌兆牙蘖。未有形埒垠堮。無無蝡蝡。將欲生興而未成物類。有未始有有始者。天氣始下。地氣始上。陰陽錯合。相與優游競暢於宇宙之間。被德含和。繽紛蘢蓯。欲與物接而未成兆朕。有未始有夫未始有有始者。天含和而未降。地懷氣而未揚。虛無寂寞。蕭條霄雿。無有仿佛。氣遂而大通冥冥者也。有有者。言萬物摻落。根莖枝葉。青蔥苓蘢。萑蔰炫煌。蠉飛蝡動。蚑行噲息，可切循把握而有數量。有無者。視之不見其形。聽之不聞其聲。捫之不可得也。望之不可極也。儲與扈冶。浩浩瀚瀚。不可隱儀揆度而通光耀者。有未始有有無者。包裹天地。陶冶萬物。
大通混冥。深閎廣大。不可爲外。析豪剖芒。不可爲內。無環堵之宇。而生有無之根。有未始有
夫未始有有無者。天地未剖。陰陽未判。四時未分。萬物未生。汪然平靜。寂然清澄。莫見其形。
若光耀之間於無有。退而自失也。已上蓋自有而反溯於無之所始。可謂詳矣。乃又自無以
下究有之所生。曰。天地未形。馮馮翼翼。洞洞灟灟。故曰太昭。道始於虛霩。虛霩生宇宙。宇宙
生氣。氣有涯垠。清陽者薄靡而爲天。重濁者凝滯而爲地。清妙之合專易。重濁之凝竭難。故
天先成而地後定。天地之襲精爲陰陽。陰陽之專精爲四時。四時之散精爲萬物。積陽之熱
氣生火。火氣之精者爲日。積陰之寒氣爲水。水氣之精者爲月。日月之淫爲精者爲星辰。天
受日月星辰。地受水潦塵埃。凡此皆宇宙構成及其發生之古說。而諸子述之。吾國哲學思
想初萌之時。大抵其說卽如此。於是乃有首出御世之元哲。就此思想之論證。以立考求宇
宙大法之方式。卽伏羲之畫八卦是也。

伏羲作八卦者。在明此宇宙構成及發生之原理。卽太易太初太始太素之所以相嬗而通
於人事者。蓋自伏羲始立古今哲學之元基焉。繫辭曰。古者包犧氏之王天下也。仰則觀象
於天。俯則觀法於地。觀鳥獸之文。與地之宜。近取諸身。遠取諸物。於是始作八卦。以通神明
之德。以類萬物之情。作結繩而爲網罟。以佃以漁。蓋取諸離。取諸離是取其象。伏羲推宇宙

之大法而得人事之標準者如此。鄭玄易論謂伏羲作十言之敎。乾坤震巽坎離艮兌消息是也。乾爲天。坤爲地。震爲雷。巽爲風。坎爲水。離爲火。艮爲山。兌爲澤。天地雷風水火山澤皆世間至大至常之現象。其實不過陰陽二氣之所凝成。故伏羲僅以奇偶象陰陽。立卦觀陰陽之消息。則道理可見。易乾鑿度以☰爲古天字。☷爲古地字。☴爲古風字。☶爲古山字。☵爲古水字。☲爲古火字。☳爲古雷字。☱爲古澤字。此畫卦之本文也。

管子曰。伏羲造六峜以迎陰陽。作九九之數。以合天道。而天下化之。白虎通曰。古之時未有三綱六紀。民人但知其母。不知其父。能覆前而不能覆後。臥之詓詓。起之吁吁。饑卽求食。飽卽棄餘。茹毛飲血而衣皮葦。於是伏羲仰觀象於天。俯察法於地。因夫婦。正五行。始定人道。畫八卦以治天下。天下伏而化之。故謂之伏羲也。蓋八卦既立。可以貫天地人之道。用之哲學焉。用之倫理焉。用之政治焉。無不統攝於此。於是因八卦而重之爲六十四卦。或謂神農重卦或文王重卦並非蓋伏羲畫卦而自重之卽消息是也當時有畫無文後人乃制卦名也。其象如左。

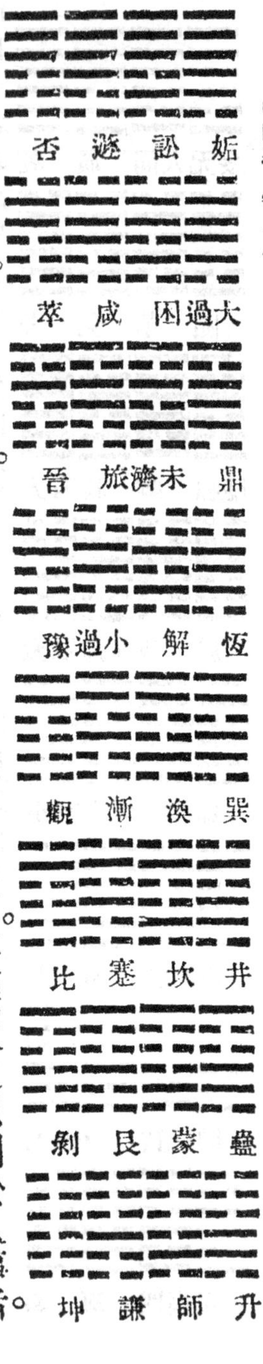

八卦重爲六十四卦。其取象滋繁。可以範圍天地之道而不過矣。伏羲取之以用於人事者。固不止一端。繫辭獨稱其網罟佃漁者。以至是始立人類與禽獸之別。人類聰明。禽獸下愚。取充庖廚。亦不爲過。此自然之理。陰陽相勝。一消一息。世間之大法也。於是制嫁娶。作琴瑟。造卜筮。定官名。此後神農以至黃帝堯舜。繼興倫理政治之事。皆觀於伏羲八卦之道而則而象之。繫辭曰。包犧氏沒。神農氏作。斲木爲耜。揉木爲耒。耒耜之利。以敎天下。蓋取諸益。日中爲市。致天下之民。聚天下之貨。交易而退。各得其所。蓋取諸噬嗑。神農氏沒。黃帝堯舜氏作。通其變。使民不倦。神而化之。使民宜之。易窮則變。變則通。通則久。是以自天祐之。吉无不利。黃帝堯舜垂衣裳而天下治。蓋取諸乾坤。刳木爲舟。剡木爲楫。舟楫之利。以濟不通。致遠以利天下。蓋取諸渙。服牛乘馬。引重致遠。以利天下。蓋取諸隨。重門擊柝。以待暴客。蓋取諸豫。斷木爲杵。掘地爲臼。臼杵之利。萬民以濟。蓋取諸小過。弦木爲弧。剡木爲矢。弧矢之利。以威天下。蓋取諸睽。上古穴居而野處。後世聖人易之以宮室。上棟下宇。以待風雨。蓋取諸大壯古之葬者。厚衣之以薪。葬之中野。不封不樹。喪期无數。後世聖人易之以棺槨。蓋取諸大過。上古結繩而治。後世聖人易之以書契。百官以治。萬民以察。蓋取諸夬。此並論神農以至堯舜制器取象之大略也。

希臘柏拉圖著新共和國。謂當以哲學者宰制天下。而出政教。蓋僅出於想望。非謂必可見諸實事也。獨吾國自羲農以來。以至堯舜。皆以一世之大哲。出任元首。故在中國歷史中爲治化最隆之世。後世靡得而幾焉。唐虞哲學。當於後節述之。茲更略論唐虞以前於此。

神農始致意於人生哲學。故由形而上之物理觀。以立醫藥及耕稼之大法。今傳本草經。託始神農。其書卽爲後人依託。而淵源所自。不可誣也。本草經曰。神農稽首再拜。問於太一小子曰。鑿井出泉。五味煎煮。口別生熟。後乃食咀。男女異利。子識其父。曾聞太古之時。人壽過百。無殂落之咎。獨何氣使然耶。太一小子曰。天有九門。中道最良。日月行之。名曰國皇。字曰老人。出見南方。長生不死。衆耀同光。神農乃從其嘗藥。以救人命。上藥一百二十種爲君。主養命。中藥一百二十種爲臣。主養性。下藥一百二十五種爲佐使。主治病。合三百六十五種。法三百六十五度。應一日以成一歲。然則神農制本草。不惟偏究物理。且亦準諸天道。以哲學之原理。而施於實用。故足尙也。於是始由漁獵而進爲耕稼。爲人生定同一必勉之義務。立倫理之大本焉。文子載神農之法曰。丈夫丁壯不耕。天下有受其饑者。婦人當年不織。天下有受其寒者。故其耕不强者。無以養生。其織不力者。無以衣形。（此據後漢書注呂覽引與此略同）此即以耕織爲男婦所不可怠之義務也。

至於黃帝。造文字。定律呂。作甲歷。凡天文、壬遁、陰陽、權謀、醫方、針灸之術。皆起於是時。中國文化至此而大盛矣。又明戰爭之威。以禽蚩尤。設井田之制。以寓法令。則於後世政治倫理之規模。大略已具。而井田之制。雖近世倫理家公善說之歸墟。亦莫能越乎此也。通典曰。昔黃帝始經土設井。以塞爭端。立步制畝。以防不足。使八家爲井。井開四道而分八宅。鑿井於中。一則不洩地氣。二則無費一家。三則同風俗。四則齊巧拙。五則通財貨。六則存亡更守。七則出入相同。八則嫁娶相媒。九則無有相貸。十則疾病相救。是以情性可得而親。生產可得而均。均則欺凌之路塞。親則鬭訟之心弭。迄乎夏殷。不易其制。蓋以政治之手段。而行倫理之實際者。惟井田爲然。黃帝時已啟之矣。

黃帝爲道家之祖。列子嘗記黃帝之人生觀曰。黃帝書曰。形動不生形而生影。聲動不生聲而生響。無動不生無而生有。形必終者也。天地終乎。與我偕終。終進乎不知也。道終乎本無始。進乎本不久。有生則復於不生。有形則復於無形。不生者非本不生者也。無形者非本無形者也。生者理之必終者也。終者不得不終。亦如生者之不得不生。而欲恆其生。畫其終。惑於數也。精神者天之分。骨骸者地之分。屬天淸而散。屬地濁而聚。精神離形。各歸其眞。故謂之鬼。鬼歸也。歸其眞宅。黃帝曰。精神入其門。骨骸反其根。我尙何存。此推本宇宙有無終始之理。以原人謂人有生必有終。然善反之。卽爲神仙之說。故史記謂黃帝且戰且學仙而後之神仙家亦稱出於黃帝也。

黃帝所傳素問靈樞之屬。或云後人依託。然亦本形而上學之原理以言醫術。陰符四百餘言。或以爲僞書。或以爲眞黃帝作。要其文約義深。實兵法之鼻祖。道德之權輿。姑列其辭以供參考。

黃帝陰符經

上篇　觀天之道。執天之行。盡矣。故天有五賊。見之者昌。五賊在心。施行於天。宇宙在乎手。萬化生乎身。天性人也。人心機也。立天之道。以定人也。天發殺機。移星易宿。地發殺機。龍蛇起陸。人發殺機。天地反覆。天人合發。萬變定基。性有巧拙。可以伏藏。九竅之邪。在乎三要。可以動靜。火生於木。禍發必尅。奸生於國。時動必潰。知之修鍊。謂之聖人。

中篇　天生天殺。道之理也。天地萬物之盜。萬物人之盜。人萬物之盜。三盜旣宜。三才旣安。故曰食其時。百骸理。動其機。萬化安。人知其神之神。不知不神之所以神也。日月有數。大小有定。聖功生焉。神明出焉。其盜機也。天下莫能見。莫能知。君子得之固躬。小人得之輕命。

下篇　瞽者善聽。聾者善視。絕利一源。用師十倍。三反晝夜。用師萬倍。心生於物。死於物。機在於目。天之無恩而大恩生。迅雷烈風。莫不蠢然。至樂性餘。至靜性廉。天之至私。用之至公。禽之制在炁。生者死之根。死者生之根。恩生於害。害生於恩。愚人以天地文理聖。我以時物文理哲。人以愚虞聖。我以不愚虞聖。人以奇期聖。我以不奇期聖。故曰沈水入火。自取滅亡。自然之道靜。故天地萬物生。天地之道浸。故陰陽勝。陰陽相推而變化順矣。是故聖人知自然之道不可違。因而制之。至靜之道。律歷所不能契。爰有奇器。是生萬象。八卦甲子。神機鬼藏。陰陽相勝之術。昭昭乎進乎象矣。

陰符末稱八卦甲子。是其術亦出於八卦。其書卽晚出。要是傳黃帝之道者也。蓋以宇宙發生之理。推之於人事。近世生物學家所論生存競爭之道。亦不出乎陰符也。

黃帝之後。少昊顓頊帝嚳。大抵皆承黃帝之道。蓋由天地之道。通之於人事。而倫理上善惡之標準漸明。蓋自伏羲始立人類與禽獸之區別。敎民漁獵。黃帝又於人類之中。立善惡之區別。禽獸異於人類。殺禽獸不爲過。（禽獸之中亦有善者。則視爲嘉祥而珍異之）惡人異於善人。殺惡人不爲過。誅殺之事。古者本以施於禽獸。至黃帝乃以施之於人。爲惡人近於禽獸也。若曰此亦天道云爾。善惡既著。乃有刑法。大刑用甲兵。中刑用刀鋸。故兵亦刑之屬。蚩尤九黎亂德失道。而後甲兵刀鋸之刑加焉。復緣是以多作禁戒之法。皆原於善惡之義。自黃帝以來滋多矣。惟當時爲元首者。並希有之大哲。於善惡之判斷。咸得其當。故無失刑。賈誼新書稱顓頊帝嚳。上緣黃帝之道。而顓頊尤兢兢於善惡之判斷。帝嚳直揭出至善之標準。其詞如下。

顓頊曰。功莫美於去惡而爲善。罪莫大於去善而爲惡。故非吾善善而已也。善緣善也。非惡惡而已也。惡緣惡也。吾日愼一日。其此已也。　右明善惡之判斷

帝嚳曰。德莫高於博愛人。而政莫高於博利人。故政莫大於信。治莫大於仁。吾愼此而已也。　右明至善之標準（新書又稱黃帝以信與仁爲天下先。蓋於倫理上之善。揭出信與仁二字。自黃帝始。而帝嚳承之也。）

綜而論之。自伏羲畫卦。已立形而上學之根據。神農益通之物理上之觀察。羲農以來。雖並以其道用之政治。用之人事。要自黃帝而倫理之標準始明。此哲學起原之第一期也。

第二節　唐虞哲學

唐虞之時。倫理思想之發達。視前益進。而儒教實即淵源於此。漢書藝文志曰。儒家者流。蓋出於司徒之官。助人君順陰陽明教化者也。游文於六經之中。留意於仁義之際。祖述堯舜。憲章文武。宗師仲尼。於道爲最高。孔子曰。如有所譽。其有所試。唐虞之隆。殷周之盛。仲尼之業。已試之效者也。蓋儒教已始於唐虞之際。契作司徒。敬敷五教。父子有親。君臣有義。夫婦有別。長幼有序。朋友有信。此亦即儒家之根本主義。故曰出於司徒之官也。（周官司徒之職掌。亦遠承唐虞）

儒教歷堯舜禹湯文武周公。至孔子而集其大成。中庸謂仲尼祖述堯舜。憲章文武。而孟子

亦言必稱堯舜。孟子又舉伊尹之語。以其樂堯舜之道。將使其君如堯舜之君。民如堯舜之民。是堯舜爲倫理上模範之人物可知也。

羲農以來。雖多爲哲學者。當元首之任。然仍用世及之法。故其後嗣不免於衰亂。帝堯乃立政治上之絕對尚賢主義。咨於四岳。揚舜於側陋而登庸焉。舜之巽禹。亦用此制。將使哲人相繼纘位。以期治理之臻進。意至善也。至其致治之道。仍由倫理之根柢。自一身而推之天下國家。堯典曰。

克明俊德。以親九族。九族既睦。平章百姓。百姓昭明。協和萬邦。黎民於變時雍。

所謂克明俊德者。蓋擴充己之德於一身。由一身而推之一家。一家而推之九族。九族而推之一國。以至於天下。此與大學所論修身齊家治國平天下。本末先後之序。實有相同者。大學曰。

古之欲明明德於天下者。先治其國。欲治其國者。先齊其家。欲齊其家者。先脩其身。欲脩其身者。先正其心。欲正其心者。先誠其意。欲誠其意者。先致其知。致知在格物。物格而后知至。知至而后意誠。意誠而后心正。心正而后身脩。身脩而后家齊。家齊而后國治。國治而后天下平。自天子以至於庶人。壹是皆以脩身爲本。其本亂而末治者否矣。

右不過就堯典語而益加詳耳。孟子曰。人有恆言。皆曰天下國家。天下之本在國。國之本在家家之本在身。亦此義也。九族謂高祖、曾祖、祖、父及己身與子、孫、曾孫、玄孫。白虎通則曰、尚書九族者。謂父族四。母族三。妻族二。父族四者。謂父之姓一族也。父女昆弟適人有子爲二族也。身女昆弟適人有子爲三族也。身女子適人有子爲四族也。母族三者。母之父母一族也。母之昆弟二族也。母昆弟子三族也。母昆弟者。男女皆在外親。故合言之。妻族二者。妻之父爲一族。妻之母爲二族。妻之親略。故父母各一族。今按九族當從白虎通說。當時以倫理爲政治之原。故尤重家道。而孝弟爲本。孟子曰。堯舜之道。孝弟而已矣。此之謂也。

堯舜之時。又發見一倫理上至善之標準。則中是也。論語曰。堯曰咨爾舜。天之曆數在爾躬。允執其中。四海困窮。天祿永終。舜亦以命禹。蓋執中爲堯舜禹相傳之訓。孔子評舜之執中曰。舜其大知也與。舜好問而好察邇言。隱惡而揚善。執其兩端。用其中於民。其斯以爲舜乎。禹既秉舜所傳之中。箕子陳禹洪範。其皇極卽以立中之道也。孟子又謂湯執中。立賢無方。則中之爲義。羣聖莫不以之。朱子中庸章句序曰。堯舜禹天下之大聖也。以天下相傳。天下之大事也。以天下之大聖。行天下之大事。其授受之際。丁寧告戒。不過如此。則天下之理。豈有加於此者哉。孟子謂孔子爲聖之時。又稱其不爲已甚。亦深有得於中者。至子思特作中庸一篇。程子釋之曰。不偏之謂中。不易之謂庸。中者天下之正道。庸者天下之定理。是中爲道統相傳不可缺之要義。實自堯舜以來矣。

陸象山曰。唐虞之際。道在皐陶。殷周之際。道在箕子。蓋堯舜之外。與禹並事舜者。惟皐陶亦庶幾於聖。（白虎通謂皐陶亦聖人）皐陶在舜時爲士師。其告禹曰。天敍有典。勑我五典五惇哉。天秩有禮。自我五禮有庸哉。又曰。天命有德。五服五章哉。天討有罪。五刑五用哉。又曰。天聰明自我民聰明。天明畏自我民明畏。陸象山以天之一字。皐陶說起。蓋唐虞時之倫理。皆自天道推之。孔子稱惟天爲大。惟堯則之。堯舜亦法天也。立天道統人事。實儒教之根本。釋詁云。典常也。則五典即五常。云我五典者。詩蒸民云。天生蒸民。有物有則。言人各有此五常之性也。此即先天道德說。爲性善論所本。惟就天賦之德性而擴充增厚之耳。故尙德不尙刑。兵與刑者。不得已而後用。是爲順天道之自然。故曰天敍天秩。至天命天討。莫不皆然。而天聰明自我民聰明。天明畏自我民明畏者。言天所善惡與民同也。蓋皐陶益發明天人一貫之倫理矣。（已云五典即五常。是以五倫爲五常。非仁義禮智信之五常也）

皐陶論人之行有九德。其目甚詳。（一）寬而栗。（二）柔而立。（三）愿而恭。（四）亂而敬。（五）擾而毅。（六）直而溫。（七）簡而廉。（八）剛而塞。（九）彊而義。鄭康成曰。連言之。寬謂度量寬宏。柔謂性行和柔。擾謂事理擾順。三者相類。即洪範云柔克也。愿謂容貌恭正。亂謂剛柔治理。直謂身行正直。三者相類。即洪範云正直也。簡謂器量凝簡。剛謂事理剛斷。彊謂性行堅彊。三者相類。即洪範云剛克也。而九德之次。從寬而至剛也。惟擾而毅在愿亂之下耳。其洪範三德。先人事而後天地。與此不同。凡人之性有異。有其上者不必有下。有其下不必有上。上下相協。乃成其德。按寬綽近緩而能堅栗。柔順近弱而能樹立。愿慤無文而能謙恭。治事多能而能敬愼。馴擾可狎而能果毅。梗直不撓而能溫克。簡大似放而能廉約。剛者內荏而能充實。發彊有爲而能良善。此似相反而實相成。五行生克之用。聖人法陰陽以治性情之學。卽鄭氏所謂上下相協以成德者也。能明此九德。以擇人而官之。則政無不善。故曰日宣三德。夙夜浚明有家。謂布行上之三德。而夙夜敬勉者。可爲卿大夫。又曰日嚴祗敬六德。亮采有邦。謂日嚴敬其身。以行六德。則可爲諸侯。至於能合受三德六德而用之。以施政敎。然後九德之人皆用事。可以全天子之職。故曰翕受敷施。九德咸事。皋陶因德行之多少。定在官之職位。是猶哲學者經理天下之意也。

蓋唐虞時代之哲學。其於倫理方面。觀察益密。條理益具。而以執中之訓。爲最大之發明。五敎九德。皆自中道而差別分析之者耳。

第三節　夏商哲學

夏商時代之哲學。莫大於洪範。之垂訓。洪大也。範法也。由天地之大法。立人道之經緯。禹得洛書。傳於箕子。爲武王陳之。故繫在周書。箕子曰。我聞在昔。鯀陻洪水。汨陳其五行。帝乃震怒。不畀洪範九疇。彝倫攸斁。鯀則殛死。禹乃嗣興。天乃錫禹洪範九疇。彝倫攸敘。漢書五行志曰。易曰。天垂象。見吉凶。聖人象之。河出圖。洛出書。聖人則之。劉歆以爲伏羲氏繼天而王。受河圖則而畫之。八卦是也。禹治洪水。賜雒書法而陳之。洪範是也。聖人行其道而寶其眞。降及於殷。箕子在父師位而典之。周既克殷。以箕子歸。武王親虛己而問焉。箕子對禹得雒書之意。初一曰五行。至威用六極。凡六十五字。皆雒書本文。所謂天乃錫禹大法九章常事所次者也。以爲河圖洛書相爲經緯。八卦九章相爲表裏。按河圖洛書。是八卦九疇所取之象。劉歆以洛書本文六十五字。然洛未必能出文字。（中候謂洛書赤文朱字神龜負文於洛。諸說涉怪異不具引）言天所錫者。或謂是神道設教之意。亦非也。八卦九章。並援天道以正人事。故謂天以此道錫吾人耳。上古哲學思想。咸始於宇宙之觀察。洪範先明五行。爰及彝倫。是也。宇宙觀察法。肇自伏羲之畫八卦。神農黃帝以至堯舜。承繹其緒。禹乃又立九章之法。是以洪範與易相表裏。易歷三聖。洪範亦在尚書。漢儒多因之以究陰陽休咎之徵。宋九峯蔡氏。又析其名數。以爲洪範皇極內篇。其義益可考矣。

洪範。初一曰五行。次二曰敬用五事。次三曰農用八政。次四曰協用五紀。次五曰建用皇極。次六曰乂用三德。次七曰明用稽疑。次八曰念用庶徵。次九曰嚮用五福。威用六極。（此六十五字爲洛書原文。劉歆以）九者之中。凡天地陰陽物理之紀。政治倫理之用。莫不備焉。八卦寓象。至微而九章取物。益顯。此亦哲學之條理。因時而進於詳密者也。

一、五行

一曰水。二曰火。三曰木。四曰金。五曰土。水曰潤下。火曰炎上。木曰曲直。金曰從革。土爰稼穡。
潤下作鹹。炎上作苦。曲直作酸。從革作辛。稼穡作甘。白虎通曰。五行言行者。欲言爲天行氣
之義也。又曰。水位在北方。北方者陰氣在黃泉之下。任養萬物。水之爲言濡也。陰化沾濡任
生木。木在東方。東方者陰陽氣始動。萬物始生。木之爲言觸也。陽氣動躍。火在南方。南方者
陽在上。萬物垂枝。火之爲言委隨也。言萬物布施。火之爲言化也。陽氣用事。萬物變化也。金
在西方。西方者陰始起。萬物禁止。金之爲言禁也。土在中央者。主吐含萬物。土之爲言吐也。
何知東方生。樂記曰。春生夏長。秋收冬藏。土所以不名時。地土別名也。比於五行最尊。故不
自居部職也。元命包曰。土之爲位而道在。故大不預化。人主不任部職。五行之性。或上或下
何。火者陽也。尊。故上。水者陰也。卑。故下。木者少陽。金者少陰。有中和之性。故可曲可直。從革。
土者最大。苞含物。將生者出。將歸者。不嫌淸濁。爲萬物。尙書曰。水曰潤下。火曰炎上。木曰
曲直。金曰從革。土爰稼穡。五行所以二陽三陰何。土尊。尊者配天。金木水火。陰陽自偶。水味
所以鹹何。是其性也。所以北方鹹者。萬物鹹與所以堅之也。猶五味得鹹乃堅也。木味所以
酸者何。東方萬物之生也。酸者以達生也。猶五味得酸乃達也。火味所以苦何。南方主長養。
苦者所以長養也。猶五味須苦可以養也。金味所以辛何。西方煞傷成物。辛所以煞傷之也。

猶五味得辛乃委煞也。土味所以甘。何。中央者中和也。故甘。猶五味以甘爲主也。尚書曰。潤下作鹹。炎上作苦。曲直作酸。從革作辛。稼穡作甘。按五行之說本於洪範。詳究宇宙發生之現象。所論多在有形質以後。因太始之原而窮太素之變。不若易之立端於太易太初。此其所以相爲表裏也。儒者皆承五行。惟荀卿非之。以爲子思孟子按往舊造說。卿之學蓋疏於形而上之理矣。漢儒伏生董仲舒劉向之徒。並推論五行。今惟略取白虎通說於此。

二、五事

五事一曰貌。二曰言。三曰視。四曰聽。五曰思。貌曰恭。言曰從。視曰明。聽曰聰。思曰睿。恭作肅。從作乂。明作哲。聽作謀。睿作聖。五事蓋自五行推之。今文尚書歐陽說。肝木也。心火也。脾土也。肺金也。腎水也。古尚書說。脾木也。肺火也。心土也。肝金也。腎水也。五行傳曰。貌屬木。言屬金。視屬火。聽屬水。思屬土。諸家分配五行多不同。莫不援天行以證人事也。鄭康成曰。此數本諸陰陽。昭明人相見之次也。江聲解之曰。人相見則先見其貌。既見則必有言。因其言則可以知其所視所聽。且可以知其所思。是人相見之次也。按五事總括身心之作用。由外之視聽。以徵內之心理。蓋其恭從明聰睿之德。自有肅乂哲謀聖之用。此人人所同。舊說專歸之人君。不必然也。論語之明九思。殆出於此。孔子曰。君子有九思。視思明。聽思聰。色思溫。貌思恭。言思忠。事思敬。疑思問。忿思難。見得思義。凡人動作。無不自內而發於外。孔子就五事之訓。而統之於思。且益廣其條目焉。

三、八政

八政。一曰食。二曰貨。三曰祀。四曰司空。五曰司徒。六曰司寇。七曰賓。八曰師。古之政治倫理、本無可分。蓋以大哲行政。凡當時倫理上所需要之事。皆可見之實施。不必別存理論也。夏后氏之治以食貨爲先。殆如今所謂實利主義者。伏生大傳曰。八政何以先食。傳曰。食者萬物之始。人事之所本也。故八政先食是也。貨所以通有無利民用。故次之。王制云。食節事時。民咸安其居樂事勸功。尊君親上。然後興學。故司空在司徒之先。先敎而後誅。故司寇在司徒之後。德立刑行。遠方賓服。故次之以賓。其有暴虐無道不率化者。則出六師以征之。故又次以師。是其職先後之次也。

四、五紀

五紀。一曰歲。二曰月。三曰日。四曰星辰。五曰曆數。古代哲學。皆重治曆明時。蓋日月星辰宇宙間垂象之最大者。而有度數可推知者也。故堯典首著授時。洪範分爲五紀。

五、皇極

皇極。皇建其有極。斂時五福。用敷錫厥庶民。惟時厥庶民于汝極。錫汝保極。凡厥庶民。無有淫朋。人無有比德。惟皇作極。凡厥庶民。有猷有爲有守。汝則念之。不協于極。不罹于咎。皇則受之。而康而色。曰予攸好德。汝則錫之福。時人斯其惟皇之極。無虐煢獨而畏高明。人之有能有爲。使羞其行而邦其昌。凡厥正人。既富方穀。汝弗能使有好于而家。時人斯其辜。于其無好德。汝雖錫之福。其作汝用咎。無偏無陂。遵王之義。無有作好。遵王之道。無有作惡。遵王之路。無偏無黨。王道蕩蕩。無黨無偏。王道平平。無反無側。王道正直。會其有極。歸其有極。曰皇極之敷言。是彝是訓。于帝其訓。凡厥庶民。極之敷言。是訓是行。以近天子之光。曰天子作民父母。以爲天下王。按皇大也。極中也。執中爲堯舜禹相傳之道。禹因之以建皇極。箕子詳陳其義。以見哲學者治天下之本領。舊說仍以五事爲皇極之本。蓋貌言視聽思無一毫過不及之差。然後百事萬行無一毫過不及之差。此之謂大中之道。一國之內。上自元首。下逮庶民。皆不可失此大中之道。上以大中之道。教訓於下。下以大中之道。敷陳於上。（略本馬融註）如是乃成無偏無黨之王道。如是之謂好德。如是乃可並受其福。以達於倫理上至善之正鵠也。

六　三德

三德。一曰正直。二曰剛克。三曰柔克。平康正直。彊弗友剛克。燮友柔克。沈潛剛克。高明柔克。鄭康成曰。克能也。剛而能柔。柔而能剛。寬猛相濟。以成治立功。按洪範三德。是就天地人三者之性情而立之。人之道正直。論語云。人之生也直。是也。剛克天道。柔克地道。克當從釋詁云勝也。天道以剛勝。地道以柔勝。惟人道中平正直。不剛不柔。史記集解引鄭註正直云中平之人禹時已重人事。故先人道之德。而後天地也。人之性情有偏於剛柔者。是其禀天地之氣有所偏。當有以治之。始反於人道中平之德。剛克者宜治之以沈潛。柔克者宜治之以高明。故言又用三德。又猶自治也。左傳文五年。甯嬴說陽處父曰。以剛。商書曰。沈潛剛克。高明柔克。夫子壹之。其不沒乎。天爲剛德。猶不干時。況在人乎。杜注曰。沈潛猶滯溺也。高明猶亢爽也。言各當以剛柔勝己本性。乃能成全也。案三德雖並舉。而其歸宿仍在正直之德。以其可以劑二者之偏而適於中。此當時上下同守之德也。

七、稽疑

稽疑。擇建立卜筮人。乃命卜筮。曰雨。曰霽。曰蒙。曰驛。曰克。曰貞。曰悔。凡七。卜五。占用二。衍忒。立時人作卜筮。三人占。則從二人之言。汝則有大疑。謀及乃心。謀及卿士。謀及庶人。謀及卜筮。汝則從。龜從。筮從。卿士從。庶民從。是之謂大同。身其康彊。子孫其逢吉。汝則從。龜從。筮從。卿士逆。庶民逆。吉。卿士從。龜從。筮從。汝則逆。庶民逆。吉。庶民從。龜從。筮從。汝則逆。卿士逆。吉。汝則從。龜從。筮逆。卿士逆。庶民逆。作內吉。作外凶。龜筮共違于人。用靜吉。用作凶。按稽疑卽禹時占易之法。其後稱汝而論其吉凶者。則並箕子告武王之辭。非必禹時。卽以此斷吉凶也。然未有明證。不可詳知。王充以爲卜筮者。蓋己身之精神作用。偶然先見兆象。非鬼神眞能以吉凶告人也。洪範亦謂有疑先謀之乃心。次謀及卿士。次謀及庶人。終乃詢之卜筮。雖有逆者。猶不盡從。知當時僅以此通形而上學與倫理學之郵。示天人之相關者而已。寧篤信其恍惚不可知之數。導民以罔哉。白虎通德論蓍龜篇云。所以先謀及卿士何。先盡人事。念而不能得。思而不能知。然後問於蓍龜。聖人獨見先睹。必問蓍龜何。示不自專也。其說自明。

八、庶徵

庶徵。曰雨。曰暘。曰燠。曰寒。曰風。曰時。五者來備。各以其敘。庶草蕃廡。一極備凶。一極無。凶。曰休徵。曰肅時雨若。曰乂。時暘若。曰晢。時燠若。曰謀。時寒若。曰聖。時風若。曰咎徵。曰狂。恆雨若。曰僭。恆暘若。曰豫。恆燠若。曰急。恆寒若。曰蒙。恆風若。鄭康成曰。庶。衆也。徵。驗也。謂衆行得失之驗。按後世言人事可以感動天變者。實始於洪範。自王充之徒。皆不信符瑞災異。以爲不過天地偶然之變。非必有意示譴告褒勸於人。即有驗者。亦不足信。然洪範謂念用庶徵。蓋立天地以爲儀表。觀其常變。而自念其政事之得失。以致修省之極功。天之見象。雖無應人之心。人自不妨因天象以寓事。爲使得時有警厲之機耳。故不必執其跡而議之也。

九、五福六極

五福。一曰壽。二曰富。三曰康寧。四曰攸好德。五曰考終命。六極。一曰凶短折。二曰疾。三曰憂。

四曰貧。五曰惡。六曰弱。應劭曰。天所以嚮樂人用五福。所以畏懼人用六極。蓋福與極皆自然之數。故仍歸之天道以示之也。至是始由倫理上善惡之標準。以立苦樂之分類。樂莫過於五福。苦莫過於六極。就漢書五行志所言。則苦樂有相關之義。反乎苦則爲樂。反乎樂則爲苦。五福六極本相對待也。通觀一事一物。莫不各具苦樂之二方。若徵之人事。亦有廣狹二義。一人之苦樂狹義也。衆人之苦樂廣義也。鄭注五福則是廣義。其言曰。康寧人平安也。攸好德人皆好有德也。考衆命考成也。終性命謂皆生佼好以至老也。此五者皆是善事。自天受之。故謂之福。福者備也。備者大順之總名。鄭於壽富無釋。說苑引河間獻王曰。夫穀者國家所以昌熾。士女所以姣好。禮義所以行。而人心所以安也。尚書五福以富爲始。據此則今文尚書五福首富。河間以穀豐喩富。殆本孟子富歲之義。是指一國之富。亦是廣義。推此則壽亦指國人皆老壽也。夫既富且壽。時際平安。人人好德。終其性命。佼好至老。最大多數之幸福。宜無過於是。近世公善說之所想望。宜亦無以加於此也。反是則爲六極。其狹義即惟喩一人一身。不假煩說矣。

吾國上古哲學之淵源。八卦以後。厥惟九章。洪範九章。是夏后氏之書。殷人重之。箕子在父師位而實典焉。劉歆說 故能爲武王陳說其義。然則夏商時代之哲學。洪範殆可以括之。是以詳述之於此。

夏禹商湯皆聖人也。湯出於契。契爲堯司徒。敷五敎。湯又傳執中之訓。今商書不具。然革命之事。實始於湯。古稱湯武革命。順乎天而應乎人。湯誓蓋屢言天。如曰有夏多罪。天命殛之。又曰。夏氏有罪。予畏上帝。不敢不正。又曰。爾尙輔予一人致天之罰。皋陶曰。天聰明自我民聰明。天明畏自我民明畏。泰誓曰。天視自我民視。天聽自我民聽。蓋天之聰明明威。皆託於民。有獲罪於民者。卽獲罪於天。加以誅罰。是爲應天順人。夫君主若恣其威福。敢於爲惡。而莫之或正。則人何憚而不爲惡。是善之實將泯滅無餘也。湯獨能執行倫理之大義。以善救惡。故與舜禹並稱矣。

佐湯爲治者。有伊尹。伊尹書在道家。其文不傳。孟子嘗稱伊尹樂堯舜之道。又曰。伊尹聖之任者也。蓋伊尹仍守堯舜以來相傳之道。而其所以爲聖者。則在能盡倫理上之責任。孟子引伊尹曰。天之生此民也。使先知覺後知。使先覺覺後覺也。予天民之先覺者也。予將以斯道覺斯民也。非予覺之而誰也。其自任如此。伊尹嘗說湯以素王九主之事。劉向別錄曰。九主者。有法君、專君、授君、勞君、等君、寄君、破君、國君、（史記索隱謂國君當是固君之訛）三歲社君。九主。但存其名。其制不可考。近人或謂法君如今立憲之君。等君如今共和之君。三歲社君。或類限期選任元首之制。顧此亦望文爲訓。未必是也。要之九主列法君爲首。疑亦尙法。故法家往往稱伊尹與。

第二章　六藝哲學

第一節　總論

自邃古以至夏殷。其帝王多一世大哲。以一身任天下之重。即以一身貫天下之學。當時哲學與政治不相分離。故必擇賢而傳國。傳國即以傳道也。是以執中之訓。由堯舜逮於禹湯。堯之自任曰。一民飢我飢之也。一民寒我寒之也。一民有罪我陷之也。湯之自任曰。萬方有罪。罪在朕躬。伊尹之自任曰。予天民之先覺者也。非予覺之而誰也。惟古之大哲。能以天下之重自任。及其得位。而倫理之實效。以章其所以勤勤於學者。亦惟爲是治國平天下之用而已。故帝王無不有師。或遠陟巖險。涉異域以求之。欲道德之有於躬也。唐虞之法。御世之哲人既老。則更選一哲人能通天人之故。可以無負此任者。試之於家以觀其行。試之山林以觀其道。試之於民以觀其事。而後使繼己之任。將使道術相傳不絕。世世恆治不亂。是天心民意所共期者也。故曰薦之於天。此堯之授舜。則有然矣。然自羲農黃帝以來。曷嘗不欲世世恆治。所傳或不得賢。是以其後有亂君。於是堯不得已而變法。傳於賢不傳於子。舜禹皆因之。而傳賢之法。又壞於禹。禹薦益於天。而繼位者非益。實啓。說者病禹德之衰。孟子非之者。蓋以其過蔽之啟也。啟誠賢。可以繼禹矣。而不別求賢以自繼。是啟之過也。故堯舜之道。以哲學者治天下。作君師之法。實中絕於啟。久之。乃有成湯之革命。復以此道自任。顧仍沿傳子之法也。久之又有文武之革命。湯武皆一世大哲。湯不傳於伊尹。武不傳於周公。至是而傳賢之法不得不廢。成周之制。乃以古來相傳之道術。悉委之官。使典守之。官各因其學以治其事。而後君人者不必悉究心哲學。不必悉一世之大哲。然哲學與政治猶未大分也。不過自一人之身。而轉爲百官之任。及夫官失其守。學絕道散。孔子乃以匹夫起而承堯舜禹湯文武之緒。自茲以降。則道術不在於君。不在於官。而恆在於在野之賢哲。蓋數千年以來矣。故上古哲學相傳之統凡三變。其始在君。其繼在官。其卒在聖人。聖人者人人可勉而至。則哲學卽爲人人所可治之學。孟子曰。人皆可以爲堯舜是也。孔子以後。哲學之傳始廣。故其流可得而論也。當官守既失。道術分裂。學者各得其一端以自鳴。何啻百家。孔子獨爲儒者之宗。然孔子所以敎人者。莫大於六藝。六藝皆周官之舊典也。孔子既無常師。博求當時官守之學。以六藝爲最精。故整齊之以敎學者。蓋周官所典之學雖多。而六藝可以包之。六藝在孔子之前。卽已自爲敎。後世言六藝雖折衷孔子。百家固亦往往有取於六藝者。今輒先出六藝哲學一章。以考成周六藝之傳。及其爲敎之義。至於孔子刪定六藝。則於儒家哲學中詳之。

六藝者。詩書禮樂易春秋是也。周禮本以禮樂射御書數爲六藝。史記稱孔子成六藝。又引孔子曰。六藝於治一也。又謂中國言六藝者。折衷於夫子。皆指六藝爲六經。蓋孔氏之門身通六藝者七十二人。班固藝文志。以六經列於諸家之前。謂之六藝。則六經當時自名六藝。後乃尊之曰經也。樂正崇四術以詩書禮樂爲四教。而孔子並稱易教春秋教。則六藝之爲教亦久矣。禮記經解曰。

孔子曰。入其國。其教可知也。其爲人也。溫柔敦厚。詩教也。疏通知遠。書教也。廣博易良。樂教也。絜靜精微。易教也。恭儉莊敬。禮教也。屬辭比事。春秋教也。故詩之失愚。書之失誣。樂之失奢。易之失賊。禮之失煩。春秋之失亂。其爲人也。溫柔敦厚而不愚。則深於詩者也。疏通知遠而不誣。則深於書者也。廣博易良而不奢。則深於樂者也。絜靜精微而不賊。則深於易者也。恭儉莊敬而不煩。則深於禮者也。屬辭比事而不亂。則深於春秋者也。

據此則六藝早自爲教。孔子又論其得失也。正義曰。詩爲樂章。詩樂是一。而教別者。若以聲音干戚以教人。是樂教也。若以詩辭美刺諷喻以教人。是詩教也。此爲政以教民。故有六經。若教國子弟於庠序之內。則惟用四術。故王制云。春秋教以禮樂。冬夏教以詩書。是也。此六經者。惟論人君施化能以此教民。民得從之。未能行之至極也。若盛明之君。爲民之父母者。則能恩惠下極於民。則詩有好惡之情。禮有政治之體。樂有諧和性情。皆能與民至極。民同上情。故孔子閒居云。志之所至。詩亦至焉。詩之所至。禮亦至焉。禮之所至。樂亦至焉。是也。其書易春秋。非是恩情相感。與民至極者。故孔子閒居無書易及春秋也。正義之說。重在入國知教。故惟言其成化之迹。按王制曰。樂正崇四術。立四教。順先王詩書禮樂以造士。春秋教以禮樂。冬夏教以詩書。此明四術並是先王之教。列於學校之中。盡人皆教者也。易則義理精微，非天資之高者。不足以語此。然當時學於太卜。爲卜筮之書。春秋時學士大夫多能言其義。春秋者列國之史。非獨魯有之。然藏於史官。非世冑之貴。莫或恆習。國語晉語司馬侯曰。羊舌肸習於春秋。乃召叔向使傅太子彪。楚語。莊王使士亹傅太子箴。問於申叔時。叔時曰。教之春秋而爲之聳善而抑惡焉。以戒勸其心。則知易與春秋。亦是先王之教。與四術並列。故孔子合而論之也。

漢書儒林傳曰。古之儒者。博學乎六藝之文。師古曰六藝謂易禮樂詩書春秋 六學者。王教之典籍。先聖所以明天道正人倫致至治之成法也。周道既衰。壞於幽厲。禮樂征伐自諸侯出。陵夷二百餘年而孔子興。以聖德遭季世。知言之不用而道不行。迺歎曰。鳳鳥不至。河不出圖。吾已矣夫。文王既歿。文不在茲乎。於是應聘諸侯。以答禮行誼。西入周。南至楚。奸七十餘君。適齊聞韶。三月不知肉味。自衛反魯。然後樂正。雅頌各得其所。此敘六學爲先王成法。至於幽厲而壞。孔子乃復修之也。

漢藝文志。六藝曰。六藝之文。樂以和神。仁之表也。詩以正言。義之用也。禮以明體。明者著見。故無訓也。書以廣聽。知之術也。春秋以斷事。信之符也。五者蓋五常之道。相須而備。而易爲之原。故曰易不可見。則乾坤或幾乎息矣。言與天地爲終始也。至於五學。世有變改。猶五行之更用事焉。此以五學並原於易。而五學又世有變改。茲姑分述易教與五學之教於後。可以考焉。

第二節　易教

前已論自伏羲畫八卦。神農以至堯舜。並承其道。至於周時。太卜掌三易。而周易之教。獨爲有傳。三易者。一曰連山。二曰歸藏。三曰周易是也。杜子春云。連山伏羲。歸藏黃帝。鄭康成易贊及易論云。夏曰連山。殷曰歸藏。周曰周易。鄭又謂易道周普。無所不備。故曰周易。正義非之曰。案世譜等書。神農一曰連山氏。亦曰列山氏。黃帝亦曰歸藏氏。既連山歸藏。並是代號。則周易稱周。取岐陽地名。文王作易之時。正在羑里。周德未興。猶是殷世也。故題周。別於殷。以此文王所演。故謂之周易。其猶周書周禮。題周以別餘代。按伏羲畫卦。有象無詞。文王始爲卦辭。每卦重爲六爻。自是周易之義。可得而說。孔子贊易。亦是周易。故曰易之興也。其於中古乎。作易者其有憂患乎。又曰。易之興也。其當殷之末世。周之盛德耶。當文王與紂之事耶、漢藝文志曰。至於殷周之際。紂在上位。逆天暴物。文王以諸侯順命而行道。天人之占可得而効。於是重易六爻。作上下篇。然說者有謂卦辭爻辭並文王作。馬融陸績之徒。則以卦辭文王作。爻辭周公作。以爻辭中有王用享於岐山。箕子之明夷等。疑文王以後語。左傳韓宣子適魯見易象云吾乃知周公之德。周公被流言之謗。亦得爲憂患故以爻辭周公作也。正義謂周公爻辭。仍是文王本意易緯稱易歷三聖指伏羲文王孔子。言文王不言周公者。以父統子業也然則卦辭爻辭。成於文王周公孔子讀之至於韋編三絕。乃作十翼。其所發明。並周易之義也。太卜雖掌三易。宜仍用周易爲占。孔子稱絜靜精微而不賊。爲深於易教之人則當時學士大夫多治易者可知。至易教究爲如何。度亦不出十翼所述之義。今分哲學倫理學二端論之。

(甲)易之哲學

第一、宇宙論。　易以明宇宙萬物消長變化之大法。其於自然界。人事界。大小始終。精粗表裏。雖無所不貫。至所以論宇宙本體者。則繫辭曰易有太極是生兩儀。兩儀生四象。四象生八卦。是太極爲宇宙之原。因以生陰陽兩儀。兩儀生四象。而四象因以生天地風雷水火山澤等無數之萬物也。

四象
　太陽　少陰
　少陽　太陰

八卦
　乾爲天　兌爲澤　離爲火　震爲雷
　巽爲風　坎爲水　坤爲地　艮爲山

一卦各生八卦。爲六十四卦。卦各有六爻。爲三百八十四爻。其含義玄深。誠不易知。今但論其大體而已。夫如何謂之太極。繫辭僅一言之。揆以後世哲學之思想。則殆指絕對無差別之本。如中庸所謂無聲無臭者也。由此絕對無差別之本。以生陰陽。焉以生四象焉。周子太極圖說。更著一無極字。曰無極而太極。太極動而生陽。動極而靜。靜而生陰。其義益瞭。故立太極以統陰陽。則太極如今哲學中之一元論。立陰陽以寓萬物。而以物物各有太極。則如二元論。朱子既說太極。又說理氣二元。蓋氣是已生。理是含而未發也。要之易之萬物發生說。實以乾坤二道相待而生萬物。乾坤卽是陰陽。故謂之二元論亦可。繫辭曰。

剛柔相摩。八卦相盪。鼓之以雷霆。潤之以風雨。日月運行。一寒一暑。乾道成男。坤道成女。

又論天地生萬物之道曰。

天地絪縕。萬物化醇。男女構精。萬物化生。

右所謂乾道成男。坤道成女。及男女構精者。蓋舉出陰陽中所包之男女。以例萬物。皆由陰陽二者凝合而生也。卽此便爲天地間常恆不變之大法。故曰。

一陰一陽之謂道。繼之者善也。成之者性也。

易之哲學。無非以明一陰一陽之道。其消長變化。以成萬物。至賾而不可亂。皆本於太極。純粹至善者也。是爲彌綸天地之大法。易與天地準。故能彌綸天地之道也。

第二、陰。陽。論。　今更詳論易之所謂陰陽者。陰陽二字。爲中國哲學上最要之術語。皆本於易大傳如曰一陰一陽之謂道。陰陽不測之謂神。立天之道曰陰與陽等。陰陽者易哲學之根本原理也。然有謂陰陽爲截然相異之二實體者。有謂是一元氣之所發而見爲二物者。細就太極生兩儀之語繹之。則後說爲近。若自其發生處言。則謂爲兩物亦不妨。朱子嘗論之曰。陰陽只是一氣。陰氣之流行。卽爲陽。陽氣之凝聚。卽爲陰。非直有二物相對。陰陽若論流行底則只是一個。對待底則兩個。如日月水火之類。皆是兩個。二氣之分。卽一氣之運也。此說最盡。

萬物皆可配以陰陽。繫辭曰。陰陽之義配日月。又曰。乾陽物也。坤陰物也。陰陽合德而剛柔有體。約舉之則陽爲剛。爲強。爲男。爲君。爲動。爲明。爲表。爲伸。爲天。爲乾。爲日。爲神。爲晝。爲雄。爲顯。陰爲柔。爲弱。爲女。爲臣。爲靜。爲暗。爲裏。爲屈。爲地。爲坤。爲月。爲鬼。爲夜。爲雌。爲隱等。凡天地男女夫婦晝夜四時。無非陰陽之流行。一切萬物。無不順陰陽之法則者。易卦以乾坤爲父母。卽一陰一陽。每卦中各有陰陽爻象。易之哲學倫理吉凶占筮。咸以陰陽爲根本原理者也。

第三、三。才。論。　以天地人並稱爲三才。至今已爲常語。亦實原於易。蓋易每以天地之法象爲至廣至大。故繫辭曰。法象莫大乎天地。又曰。廣大配天地。又曰。天地變化。聖人效之。又曰天地之大德曰生。又曰天地設位。聖人成能。又序卦傳曰。有天地然後有萬物。天地既具如是廣大之法象。又有生生之大德。人獨配之以爲三才。易之爲書。實以兼明此三才之道。故繫辭曰。易之爲書也。廣大悉備。有天道焉。有人道焉。有地道焉。兼三才而兩之。故六。六者非他也。三才之道也。又說卦傳曰。昔者聖人之作易也。將以順性命之理。是以立天之道曰陰與陽。立地之道曰柔與剛。立人之道曰仁與義。夫以眇然一身。而可以參天地。是天人合一之思想之極致也。

第四、數論。　物生而有象。象而後有滋。萬物雖賾。皆數之所滋也。故可察其數以窮其變。易之爲書。有理。有象。有數。然理固在象數之中。象數亦在理中也。太極一也。分而爲兩儀。爲四象。爲八卦。爲六十四卦。爲三百八十四爻。莫非數也。而筮法之於數尤詳。繫辭曰。天一。地二。天三。地四。天五。地六。天七。地八。天九。地十。天數五。地數五。五位相得而各有合。天數二十有五。地數三十。凡天地之數五十有五。所以成變化而行鬼神也。大衍之數五十。其用四十有九。分而爲二以象兩。掛一以象三。揲之以四以象四時。歸奇於扐以象閏。五歲再閏。故再扐而後卦。乾之策二百一十有六。坤之策百四十有四。凡三百有六十。當期之日。二篇之策萬有一千五百二十。當萬物之數也。是故四營而成易。十有八變而成卦。八卦而小成。引而伸之。觸類而長之。天下之能事畢矣。是卽以數寓天地萬物。後世治易。有長於理象者。有長於數者。如邵康節之徒。皆長於數者也。

(乙)易之倫理學

第一、論男女。夫易之爲道。大則以究天地萬物之變化。小則以立人生行動之矩則。故今略就易教之關於倫理者論之。序卦傳曰。

有天地然後有萬物。有萬物然後有男女。有男女然後有夫婦。有夫婦然後有父子。有父子然後有君臣。有君臣然後有上下。有上下然後禮義有所錯。

蓋易因天地自然之道。以明人之道所以與天地同者。故卽以天地關係之大體。而移之爲男女夫婦父子君臣上下禮義之道。誠一以貫之者也。實本其陰陽相待爲用而性質各異者推之。其論陰陽性質之異。曰大哉乾元。萬物資始。乃統天。又曰至哉坤元。萬物資生。乃順承天。(上彖傳)又曰乾剛坤柔。(雜卦傳)又曰乾健也。坤順也。(說卦傳)又曰乾爲天。爲父。坤爲地。爲母。(同上)又曰天尊地卑。乾坤定矣。卑高以陳。貴賤位矣。動靜有常。剛柔斷矣。又曰乾天下之至健也。坤天下之至順也。(繫辭)蓋乾爲陽。坤爲陰。天地之現象。自然有陽尊陰卑之勢。故文言又曰陰雖有美。含之以從王事。弗敢成也。地道也。妻道也。臣道也。然則君陽而臣陰。夫陽而婦陰。一陰一陽。相待而成。陰陽當各保其正位。以致其用。所謂君君臣臣父父子子夫夫婦婦兄兄弟弟者也。家人彖曰。

家人。女正位乎內。男正位乎外。男女正天地之大義也。家人有嚴君焉。父母之謂也。父父子子兄兄弟弟夫夫婦婦而家道正。正家而天下定矣。

陰陽正位。各盡其道。自然君臣有義。父子有親。夫婦有別。兄弟有序。推家人所以論家道。則易教所論男女之地位。可知矣。雖處男於剛健。處女於卑柔。非故爲抑揚。無非由天地自然之法以定之。近世頗論男女同權。然在事實上。女終不得不遜於男也。

第二、仁義。　程子言。孔子只說仁。孟子開口便說仁義。然易說卦傳曰。昔者聖人之作易也。將以順性命之理。是以立天之道曰陰與陽。立地之道曰柔與剛。立人之道曰仁與義。蓋大傳已稱仁義。仁柔而義剛。配陰陽也。人參天地而爲三才。故仁義爲人道之標準。老子云。大道廢有仁義。大道者天地之道。仁義者人道也。則仁義宜是當時爲易教之恆言。故見於老子。又述於孔孟也。

第三、善惡報應。　文言曰。積善之家。必有餘慶。積不善之家。必有餘殃。左傳以此爲穆姜語。則善惡報應。亦是當時易教之恆語。故孔子文言述之也。繫辭又曰。善不積不足以成名。惡不積不足以滅身。小人以小善爲无益而弗爲也。以小惡爲无傷而弗去也。故惡積而不可掩。罪大而不可解。此以行爲之善惡。必食其報。不於其身。則於其子孫。以爲天人感應之常。儒者多信之。滕文公懼齊之逼己。問於孟子。孟子對以太王避狄人之侵。遷居岐山之下。以小國行仁道。故餘慶及於文武。其言曰。苟爲善。後世子孫必有王者矣。君子創業垂統爲可繼也。若夫成功則天也。君如彼何哉。彊爲善而已矣。然則文武之有天下。孟子直以爲太王行善之報矣。而行惡者其後嗣亦必受其禍。孟子引仲尼曰。始作俑者其無後乎。爲其象人而用之也。作俑者不仁。故其報至於無後。以明天理之不可誣也。且不惟儒家爲然。道家亦有報應之說。老子曰。天之道不爭而善勝。不言而善應。不召而自來。繟然而善謀。天網恢恢。疏而不失。蓋唯天道不爭而天下萬物莫能勝之。順之則吉。逆之則凶。善惡吉凶。各以其應而不亂。所謂疏而不失也。故道家與儒家。其論報應。並遵易之遺教矣。

福善禍淫之說。論者多疑之。太史公作伯夷列傳論之曰。或曰天道無親。常與善人。若伯夷叔齊。可謂善人者非耶。積仁絜行如此而餓死。且七十子之徒。仲尼獨薦顏淵爲好學。然回也屢空。糟糠不厭。而卒蚤夭。天之報施善人。其何如哉。盜跖日殺不辜。肝人之肉。暴戾恣睢。聚黨數千人。橫行天下。竟以壽終。是遵何德哉。此其尤大彰明較著者也。若至近世。操行不軌。專犯忌諱。而終身逸樂富厚。累世不絕。或擇地而蹈之。時然後出言。行不由徑。非公正不發憤。而遇禍災者。不可勝數也。余甚惑焉。儻所謂天道是耶非耶。蓋以人事證之。爲善者不必得福。爲惡者不必得禍。此史公所爲發憤也。佛家亦言報應。則爲三世因果之說。以爲今世之福。或是前身積善。今世之惡。或於後身受報。要之易教之報應。是由陰陽寒暑無往不復之常理推之。蓋因宇宙之大法。以立倫理之定義。並非徒設是言。以勸人進善去惡也。或者以世間常見釋報應之說。則謂富厚非慶。修名爲慶。伯夷顏淵。雖窮餓而沒世有善名。盜跖雖富厚而沒世有惡名。善名爲慶。惡名爲殃。此報應之實也。或又曰人以得慶爲樂。得殃爲苦。然苦樂不僅在外。固在於內。作惡者雖富貴而心勞。爲善者雖貧賤而心逸。勞逸之差。卽善惡之報。是又一說也。雖然善惡報應之訓。根本天地陰陽之定律。而道其常者耳。其在倫理上所以敎人者有二大義。(一)人之善惡禍福。無不自己求之者。以見求己之力甚大。而非有待於人也。(二)人之力能自爲善。能自得福。又能造成天下後世之善。造成天下後世之福。深明其報應之理。必不至爽。可以堅固人人自信之心也。

右所論易之關於哲學及倫理者。雖多取大傳說。意其義並成周時易敎所傳。非必出自孔氏也。故略述其大者如此。

第三節　五學之敎

王制以詩書禮樂爲四敎。漢志敍六藝。謂易爲之原。而其餘爲五學。卽詩書禮樂春秋是也。荀子曰。聖人也者。道之管也。天下之道管是矣。百王之道一是矣。故詩書禮樂之歸是矣。詩言是其志也。書言是其事也。禮言是其行也。春秋言是其微也。此亦稱五學。蓋易道深遠。五學則士人所當通習。樂正四術。無春秋者。古有二史。左史記言。右史記事。言爲尙書。事爲春秋。書與春秋二教相通。並是史官之事。言書可以兼春秋也。記曰。春秋教以禮樂。冬夏教以詩書。鄭氏以爲春夏陽也。詩樂者聲。聲亦陽也。秋冬陰也。書禮者事。事亦陰也。互言之者。皆以其術相成。正義釋之曰。秋教禮。春教樂。冬教書。夏教詩。故云春夏陽也。詩得爲聲者。詩是樂章。詩之文義。以樂聲播之。故爲聲。若以聲對舞。則聲爲安靜。舞爲鼓動。舞爲陽。聲爲陰。故大胥云。春釋采合舞。秋頒學合聲。是也。就舞之中。奮動甚者屬陽。奮動靜者屬陰。故文王世子曰。春夏學干戈。秋冬學羽籥。是也。書者言事之經。禮者行事之法。事爲安靜。故云書禮者事。事亦陰也。文王世子云。秋學禮。冬讀書。與此同也。云互言之者。皆以其術相成者。若不互言。當云春夏教以樂詩。秋冬教以禮書。則是春夏但教以樂詩。不教以禮書。秋冬但教以禮書。不教以樂詩。言其四術不可暫時而闕。今交互言之。云春教樂。明兼有禮。秋教禮。兼有樂。夏教詩。兼有書。冬教書。兼有詩。故云皆以其術相成。但遂其陰陽。以爲偏主耳。

周時樂正教國子。既以詩書禮樂爲不可暫闕之教。則經術所從來久矣。今略就其教義之相承者。析而言之。

一詩教　虞書曰。詩言志。歌永言。聲依永。律和聲。詩教之興。實昉於此。虞夏以降。咸有采詩之官。蓋有遒人。商亦有太師也。周官之制。太師掌六師。曰風曰賦曰比曰興曰雅曰頌。鄭康成曰。風言聖賢治道之遺化也。賦之言鋪。直鋪陳今之政教善惡。比見今之失。不敢斥言。取比類以言之。興見今之美。嫌於媚諛。取善事以喻勸之。雅正也。言今之正者。以爲後世法。頌之言誦也。容也。誦今之德。廣以美之。鄭司農云。自古而有風雅頌之名。故延陵季子觀樂於魯。時孔子尙幼。未定詩書。而曰爲之歌邶鄘衞。曰是其衞風乎。又爲之歌小雅大雅。又爲之歌頌。六藝論謂唐虞始造其初。至周分爲六詩。詩正義謂係據周禮成文而言之。六義非起於周也。正義又曰。比賦興之義。有詩則有之。唐虞之世。治致升平。周於太平之世。無諸侯之風。則唐虞之世。必無風也。雅雖王者之政。乃是太平前事。以堯舜之聖。黎民時雍。亦似無雅。於六義之中。唯應有頌耳。夏在制禮之後。不復面稱目諫。或當有雅。夏氏之衰。昆吾作爲諸侯。彊盛。或當有風。蓋在心爲志。發言爲詩。歷世篇章既繁。自周以前。別爲六義。周之太師因而教之。孔子之時。蓋已三千餘篇。漢藝文志曰。古者諸侯卿大夫交接鄰國。以微言相感。當揖讓之時。必稱詩以諭其志。蓋以別賢不肖。而觀盛衰焉。孔子以溫柔敦厚爲詩教。又以溫柔敦厚而不愚。則深於詩者也。又曰。詩可以興。可以觀。可以羣。可以怨。子夏謂正得失。動天地。感鬼神。莫近於詩。先王以是經夫婦。成孝敬。厚人倫。美教化。移風俗。國語申叔時曰。教之詩。而爲之導廣顯德。以耀明其志。此古之詩教之大略也。

二、書教　左傳韓宣子聘於魯。觀書太史氏。是書掌於太史氏矣。而周禮外史。又掌三皇五帝之書。左傳楚左史倚相能讀三墳五典八索九丘。杜注謂皆古書名。孔安國尙書序曰。伏犧神農黃帝之書。謂之三墳。言大道也。少昊顓頊高辛唐虞之書。謂之五典。言常道也。至於夏商周之書。雖設敎不倫。雅誥奧義。其歸一揆。是故歷代寶之。以爲大訓。尙書緯曰。孔子求得黃帝玄孫帝魁之書。迄於秦穆公。凡三千二百四十篇。則古之書衆矣。樂正所敎。其詳不可得聞。國語申叔時對楚王敎太子曰。敎之令。使訪物官。敎之語。使明其德。而知先王之務用明德於民也。敎之故志。使知廢興者而戒懼焉。敎之訓典。使知族類。行比義焉。凡曰令曰語曰故志曰訓典者。大抵皆書之屬也。至於書敎之義。尙書大傳曰。六誓可以觀義。五誥可以觀仁。甫刑可以觀誡。洪範可以觀度。禹貢可以觀事。皐陶可以觀治。堯典可以觀美。子夏曰。書之論事也。昭昭如日月之代明。離離若星辰之錯行。上有堯舜之道。下有三王之義。所謂疏通知遠之敎者此也。

三、禮敎　虞書稱天敍五禮。禮實興於遠古。至後世而加詳。孔子曰。夏禮吾能言之。杞不足徵也。殷禮吾能言之。宋不足徵也。又曰。周監乎二代。郁郁乎文哉。吾從周。則孔子以周禮爲備。故曰從周。賈公彥儀禮疏序曰。周禮儀禮發源是一。理有終始。分爲二部。並是周公攝政太平之書。周禮爲末。儀禮爲本。儀禮疏曰。周禮言周不言儀。儀禮言儀不言周。既同是周公攝政六年所制。題號不同者。周禮取別夏殷。故言周。儀禮不言周者。欲見兼有異代之法。蓋儀禮有醮用酒。及商祝夏祝。是兼夏殷也。所謂禮經三百。威儀三千者。禮經指周禮三百六十。官舉其成。數威儀指儀。禮禮雖爲樂正四術之一。而周禮大司。徒以五禮防民之僞而教之中。五禮卽吉凶軍賓嘉。王制又謂司徒修六禮以節民性。此以事別之。爲冠昏喪祭鄉相見。六禮與五禮互通也。當時所教不出乎此矣。禮運曰。夫禮先王以承天之道。以治人之情。故失之者死。得之者生。詩曰。相鼠有體。人而無禮。人而無禮。胡不遄死。是故夫禮必本於天。殽於地。列於鬼神。達於喪祭射御冠昏朝聘。故聖人以禮示之。故天下國家可得而正也。此言禮本於天地。而爲人之所不可缺。故記又曰。禮者何也。卽事之治也。君子有其事必有其治。治國而無禮。譬猶瞽之無相與。倀倀乎其何之。譬如終夜有求於幽室之中。非燭何見。若無禮則手足無所措。耳目無所加。進退揖讓無所制。又曰。先王之立禮也。有本有文。忠信禮之本也。義理禮之文也。無本不立。無文不行。則禮非徒尚其文。又必有其本矣。論語曰。不學禮無以立。禮之關於踐履而爲教者如此。

四、樂教　虞書命夔典樂。教胄子。直而溫。寬而栗。剛而無虐。簡而無傲。詩言志。歌永言。聲依永。律和聲。八音克諧。無相奪倫。神人以和。此樂教之始也。樂雖起於皇古唐虞之際其教義可考至於三代。樂各有名。周則大司樂掌之。樂未有經。樂之所歌。卽是詩也。而聽其聲音可以觀德。樂記曰。凡音之起。由人心生也。人心之動。物使之然也。感於物而動。故形於聲。聲相應。故生變。變成方。謂之音。比音而樂之。及干戚羽旄。謂之樂。樂者音之所由生也。其本在人心之感於物也。是故其哀心感者。其聲噍以殺。其樂心感者。其聲嘽以緩。其喜心感者。其聲發以散。其怒心感者。其聲粗以厲。其敬心感者。其聲直以廉。其愛心感者。其聲和以柔。六者非性也。感於物而後動。是故先王愼所以感之者。故禮以道其志。樂以和其聲。政以一其行。刑以防其姦。禮樂刑政。其極一也。所以同民心而出治道也。又曰。樂者樂也。君子樂得其道。小人樂得其欲。以道制欲。則樂而不亂。以欲忘道。則惑而不樂。是故君子反情以和其志。廣樂以成其敎。樂行而民鄕方。可以觀德矣。德者性之端也。樂者德之華也。金石絲竹。樂之器也。詩言其志也。歌詠其聲也。舞動其容也。三者本於心。然後樂器從之。是故情深而文明。氣盛而化神。和順積中。而英華發外。唯樂不可以爲僞。蓋樂者以治人之情志。古者童而習之。內則云。十三學樂。誦詩。舞勺。成童。舞象。二十。舞大夏。保氏敎國子以六樂。鄭氏以爲六樂者。雲門、大咸、大韶、大夏、大濩、大武也。蓋童時習小舞。年二十。始敎六大舞也。禮樂二者相輔而行。故曰禮樂不可斯須去身。孔子曰。移風易俗。莫善於樂。其敎和通。爲體廣博。易良易化。人使從善也。

五、春秋敎　古者右史記事。是爲春秋。以天時紀人事。而其義可敎。故國語申叔時曰。敎之春秋。而爲之聳善而抑惡焉。以戒勸其心。是也。杜預春秋左氏傳序曰。春秋者。魯史記之名也。記事者以事繫日。以日繫月。以月繫時。以時繫年。所以紀遠近。別同異也。故史之所記。必表年以首事。年有四時。故錯舉以爲所記之名也。周禮有史官。掌邦國四方之事。達四方之志。諸侯亦各有國史。大事書之於策。小事簡牘而已。孟子曰。楚謂之檮杌。晉謂之乘。而魯謂之春秋。其實一也。韓宣子適魯。見易象與魯春秋。曰周禮盡在魯矣。吾乃今知周公之德與周之所以王。韓子所見。蓋周之舊典禮經也。周德既衰。官失其守。上之人不能使春秋昭明赴告策書。諸多記注。多違舊章。仲尼因魯史策書成文。考其眞僞。而志其典禮。上以遵周公之遺制。下以明將來之法。其教之所存。文之所害。則刋而正之。以示勸戒。其餘則皆卽用舊史。史有文質。辭有詳略。不必改也。又曰。其發凡以言例。皆經國之常制。周公之垂法。史書之舊章。仲尼從而修之。以成一經之通體。據杜說。則孔子以前之春秋。其記注悉稟周公之凡例。故義有可見。孔子所謂春秋教。殆指此也。杜說雖異公穀二家。然春秋早自爲教。載籍甚章。墨子亦見百國春秋。公羊稱長修春秋。並其證也。經解以屬辭比事爲春秋教。又云春秋之失亂。鄭注曰。屬猶合也。春秋多記諸侯朝聘會同。有相接之辭。罪辯之事。又曰。春秋習戰爭之事近亂。正義曰。春秋聚合會同之辭。是屬辭。比次褒貶之事。是比事也。卽所謂聳善抑惡。戒勸其心。以爲教者也。

已上所述。則西周以來。早立六藝之教。蓋文王演易。周公制禮作樂。輶軒陳詩。史官記言記事。雖遵前代聖王之制。而大備於周室矣。於是太卜掌易。太史外史掌書與春秋。太師掌詩。宗伯掌禮。大司樂掌樂。有官斯有學。學具於官。官守其書。禮樂詩書。以教國子。諸侯各邦。亦奉六藝爲典臬。官或不備。則以史官兼掌之。要以周公制作之績爲多。故章學誠謂六經皆周公舊典也。諸子中若管墨所稱六經。尚是周室之舊。（墨子稱詩書春秋多官中舊文管子言澤其四經注云詩書禮樂也）孔子加以修訂。而遂爲儒家之秘要。哲學之統宗矣。然則六藝之教。始於西周。而集成於孔子也。

第三章　儒家

第一節　孔子

（甲）孔子略傳

孔子名丘。字仲尼。魯人也。生於周靈王二十一年十一月。卽魯襄公二十二年。（西曆紀元前五五一）卒於周敬王四十一年四月。卽魯哀公十六年。（西曆紀元前四七九）年七十三。說者謂希臘蘇革拉第生於西曆紀元前四百七十三年。釋迦牟尼生於西曆紀元前五百五十七年。世界三大哲之生。其時並相去不遠云。孔子之長。嘗爲委吏而料量平。爲司職吏而畜蕃息。適周問禮老子。既反。弟子益進。昭公二十五年。孔子年三十五。適齊。景公不能用。遂行反魯。定公元年。孔子年四十三。季氏方僭於魯。陪臣陽虎作亂專政。孔子退居不仕。未幾。定公以孔子爲中都宰。一年而四方則之。遂爲司空。又爲大司寇。十年相定公會齊侯於夾谷。齊人歸魯侵地。十四年。孔子年五十六。攝行相事。誅少正卯。與聞國政三月。魯國大治。齊人歸女樂。季桓子受之。孔子行。乃適衞。如陳。過匡。匡人以為陽虎。拘之，既解。復還衞。去之陳。三歲反於衞。靈公不能用。復如陳。游於葉蔡楚衞之郊。至哀公十一年。始歸魯。於是孔子年六十八矣。然魯終不能用孔子。孔子亦不求仕。乃敘書傳禮記。刪詩正樂。晚而喜易序彖繫象說卦文言。弟子三千人。身通六藝者七十二人。十四年庚申。魯西狩獲麟。孔子作春秋。越二年卒。葬魯城北泗上。弟子皆服三年。三年心喪畢。相訣而去。亦有從冢而家者百有餘室。因命曰孔里。魯世世相傳以歲時奉祠孔子冢。而諸儒亦講禮鄉飲大射於孔子冢。史記孔子世家。謂孔子冢大一頃。故所居堂。後世因廟藏孔子衣冠琴車書。至於漢二百餘年不絕。太史公曰。詩有之。高山仰止。景行行止。雖不能至。然心鄉往之。余讀孔氏書。想見其為人。適魯觀仲尼廟堂車服禮器。諸生以時習禮其家。余祗回留之不能去云。天下君王至於賢人衆矣。當時則榮。沒則已焉。孔子布衣。傳十餘世。學者宗之。自天子王侯中國言六藝者。折衷於夫子。可謂至聖矣。雖然。豈獨十餘世而已哉。孔子至今七十餘世。而國人敬其苗裔。尊誦其書者。固未嘗少衰也。

孔子始終以斯道自任。以為天之所以命己。故棲棲皇皇。席不暇暖。哀道之不行。天下之不治。不敢自寧。所謂自西自東。自南自北。匍匐以救之者也。雖干七十二君。無所遇。而自信益篤。史記孔子世家。記孔子五十六歲。辭衞靈公。將適陳。過匡。顏刻為僕。以其策指之曰。昔吾入此。由彼缺也。匡人聞之。以爲魯之陽虎。陽虎嘗暴匡人。匡人於是遂止孔子。孔子狀類陽虎。拘焉五日。顏淵後。子曰。吾以汝爲死矣。顏淵曰。子在。回何敢死。匡人拘孔子益急。弟子懼。孔子曰。

文王既沒。文不在茲乎。天之將喪斯文也。後死者不得與於斯文也。天之未喪斯文也。匡人其如予何。

其自信如此。他書記孔子畏於匡之時。子路奮戟欲與匡人戰。孔子止之。以爲非修仁義者所爲。於是子路彈劍而歌。孔子和之。曲三終。匡人解圍而去。逼處險難而泰然自若。其稱天與斯文者。以爲己之一身所在。卽斯文所在。斯文所在。卽天意所在。匡人雖暴。固不能違天以害己也。蓋以儒教之興喪。決己身之存亡。而不以外物之相迫者。一少動其心焉。

又孔子去曹適宋。與弟子習禮大樹下。宋司馬桓魋欲殺孔子。拔其樹。孔子去。弟子曰。可以速矣。孔子曰。

天生德於予。桓魋其如予何。

包氏曰。天生德者。謂授以聖性。德合天地。吉無不利。故曰其如予何。此皆明一己之自信心。告弟子使勿恐。孔子平日謙遜。不以聖自居。一旦臨大患難。卽毅然自任。以爲天付我以斯文之重如此。天與我之德如此。必不足憂。其信心堅固。蓋積之於平日。故事至不惑不撼也。

孔子既受天之命。當此弘道救世之大任。自信其力必足以濟之。故不以世之毀譽憂患動其心。雖見所志不可施於今。而決然以爲可以垂敎萬世。所謂信道篤而自知明者。蓋古今一人而已。自孔子以來二千餘年。國姓改易殊體。而孔子之敎獨相承不墜。固由其敎義廣大無所不盡。抑亦其自信力之所持有以度越前聖矣。孔子當自表其信念之際。則呼天以自明。然孔子之所謂天。其義果何如者。是學者之所宜亟知也。凡宗敎家及哲學家殆無不言天者。孔子之言天。則有四種義。(一)就其主宰者言之。(二)就運命言之。(三)就形體言之。(四)就理言之。

(一)天之主宰者。宗敎家恆言之。蓋以天之威權位於世間之上。爲一切人物之宰制者也。詩書中多言此主宰之天。孔子既以天命斯文在己。故亦有稱天之主宰。以表其自信心者。如子見南子。子路不悅。夫子矢之曰。予所否者。天厭之。天厭之。此所謂天。卽主宰之天也。又嘆弟子及世人每不諒其所抱之眞意。曰。莫我知也夫。子貢曰。何爲其莫知子也。子曰。不怨天。不尤人。下學而上達。知我者其天乎。此信天爲人間之主宰。無所不知。故獨能知我也。又顏淵死。子哭之慟。曰。噫。天喪予。天喪予。顏子之喪。孔子一再呼天者。蓋信斯道之絕續。天實爲之。孔子本以一身任道統之重。而見可以傳道者。惟顏子一人。故顏子之喪。卽無異予喪。無異道喪也。其言天之主宰如此。

(二)運命之天者。亦與主宰之天略同。由天之主宰而賦於人者言之。故曰道之將行也與命也。道之將廢也與命也。又子夏曰商聞之矣。死生有命。富貴在天。然又稱孔子罕言命。何哉。蓋以窮達死生。當一聽天命。而人之所以爲人。則惟當各自勉盡其分義。不必復念其餘也。卽在天者委之於天。在人者必竭盡其力而後俟諸天命耳。

(三)天之形體者。如孔子曰。巍巍乎唯天爲大。唯堯則之。此言天之形體之廣大。以喻堯德也。子貢曰夫子之不可及也。猶天之不可階而升也。此喻天之形體之高高在上也。

(四)天之理者。如子貢曰夫子之言性與天道。不可得而聞也。此言天道卽是天之理。宋明學者每謂天卽理。蓋屬此種。

論語言天有上四種之義。爲後之言天者所不能外。而哲學家所論。多屬後之一種。蓋天者實不過吾人心理之表象。所謂宇宙卽是吾心。吾心卽是宇宙者。誠見其理之渾然一體者耳。宗教之尊者。與曠代之元哲。其心力自信。率勝恆人。則每見主宰之天焉。要卽自心之所發者也。釋迦曰。天上天下。唯我獨尊。耶穌自謂神子。孟子曰。夫天未欲平治天下也。如欲平治天下。當今之世。舍我其誰也。此豈矢口而徒言哉。人物同具此心。同具此理。旣見其普遍流行而不可易者。斯確然信其有以安身立命而不違矣。今於孔子之行事。僅述其略。而特致意於孔子之毅然以斯道自任。卽其所以與天地合德者。庶知所向往焉。

（乙）孔子之述作

孔子自稱述而不作。信而好古。子思中庸。則謂仲尼祖述堯舜。憲章文武。蓋孔子實集堯以來道術之大成。據舊有六藝。而刪定論述之。以立古今儒教之宗者也。子貢曰。夫子之文章。可得而聞也。蓋孔子博學於文。好古敏以求之。嘗問官於郯子。學琴於師襄。史記稱孔子之所嚴事。於周則老子。於衞蘧伯玉。於齊晏平仲。於楚老萊子。於鄭子產。於魯孟公綽。數稱臧文仲、柳下惠、銅鍉伯華、介山子。然孔子皆後之。不並世。既多識前言往行。先王羣聖人之道。正諸當世之賢哲。乃有述作之志。猶聘七十二國之君。自衞反魯。然後樂正。雅頌各得其所。於是敍詩書。贊易。作春秋。曰。吾欲垂之空文。不如見之行事之深切著明也。已不得行其道。託之空言而不敢辭。此孔子述作之微旨也。今析而論之。

一 易

易之起源。既述於前章。論語曰。子曰。加我數年。五十以學易。可以無大過矣。史記曰。孔子晚而喜易。序彖繫象說卦文言。讀易韋編三絕。曰。假我數年。若是我於易則彬彬矣。論語讖。孔子讀易。韋編三絕。鐵擿三折。蓋太卜所掌。本有三易。自孔子獨贊周易。而連山歸藏之學遂黜焉。故周易之傳。自孔氏也。孔子既作十翼。畢述古來易教之義。其遺說則散在易緯。後世言易之爲經。厥名實函三義。此疑本諸孔子。乾鑿度曰。易一名而函三義。所謂易也。變易也。

不易也。鄭玄依此作易贊及易論云。易一名而含三義。簡易一也。變易二也。不易三也。此皆出於繫辭。繫辭曰。乾坤其易之蘊耶。又云易之門戶耶。又云夫乾確然示人易矣。夫坤隤然示人簡矣。易則易知。簡則易從。此則簡易之謂也。又云爲道也屢遷。變動不居。周流六虛。上下無常。剛柔相易。不可爲典要。唯變所適。此則變易之謂也。又云天尊地卑。乾坤定矣。卑高以陳。貴賤位矣。動靜有常。剛柔斷矣。此言其張設布列。卽不易之謂也。此就易之一字。論其總義者矣。至於易之分爲上下二篇。或以文王所定。然亦孔子始說其義。乾鑿度云。孔子曰。陽三陰四。位之正也。故易卦六十四。分爲上下。而象陰陽也。夫陽道純而奇。故上篇三十。所以象陽也。陰道不純而偶。故下篇三十四。所以法陰也。乾坤者。陰陽之本始。萬物之祖宗。故爲上篇之始而尊之也。離爲日。坎爲月。日月之道。陰陽之經。所以始終萬物。故以坎離爲上篇之終也。咸恆者。男女之始。夫婦之道也。人道之興。必由夫婦。所以奉承祖宗。爲天地之主。故爲下篇之始而貴之也。旣濟未濟爲最終者。所以明戒愼而全王道也。孔子旣通古者易敎之義。於是論其總名。及其分篇之義。以敎學者。而復自爲十翼附之。十翼之辭。孔子所作。先儒更無異論。但數十翼亦有多家。旣文王易經本分爲上下二篇。則區域各別。彖象釋卦。亦當隨經而分。故鄭學之徒。其數十翼。以爲上彖一。下彖二。上象三。下象四。上繫五。下繫六。文言七。說卦八。序卦九。雜卦十。是也。今人有謂卦詞爻詞。並孔子作。古無其證。未敢漫同。故仍依舊說。以孔子但作十翼也。

孔子既作十翼。易道大明。商瞿已下。傳授不絕。漢儒林傳云。自魯商瞿子木受易孔子。以授魯橋庇子庸。子庸授江東馯臂子弓。子弓授燕周醜子家。子家授東武孫虞子乘。子乘授齊田何子裝。漢興易諸師。皆出田何。田何之門有王同、周王孫、服生、王同之門有楊何、即墨成、孟但、周霸、主父偃等。丁寬之門有田王孫。田王孫之門。有施讎、孟喜、梁丘賀。孟喜之門。有焦延壽、京房。於是漢時施、孟、梁丘、京氏之易。皆列於學官。然漢易已多與古易異趣。又當時民間有費直高相二家之易。至魏王弼何晏。釋易頗雜以道家之說。而隋唐間獨弼注盛行。至宋程伊川易傳。則畧於象數。而詳於理。清世又復稍有治漢易者。此自來易學變遷之畧也。

二　尚書

尚書緯曰。孔子求得黃帝玄孫帝魁之書。迄於秦穆公。凡三千二百四十篇。斷遠而定近。可以爲世法者百二十篇。以百二篇爲尚書。十八篇爲中候。論衡須頌篇曰。古之帝王。建鴻德者。須鴻筆之臣。褒頌紀載。鴻德乃彰。萬世乃聞。問說書者。欽明文思以下。誰所言也。曰。篇家也。篇家誰也。孔子也。然則孔子鴻筆之人也。自衞反魯。然後樂正。雅頌各得其所也。鴻筆之奮。蓋斯時也。或問尚書曰。尚者上也。上所爲。下所書也。下者誰也。曰。臣子也。然則臣子書上所爲矣。然則孔子敘書。雖據舊史之文。不惟有所去取。據王充之說。則卽所取之篇。亦多所刋定。故以爲出孔子之鴻筆也。經秦焚書。百篇者已不存。漢文時。聞濟南伏生。故秦博士。治尙書。年九十餘。使晁錯從而受之。得二十八篇。卽今文尙書是也。其中盤庚分三篇。又割顧命爲康王之誥篇。武帝時得泰誓三篇。合三十四篇。伏生之學。傳張生歐陽生。張生傳爲大夏侯小夏侯之學。與歐陽氏學。共傳今文尙書。

古文尙書者。魯共王治宮室。壞孔子舊宅。於複壁中得尙書五十八篇。皆科斗文。科斗者。春秋時所用古文之一種。其形類科斗。故名。博士孔安國。以今文讀之。上之於朝。會遭巫蠱事。不得立於學官。藏在祕府。其後値晉永嘉之亂。遂致淪散。及東晉元帝時。豫章內史梅賾者。稱得古文尙書以獻。至是古文今文並行。唐與陸德明據古文作釋文。孔穎達奉勅爲古文尙書孔傳作疏。而古文益爲世所信矣。宋吳棫始疑之。朱子亦以今古文不類。元吳澄作書纂言。獨爲今文作釋。明梅鷟始參考諸書。以證古文之僞。然猶多所未融。淸閻若璩博學多識。爲古文尙書疏證八卷。條分件繫而辨正之。於是古文尙書之僞。炳然不可掩矣。

三　詩

史記曰。古者詩三千餘篇。及至孔子。去其重。取可施於禮義。上采契后稷。中述殷周之盛。至幽厲之缺。始於衽席。故曰關雎之亂。以爲風始。鹿鳴爲小雅始。文王爲大雅始。淸廟爲頌始。三百五篇。孔子皆絃歌之。以求合韶武雅頌之音。鄭玄商頌譜序曰。當宣王大夫正考父者。

校商之名頌十二篇於周太師。以那爲首歸以祀其先王。孔子錄詩之時。則得五篇而已。按孔子刪詩所據者三千餘篇。又承其祖正考父之學。故敍商頌五篇。周詩三百六篇。其小雅笙詩六篇本有聲無辭。共得三百五篇。後人以其六篇之辭亡而補之者非也。

古者本以溫柔敦厚爲詩之教。及孔子定詩三百篇而又總其義曰。詩三百。一言以蔽之曰思無邪。蓋嘗教人學詩曰。不學詩。無以言。又曰。詩可以興。可以觀。可以羣。可以怨。邇之事父遠之事君。多識於鳥獸草木之名。六義雖自古有之。然錄四詩爲四始。其義自孔子。故史公特著之。子夏大序曰。一國之事。繫一人之本。謂之風。言天下之事。形四方之風。謂之雅。雅者正也。言王政之所由廢興也。政有小大。故有小雅焉。有大雅焉。頌者美盛德之形容以其成功告於神明者也。是謂四始。詩之至也。鄭玄答張逸云。四始者風也。小雅也。大雅也。頌也。此四者。人君行之則爲興。廢之則爲衰。又箋云。始者王道興衰之所由。故正義以此四者是人君興廢之始。故謂之四始也。然四始所說。亦有不同。詩緯汎歷樞云。大明在亥。水始也。四牡在寅。木始也。嘉魚在巳。火始也。鴻雁在申。金始也。按齊詩用此說。詩之義。又有五際六情。正義曰。鄭作六藝論。引春秋緯演孔圖云。詩含五際六情者。鄭以汎歷樞云。午亥之際爲革命。卯酉之際爲改正。辰在天門。出入候聽。卯。天保也。酉。祈父也。午。采芑也。亥。大明也。然則亥爲革命。一際也。亥又爲天門出入候聽。二際也。卯爲陰陽交際。三際也。午爲陽謝陰興。四際也。

酉爲陰盛陽微五際也。其六情者。則春秋云喜怒哀樂好惡是也。四始爲詩義之最著者。五際六情。亦當是孔氏之遺說與。

孔子以詩傳子夏。至漢興而有三家詩。曰齊詩。曰韓詩。曰魯詩是也。韓詩者燕人韓嬰所傳。有韓詩內外傳。今惟存外傳。魯詩魯申培所傳。齊詩齊人轅固生所傳。三家詩並立博士。又大毛公爲河間獻王博士。大毛公毛亨。小毛公毛萇。並齊韓魯共有四家。今惟毛詩章句具存。三家詩亡。後雖有掇拾之者。其義不能什一。

四　春秋

孟子嘗曰。世衰道微。邪說暴行又作。臣弒其君者有之。子弒其父者有之。孔子懼。作春秋。春秋天子之事也。是故孔子曰。知我者其惟春秋乎。罪我者其惟春秋乎。史記曰。子曰。弗乎弗乎。君子病沒世而名不稱焉。吾道不行矣。吾何以自見於後世哉。乃因史記作春秋。上自隱公。下訖哀公十四年。據魯親周故殷。運之三代。約其文而指博。故吳楚之君自稱王。而春秋貶之曰子。踐土之會實召周天子。而春秋諱之曰天王狩於河陽。推此類以繩當世。貶損之義。後有王者舉而開之。春秋之義行。則天下亂臣賊子懼焉。孔子在位聽訟。文辭有可與人共者。弗獨有也。至於爲春秋。筆則筆。削則削。子夏之徒不能贊一詞。又曰。春秋上明三王之道。下辨人事之紀。別嫌疑。明是非。定猶豫。善善惡惡。賢賢賤不肖。存亡國。繼絕世。補敝起廢。

王道之大者也。撥亂世反之正。莫近於春秋。漢書藝文志曰。周室既微。載籍殘缺。仲尼思存前聖之業。乃稱曰。夏禮吾能言之。杞不足徵也。殷禮吾能言之。宋不足徵也。文獻不足故也。足則吾能徵之矣。以魯周公之國。禮文備物。史官有法。故與左丘明觀其史記。據行事。仍人道。因興以立功。就敗以成罰。假日月以定歷數。藉朝聘以正禮樂。有所褒諱貶損。不可書見。口授弟子。弟子退而異言。丘明恐弟子各安其意。以失其眞。故論本事而作傳。明夫子不以空言說經也。春秋所貶損大人當世君臣。有威權勢力。其事實皆形於傳。是以隱其書而不宣。所以免時難也。及末世口說流行。故有公羊穀梁鄒夾之傳。四家之中。公羊穀梁立於學官。鄒氏無師。夾氏未有書。按春秋雖據舊史。然起自隱公。終於獲麟。二百四十年。其褒貶義法。皆出自孔子。所謂文成數萬。其指數千。蓋人道之標準。而倫理之極則也。今傳春秋。有左氏穀梁公羊三傳。左氏傳左丘明作。穀梁傳穀梁俶撰。俶字元始。一名赤。受春秋於子夏。公羊傳公羊壽撰。齊人胡毋子都助成其業。壽漢景帝時人。初子夏傳春秋於公羊高。高傳其子平。平之子地。地之子壽。皆父子相傳。壽始筆之於書。三傳義互有異同。而國語亦稱春秋外傳。漢志錄國語二十一篇於春秋後。注云左丘明著。說者謂丘明既爲春秋作傳。復集其高言善論。別爲國語也。

五　禮

史記言書傳禮記自孔氏。今傳禮經十七篇。卽儀禮也。雖周公之遺。然當時或不止此數而孔子刪定。或孔子有所增補。雜記曰。恤由之喪。哀公使孺悲之孔子學士喪禮。士喪禮於是乎書。宜卽在今禮經中者矣。則孔子不僅次定舊文。而並有所自書之禮存焉。周禮亦周公致太平之書。然最晚出。漢時謂之周官經。或云河間獻王時。李氏上周官五篇。缺冬官一篇。以考工記補之。王莽時始立學官。後世以儀禮周禮禮記。並號三禮。禮記者。戴德刪古禮記二百四十篇爲八十五篇。名大戴禮。戴聖復刪爲四十六篇。爲小戴禮。馬融復增益三篇。合爲四十九篇。今所行禮記。卽小戴記也。其中固多七十子之徒之遺說。如樂記取公孫尼子。中庸取子思子。月令取呂覽等是也。漢書藝文志曰。漢興魯高堂生傳士禮十七篇。（卽儀禮）訖孝宣世后倉最明。戴德戴聖慶普皆其弟子。三家立於學官。禮古經者。出於魯淹中。及孔氏學七十篇。文相似多三十九篇。及明堂陰陽王史氏記。所見多天子諸侯卿大夫之制。雖不能備。猶瘉倉等推士禮而致於天子之說。今禮古經不可見。獨有儀禮十七篇。大戴記中有曾子十篇。而三朝記七篇。劉向以爲是孔子對哀公所作。小戴記之大學中庸。宋儒別出與論孟並行。以爲大學是孔氏之遺書也。（漢志記百三十篇。然每篇仍有別行者。如所錄中庸說二卷。及蔡邕有月令章句。並不必合於禮記也。）

孔子曰。不學禮。無以立。孔門之教。以詩禮並稱。禮尤爲倫理之專書。而記所載則有兼明天地陰陽禮之本原者。欲詳儒教之義。必求之於禮也。

六 論語

漢志曰。論語者。孔子應答弟子時人及弟子相與言而接聞於夫子之語也。當時弟子各有所記。夫子既卒。門人相與輯而論纂。故謂之論語。論語有魯論齊論古論三種。魯論二十篇。齊論視魯論多問王知道二篇。其二十篇中章句頗多於魯論。古論者。出孔子壁中。分子張爲二篇。其一篇名從政。故有二十一篇。次第與齊魯同。漢興。傳齊論者。王吉、宋畸、貢禹、五鹿充宗、膠東庸生。唯吉名家。傳魯論語者。龔奮、夏侯勝、韋賢、魯扶卿、蕭望之、張禹。皆名家。

論語記孔子之言行。略已備矣。實儒家之秘要。道義之準的也。太史公作孔子世家。全取論語。蘇子瞻荀卿論有曰。嘗讀孔子世家。觀其言語文章。循循然莫不有規矩。不敢放言高論。言必稱先王。然後知聖人憂天下之深也。茫乎不知其畔岸而非遠也。浩乎不知其津涯而非深也。其所言者。匹夫匹婦之所共知。而所行者。聖人有所不能盡也。嗚呼。是亦足矣。此雖言孔子世家。實無異贊論語也。

七 孝經

孝經。古者皆以爲出於孔子。其後乃多異說。孝經緯鉤命決曰。子曰。吾志在春秋。行在孝經。（太史公亦嘗引此二語）孔子在庶。德無所施。功無所就。志在春秋。行在孝經。以春秋屬商。孝經屬參。又史記仲尼弟子列傳。曾參。南武城人。孔子以爲能通孝道。故授之業而作孝經。漢書藝文志曰。孝經者。孔子爲曾子陳孝道也。夫孝天之經。地之義。民之行也。舉大者言。故曰孝經。白虎通曰。孔子已作春秋。後作孝經。此皆以孝經爲孔子所作者也。僞孔安國孝經序以孝經爲曾子作。宋司馬光以爲孔子與曾子論孝。而門人筆之。謂曰孝經。胡寅則以爲曾子之門人所作。晁公武明丘濬等從之。要此皆後人臆說。無其明證。仍當是孔氏之遺書耳。隋書經籍志謂孝經秦火時。爲河間顏芝所藏。漢初芝子貞出之。其書漢代通行。寫以隸字。故謂之今文。今文孝經一篇十八章。有鄭玄註。古文孝經。魯共王壁中所得。其字爲蝌蚪古文。故謂之古文孝經。命孔安國讀之。漢志。孝經古孔氏一篇二十二章。班固自註。劉向曰。古文字也。庶人章分爲二。曾子敢問章爲三。又多一章。凡二十二章。其多一章者。閨門章也。桓譚謂古今文異者四百餘字。孔傳異說甚多。唐玄宗用今文自作註解。頒行天下。所謂御註是也。御註行而孔鄭二家傳習者希。漢時長孫氏、江翁、台倉、翼奉、張禹。並傳孝經。吾國向重孝道。堯舜之道。孝弟而已。孝經則言孝之專書也。

(丙)孔子之學說

一　仁說

孔子之教。以仁爲本。所謂吾道一以貫之者。殆謂仁也。易教雖以仁義配陰陽。而古書始用仁字者。莫先於尚書。金滕曰。予仁若考。能多材多藝。是周公之詞也。偽古文仲虺之誥有克寬克仁之語仁於六書中爲會意字。從人二。其總義以對於人而能盡其愛爲始。故愛是仁之本義。其餘諸義皆自愛孳生者也。春秋之末。世方務戰而好殘。近於不仁之甚。孔子以撥亂濟人之志。乃揭出仁字以正之。蓋凡釋氏之慈悲。耶穌之博愛。墨翟之兼愛。雖其爲愛不同。而未有不出於仁之一念焉。則仁之爲義大矣。今略舉昔賢言仁之最著者。如莊子天地篇曰。愛人利物之謂仁。鄭玄曰。仁者愛人以及物。說文曰。仁者親也。韓愈曰。博愛之謂仁。周濂溪曰。德愛曰仁。程明道曰。仁者以天地萬物爲一體。李延平曰。仁者當理而無私心。朱子曰。仁者心之德愛之理。又曰。仁者無私心而合天理之謂。自以上諸語觀之。仁之主於愛可知矣。孔子不敢以仁自居。弟子三千。度無不求仁者。仲弓子路冉求公西華。皆孔門高弟。而不輕許以仁。顏回庶幾之材。亦僅稱其三月不違仁而已。蓋仁之難也如是。故凡有問仁者。孔子多答以仁之一體。至於仁之全德。誠有不易形容者。孔子終身以仁爲志。見仁德之廣大。惟天足以擬之。而非世間語言文字之所能盡。故曰。予欲無言。又曰。天何言哉。四時行焉。百物生焉。天何言哉。此眞孔子有契於仁之本體之時。而喟然有動於詞者也。既以仁德畜於己躬。有道大莫容之嘅。乃曰。莫我知也乎。又曰。知我者其天乎。喻我身已達於天人合一之聖境。則知我者亦惟天而已。於是悟宇宙之眞理。得人生之眞義。廓然大公。物來順應。造次舉措。不達於仁故曰從心所欲不踰矩。斯仁之極至而聖功之大成也。孔子之所謂仁者如此。

夫人之爲人本於天。惟能仁者乃全其所以爲天全其所以爲人。故仁者乃最高之理性。能仁者乃最高之人格也。然如何而後可以達於仁。孔門所求惟此一事。徵諸孔子平日所以敎人者多務實踐而不務空言。公明高讀書三年。曾子敎之學言動是也。以近世心理學言之。心之作用有知情意三種。而仁者之存心。必不偏於知不偏於情不偏於意。孔子嘗論知仁勇爲三達德。正可當心理上之知情意。情主仁意主勇然知勇之二德。又無非自仁之一德之全體而分之者也。孔子備此三德而後能仁。弟子之中。於三德往往有所偏。不能無憾。此孔子所以不以仁輕許之也。稱子貢之智曰。賜不受命而貨殖焉。億則屢中。稱顏淵之仁曰。三月不違仁。稱子路之勇曰。由也好勇過我。三子者雖各有其德。顏淵尤爲近之。要未能會三德而爲一。亦其材有所限矣。孔子獨能兼三德合智勇以爲仁。是以賢如顏淵。猶不得不發鑽堅仰高之嘆。而宰我子貢有若之倫。以爲生民以來未有也。

孔子敎諸弟子。恆欲使之進於仁道。今雜舉論語中孔子言仁者如下。

聖爲學者至極之名。而孔子嘗以聖與仁並稱。子貢曰。如有博施於民而能濟衆。何如。可謂仁乎。子曰。何事於仁。必也聖乎。堯舜其猶病諸。邢昺解何事於仁謂不啻於仁也。蓋博施濟衆爲仁。固無待言。惟其事則聖如堯舜。尚或病之耳。又自謙不敢仁聖之號。曰。若聖與仁則吾豈敢。抑爲之不厭。誨人不倦。則可謂云爾已矣。

孔子告顏淵。獨示仁之最大之義。顏淵問仁。子曰。克己復禮爲仁。一日克己復禮。天下歸仁焉。爲仁由己。而由人乎哉。顏淵曰。請問其目。子曰。非禮勿視。非禮勿聽。非禮勿言。非禮勿動。顏淵曰。回雖不敏。請事斯語矣。又論禮樂以仁爲本曰。人而不仁如禮何。人而不仁如樂何。又曰。志於道。據於德。依於仁。游於藝。蓋仁與道與德與藝。並吾人所以安身立命之具也。

孔子於古之人。而稱其仁者。不過伯夷、叔齊、微子、箕子、比干、管仲數人。論語冉有曰。伯夷叔齊何人也。孔子曰。古之賢人也。怨乎。曰。求仁而得仁。又何怨。又曰。微子去之。箕子爲之奴。比干諫而死。孔子曰。殷有三仁焉。又子貢曰。管仲非仁者與。桓公殺公子糾。不能死。又相之。子曰。管仲相桓公。霸諸侯。一匡天下。民到於今受其賜。微管仲。吾其被髮左衽矣。豈若匹夫匹婦之爲諒也。自經於溝瀆。而莫之知也。此數子者。其所以爲仁雖不同。而孔子以其行皆有契於仁者也。

蓋仁者用之於身。則有善而無惡。用之於國。則澤厚而利溥。故曰。苟志於仁矣。無惡也。又曰。惟仁者能好人。能惡人。惟仁人始無惡。又好惡得其平耳。又曰。如有王者。必世而後仁。王者行仁政三十年。則民無不被其實惠者也。於是乃言人當以仁爲己任。曰。當仁不讓於師。又曰。君子去仁。惡乎成名。君子無終食之間違仁。造次必於是。顛沛必於是。又恐人以仁爲難能。曰。仁遠乎哉。我欲仁。斯仁至矣。又曰。有能一日用其力於仁矣乎。我未見力不足者。又以水火喻仁。見仁爲安平可由之道。曰。民之於仁也。甚於水火。水火吾見蹈而死者矣。未見蹈仁而死者也。

又論仁智勇三德之關係。曰。知者不惑。仁者不憂。勇者不懼。又曰。君子道者三。我無能焉。仁者不憂。知者不惑。勇者不懼。子貢曰。夫子自道也。又曰。知者樂水。仁者樂山。知者動。仁者靜。知者樂。仁者壽。又曰。仁者必有勇。勇者不必有仁。又曰。仁者安仁。知者利仁。樊遲問知。子曰。務民之義。敬鬼神而遠之。可謂知矣。問仁。子曰。仁者先難而後獲。可謂仁矣。樊遲問仁。子曰。愛人。問知。子曰。知人。又曰。知及之。仁不能守之。雖得之。必失之。蓋仁與智勇雖並立爲三德。然仁可以兼智勇。智勇不能兼仁。故仁爲全德之名也。

又論仁兼恭敬忠恕之義。樊遲問仁。子曰。居處恭。執事敬。與人忠。雖之夷狄。不可棄也。仲弓問仁。子曰。出門如見大賓。使民如承大祭。己所不欲。勿施於人。在邦無怨。在家無怨。此並言仁之一體。然亦有近似於仁而未至者。不可不辨。子曰。剛毅木訥近仁。近仁者。非即仁也。憲問曰。克伐怨欲不行焉。可以爲仁矣。子曰。可以爲難矣。仁則吾不知也。

論語又載孔子論仁與恭寬信敏惠之關係。曰。子張問仁於孔子。孔子曰。能行五者於天下。爲仁矣。請問之。曰。恭寬信敏惠。恭則不侮。寬則得衆。信則人任焉。敏則有功。惠則足以使人。

又論仁與訒之關係曰。司馬牛問仁。子曰。仁者其言也訒。其言也訒。斯謂之仁矣乎。子曰。爲之難。言之得無訒乎。又論殺身成仁曰。志士仁人。無求生以害仁。有殺身以成仁。然人之所以能成其仁。尤不可不好學。故曰。好仁不爲學。其蔽也愚。孔子言仁最多。茲僅就論語。掇其最要者而已。

綜而論之。則仁也者。實爲天理之至純。而可以總括人心之全德者也。程明道謂仁者以天地萬物爲一體。朱子謂仁者無私心而合天理之謂。此最善言仁之本體。深有得於孔子之旨。通觀孔子平日所言及所定五經中所有諸德。殆無不在仁之中。曰誠。曰敬。曰恕。曰忠。曰孝。曰愛。曰知。曰勇。曰恭。曰寬。曰信。曰敏。曰惠。曰慈。曰親。曰善。曰溫。曰良。曰儉。曰讓。曰中。曰庸。曰恆。曰和。曰友。曰順。曰禮。曰齊。曰莊。曰肅。曰悌。曰剛。曰毅。曰貞。曰諒。曰質。曰直。曰廉。曰潔。曰決。曰明。曰聰。曰清。曰謙。曰柔。曰愿。曰正。曰睿。曰義。皆仁體中所包之德也。故仁者衆德之統。萬善之源。凡修齊治平之道。莫非仁之用。而仁義禮智信五常。尤儒家爲敎之要綱。其實五者總是一仁。程明道識仁篇。謂義禮智信亦仁是已。自孔子以來。仁之爲德。其意義最爲廣大也。

二 性說

性善惡論。爲中國倫理上之一大事。自孟子以來。其辨說者衆矣。論語稱孔子罕言性與天道。蓋性之本固難言也。然孔子言性。固有可徵者。誠後世性說之淵源也。今先述六藝中詩書等言性之意。乃及孔子之性說焉。

詩曰。天生蒸民。有物有則。民之秉彝。好是懿德。此言天之生人。有是物必有是則。自四體之微。以至父子夫婦長幼朋友之序。無非物也。卽無不有法焉。以處之。視之明。聽之聰。貌之恭。言之順。父子之親。夫婦之別。長幼之相敬。朋友之相信。皆是斯民所執之常性。而其心所好之美德也。故孔子讀詩至此而贊之曰。爲此詩者。其知道乎。故有物必有則。民之秉彝也。故好是懿德。孟子又引孔子之說此詩。以爲性善之證。然則蒸民之詩。是性善說之源也。

虞書皋陶謨曰。天敍有典。勅我五典五惇哉。天秩有禮。自我五禮有庸哉。此言典禮諸作尊之具。皆天因我之常性而敍之秩之耳。是亦近於性善說者也。

此外言性善者。如左傳劉康公曰。吾聞之。民受天地之中以生。所謂命也。是以有動作禮義威儀之則。以定命也。能者養之以福。不能者敗以取禍。此言人稟天地中和之氣以生。中和之氣。卽至善之氣。故知謂性善也。易繫辭曰。一陰一陽之謂道。繼之者善也。成之者性也。詩書言性善。皆推其詞意而知之。此始揭出善字。其意以一陰一陽爲天地萬物生成之道。其流行造化。無非善也。更進而言之。則天地以生生爲道。繼此生生之理者。卽是善。善莫大於施生萬物。天以此善心生之。人又萬物中之至靈者。繼此生生之善心。而凝成以爲性。夫安有不善者哉。又樂記曰。人生而靜。天之性也。感於物而動。性之欲也。此亦有性善意。蓋人性方未接於事物。至靜純善。動而後有不善。此略近道家虛靜之說。要皆性善論所本也。繫辭樂記。雖出孔氏。疑此數語。是古有其說。

僞古文尚書中。其言多有涉及性者。疑亦本古說。在昔學者。頗多引用之。今亦畧著一二於此。湯誥曰。惟皇上帝。降衷於下民。若有恆性。克綏厥猷惟后。降衷二字。雖未明言性善。然言民有恆性。則其初所降之衷。（衷即中也）本無偏倚。而具有仁義禮智信之理。既生以後。或不無淸濁純雜之異。故君人者。仍順其恆性而綏之也。太甲篇。伊尹曰。茲乃不義。習與性成。此言常習爲不義。則漸變其本性而爲惡人。上一則言性善。此則言善性可變爲惡性也。惟仲虺之誥曰。惟天生民有欲。無主乃亂。惟天生聰明時乂。此言民生而有利欲。須有聰明之君治以禮義。獨偏近性惡說。僞古文之出尙早。其時多有古書。不知所據者是否上古成說。要已上並古代論性之畧可考者也。

歐陽修作性辨。以六經未嘗言性。皆論其切於人事者。即偶有一二言性。然非主性以爲言也。今復列孔子以前論性之說者。以人性之於倫理。爲後世辨說之林。故不得不索其源。詩書易禮之遺說。雖經孔子刪定。然當時六藝本自爲教。則在於六藝者。固難直據爲孔子之言。故雖繫辭樂記之說。以附在六藝。並先述於此焉。

詩書易之爲敎。旣皆略有性善之義。惟其說不詳。孔子固未質言性善。今就論語考之。亦有數條可證孔子對於人性之意見。今述之如下。

(一)孔子曰有敎無類。其意蓋人無不可敎者。則卽此可證人性之同。雖未明言善惡爲何等。然無論何人。皆可依敎育變化。固不可謂非其始之本善也。

(二)孔子曰。人之生也直。罔之生也幸而免。此與書之天敍天秩。詩之秉彝。易之繼善諸語略同。蓋人禀天地粹然之氣而生。故全乎至善。無一毫之邪。程子曰。生理本直。罔不直也。而亦生者幸而免爾。

(三)子曰中人以上。可以語上也。中人以下。不可以語上也。上二則似論性善。此則略異。近於性三品之說。荀悅分人之材性爲九等。惟中人可移。蓋本諸此也。

(四)子曰性相近也。習相遠也。又曰。唯上智與下愚不移。此與上一條之意略同。並爲三品說所祖。然推其始之相近者。謂之性。則天所賦。人所受。初未有善惡之分也。及化於習而後有善惡。此彌爲探本窮源之論矣。

(五)子曰苟志於仁矣。無惡也。此語亦有引爲性善之證者。如云仁卽人心。常存此心。卽惺然烱然。常明常覺。惡根斷絕。蓋仁爲至善之德。而固有於人人之心中。自非自暴自棄者。但一志乎此。便無復有惡。此亦可推性之本善也。

綜以上數端。孔子論性之意可見。或疑於有敎無類之說。與智愚不移之義。難以並立。蓋無類者喻敎化之常理。不移者實氣稟之變格。觀其始之相近。而卒以相遠者。可以明矣。後人皆因孔子所言。若有未詳。各衍以己所見立性說。莫不原於孔子之意云。

三　德治論

孔子祖述堯舜。憲章文武。非僅欲垂之空文。實欲以其道施之天下。中國之論政治。古有德治法治二種。孔子則純然以德治爲本者也。今就論語徵之。

季康子問政於孔子。孔子對曰。政者正也。子帥以正。孰敢不正。此釋政字之意義。與正相同。故以正帥人。爲爲政之根本。天下人人皆出於正。斯德治之極軌矣。故尤注重於行政者之一身。嘗曰。其身正。不令而從。其身不正。雖令不行。又曰。苟正其身矣。於從政乎何有。不能正其身。如正人何。然則孔子之政治主義。一切不任權謀術數可知也。雖啟自來儒者迂闊之談。而揆以春秋之義。則從政者皆能正身。亂臣賊子。自絕跡於世。當時王道不行。在上者皆橫暴殘賊。故孔子作爲是說與。

於是揭出德字爲政治之標準。亦正身之標準。其言曰。爲政以德。譬如北辰。居其所而衆星拱之。一行德治。如北辰爲衆星所拱。即子帥以正。孰敢不正之義也。又曰。道之以政。齊之以刑。民免而無恥。道之以德。齊之以禮。有恥且格。蓋與德治相反者爲刑名法術之治。故於此章非之。以見孔子之所以爲治。異乎商鞅韓非之所以爲治也。

四　忠恕

孔子平生所常言者。莫大於仁。而其告曾子曰。吾道一以貫之。曾子以爲夫子之道。忠恕而已矣。是忠恕又孔子一貫之道也。宋儒謂中心爲忠。如心爲恕。此就其本字分析以解其義。要之二字皆所以明盡己心之誠者也。稱忠已足。廣之則爲忠恕忠信忠愛等語。蓋畢盡其誠而無餘者。卽是忠也。隨所施而立名耳。忠恕義較大。故曾子謂爲夫子一貫之道。今先言忠之爲立身根本者。次述忠恕忠信等義。孔子曰。言思忠。蓋與人交際之始。莫先於出言。言而能誠。乃可推之他事。樊遲問仁。子曰。居處恭。執事敬。與人忠。雖之夷狄。不可棄也。此可見忠爲交際之要道。恭敬以處己。而忠以待人。雖仁不啻矣。然又有全忠之道焉。子貢問友。子曰。忠告而善道之。不可則止。無自辱焉。則與人雖忠。有適可而止之義。又恐人之交友。徒暱於其友。而不知道之以正也。是不得爲忠。故曰。愛之能勿勞乎。忠焉能勿誨乎。曾子親傳孔子忠恕之道。每日嘗以忠自省。曰。吾日三省吾身。爲人謀而不忠乎。與朋友交而不信乎。傳不習乎。故忠爲社會倫理之達道。卽對人以誠心是也。而對於國家。亦當效忠。孔子曰。志士仁人。無求生以害仁。有殺身以成仁。又曰。見危授命。此皆喻效忠於國。後世忠勇忠義忠烈之稱。蓋出乎此。當時國家與政府之區別未明。故或效忠於政府之一人。亦謂之忠。孔子嘗亟辨之。定公問君使臣。臣事君。如之何。孔子對曰。君使臣以禮。臣事君以忠。尹氏曰。君臣者以義合者也。故君使臣以禮。則臣事君以忠。蓋使臣以禮包括家國之事。爲國家之事。乃可責臣以盡忠也。當時在上位者。亦患民之不忠。季康子問使民敬忠以勸。如之何。子曰。臨之以莊則敬。孝慈則忠。舉善而教不能則勸。朱子註謂孝於親慈於衆。則民忠於己。蓋行政者能自盡其孝慈於己。然後可以忠望於民矣。

忠恕雖爲孔子一貫之道。而自曾子之言外。論語罕並舉之。中庸引孔子曰。忠恕違道不遠。施之己而不願。亦勿施於人。蓋忠以盡己。恕以待人。以己之心。度人之心。則人己交盡。處世之達道也。論語又多以忠信並舉者。彙錄如下。

子曰。主忠信。無友不如己者。過則勿憚改。

子以四教。文行忠信。

子曰。十室之邑。必有忠信如丘者焉。不如丘之好學也。

子張問崇德辨惑。子曰。主忠信。徙義。崇德也。愛之欲其生。惡之欲其死。既欲其生。又欲其死。是惑也。

子張問行。子曰。言忠信。行篤敬。雖蠻貊之邦行矣。言不忠信。行不篤敬。雖州里行乎哉。立則見其參於前也。在輿則見其倚於衡也。夫然後行。子張書諸紳。

忠與信雖各爲德之名。而並舉之則有相關之義。孔子言主忠信者凡再。蓋對社會之倫理。莫大於忠。忠信兼盡。方爲吾人待人之道也。

五　孝弟

儒教倫理。始於孝弟。蓋德之化人。必由近而及遠。故當自身心以推而達之家國天下也。於是孔子以家庭道德爲治國平天下之根本。而孝弟又家庭道德之根本也。論語或謂孔子曰。子奚不爲政。子曰。書云孝乎。惟孝友於兄弟。施於有政。是亦爲政。奚其爲爲政。又曰。弟子入則孝。出則弟。今析孝之內容。孔子所論者有三種。一曰服從。二曰養志。三曰幾諫。

(一)服從。論語。子曰。父在觀其志。父沒觀其行。三年無改於父之道。可謂孝矣。孟懿子問孝。子曰。無違。樊遲御。子告之曰。孟孫問孝於我。我對曰無違。樊遲曰。何謂也。子曰。生事之以禮。死葬之以禮。祭之以禮。漢魏學者於無違二字。不加訓釋。以其義自瞭也。蓋無違父之志。卽服從之義云爾。且孔子又申之曰。生事之以禮。死葬之以禮。祭之以禮。此皆無違之事矣。而三年無改父道。亦當含在無違之中。故曾子曰。孟莊子之孝也。其他可能也。其不改父之臣與父之政。是難能也。蓋無違之義。通於死生。生當服從其命。沒猶當服從其志。乃謂之孝。觀曾子所述。則孔子所謂三年無改者。本義如此。惟在封建時代。卽無故不改臣改政。或不害事。秦漢以降。則勢有所不行。於是皇侃論語義疏爲之辭曰。或問曰。若父政善。則不改爲可。

若父政惡。惡教傷民。寧可不改乎。答曰。本不論父政之善惡。自謂孝子之心耳。若人君風聲之惡。則冢宰自行政。若卿大夫之心惡。則其家相邑宰自行事。無關於孝子也。皇侃之說。要是新解。朱子集註亦謂無違是無背於理。至於孔子本義。似是推盡孝當服從之意而言耳。

(二)養志 論語孟武伯問孝。子曰。父母唯其疾之憂。子游問孝。子曰。今之孝者。是謂能養。至於犬馬。皆能有養。不敬何以別乎。子夏問孝。子曰。色難。有事弟子服其勞。有酒食先生饌。曾是以爲孝乎。已上言能孝者。不僅養父母之身。又當養父母之志也。子曰。父母在不遠游。游必有方。此章一以示服從之義。一以明養志之道。朱子曰。遠游則去親遠而爲日久。定省曠而音問疎。不惟己之思親不置。亦恐親之念我不忘也。游必有方。如已告云之東。則不敢更適西。欲親必知己之所在而無憂。召己則必至而無失也。

(三)幾諫 服從與養志。雖爲孝之本然。此可以道其常。而不可道其變也。若夫人子當父母有過之際。則若何而後可乎。於是孔子乃曰。事父母幾諫。見志不從。又敬不違。勞而不怨。此亦不外於服從與養志之際。而益起其敬孝。使父母徐悟而自致於善耳。

孔子重孝。故主三年之喪。三年喪固當是周制。然堯典已有如喪考妣三載之語。惟墨子非儒。則謂儒家所制。莫能明也。要在孔子時。三年喪之禮已漸不行。孔子力主復之。高弟如宰我。猶以爲疑。論語曰。宰我問三年之喪。期已久矣。君子三年不爲禮。禮必壞。三年不爲樂。樂必崩。舊穀既沒。新穀既升。鑽燧改火。期可已矣。子曰。食夫稻。衣乎錦。於女安乎。曰安。女安則爲之。夫君子之居喪。食旨不甘。聞樂不樂。居處不安。故不爲也。今女安則爲之。宰我出。子曰。予之不仁也。子生三年。然後免於父母之懷。夫三年之喪。天下之通喪也。予也有三年之愛於其父母乎。孟子載滕世子欲行三年喪。父母百官皆不欲。以爲吾宗國魯先君莫之行。吾先君亦莫之行也。則知三年喪廢已久。自孔子以來。儒者始主行之。故墨子以爲儒者之法。而矯爲薄葬之說也。

孔門之中。曾子尤爲至孝。故孔子作孝經以授之。大戴禮中。有曾子本孝、立孝、大孝、事父母、四篇。其言孝尤極丁寧反復之意。論語曰。曾子有疾。召門弟子曰。啟予足。啟予手。詩云。戰戰兢兢。如臨深淵。如履薄冰。而今而後。吾知免夫。小子。蓋曾子自以承父母遺體之重。兢兢業業。修身以之。情見乎辭。可謂孝矣。孟子稱曾子可謂養志。諸書所記芸瓜嚙指之事。皆足徵曾子之孝。孝經記孔子與曾子問答之辭。卽非孔子所撰。而其遺說大義。固出自孔子者也。

今考孝經所以論孝者如下。

(一)孝經分天子、諸侯、卿大夫、士、庶人之孝爲五等。其辭曰。

愛親者不敢惡於人。敬親者不敢慢於人。愛敬盡於事親。而德教加於百姓。刑於四海。蓋天子之孝也。甫刑云。一人有慶。兆民賴之。在上不驕。高而不危。制節謹度。滿而不溢。高而不危。所以長守貴也。滿而不溢。所以長守富也。富貴不離其身。然後能保其社稷。而和其民人。蓋諸侯之孝也。詩云。戰戰兢兢。如臨深淵。如履薄冰。非先王之法服不敢服。非先王之法言不敢道。非先王之德行不敢行。是故非法不言。非道不行。口無擇言。身無擇行。言滿天下無口過。行滿天下無怨惡。三者備矣。然後能守其宗廟。蓋卿大夫之孝也。詩云。夙夜匪懈。以事一人。資於事父以事母而愛同。資於事父以事君而敬同。故母取其愛。而君取其敬。兼之者父也。故以孝事君則忠。以敬事長則順。忠順不失。以事其上。然後能保其祿位。而守其祭祀。蓋士之孝也。詩云。夙興夜寐。無忝爾所生。用天之道。分地之利。謹身節用。以養父母。此庶人之孝也。故自天子至於庶人。孝無終始。而患不及者。未之有也。

(二)孝經以孝爲一切諸德之根本。其詞如下。

夫孝德之本也。教之所由生也。

愛敬盡於事親。而德教加於百姓。刑於四海。

天地之性人爲貴。人之行莫大於孝。

聖人之德。又何以加於孝乎。

(三)孝經以孝爲形而上學之旨趣。其詞曰。

夫孝天之經也。地之義也。民之行也。天地之經。而民是則之。則天之明。因地之利。以順天下。

教忠教孝爲儒家倫理之根本。故特以忠恕孝弟。析而論之如此。

六　五倫及五常

人之生也。不能離羣而獨居。故於己身之外。必與人有相交接之道。此人倫所由生也。堯舜之時。已定凡人之生其互相關係者有五。儒家承以爲五倫之說。卽父子、君臣、夫婦、兄弟、朋友、是也。乃明其道以爲教。曰父子有親。君臣有義。夫婦有別。長幼有序。朋友有信。所謂五品五典皆是物也。然五品之目。不見尙書。孟子始稱之。且與左傳所載五教異。是以學者不能無疑也。要自孔子以後。五倫之說始大著。今姑考其異同如下。

左傳文公十八年。曰。舉八元使布教於四方。父誼母慈兄友弟恭子孝。內外平成。由左傳之說。則契敷五教。爲對於父母兄弟子之教。與孟子異。然左傳之說。固不如孟子之備。或謂自社會進化之例以推。則古聖所以施教。當先如左傳說。次乃進於孟子之五倫。蓋孟子所舉五倫之目。孔子以前固罕徵也。大戴記孔子告哀公之言曰。父慈子孝。兄愛弟敬。此昔先王之所以先施於民也。孔子論古者教民之事。與左傳五教相較。僅合父誼母慈爲一。則左傳之說。宜眞古之五教與。然父誼、母慈、兄友、弟恭、子孝、云者。僅爲家庭道德之恆規。其間猶無夫婦之倫。其不備如此。易家人彖曰。父父、子子、兄兄、弟弟、夫夫、婦婦、而家道正。彖傳雖孔子之詞。然本諸易教。至是家道之倫已具。孔子時。始注重國家倫理。齊景公問政於孔子。孔子對曰。君君、臣臣、父父、子子。此視左傳所列五教之目。又增入君臣之義務矣。君臣父子之道德。在封建時最適於治。故齊景公以爲問。而孔子答之如此。大戴禮哀公問篇曰。公曰。敢問爲政如之何。孔子對曰。夫婦別。父子親。君臣義。三者正則庶民從之矣。此並稱夫婦父子君臣之倫爲三綱說之所本。惟子思所論。適與孟子所云相符。中庸曰。君臣也。父子也。夫婦也。昆弟也。朋友之交也。五者天下之達道也。五倫之目至是確定。增入朋友之交。則通於社會之義務矣。

綜而言之。儒教本出司徒之官。故五倫之說。自係根據契之五教。雖其詳略。傳者不同。要遠承堯舜以來之古教。而備於孔子。可知也。班固白虎通。又廣五倫爲三綱六紀。三綱謂君臣父子夫婦也。六紀謂諸父、兄弟、族人、諸舅、師長、朋友也。三綱法天地人。六紀法六合。六紀之中。頗兼及社會之義務。莫非自孔子遺說而推闡之者也。

已上已說五倫。當論五常。二者皆儒教之根本主義也。然以仁義禮智信爲五常者。孔孟之時。尚未之見。蓋仁義禮智信之教。雖備於論語。孔子有時僅兼舉仁智。或禮義。子思亦然。孟子始合仁義禮智四端言之。又曰。仁義禮智。非由外鑠我也。我固有之也。至董仲舒對賢良策曰。夫仁義禮智信。五常之道也。五常之名。首見乎此。要亦綜孔氏之教義。貫爲五名耳。仁義禮智信五者實可以括人間道德之全體。白虎通性情篇曰。五常者何。謂仁義禮智信也。仁者不忍也。施生愛之也。義者宜也。斷決得中也。禮者履也。履道成文也。智者知也。獨見前聞。不惑於事見微者也。信者誠也。專一不移也。此最得五常之要云。

然五倫與五常實有相關之道。五常之爲德。無論君臣上下貴賤男女長幼。莫不可有之於躬。而五倫則隨一己之關係而有所不同。卽君臣之間主義。父子之間主親。夫婦之間主別。長幼之間主序。朋友之間主信。人生而自然一身兼有五種之關係焉。必能備五常之德者。而後能全此五倫之道也。故五倫與五常之致。在當時自極簡易精密。今列圖如左。

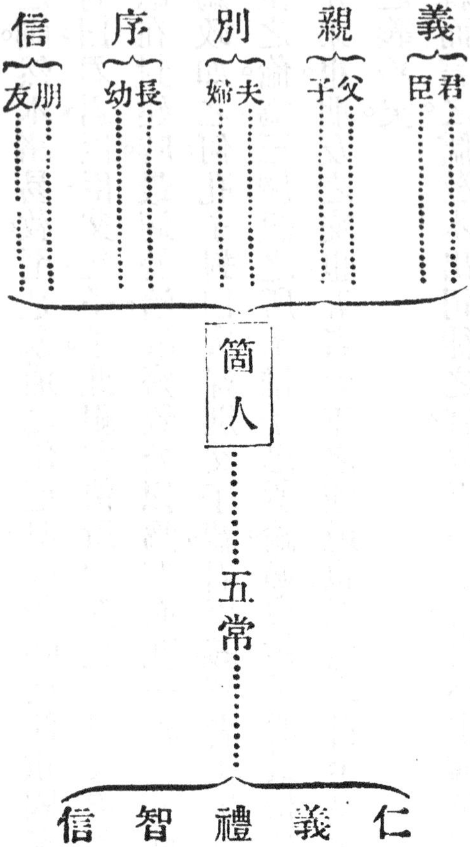

社會之進步。日趨於繁複。倫理之關係。誠有非五倫五常所可盡者。然道德之根柢旣立。自可推類而爲之折衷也。在因時以制宜而已。此外與五倫相發明者。如左傳所稱六順。卽君義。臣行。父慈。子孝。兄愛。弟敬。禮運所稱十義。卽父慈。子孝。兄良。弟悌。夫義。婦聽。長惠。幼順。君仁。臣忠。等並可相參考也。

七　孔子教義之標準及範圍總論

綜觀孔子之教義。其所論尤以切近人事爲主。而人道最大之德。莫過於仁。前已論之矣。然孔子之言仁者。究與佛教耶教有別。蓋佛教耶教之所謂仁者。平等之仁。孔子之所謂仁者。差別之仁也。今特附辨之於此。佛教大慈爲主。兼愛衆生。無有分別。耶教愛仇如友。視人如己。固亦似於能仁矣。論語載孔子汎愛衆之訓。與子夏四海之內皆兄弟之言。或以與佛耶旨相同。而不知孔子實主愛有差等者也。故謂仁者猶有好惡。曰。惟仁者能好人能惡人。又曰。我未見好仁者。惡不仁者。好仁者無以尙之。惡不仁者其爲仁矣。不使不仁者加乎其身。然則仁人非必夷視一切。惟好惡所施。皆中節耳。又謂恩怨報復之道。曰。以直報怨。以德報德。此又視老氏之報怨以德。及耶教之愛仇如友者異矣。孝經曰。不愛其親而愛他人者。謂之悖德。不敬其親而敬他人者。謂之悖禮。此深斥言平等慈愛者也。及子思作中庸曰。仁者人也。親親爲大。義者宜也。尊賢爲大。親親之殺。尊賢之等。禮所生也。然則佛教耶教雖並言仁。而孔子言仁。尤合於中道。是卽孔敎與耶佛之分也。

儒者莫不重修養其人格。以躬行道德之事。蓋道德之事。非人格高尙者。莫能行也。而人格之等。不外如荀子云。始於爲士。終於爲聖人。聖與仁爲孔子所不敢居。故通常人格之標準。當以士君子爲主。孔子每稱君子以敎人。以君子固中材所可修養而至者也。然如何斯可謂之君子矣。就論語徵之。則君子之特質有數種。

(一)君子貴實行。不貴空言。孔子曰。君子欲訥於言而敏於行。又曰。君子恥其言而過其行。又曰。君子食無求飽。居無求安。敏於事而愼於言。就有道而正焉。可謂好學也已。此並以尙實行者爲君子也。

(二)君子責己。不責人。孔子曰。君子求諸己。小人求諸人。何晏註。君子責己。小人責人。皇侃疏以爲求責也。君子自責己德行之不足。不責人也。

(三)君子尙義。子路曰。君子尙勇乎。子曰。君子義以爲上。君子有勇而無義爲亂。小人有勇而無義爲盜。又曰。君子喩於義。小人喩於利。又曰。君子之於天下也。無適也。無莫也。義之與比。此以義利辨君子小人之分也。

(四)君子謙遜。孔子曰。矜而不爭。羣而不黨。又曰。君子無所爭。必也射乎。揖讓而升。下而飮。其爭也君子。射所以行禮。所爭在行禮。猶雍容揖讓如此。此外更無所爭也。

(五)君子。動。作。依。於。良。心。內。省。不。疚。孔子曰。君子泰而不驕。小人驕而不泰。又曰。人不知而不慍。不亦君子乎。又曰。君子坦蕩蕩。小人長戚戚。惟君子內省不疚。故常得其樂。小人反是。蓋君子爲成德之名。非僅限於一材一藝者也。故曰君子不器。又論君子全體之德曰。君子義以爲質。禮以行之。孫以出之。君子哉。有志於學者。必先勉至於君子。而後可漸進於仁與聖。以當弘道濟世之任矣。

孔子既承堯舜以來之德治主義。以儒者之效。在能自修其身。蓄其德。以施行仁政於天下。故孔子教義之範圍。實以身心家國天下爲一體。宋儒以大學爲孔氏之遺書。蓋大學最能總括儒教之綱領。而尤秩然有序者也。其言曰。

古之欲明明德於天下者。先治其國。欲治其國者。先齊其家。欲齊其家者。先修其身。欲修其身者。先正其心。欲正其心者。先誠其意。欲誠其意者。先致其知。致知在格物。物格而後知至。知至而後意誠。意誠而後心正。心正而後身修。身修而後家齊。家齊而後國治。國治而後天下平。自天子以至於庶人。壹是皆以脩身爲本。其本亂而末治者否矣。

蓋以一身之明明德爲本。而推之家國天下。亦猶堯典之自克明俊德。以至協和萬邦也。孔子修身所欲行之道。不外乎此矣。故明明德。親民。止至善。爲三綱領。格物。致知。誠意。正心。修身。齊家。治國。平天下。爲八條目。今列其關係如左

三綱領八條目之關係圖

- 格物　致知　誠意　正心　修身……明明德
- 齊家　治國　平天下……親民
- 止至善

明德親民。始終相待。自利利他。兼具於此。而莫不本於仁。蓋明明德者。屬於自利之事。所以臻益學智匠成人格而使仁德完具者也。親民者。屬於利他之事。所以開物成務博施濟衆而使仁德發現者也。如是始能達於至善之地而止於所止之正鵠。儒教之本領。必如是焉而後可以爲無負孔子教義之博大而切近人事也如此。

第二節　子思

孔子生伯魚。名鯉。年五十。先孔子卒。伯魚生子思。名伋。嘗爲魯繆公師。作中庸。年六十二卒。子思之學。蓋出於曾子。兼承祖父之遺業。其事蹟雜見孟子。禮記。說苑。孔叢子等書。方子思之時去孔子漸遠。孔子弟子。或存或沒。當時惟子夏兼通六藝。講學西河之上。魏文侯師事之。此外則有顏氏傳詩爲諷諫之儒。孟氏傳書爲疏通致遠之儒。漆雕氏傳禮爲恭儉莊敬之儒。仲良氏傳樂爲移風易俗之儒。樂正氏傳春秋爲屬辭比事之儒。公孫氏傳易爲潔靜精微之儒。（據陶潛聖賢羣輔錄）而韓非子顯學篇。復以子思與諸家並稱八儒。曰。孔子之後。儒分爲八。有子張氏、子思氏、顏氏、孟氏、漆雕氏、仲良氏、公孫氏、樂正氏之儒。諸儒或在子思前。或在子思後。今不盡可詳。然自七十子以來。要推子思爲能繼孔子之傳也。漢志儒家有子思子二十三篇。六藝又有中庸說二篇。蓋子思爲中庸。本自別行。後人或爲之說也。中庸推本堯舜禹湯文武周孔相傳之意。而取於古來執中之訓。以名其書。時黃老楊墨盛行。子思獨申儒家。再傳而至孟子。儒學大明。中庸頗論天人精微之故。漢儒以入禮記中。及宋而程朱大爲表章。復加訓釋。以與論孟並重。爲四書之一。以其能約儒教之要義也。

今將述子思之學說。特先綜論其全體大意於此。自來儒教倫理。專以實踐爲重。故性與天道。爲孔子之所罕言。至於子思。則又就倫理之原則。以上究宇宙問題。反覆詳言天人一貫之義。以見道德根於人心之自然。非由外鑠我也。此與道德出於人爲之說。大相逕庭。而孟子之道性善。實近承子思矣。中庸開首卽曰天命之謂性。率性之謂道。修道之謂教。蓋明性道教之出於天。而人修之耳。有天命卽有性。有性卽有道。有道卽有教。人之受命於天同也。

有此性同也。性中自具有五常之道同也。性與道非是二物。道不過性之所發見者而已。能率性而行。卽與道合。然人人不能盡率其性者。以氣稟有淸濁厚薄之差也。聖人之氣稟最淸最厚。則當以所行爲衆人之標準。而示之以敎。禮樂刑政皆敎也。其所以作禮樂刑政者。又無非基於人人同有之性。而因時以制其科條者也。故曰率性之謂道。修道之謂敎。人性既同矣。善性蓋本其固有。子思乃以其未發之際之善爲中。曰喜怒哀樂之未發謂之中。發而皆中節謂之和。中也者天下之大本也。和也者天下之達道也。中和爲人道之極致。性無不中。發而未及於和者。修道未至也。於是舉中庸爲入道之門。得乎中庸而後可幾於和。中庸之所以鮮能者。以賢者過之。不肖者不及也。於是又以智仁勇三德。爲達於中庸之道。智仁勇三德。闕一不可。兼有此三德。則能行中庸。能行中庸則能致中和。能致中和。則天下之大本達道已具。始盡性而與天合一。其卒也天地位焉。萬物育焉。此子思通貫天人以示儒敎之綱領者也。

子思既以率性爲道。於是以道爲不可須臾離。而以誠爲百行之本。嘗謂治天下國家有九經。其卒亦歸諸誠。九經者。修身、尊賢、親親、敬大臣、體羣臣、子庶民、來百工、柔遠人、懷諸侯也。天道尤爲至誠。人受生於天。自當存其誠而不失。誠者宇宙萬物之原理。而道德律之根柢也。人氣稟有差別。故成誠甚難。子思遂分人之等爲生知安行。學知利行。困知勉行三種。曰或生而知之。或學而知之。或困而知之。及其知之一也。或安而行之。或利而行之。或勉強而行之。及其成功一也。生知安行。非聖不能。學知利行。賢人以下。困知勉行。庸人之流。庸人之勉行也。人十己百。人百己千。至其用力之久。亦雖愚必明。雖柔必強。故曰及其成功一也。吾人既須臾不可離道。宜於不覩不聞之地。加以戒愼恐懼。爲愼獨之工夫。以存養省察固有之道體。大抵修學之法有五。(一)博學。(二)審問。(三)愼思。(四)明辨。(五)篤行。於是溫故而知新。敦厚以崇禮。雖其根器有殊。皆可致廣大而盡精微。極高明而道中庸。以合於人性固有之道。夫如是乃達於至誠之境。子思蓋以至誠爲聖人之極功。宇宙之原則。能誠則性道雙凝。天人合符。故以天道之生生不息。譬誠。而以仲尼之至聖。爲能誠之人。能誠之人。具有聰明睿智、寬裕溫柔、發強剛毅、齊莊中正、文理密察、之五德。見而民莫不敬。言而民莫不信。行而民莫不說。乃至天之所覆。地之所載。日月所照。霜露所墜。凡有血氣者。莫不尊而親之。而後可以經綸天下之大經。立天下之大本。知天地之化育。其德化之神。有極於無聲無臭而不可知者。故曰配天。此深明儒教倫理一貫天人之妙。而子思之中庸所爲作也。茲更析其要義論之。

一、中和　子思以中庸名其書。則甚重中庸之道可知。然未說中庸以前。先說中和。中和與中庸。蓋有不可離之關係也。中庸曰。

喜怒哀樂之未發謂之中。發而皆中節謂之和。中也者。天下之大本也。和也者。天下之達道也。致中和。天地位焉。萬物育焉。

宋儒多論此節。每教學者求此未發之中。與既發之和。當於後詳之。今但明此節大意。則吾人若能推極天下之大本達道。此心常保有寂然不動廓然大公之氣象。而不偏不倚。斯情之發動應事接物。亦自然不失其和。以一心之中。爲萬事之和。以一事之和。爲家國天下之和。隨所施爲無不得宜。極之於天地位焉。萬物育焉。皆是物也。故中和之義大矣。

二、中庸　不偏之謂中。不易之謂庸。中庸者。無過不及之常道也。世人往往騖於高遠索隱行怪。其材智劣者。又自囿於卑下。故中庸之道不行。子思引孔子以論之曰。

子曰。道之不行也。我知之矣。知者過之。愚者不及也。道之不明也。我知之矣。賢者過之。不肖者不及也。又曰。君子中庸。小人反中庸。君子之中庸也。君子而時中。小人之反中庸也。小人而無忌憚也。

中庸之道。東西哲人並尊之。蓋世間萬事。不太過則不及。其輕重緩急。適得其分者寡矣。而中庸者。非一德之專名。實普通諸德之標準也。所謂君子時中。卽自揆所處之時與位。行之而宜。故中不可以豫計者也。程子曰。中無定體。隨時而在。此中所以難能也。至於未發之中。則又心性之源。天下之大本。而時中之所從出者矣。吾人內正性情。使勿失中。百事自協於中和。希臘亞里士多德倫理學。亦以過不及之中爲德。其言雖未若子思之精。而亦有可參考者。其例如下。

(不及)	(中庸)	(太過)
吝嗇	節。儉。	奢侈
怯懦	勇。壯。	强暴
卑汙	溫。良。	傲慢
魯鈍	敏。達。	輕脫
諧謔	機。智。	嚴厲

蓋吝嗇及奢侈之中爲節儉。怯懦與强暴之中爲勇壯。卑汙與傲慢之中爲溫良。魯鈍與輕脫之中爲敏達。諧謔與嚴厲之中爲機智也。此亦子思論時中之義矣。

三、誠　子思言誠。或以解釋倫理問題。或以解釋宇宙問題。或兼而言之。要之子思之意。實在因以推究倫理之原則。而非爲專明宇宙造化之本起者也。特倫理之極致。則天人自有融合之妙耳。子思乃卽誠以示天道人道之關係曰。

誠者天之道也。誠之者人之道也。誠者不勉而中。不思而得。從容中道。聖人也。誠之者。擇善而固執之者也。

又以誠示性教之關係曰。

　自誠明謂之性。自明誠謂之教。誠則明矣。明則誠矣。

中庸首章。卽揭天命性道教之源。此則以誠明貫性教。本末相應。又言至誠能前知曰。

　至誠之道。可以前知。國家將興。必有禎祥。國家將亡。必有妖孽。見乎蓍龜。動乎四體。禍福將至。善必先知之。不善必先知之。故至誠如神。

妖孽禎祥之說。因時而異。大抵人心之所感。而物氣自應之。此亦理之所有也。妖孽禎祥之氣。見於天地之間者。究其徵驗。要不出因果相循之跡。吾心旣與宇宙同量。誠之所至。凡至纖至悉之故。無不可以照知。而此妖孽禎祥之因果相循者。自不難於豫計矣。當時以妖孽禎祥爲宇宙變端之最大者。故子思舉以例前知。其實誠亦何所不統。誠不啻宇宙之主動力也。故曰誠者自成也。而道自道也。誠者物之終始。不誠無物。鄭注以爲物萬物也。亦事也。大人無誠。萬物不生。小人無誠。則事不成。蓋天下之物。皆誠之所爲。故必得是理。然後有是物。盡得是理。亦卽盡有是物。無不在於吾心之誠而已。故君子誠之爲貴。子思又進而言誠之無間斷。是爲天地萬物生生之德。故曰天地之道。可一言而盡也。其爲物不貳。則其生物不測。天地之間。川流嶽峙。鳶飛魚躍。四時變化。新陳代謝。與孔子所謂四時行焉。百物生焉者。皆誠之原。則天地以誠爲本。萬物以誠而成。人類處天地萬物之中。又安能獨離於誠耶。

四、鬼神　鬼神之種類。古來論其大別有三。天鬼、地祇、人鬼是也。人鬼爲祖先之靈。祭之以致其追慕尊敬之念。天鬼地祇之祀。在吾國古義。亦以人爲天地所生。祭之所以報本。其後於日月氣象山河物類。莫不有祀。或偶有肸蠁感通。則以爲眞有鬼神歆饗之矣。然鬼神亦宜宇宙間自有此物。中庸贊鬼神之德曰。

子曰。鬼神之爲德。其盛矣乎。視之而弗見。聽之而弗聞。體物而不可遺。使天下之人。齋明盛服。以承祭祀。洋洋乎如在其上。如在其左右。

程伊川曰。鬼神者天地之功用。造化之迹也。張橫渠曰。鬼神者二氣之良能也。蓋鬼神無非物之終始。陰陽之聚散。所爲雖無形無聲。然固物之所不可遺者也。造化之妙。非人力所能知。故見鬼神之不可測。而競齋明盛服以祭祀之。子思所謂鬼神。當是統天鬼地祇人鬼而言。言簡而能顯示世所以待鬼神之道也。

第三節　孟子

孟子。名軻。字子輿。一云子車。鄒人也。幼受賢母之教。及長。受業子思之門人。學成。歷游梁齊宋魯滕諸國。道不行。退而與弟子萬章之徒。記其游諸侯及與時人問答之語。爲孟子七篇。又有外書四篇。蓋依託也。孟子以周赧王三十三年卒。孟子之時。楊墨之道與縱橫長短之說並行。而莊周之徒。又以虛無恬淡遺棄世務爲貴。孟子獨祖述仲尼。樂道堯舜之道。以楊墨之學。異於孔子。則辟而闢之。曰。能言距楊墨者。聖人之徒也。景春以公孫衍張儀爲大丈夫。孟子則謂大丈夫者居天下之廣居。立天下之正位。行天下之大道。富貴不能淫。貧賤不能移。威武不能屈。公孫衍張儀。是妾婦之道也。見老莊無爲不切人事。則毅然以天下自任。曰。夫天未欲平治天下也。若欲平治天下。當今之世。舍我其誰也。故自孔子以來。戰國之際。純乎儒術者。孟子而已。其學說雖秉古先之訓。亦多所創見。繼子思而確言性善一也。並舉仁義以爲實行斯道之作用二也。明養氣之要三也。先天良心之說。孟子實力主之。於政治則貴仁義而賤功利。眞能紹孔子之傳而卓然不惑者也。

孟子之學說。今分數端論之。

(一)性善論

甲　性善之論證

孟子之主性善。見於滕文公篇。孟子道性善。言必稱堯舜一語。及與告子論性之詞。自來言性善。未有如孟子之切至者。故曰。人性之善也。猶水之就下也。人無有不善。水無有不下。蓋不僅謂性善。且謂情善。才亦善。故曰。乃若其情。則可以爲善矣。乃所謂善也。若夫爲不善。非才之罪也。性之根本既善。情與才安得不善。情者性之動。才者性之能也。孟子雖承子思率性之義。而所言益詳密。故其性善之論證有數種。

一、仁義禮智人性固有　孟子舉仁義禮智四德。爲人性所固有。以證性善。故曰。惻隱之心仁也。羞惡之心義也。恭敬之心禮也。是非之心智也。仁義禮智。非由外鑠我也。我固有之也。弗思耳矣。此謂四德固有於性中。推而致之。則爲善人。舍而不存。則消亡而爲惡人。又引孔子贊詩。以證性善。曰。詩曰。天生蒸民。有物有則。民之秉彝。好是懿德。孔子曰。爲此詩者。其知道乎。故有物必有則。民之秉彝也。故好是懿德。此一節可見孟子性善說。實淵源於詩與孔子也。惡人所以失其固有之德性者。爲不能盡其才耳。

二、四端　人皆有不忍人之心。卽仁愛之心也。見孺子將入井。則莫不有怵惕惻隱之心焉。推而達之。則仁愛之意。爭於人人矣。孟子示之以四端之說。曰。無惻隱之心。非人也。無羞惡之心。非人也。無辭讓之心。非人也。無是非之心。非人也。惻隱之心。仁之端也。羞惡之心。義之端也。辭讓之心。禮之端也。是非之心。智之端也。四端者。謂四者爲德性之根本。惟在存養擴充之耳。與仁義固有說互相發明。

三、良知良能　孟子曰。人之所不學而能者。其良能也。所不慮而知者。其良知也。孩提之童。無不知愛其親也。及其長也。無不知敬其兄也。親親仁也。敬長義也。無他。達之天下也。兒童不學不慮之知能。已可以證仁義之固有。何其適切。王陽明遂倡致良知說。本諸孟子也。

四、人心同然　人類既同具一性。仁義禮智之四德。皆固有之。故好善惡惡。好正惡邪。出於自然。孟子乃以歸納法示之。以聖人與愚人同類。其好惡亦同。唯愚人蔽於邪欲。遂不知理義耳。故曰口之於味也。有同嗜焉。耳之於聲也。有同聽焉。目之於色也。有同美焉。至於心獨無所同然乎。心之所同然者何也。謂理也義也。聖人先得我心之所同然耳。故理義之悅我心猶芻豢之悅我口。美味美聲美色。人誰不好。理義本於固有之德性。亦誰不好。好之有深淺。卽聖愚所以分也。

已上述孟子以仁義禮智四德爲固有。且言由四端擴充之。可以達之天下。卒乃謂仁義爲良知良能。好理義爲人心之所同然。皆以確證人性之善也。

乙、惡之起原

孟子言性善之論證。既如此矣。然性善情善才善。則世間何爲復有惡事。惡果何自而生乎。茲復就孟子言惡之起原者一考之。

一、因勢爲惡　孟子與告子辨曰。今夫水。搏而躍之。可使過顙。激而行之。可使在山。是豈水之性哉。其勢則然也。人之可使爲不善。其性亦猶是也。人性本不爲惡。而勢使之爲惡。推此勢之所起。卽惡之所起也。

二、物欲陷溺　人性本善。誘迫於外物而後爲惡。故又爲陷溺之說曰。富歲子弟多賴。凶歲子弟多暴。非天之降才爾殊也。其所以陷溺其心者然也。天賦之才。擴充之則爲善。陷溺之則爲惡。擴充與陷溺之差。卽善與惡之分所由起也。

三、夜氣存亡　孟子又以良心作用之消長爲善惡之分途。故此良心於牛山之木。而誘惑梏亡者。譬之斧斤。氣化之流行。雨露之潤澤。則比於夜氣之生息。必良心消亡。乃後爲惡。故曰。雖存乎人者。豈無仁義之心哉。其所以放其良心者。亦猶斧斤之於木也。旦旦而伐之。可以爲美乎。其日夜之所息。平旦之氣。其好惡與人相近也者幾希。則其旦晝之所爲。有梏亡之矣。梏之反覆。則其夜氣不足以存。夜氣不足以存。則其違禽獸不遠矣。人見其禽獸也。而以爲未嘗有才焉者。是豈人之情也哉。夜氣者。淸明之氣。邪妄未起。心之本體。湛然虛瑩。與所謂浩然之氣相待。故孟子養氣與求放心兼重也。

四、放心　孟子曰。仁人心也。義人路也。舍正路而弗由。放其心而不知求。哀哉。人有雞犬放則知求之。有放心而不知求。學問之道無他。求其放心而已矣。爲惡是放心所致。故孟子主性善。而以求放心爲養性之首功。

已上論惡之原。善惡本相待之詞。明乎惡之所由起者。則性之本體之善。益可知矣。

丙、孟子同時諸家論性

自孔子以來。七十子之徒。多論性情。而遺說罕傳。惟子思開性善之宗。世碩言人性有善有惡。略本漆雕開宓子賤子思之論。已見前。世碩論性。論衡嘗述之曰。

周人世碩以爲人性有善有惡。舉人之善性養而致之則善長。惡性養而致之則惡長。如此則性情各有陰陽。善惡在所養。故世子作養書一篇。宓子賤漆雕開公孫尼子之徒亦論性情。與世子相出入。（論衡本性篇）

宓子賤漆雕開嘗及孔子之門。公孫尼子世碩則七十子之弟子也。皆在孟子前。至世碩所論則在調和孔子有教無類與智愚不移之說。就實事以徵之。故孟子當時言性者。自子思一派以外。尚有世碩一派。告子一派。及性三品說一派。孟子獨宗子思。而其餘三派亦見辨議。今請證之。

一、世碩之性有善有惡派　孟子載或曰。性可以爲善。可以爲不善。是故文武興則民好善。幽厲興則民好暴。此言人性隨教養變化。文武教之以善則民好善。幽厲教之以暴則民好暴。是世碩一派也。

二、告子之性無善無不善派　告子與孟子論性甚詳。後別論之。孟子書類舉時人論性。又曰。告子曰。性無善無不善也。蓋性無善無不善。是告子論性之總義也。

三、性三品派　性三品派。蓋出於孔子智愚不移與中人可以語上之說。當時亦有持此論性者。孟子書記子曰。或曰。有性善。有性不善。是故以堯爲君而有象。以瞽瞍爲父而有舜。以紂爲兄之子。且以爲君。有微子啟王子比干。此言人生而善惡固定不移。朱子集註以爲是三品說之原也。

孟子既觀當時論性之說。以爲有所未盡。因承子思而開性善之宗。蓋周末論性。共有五派。已上三派與孟子爲四派。合以荀子言性惡。共五派也。後世言性。不出此五派矣。

（二）仁義說

孔子專言仁。孟子則率以仁義並稱。蓋仁之本意。以愛爲主。其弊易流於無差等。義則稍示節制。此孟子承言仁之弊。而以仁義雙舉爲教者也。又戰國之時。國家尙戰。人民競利。死權强凌弱。衆暴寡。孟子尤思以義裁之。而反諸正。故仁義並說。然孟子言仁義與楊墨異。墨子兼愛。視人如己。其道似於仁而非仁。楊子爲我。一毛不取與於人。其道似於義而非義。孟子皆斥之。乃深論仁義之眞意。欲以易天下。蓋排距楊墨。擴充仁義。是孟子一生之大業也。聖賢立教。皆以救時之弊。仁義之語。雖出孟子以前。而揭出此二字爲立教根本者。不得不謂孟子實始主之。故孟子第一章。卽先明義與利之辨。梁惠王問孟子曰。何以利吾國。孟子曰。王何必曰利。亦有仁義而已矣。蓋爲政者先利而後義。則上下交征利。不奪不饜。先義而後利。則利亦自在其中矣。倫理之動機。全視義利之辨。審與不審。其志將以爲利。與其志將以爲義。其成功大有不同。於是孟子明仁義之意。曰。人皆有所不忍。達之於其所忍。仁也。人皆有所不爲。達之於其所爲。義也。此見仁義之內容。皆自其動機之善而擴充之者也。

孟子見當時之人妄殺無罪而侵人之所有爲不仁不義之極。於是言仁義二者。可以盡人道之大德。

王子墊問曰。士何事。孟子曰。尙志。曰。何謂尙志。曰。仁義而已矣。殺一無罪非仁也。非其有而取之非義也。居惡在仁是也。路惡在義是也。居仁由義。大人之事備矣。

此外孟子解釋仁義之意者甚多。如曰仁人心也。義人路也。又曰惻隱之心仁也。羞惡之心義也。又曰。惻隱之心仁之端也。羞惡之心義之端也。於良知良能章論不學不慮之知能。曰親親仁也。敬長義也。宋牼主利而非攻。孟子以爲非攻是也。主利非也。非攻必由仁義之說卒乃謂仁義忠信樂善不倦者爲天爵。其餘或言仁義禮智。或以仁義與他德並舉。蓋將樹仁義爲修齊治平之正鵠。使百世之下。聞者猶興於仁義也。

孟子主性善。則以仁義固在性中。爲良知良能。人人可以擴充而光大之。以厲人使趣仁義。故仁義說與性善論有相互之關係也。

(三)養氣說

孟子有二種養氣說。曰存夜氣與養浩然之氣是也。浩然之氣之說。緣於不動心之問答。故今與不動心連類論之。

公孫丑問何謂浩然之氣。孟子曰。難言也。而卒告之曰。其爲氣也。至大至剛。以直養而無害。

則塞於天地之間。其爲氣也。配義與道。無是餒也。是集義所生者。非義襲而取之也。行有不慊於心則餒矣。此浩然盛大之氣。蓋孟子道義修養之結果。存於自得。心悟難於言語形容。故始曰難言也。大抵心之作用。分知情意三種。浩然之氣。必道德意志之充周發達至於其極。而後可以見之。亦猶孟子所謂知言。卽智力之充周發達也。知言養氣。二者相待以成不動心之功。知言知也。養氣意也。不動心情也。知情意三者相合而得其養。道德之歸也。孰禦焉。然鍛錬意志。尤爲徹始徹終之要事。蓋無强固之意志。不能克治邪欲。則往往有敗操紊行。故學者首貴養此浩然之氣也。能養浩然之氣。斯能直道而行。俯仰天地無所愧怍。故至大至剛。無論處於何時。對於何人。無一息之餒。其正大之氣。包舉一切。私欲妄念。廓然銷盡。夫而後天人合德。人與天合。故其氣能充塞天地之間。不足爲異也。養氣之方法。不外集義。集義者。或證之於學。或練之於事。至於養之之久。而後有不動心之一境。孟子四十始不動心。蓋非積漸以致之。則其氣易餒。由充周於一身。以至塞乎宇宙。固非一朝一夕之故也。養氣之性質。雖屬心理學之所攝。而可用生理學說明之。孟子所謂氣體之充者。卽言此氣爲充於神經纖維中之力。而其動也。咸能聽命於意志。以意志之强弱。爲氣之張弛。意屬於心。氣屬於物。心物交融如一。非如晚近唯心唯物之論。截然爲二。不可相容也。故又曰志氣之帥也。直合通常所謂志氣與意氣者而一之。就心物交融之力之所發。而名之曰浩然之氣。

此氣殆宇宙之元氣。而異於宋儒所謂理氣之氣者也。然徒養其氣。不增益其智力。則事理有所未明。終未足以盡集義之功。故當輔之以知言。曰我知言。我善養吾浩然之氣。然後庶幾於不動心矣。雖然。其實不過養氣一事而已。知言者養氣之助。不動心者養氣之純也。純而後養氣之能事畢。養夜氣者。氣之靜者也。爲消極之養。養浩然之氣者。氣之動者也。爲積極之養。明葉子奇草木子曰。孟子夜氣之說。是水靜而清時。浩然之氣。是水盛而大時。其喻亦瞭。

(四)先天良心說

近世直覺派哲學者。每唱良心固有之說。孟子亦以仁義出於良知良能。所謂良知。實與良知異語同義者也。故孟子之意。以道德存於先天。大抵其性善論仁義說。皆本此旨。今更略述之。孟子曰。大人者。不失其赤子之心者也。蓋赤子心中。已具仁義之端。能保其赤子之心而充之。是仁義而已矣。故曰。孩提之童。無不知愛其親也。及其長也。無不知敬其兄也。親親仁也。敬長義也。無他。達之天下也。此卽所謂不學不慮之良知良能是矣。孟子云赤子之心者。以見本然之善。具於赤子之時。要在充之。乃足爲貴。老子亦云含德之厚。比於赤子。又曰復歸於嬰兒。此則但返於赤子之本。而不言擴充。大異於孟子。儒家之旨。學者不可不辨也。善性雖生初已有。仍賴教育修養之功。以發揮光大之。若但守其赤子之心。卽不至於消沈梏亡又安能有天人合德萬物皆備之景象。故當盡心以養性。曰。盡其心者。知其性也。知其性則知天矣。存其心。養其性。所以事天也。然如何斯可以存心養性。蓋莫善於誠。子思曰。惟天下至誠。爲能盡其性。孟子說性善。宗子思。於是又取其言誠以爲天人之達道。曰。悅親有道。反身不誠。不悅於親矣。誠身有道。不明乎善。不誠其身矣。是故誠者天之道也。思誠者人之道也。至誠而不動者。未之有也。不誠。未有能動者也。至如何能誠。則不外去私欲而使良心之善發見。故曰。養心莫善於寡欲。其爲人也寡欲。雖有不存焉者。寡矣。其爲人也多欲。雖有存焉者。寡矣。又曰。山徑之蹊間介然用之而成路。爲間不用。則茅塞之矣。私欲蔽善。譬如茅塞其心。能寡欲。則良心之本善可覩。良心之本善既覩。乃可因而充之。以至於至誠。誠爲倫理上最高之善。最大之樂。故曰。萬物皆備於我矣。反身而誠。樂莫大焉。要皆吾身之所固有者也。此孟子始終一貫之先天良心說。

已上特孟子學說之大略。孟子生戰國之世。百家爭鳴之時。獨以儒道自任。闢楊墨。絀法治。惡戰陳。抑縱橫。設立種種之新名。以宣說孔子子思之敎。如性善、仁義、四端、仁義禮智四德、放心、不動心、浩然之氣、夜氣等。皆無異孟子所作之倫理上新術語也。其精粹廣大實越諸子。故後人以孔孟並稱。惟其與人議論。詞辨鋒利。比於武事。當時以爲好勝。後來如王充之刺孟。司馬光之疑孟。多於孟子有微辭。要無損於孟子之大醇也。

第四節　荀卿

荀卿名況。又稱孫卿。趙人。齊自威王以來。至於宣王。四方學者集於稷下。騶忌、孟軻、騶衍、淳于髡、愼到、環淵、接子、田駢、騶奭等先後來游。荀卿年五十。始游學於齊。田駢騶奭等皆已死。齊襄王時。荀卿最爲老師。齊尙修列大夫之缺。而荀卿三爲祭酒。齊人或讒荀卿。荀卿乃適楚。楚相春申君以爲蘭陵令。春申君死。荀卿亦廢。因家蘭陵。著書數萬言而卒。葬蘭陵。荀卿生卒年月。說者不同。大抵在孟子後。其門人韓非、李斯。長於法術。李斯遂相秦始皇。漢志儒家孫卿子三十三篇。汪中荀子通論。以毛詩、魯詩、韓詩。並出荀卿。又傳禮與左氏春秋。其書兼有公羊穀梁義。劉向稱荀卿善易。而荀子書首勸學。終堯問。蓋仿論語。其學之源。當受自子夏仲弓。戰國之世。明儒術者。孟子以外。惟荀卿。孟子荀卿。並通五經。荀卿之學。自秦漢以來。授受之跡。尤有可考。史記謂荀卿嫉濁世之政。亡國亂君相屬。不遂大道而營於巫祝。信禨祥。鄙儒小拘。如莊周等。又滑稽亂俗。於是推儒墨道德之行事興壞。序列著數萬言。　卿於當世學者。俱有所非。見於非子十二篇。其詞曰。

假今之世。飾邪說。文姦言。以囂亂天下。欺惑愚衆。矞宇嵬瑣。使天下混然不知是非治亂之所存者。有人矣。縱情性。安恣睢。禽獸之行。不足以合文通治。然而其持之有故。其言之成理。足以欺惑愚衆。是它囂魏牟也。忍情性。綦谿利跂。苟以分異人爲高。不足以合大衆。

明大分。然而其持之有故。其言之成理。足以欺惑愚衆。是陳仲史鰌也。不知壹天下。建國家之權稱。上功用。大儉約。而優差等。曾不足以容辨異。縣君臣。然而其持之有故。其言之成理。足以欺惑愚衆。是墨翟宋鈃也。尙法而無法。下修而好作。上則取聽於上。下則取從於俗。終日言成文典。及紃察之。則倜然無所歸宿。不可以經國定分。然而其持之有故。其言之成理。足以欺惑愚衆。是愼到田駢也。不法先王。不是禮義。而好治怪說。玩琦辨。甚察而不惠。辨而無用。多事而寡功。不可以爲治綱紀。然而其持之有故。其言之成理。足以欺惑愚衆。是惠施鄧析也。略法先王而不知其統。猶然而材劇志大。聞見雜博。案往舊造說。謂之五行。甚僻違而無類。幽隱而無說。閉約而無解。案飾其說而祗敬之曰。此眞先君子之言也。子思唱之。孟軻和之。世俗之溝猶瞀儒。嚾嚾然不知其所非也。遂受而傳之。以爲仲尼子游爲茲厚於後世。是則子思孟軻之罪也。(下略)

又荀子解蔽篇曰。墨子蔽於用而不知文。宋子蔽於欲而不知得。愼子蔽於法而不知賢。申子蔽於勢而不知知。惠子蔽於辭而不知實。莊子蔽於天而不知人。又天論篇曰。愼子有見於後。無見於先。老子有見於詘。無見於信。墨子有見於齊。無見於畸。宋子有見於少。無見於多。蓋荀卿既會衆學之歸。乃歷指諸家之失。而自樹其說。今略述其學說如左。

(一)性惡論

自來論性者。孟子始言絕對之性善。荀子始言絕對之性惡。二家適相反。荀子曰。人之性惡。其善者僞也。今人之性。生而有好利焉。順是故爭奪生而辭讓亡焉。生而有疾惡焉。順是故殘賊生而忠信亡焉。生而有耳目之欲。有好聲色焉。順是故淫亂生而禮義文理亡焉。然則從人之性。順人之情。必出於爭奪。合於犯分亂理而歸於暴。故必將有師法之化。禮義之道。然後出於辭讓。合於文理而歸於治。用此觀之。然則人之性惡明矣。其善者僞也。故枸木必將待檃栝烝矯然後直。鈍金必將待礱厲然後利。今人之性惡。必將待師法然後正。得禮義然後治。今人無師法則偏險而不正。無禮義則悖亂而不治。古者聖王以人之性惡。以爲偏險而不正。悖亂而不治。是以爲之起禮義。制法度。以矯飾人之情性而正之。以擾化人之情性而導之也。使皆出於治。合於道者也。今之人化師法。積文學。道禮義者爲君子。縱性情安恣睢而違禮義者爲小人。用此觀之。然則人之性惡明矣。其善者僞也。荀子所謂僞者。卽人爲之義。人爲者非自然者也。以政治教育所以使人爲善之具。皆出於人爲。而非自然之法矣。至所謂善惡之定義。則以正與治爲善。以偏險悖亂爲惡。人生同具此惡性。卽好利心與嫉忌心是也。人人既有此好利心與嫉忌心。各將自足其欲。於是乎率性而行。則爭奪暴亂不已。故聖人將矯揉其性而化之。以禮義辭讓之僞。蓋反性作僞。以立教。與夫子思所云率性修道以爲教也。此以國家之治。聖人之道。皆在裁抑人人之利己心。以爲倫理之基礎也。

於是非孟子之性善說曰。孟子曰。人之學者其性善。言人之有學適以成其天性之善曰。是不然。是不及知人之性而不察乎人之性僞之分者也。凡性者天之就也。不可學不可事。禮義者。聖人之所生也。人之所學而能所事而成者也。不可學不可事而在人者謂之性。可學而能可事而成之在人者謂之僞。是性僞之分也。今人之性。目可以見耳可以聽。夫可以見之明不離目。可以聽之聰不離耳。目明而耳聰。不可學明矣。孟子曰。今人之性善。將皆失喪其性故也。曰。若是則過矣。今人之性。生而離其朴。離其資。必失而喪之。用此觀之。然則人之性惡明矣。所謂性善者不離其朴而美之。不離其資而利之也。使夫資朴之於美。心意之於善。若夫可以見之明不離目。可以聽之聰不離耳。故曰目明而耳聰也。今人之性。飢而欲飽。寒而欲煖。勞而欲休。此人之情性也。今人飢。見長而不敢先食者。將有所讓也。勞而不敢求息者。將有所代也。夫子之讓乎父。弟之讓乎兄。子之代乎父。弟之代乎兄。此二行者。皆反於性而悖於情也。然而孝子之道。禮義之文理也。故順情性則不辭讓矣。辭讓則悖於情性矣。用此觀之。然則人之性惡明矣。其善者僞也。荀子之非孟者有三。(一)孟子謂學以成其性之善。荀子謂學者乃學聖人所僞作之禮義。非學其性也。(二)孟子以人之性善失其性而後爲惡。荀子則以必離其朴資失其性而後善。(三)孟子以道德辭讓爲良知良能之自然法。荀子以道德辭讓爲悖於性情之人爲法。此二家相異之大者也。

孟子由道德之直覺觀。故以善出自先天。荀子由事實之經驗觀。故以善出於人爲。蓋天下之初生。人人度無不各任其自利心以相爭奪侵殺。不勝其亂。積日既久。則見彼此之相爭奪侵殺而無窮者非善道也。於是乃人人求所以自裁抑其利己心。使彼己各保其利害。而謂昔之爭奪侵殺者爲惡。謂今之所行者爲善。此善惡之名所由起也。然其所以能自裁抑其利己心者。雖迫於事實之不得不然。其始必有人焉先明此理。而爲之禮義之僞以變化之、此其人謂之聖人。聖人之異於常人。卽在能作此禮義之僞而已。自是以來。能從聖人所作之禮義之僞者。謂之君子。不能從聖人所作之僞而率其故性者。謂之小人。從聖人之僞。則正理平治。不從聖人之僞。則偏險悖亂。聖人之所以貴者。正在其能反人性而立社會道德之大法耳。君子小人本同一惡性。小人封其故性而不變化。則有刑罰之禁以威之。小人能變其故性。則又皆可以爲君子爲聖人也。此荀卿由其經驗觀以推性僞之本者也。故其言曰。問者曰。人之性惡。則禮義惡生。應之曰。凡禮義者皆生於聖人之僞。非故生於人之性也。故陶人埏埴而爲器。然則器生於工人之僞。非故生於人之性也。故工人斲木而爲器。然則器生於工人之僞。非故生於人之性也。聖人積思慮。習僞故。以生禮義而起法度。然則禮義法度者、是生於聖人之僞。非故生於人之性也。又曰。夫聖人之於禮義也。譬亦陶埏而生之也。然則禮義積僞者。豈人之本性也哉。凡人之性者。堯舜之與桀跖。其性一也。君子之與小人。其性一也。今將以禮義積僞爲人之性耶。然則曷貴有堯禹。曷貴君子矣哉。凡所貴堯禹君子者。能化性。能起僞。僞起而生禮義。然則聖人之於禮義積僞也。亦陶埏而生之也。

此言禮義所起。譬如陶埏作器。陶埏作器。蓋以利用。禮義之起。亦由利用爭亂之極。聖人因其事實而爲之變化。故曰聖人之所以同於衆其不異於衆者性也。所以異而過衆者僞也。

又曰古者聖人以人之性惡。以爲偏險而不正。悖亂而不治。故爲之立君上之勢以臨之。明禮義以化之。起法正以治之。重刑罰以禁之。使天下皆出於治合於善也。是聖人之治而禮義之化也。今當試去君上之勢。無禮義之化。去法正之治。無刑罰之禁。倚而觀天下人民之相與也。若是則夫強者害弱而奪之。衆者暴寡而譁之。天下之悖亂而相亡。不待頃矣。又以塗之人皆有可以知仁義法正之質。皆有可以能仁義法正之具。故塗之人可以爲禹。曰。今使塗之人伏術爲學。專心一志。思索熟察。加日縣久。積善而不息。則通於神明。參於天地矣。故聖人者。人之所積而致也。曰。聖可積而致。然而皆不可積。何也。曰。可以而不可使也。故小可以爲君子。而不肯爲君子。君子可以爲小人。而不肯爲小人。小人君子者。未嘗不可以相爲也。然而不相爲者。可以而不可使也。故塗之人可以爲禹則然。塗之人能爲禹未必然也。

此言禹與塗之人。同一惡性。故塗之人可以爲禹。而塗之人卒不能爲禹者。禹能起僞積善。塗之人不能也。

孟荀皆言儒教。孟子主道德先天說。荀子主道德人爲說。一言性善。一言性惡。適成一反比例。蓋孟子重直覺。荀子重經驗。故性惡篇又曰。善言古者必有節於今。善言天者必有徵於人。凡論者貴其有辨合有符驗。故坐而言之。起而可設張而可施行。今孟子曰。人之性善。無辨合符驗。坐而言之。起而不可設張而不可施行。豈不過甚矣哉。此以孟子之說非出於經驗也。荀子性惡之說。後來罕繼之者。惟清世戴震之徒所論以性爲欲。頗近荀卿。而德清俞樾爲性說。亦宗荀子以性無不惡。才乃偶有善耳。

(二)禮論

荀子以人性爲惡。故以禮爲聖人所作。爲與孟子言仁義禮智爲固有者不同。孟子承尙書天秩天敍之說。凡辭讓恭敬。皆以爲良心自然之秩敍。稟於受性之初。荀子則謂人心中初無禮義之萌。惟以爭奪暴之性。聖人惡其亂。而後興禮樂耳。禮論篇論禮之起原曰。禮起於何也。曰。人生而有欲。欲而不得。則不能無求。求而無度量分界。則不能不爭。爭則亂。亂則窮。先王惡其亂也。故制禮義以分之。以養人之欲。給人之求。使欲必不窮乎物。物必不屈於欲。兩者相持而長。是禮之所起也。荀子以欲爲惡之原。欲卽利己心之所發也。人人徇欲不已。則終害於社會之正理平治。故聖人制爲禮義。使欲有所節。則偏險悖亂之患寡。而正理平治之效成矣。此聖人之極功也。荀子以禮爲立教之本。故曰。禮有三本。天地者。生之本也。先祖者。類之本也。君師者。治之本也。無天地惡生。無先祖惡出。無君師惡治。三者偏亡焉無安人。故禮上事天。下事地。尊先祖而隆君師。是禮之三本也。蓋自古以天地爲萬物父母。於是禮有天神地祇之祀。荀子惟主社會之正理平治。故於舊習冠昏喪祭之禮。無不取焉。雖以三本並列。而歸重於君師。以其能合性僞也。故曰。性者本始材朴也。僞者文理隆盛也。無性則僞之無所加。無僞則性不能自美。性僞合然後聖人之名一。天下之功於是就也。故曰天地合而萬物生。陰陽接而變化起。性僞合而天下治。天能生物不能辨物也。地能載人不能治人也。宇中萬物生人之屬。待聖人然後分也。詩曰。懷柔百神。及河喬嶽。此之謂也。此言聖人能幷治天地。禮本以人道爲主也。人道莫大於生死。冠昏爲生之禮。喪祭爲死之禮。四者禮之大事。盡生死之道。咸得其宜。是爲倫理之正鵠。而禮之能事畢矣。故曰。禮者謹於治生死者也。生人之始也。死人之終也。終始俱善。人道畢矣。故君子敬始而愼終。終始如一。是君子之道。禮義之文也。夫厚其生而薄其死。是敬其有知而慢其無知也。是姦人之道而倍叛之心也。君子以倍叛之心接臧獲。猶且羞之。而況以事其所隆親乎。然則儒教之禮所以重喪祭。非必以死者有知。蓋孔子愼終追遠。則民德歸重之意。而終始如一。尤見君子所以盡己處人之道也。

(三)樂論

儒者並以禮樂爲治世之要具。自唐虞時。已明樂教。孔子亦謂移風易俗。莫善於樂。蓋樂者所以通人心而和民性者也。故禮之所不能化。則以樂道之。荀子有樂論。言此理尤詳。樂記中頗取荀子說。而荀子樂論。則因墨翟非樂而作也。嘗曰。樂者樂也。人情之所必不免也。故人不能無樂。樂則必發於聲音。形於動靜。而人之道。聲音動靜性術之變盡是矣。故人不能不樂。樂則不能無形。形而不爲道。則不能無亂。先王惡其亂也。故制雅頌之聲以道之。使其聲足以樂而不流。使其文足以辨而不諰。使其曲直繁省廉肉節奏。足以感動人之善心。使夫邪汙之氣。無由得接焉。是先王立樂之方也。又曰。故樂在宗廟之中。君臣上下同聽之。則莫不和敬。閨門之內。父子兄弟同聽之。則莫不和親。鄉里族長之中。長少同聽之。則莫不和順。故樂者。審一以定和者也。比物以飾節者也。合奏以成文者也。足以率一道。足以治萬變。是先王立樂之術也。又曰。樂行而志清。禮修而行成。耳目聰明。血氣和平。移風易俗。天下皆寧。莫善於樂。故曰。樂者樂也。君子樂得其道。小人樂得其欲。以道制欲。則樂而不亂。以欲忘道。則惑而不樂。故樂者所以導樂也。金石絲竹者。所以導樂也。樂行而民鄉方矣。故樂者治人之盛者也。荀子以樂之本義。爲愉樂之意。愉樂過度則流。故古之爲樂教。雅頌之則。所以道之於正。以感動人之善心。禮以外治人之舉動。樂以內治人之心志。二者兼資。德化乃成。然荀子論樂。亦兼舞而言。蓋觀其俯仰屈伸之容。亦足以見志。要之聲音之化爲深矣。故樂得正聲。無論何人聽之皆有益也。

右所述不過略舉荀卿學說之大者。大抵荀卿之學。皆與其性惡論相表裏。並以此爲敎育政治之方針。謂禮義起於聖人之作爲。當於性外求之。而與之同化。斯爲善矣。故有勸學脩身禮樂之論。皆自此推之者也。其貴王道。賤霸術。以修齊治平爲修身之目的。固猶是儒敎之遺訓。然亦言誠爲養心之要。與子思孟子若合符節。其不苟篇曰。君子養心莫善於誠。致誠則無他事矣。唯仁之爲守。唯義之爲行。又著非相篇以論時人每因骨判吉凶貴賤之謬。其非十二子、解蔽、正名、不苟等篇。則非世人好奇異而違中道。凡所議論。莫不秩然有貫。一以儒術爲主。因弟子中有韓非李斯。說者遂謂卿之學流爲法家。要之卿尤重禮敎。禮之失則任法。其勢有然。至於卿所論禮樂之本。韓非之徒。固未嘗得其統也。今更以孟荀二子比較論之。孟荀皆生戰國之際。荀子後孟子約五六十年。皆明儒術。而其主觀見解之大異者。在一言性善。一言性惡。其中皆有不可易之精理焉。故知二子之說。並有所緣也。特列舉其異同之故。以便觀覽。

一、孟子說人性皆善。爲性善一元的倫理說。荀子說人性皆惡。爲性惡一元的倫理說。二家並爲性一元論。而絕對相反。

二、孟子以道德者。人性所固有。荀子以道德者。聖人因乎時勢之不得已而作之。孟子爲道德固有論之宗。荀子爲道德人爲論之宗。易詞言之。則一爲先天論。一爲後天論也。

三、孟子以愛他爲唯一心性之源。荀子以愛己爲唯一心性之源。二說皆有所未備。而並含有不可易之精理。

四、孟子言性善。以惡由於物欲陷溺。卽外界之誘惑而生。荀子言性惡。以善由於聖人之教化而生。孟子辨惡之所本。與荀子辨善之所本。皆明瞭直截。

五、荀子之學主於外之禮義法正。一變而生刑名法術之學。孟子之學主於內之存養省察。一變而爲理氣心性之說。

六、孟子教育之方法。爲消極的。在去物慾之陷溺。而充其本來之美性。荀子教育之方法。爲積極的。在化固有之惡性。而服於聖人之禮義。一則擴充本性。一則變化本性。由於二子方法之有異也。

七、孟子在發其內部之善。而爲仁義之心。卽固有之良心。良知良能以爲行爲之標準。荀子在建其外部之禮義法正。以矯治內惡而統之。曰禮曰道。以爲行爲之標準。

八、孟子言命。荀子不言命。孟子屢稱天。以自明。而荀子信天不如孟子之厚。

九、孟子之學。承曾子子思道學之系。故重於道德。荀子之學。承子夏文學之系。故豐於文辭。故荀子書有賦篇成相雜辭等。而孟子無之也。

十、孟子議論之法。以概括簡要爲主。荀子議論之法。以分析綿密爲主。

十一、孟荀並一世大儒。孟子弘道。近於以尊德性爲貴。荀子傳經。近於以道問學爲貴。孟子之文。有剛直浩然之氣。荀子之文。有研精湛思之風。

十二、孟荀所同。爲尊王道賤霸術。以修齊治平爲倫理一貫之目的。並重實行而不重空言。是則所同也。

中國哲學史一終

第一編下　上古哲學史（道墨諸家及秦代）

第一章　道家

第一節　總論

漢書藝文志曰。道家者流。蓋出於史官。歷記成敗存亡禍福古今之道。然後知秉要執本。淸虛以自守。卑弱以自持。此君人南面之術也。合於堯之克攘。（攘古讓字）易之嗛嗛。一謙而四益。此其所長也。及放者爲之。則欲絕去禮學。兼棄仁義。曰獨任淸虛可以爲治。此蓋就道家出自史官所掌而通於政治者言之。然自來言道家者。皆以黃老並稱。黃老謂黃帝老子。則道家宜祖黃帝。古之皇帝並一世大哲。以道相傳。而黃帝始學仙。有文書記錄可傳。故史官亦始於黃帝。漢志道家有黃帝四經四篇。黃帝君臣十篇。雜黃帝五十八篇。以爲六國時所依託。故系在莊列之後。而錄伊尹爲道家之首。然列子亦引黃帝書曰。谷神不死。是謂玄牝。其文與老子同。時老子爲柱下史。多見故書。故其書中往往有黃帝遺說。則道家實出自黃帝。至老子而遂爲後世之宗耳。至於道家思想之大要。莊子天下篇所說。視漢志較精。其言曰。以本爲精。以物爲粗。以有積爲不足。澹然獨與神明居。古之道術有在於是者。關尹老聃聞其風而悅之。此言老聃關尹。亦悅於古之道術而修之。則自古以來。久有道家矣。

莊列書所稱古之至人。多出於寓言。而許由、卞隨、務光之倫。則司馬遷亦稱之。劉向列仙傳皇甫謐高士傳並載許由卞隨務光。以爲實錄。是唐虞之世。則有許由。夏之時有卞隨務光。亦道家之流也。史記伯夷列傳曰。說者曰。堯讓天下於許由。許由不受恥之逃隱。及夏之時有卞隨務光者此何以稱焉。太史公曰。余登箕山。其上蓋有許由塚云。孔子序列古之仁聖賢人。如吳太伯伯夷之倫詳矣。以余所聞。由光義至高。其文辭不少概見。何哉。此外漢志道家在老子前者。有伊尹五十一篇。太公二百三十七篇。辛甲二十九篇。鬻子二十二篇。管子八十六篇。伊尹書不傳。太公六韜之類。或以爲依託。蓋兵家言也。鬻子偶見他書所引。要不可定爲當時親撰之書。管子書中不無後人掇集之詞。且多言法術。故今以管子入法家。而敍老子爲道家之首矣。

史記曰。老萊子亦楚人也。著書十五篇。言道家之用。與孔子同時。又謂老萊子爲孔子於楚所嚴事之人。要之孔子之時。道家思想最盛。自孔子以後。而儒家遂與道家對峙爲兩大派。至是中國學術以儒道兩家爲尤著也。史記曰。世之學老子則絀儒學。儒學亦絀老子。道不同不相爲謀。豈謂是耶。論語中屢記孔子與隱者問答之詞。此諸隱者大抵道家之流也。今彙錄之。以略考見二派思想之異焉。論語曰。

子路宿於石門。晨門曰。奚自。子路曰。自孔氏。曰。是知其不可而爲之者與。

子擊磬於衞。有荷蕢而過孔氏之門者。曰。有心哉。擊磬乎。既而曰。鄙哉。硜硜乎。莫己知也。

斯已而已矣。深則厲。淺則揭。
石門荷蕢。皆持道家遺世獨善之義。故以孔子之栖栖皇皇。爲知其不可而爲之。不如與時進退也。論語又曰

原壤夷俟。子曰。幼而不孫弟。長而無述焉。老而不死是爲賊。以杖叩其脛

原壤爲孔子故人。亦似慕道家言者。故與儒家之倫理主義異趣。而孔子深責之也。

長沮桀溺耦而耕。孔子過之。使子路問津焉。長沮曰。夫執輿者爲誰。子路曰。爲孔丘。曰。是魯孔丘與。曰。是也。曰。是知津矣。問於桀溺。桀溺曰。子爲誰。曰。爲仲由。曰。是魯孔丘之徒與。對曰。然。曰。滔滔者天下皆是也。而誰以易之。且爾與其從辟人之士也。豈若從避世之士哉。耰而不輟。子路行以告。夫子憮然曰。鳥獸不可與同羣。吾非斯人之徒與而誰與。天下有道丘不與易也

長沮桀溺。蓋隱者。詆孔子之徒。孔子則曰。吾非斯人之徒而誰與。又曰天下有道。丘不與易。孔子非不知隱遁山藪。與鳥獸同羣。爲高覩世之滔滔而有所不忍耳。論語又曰

子路從而後。遇丈人以杖荷蓧。子路問曰。子見夫子乎。丈人曰。四體不勤。五穀不分。孰爲夫子。植其杖而芸。子路拱而立。止子路宿。殺雞爲黍而食之。見其二子焉。明日子路行以告。子曰。隱者也。使子路反見之。至則行矣。子路曰。不仕無義。長幼之節不可廢也。君臣之

義。如之何其廢之。欲潔其身而亂大倫。君子之仕也。行其義也。道之不行。已知之矣。

孔子以荷蓧爲隱者。而使子路反見之。則亦深寓相重之意。子路之言。則是明當時儒教倫理之意。以見隱遁之非也。論語又曰。

楚狂接輿歌而過孔子曰。鳳兮鳳兮。何德之衰。往者不可諫。來者猶可追。已而已而。今之從政者殆而。孔子下。欲與之言。趨而辟之。不得與之言。

接輿諷孔子之意。亦是道家一流。蓋儒教以盡力社會爲主。道家則志於遁世无悶。此二派相異之大者也。至其論道德上之標準。亦多不同。老子曰。報怨以德。論語曰。或曰。以德報怨。如何。子曰。何以報德。以直報怨。以德報德。或人謂以德報怨者。卽宗老子說。孔子乃明其非中道。孔子早年。亦多與道家之徒周旋。後乃毅然欲以堯舜文武之道。見諸實事。以仁民濟物爲意。則不復取老子之消極主義矣。先秦思想。無非孔老二派之緒餘。而老子道德五千言。尤集道家之成者也。

老子以後。道家之流日盛。而其旨或不盡與老子同。蓋頗變本而鶩於其極。老子敎謙抑。崇寡欲。揚朱奉老子之說。雖亦以養生保眞爲義。而唱快樂主義。則與寡欲相反矣。莊周奉老子之說。而執放蕩主義。則與謙抑相反矣。列禦寇先於莊子。喜老子學。而得其高虛。故尸子謂列子貴虛。當時老子弟子。復有關尹子。文子。漢志關尹子九篇。隋已前已亡。今傳關尹子。

或謂是唐末五代之際。方士所作。文子與孔子並時。亦著書九篇。其書梁時亡。今文子亦後人僞託。柳宗元辨文子詳論之。然則道家之宗老子以外。其遺文可見。惟列莊之說略具耳。尹文爲名家巨子。其學亦本黃老。司馬遷曰。愼到趙人。田騈接子齊人。環淵楚人。皆學黃老道德之術。又謂申韓皆原於道德之意。蓋道家流而爲刑名。其大略如此矣。戰國時又有鶡冠子。漢志亦列道家。今所傳諸篇。不知其是否也。觀其言近雜家。

道家思想所覃被不一。其方先秦刑名法術諸家。固多資之。然尤富於理想。歸重精神。至後世乃漸趨於具體。而假物質以爲輔。爰有黃白鍊丹之術。辟穀導引之法。神仙家取焉。降及漢末迄魏晉以下。直成爲宗敎之性質矣。玆略述老莊諸巨子學說於後。

第二節　老子

老子。楚苦縣厲鄉人。姓李氏。名耳。謚曰。聃生而皓首。故曰老子。仕周爲柱下史。居久之。見周德衰。乃西出關。是周敬王時也。關令尹喜曰。子將隱矣。強爲我著書。於是老子乃著道德五千言。授令尹喜。今傳道德經是也。道德經尚虛無無爲。漢時河上公爲章句。其後唯王輔嗣注。妙得虛無之旨。今以老子學說。分別論之。

(一)宇宙論

吾國哲學。易敎始創宇宙論。至老莊論之。乃極精密。易大傳雖孔子作。至言宇宙。或本當日易教之成說。其傳曰。易有太極。是生兩儀。兩儀生四象。四象生八卦。又曰。一陰一陽之謂道。此易之宇宙論也。顧其言簡質。而孔子平時教人。則罕言天道。故子貢以爲性與天道不可得聞。子思始以誠概天。曰誠者天之道也。又曰。天地之道。可一言而盡也。其爲物不貳。故其生物不測。要之子思是藉此明人道。非亟亟宇宙之辨也。孟荀嗣興。亦以鋪揚世教爲義。而略於形上之論。墨家主天。則不過專以天爲兼愛之本。宇宙論終以老莊最爲昭晰也。如名法雜家。所言或偶涉宇宙。案之實不出老莊之緒也。

欲明老子之宇宙論。當知宇宙本體。卽吾心之本體。宇宙現象。卽吾心之現象。此眞老子之妙。若以宇宙論漠然在天地之上。則失老子之旨矣。凡老子人生道德之意見。殆無不以宇宙觀爲根柢者。蓋老子之教稱道教。道之一字。卽宇宙之本體也。老子所謂道。果何物乎。道既爲宇宙萬物本體。固非有一定之形。亦非有一定之名。若有定形定名。則直萬物之一耳。何足爲萬物之本哉。於是老子乃就名之有無論道。而以無名與有名示本體與現象之別。本體卽道也。無名無形。不可察而見。故謂之玄。又謂之玄之又玄。以其爲萬物所出之本。故謂之衆妙之門。道德經首章曰。道可道。非常道。名可名。非常名。無名天地之始。有名萬物之母。故常無欲以觀其妙。常有欲以觀其徼。此兩者同出而異名。同謂之玄。玄之又玄。衆妙之門。案常者永久不變之謂。徼者終也。無名而玄。玄爲道。道之發動而後有名。爲衆妙之門。是

萬象之所由生者矣。然其所謂本體之道。又烏從生耶。豈尙有主之者耶。老子以爲道先天
地獨生。獨立不受治於何物。唯法自然而已。自然者究極之謂也。然非道之外別有自然。故
道無始無終。周行萬古而無一瞬之息。此其所以爲萬物之本。今強名之曰道。猶若有未盡。
天地萬物。既由道生。則萬物之所究極。蔑不法道。匪獨人類法道而已。故老子曰。有物混成。
先天地生。寂兮寥兮。獨立而不改。周行而不殆。可以爲天下母。吾不知其名。字之曰道。強名
之曰大。大曰逝。逝曰遠。遠曰反。蓋道者超一切諸因。不生不滅。而萬古獨立。所以能爲天下
母也。其爲物也。不可視也。不可聽也。不可搏也。無狀之狀。無象之象。惚恍而復歸於無物。絕
五官所緣。然非無物。此道之無盡藏。是以生萬有。故曰。視之不見名曰夷。聽之不聞名曰希。
搏之不得名曰微。此三者不可致詰。故混而爲一。其上不皦。其下不昧。繩繩不可名。復歸於
無物。是謂無狀之狀。無物之象。是謂惚恍。迎之不見其首。隨之不見其後。西方學者。或引老
子此章。以傅會耶教三位一體之說。然非老子之本義也。

夫道無始終。無狀無象。依於明暗。而無隱顯。一而無支分。以其恍惚。可謂無物。而亦非無物。
其恍惚中有象有物。窈冥中有精有信。以爲古今宇宙之變化。故曰。孔德之宏。惟道是從。道
之爲物。惟恍惟惚。惚兮恍兮。其中有象。恍兮惚兮。其中有物。窈兮冥兮。其中有精。其精甚眞。
其中有信。自古及今。其名不去。以閱衆甫。吾何以知衆甫之狀哉。以此。如是乃云道之眞體

矣。道之眞體。既有生萬物之力。又有統治之之力。然非有銳也。非有光也。用之沖然如不盈。而淵兮爲萬物宗。不能知其誰何之子。但象帝之先而已。老子未嘗於道以外。顯立天帝主宰。故以道爲最高。假古來常用之帝字。以爲道猶立乎其先。誠不可以言語形狀達之。僅得由其髣髴者而比似之。此其措語至精。不容忽也。其言曰。道沖而用之或不盈。淵兮似萬物之宗。挫其銳。解其紛。和其光。同其塵。湛兮似若存。吾不知誰之子。象帝之先。耶教以上帝在道之先。老子則以道在帝之先。此哲學與宗教持說高下之分也。

於是老子又以道家之效用。至廣至大。生成萬物。而不以爲勞。不求名於有功。包被撫養萬物而不爲主。此其所以能爲萬物之本體矣。故曰。大道氾兮。其可左右。萬物恃之而生而不辭。功成不名有。愛養萬物而不爲主。常無欲。可名於小。萬物歸焉而不爲主。可名爲大。以其終不自爲大。故能成其大。蓋萬物雖恃道而生成。而道終不變其無功無名之狀。老子更引黃帝書之語以申之曰。谷神不死。是謂玄牝。玄牝之門。是謂天地根。綿綿若存。用之不勤。蘇轍曰。谷至虛猶有形。谷神則虛而無形者也。尙無有生。安有死耶。楊復曰。虛能受。受而不有微妙不測曰神。牝者能生物。所謂母也。謂之玄牝。雖生而不見所以生也。要而論之。則玄牝卽指本體。玄牝之門。是謂天地根者。卽由本體而爲現象者也。以見天地萬物消長變化不息。而用之不盡。故道不受治於時間空間。惟其常恆不變。所以能達造化愛養之全也。故又曰。道常無爲而無不爲。然吾人唯見現象。不能見本體。老子乃立堂與奧二者之別。以示本體與現象之關係。曰道者萬物之奧。按古者寢廟之制。有堂有室。室在於內。故室爲貴。室中之制。東南隅曰宎。東北隅曰宧。西北隅曰屋漏。西南隅曰奧。奧爲尊者所居。故奧爲貴。道之尊貴。猶如寢廟堂室之奧。凡物之見於外者。皆其門堂也。奧處於內。故莫得見。蓋堂譬猶現象。而奧譬猶本體也。綜已上所論。宇宙萬物。由道之一元而生。而受治於道。其終復歸於道也。

老子所論道之本體。既如此矣。其論現象果何如乎。前所引無名天地之始。有名萬物之母。衆妙之門。玄牝之門。是爲天地根等語。已由本體而略示現象所生。老子又曰。道生一。一生二。二生三。三生萬物。萬物負陰而抱陽。沖氣以爲和。蓋道由於無而生沖虛之一氣。沖虛之一氣。生陰陽二者。陰陽二氣。交感和合。生形氣質三者。萬物於是乎立也。故老子初以抽象示一二三數字。次由具體示陰陽二氣。是爲萬物所由生之元素。不僅數理。故兼具物質也。吾國古者皆以陰陽爲物之元素。繫辭亦云。易有太極。是生兩儀。是也。老子又論玄道之德曰。道生之。德畜之。物形之。勢成之。是以萬物莫不尊道而貴德。道之尊。德之貴。夫莫之命而常自然。故道生之。德畜之。長之育之。成之熟之。養之覆之。生而不有。爲而不恃。長而不宰。是謂玄德。案管子曰。虛無無形之謂道。化育萬物之謂德。道之生生作用。亙萬古而無間斷。雖成至廣至大之功。無毫末自負恃之意。故名玄德。玄德卽玄道之至德之謂也。以示道之生萬物爲無心。故曰天地之間。其猶橐籥乎。虛而不屈。動而愈出。橐籥者。鍛工所以生風之具。蓋天地之間。純任自然。故不可得窮。猶橐籥之虛而不屈。動而愈出也。若有意爲之。未有不息絕者矣。又曰天長地久。天地所以能長且久者。以其不自生。故能長生。不自生而長生者。以自然之作用長生也。自然卽道。道之發爲現象。無間於一息者。皆自然之故也。又以有無言現象。曰天下萬物生於有。有生於無。所謂有由無生。則有爲現象。無爲本體。學者或疑之。以有無相反。終不能成因果也。故張橫渠力詆老子無生有說爲妄。然列子亦論有無相續之理至晰。老子言無。是對有之現象而求其本體之言。卽恍惚中有物者也。無殆猶非所論於眞空眞空之物。不能徑生萬物。於是元吳草廬以無字是說理字。有字是說氣字。草廬精語此又一說也。要之老子之宇宙論。以道之本體無始無終無形無狀無聲無臭。獨立萬古。爲一元氣。更發而爲陰陽。乃生萬物耳。

(二)修養論

老子修養之極致。在復歸道三字。蓋以我身與宇宙之本體合一。無我無心。淸虛無爲。而得自然之狀態者也。然宇宙大矣。我身若何可與之合一耶。或以爲當滅身體以復歸其本。此說非也。老子所謂寂靜無爲者。決非去現象界而歸於實在界。惟在合於人間之大宇宙耳老子曰。吾所以有大患者。爲吾有身。及吾無身。吾有何患。或者遂引此爲老子滅身歸道說之證。然老子所謂有身者。執小我奉養一身之義。無身者忘小我及忘一身奉養之義。非謂身體滅盡也。故曰人民之生動之死地亦十有三。夫何故。以其生生之厚。又曰民之輕死。以其求生之厚。是以輕死。夫唯無以生爲者。是賢於貴生。可與前旨互相發明。

非滅身說。後世神仙養生家皆秉之。老子之義。固非如厭世家求殺身以遺世。不過厭惡紛濁。思反於淳樸耳。細玩老子復歸道之旨。大抵以吾人形體雖爲凡質。而心則靈妙。能合一於本體。故宇宙之體用。與一心之體用●殆相同符。能融吾心於宇宙。卽復歸道之義矣。亦卽天人合一之說也。老子主任自然。故內則柔和澹泊。葆其天眞。外則洗滌邪欲。以無累一心之神明。且屢以嬰兒喩至誠無欲之狀。曰專氣致柔。能嬰兒乎。蓋吾修養之效果。能與本體合一。於是乎有無爲無我之德。比於赤子。惟其神完。故可以入火不熱。入水不濡。猛獸毒螫舉莫能害。故曰含德之厚。比於赤子。蜂蠆虺蛇不螫。猛獸不據。攫鳥不搏。要之老子耽消極之妙理。深惡舉世隨附積極之弊。以爲人智若大進。則必反於玄道。其說專尙退步。凡世間一切智巧技能。皆視爲狡猾之資。當漸減損。以馴致於無爲。其言曰。爲學日益。爲道日損。損之又損。以至於無爲。老子之道。先屈後伸。以柔制剛。以雌制雄。以黑制白。以辱制榮。故曰知其雄。守其雌。爲天下谿。爲天下谿。常德不離。復歸嬰兒。知其白。守其黑。爲天下式。爲天下式。

常德不忒。復歸無極。知其榮。守其辱。爲天下谷。爲天下谷。常德乃足。德歸於樸。今將爲山以自高乎。寧爲谷而待衆流之來歸乎。弄小智而敗。不若守無爲而全也。多言而屈於人。不若無言而屈人之功也。故曰天下之至柔。馳騁天下之至剛。無有入無間。吾是以知無爲之有益。不言之教。無爲之益。天下希及之。於是又以惟不肖爲合於永久至大之道。曰天下皆謂我道大似不肖。夫唯大。故似不肖。若肖久矣。其細也夫。蓋若是者。乃能以一心契於宇宙之本體。是聖人修養之符也。故曰聖人處無爲之事。行不言之教。萬物作焉而不辭。生而不有。爲而不恃。功成而弗居。夫唯不居。是以不去。凡老子之道。因循天地自然之勢。以爲修養之序。去動就靜。去語就默。去顯就隱。去羣就獨。不逐逐於社會。而以到達玄道爲究極。此其大略也。欲蟬蛻於現世。而求復其理想中太古無爲之治。是以嘗稱小國寡民之治世。不憚趣於幽僻孤遠。以冀接近於宇宙之本體焉。然其所謂修養之法。率在精神之中。後世神仙家祖述其說。乃或求助物質。以流爲燒丹導引種種之術。其遷變異同甚衆。老子本有長生久視之語。蓋以治國與養生並談。列子湯問篇。亦言不老不死。皆神仙家所本也。

(三)實踐道德論

今茲所論道德。非老子道德經所云道德之義。蓋直以人生日用所常行者爲限耳。故特加實踐二字。以示區別。老子實踐道德論。卽處世之修身論。仍重虛無而尙退默。但其說大抵一人之道德而及於家族社會者甚尠。至於君臣父子夫婦等五倫之教。誠老子所罕言也。此老子與孔子之所以異。儒家最稱仁義。而老子曰。大道廢有仁義。慧智出有詐僞。六親不和有孝慈。國家昏亂有忠臣。老子蓋推言仁義慧智忠孝之名未立以先。其渾渾噩噩。有足貴者。故與孔子之說大有逕庭也。於是以虛靜無爲爲宇宙之大道。萬物於是乎生。人性於是乎成。人能虛靜無爲則爲善。反之則爲惡。善者道也。惡者非道也。乃以水喩上善。曰上善若水。水善利萬物而不爭。處衆人之所惡。故幾於道。夫水性謙讓卑下。柔和與萬物以利。不伐其功。不索其報。水雖未足喩道之全體。然由水之道行之。亦庶幾乎道矣。乃以慈、儉、後三者爲人生之三寶。曰我有三寶。寶而持之。一曰慈。二曰儉。三曰不敢爲天下先。慈故能勇。儉故能廣。不敢爲天下先。故能成器長。今舍慈且勇。儉且廣。後且先。死矣。夫慈以戰則勝。以守則固。天將救之。以慈衞之。又老子喜淳樸之世。衣服宮室。尤主質素。嘗稱小國寡民之治。攸然自足。無羨於外。蓋亦夙寶儉德之證。故曰見素抱樸。少私寡欲。又曰服文綵。帶利劍。厭飲食。財貨有餘。是謂盜夸。非道也哉。然則文綵、利劍、美食、多貨。皆老子所惡已。

老子喜柔弱。惡剛强。故虛心弱志爲貴。且見喩草木初生。枝葉皆柔弱。其枯死則剛强耳。人亦有然。故曰人之生也柔弱。其死也堅强。萬物草木之生也柔脆。其死也枯槁。故堅强者死之徒。柔弱者生之徒。是以兵强則不勝。木强則拱。强大處下。柔弱處上。又曰强梁者不得其死。又曰。弱者道之用。又曰。物壯則老。謂之不道。不道早已。又曰。牝常以靜勝牡。以靜爲下。又曰。見小曰明。守弱曰強。其意義皆相近。蓋剛強者能對於物而爲抵抗。甚且爭鬬以害於心身。故排剛強稱柔弱。亦虛無恬澹之本旨也。淮南子繆稱訓言老子學商容。見舌而知守柔矣。古傳商容爲仙人。商容吐舌示老子。老子悟舌柔長存。而齒剛早落。遂因以立柔弱勝剛強之義與。

老子以世人爲貪欲之行。害天與之眞性。至亡其身。於是垂知足之戒。知道則合自然之道矣。故曰。禍莫大於不知足。咎莫大於欲得。故知足之足常足矣。又曰。甚愛必大費。多藏必厚亡。知足不辱。知止不殆。可以長久。又曰。知足者富。又曰。聖人欲不欲。不貴難得之貨。皆言知足之爲貴也。

老子以驕氣爲最戾於道。聖人法宇宙化育之法。則當不自伐其功。不示世自賢。此之謂道。故曰。聖人爲無爲之事。行不言之教。萬物作焉而不辭。生而不有。爲而不恃。功成而弗居。夫唯弗居。是以不去。又曰。聖人爲而不恃。功成而不處。其不欲見賢。又曰。富貴而驕。自遺其咎。功遂身退。天之道。又史記載孔子與老子問答。亦可互證。孔子適周。問禮於老子。老子曰。子所言者。其人與骨皆已朽矣。獨其言在耳。君子得其時則駕。不得其時則蓬累而行。吾聞之。良賈深藏若虛。君子盛德容貌若愚。去子之驕氣與多欲。態色與淫志。是皆無益於子之身。

吾所以告子。若是而已。孔子以溫良恭儉之聖。老子對之。其言猶如此。老子深戒盈滿。與易謙卦所謂天道、地道、鬼神、人道。無不惡盈好謙者。大有相類。故又申之曰。江海所以能爲百谷王者。以其善下之。故能爲百谷王。是以欲上民。必以言下之。故先民必以身後之。又曰。和其光。同其塵。又曰。聖人被褐懷玉。皆此義也。

老子又以心身清靜爲第一要諦。故曰。清靜爲天下正。且尙言語寡默而戒多言。曰。多言數窮。不如守中。又曰。輕諾必寡信。多易必多難。老子之天道說。以天道無親。常與善人。謂天之於人。無親疎厚薄之別。但應其善惡加賞罰焉。此似本古語。又曰。天網恢恢。疏而不漏。天道雖似簡而無謀。其謀非人所能及。人以耳目觀之。見其一曲而不見其全。偶覩以善得禍。以惡得福者。輒疑天網疎而多失。唯要其始終。盡其變化。然後知其恢恢廣大。雖疎而不失耳。又論恩怨報復者。報怨以德。老子說之根本在爲無爲。事無事。味無味。大小多少、一以其道遇之。蓋人情所最難忍者怨也。至於愛惡之情既忘。則雖報怨以德。猶無所不可焉。此視之以直報怨。以德報德者。又不同矣。

(四)人生觀

老子處衰周溷濁之世。以隱退爲志。故孔子之汲汲行道。類於所謂樂天主義。而老子遯世无悶。類於所謂厭世主義者也。然亦非絕對厭世者。不過覩當時社會之敗壞。如孔子所祖述之禮義道德。無一不爲奸人妄用。此固孔子之所屢歎。而老子亦以是謂聖人智者。徒爲厲階。無益於治。以爲不若太古之無事。寧靜淳樸。咸受其福也。故老子之厭世。僅厭現社會之紊亂。而思復於羲農之治世。卽將以無爲之大道。變春秋之政治是也。更推原人性之本固淸靜至善。惟當守其淸靜而已。若好動妄作。任其智巧。必愈趨愈下。故曰。天下多忌諱而民彌貧。人多利器。國家滋昏。民多技巧。奇物滋起。法令滋彰。道德多有。故聖人云。我無爲而民自化。我好靜而民自正。我無事而民自富。我無欲而民自樸。此可識老子之用心矣。

老子求復其理想中之太古淳樸之治。雖若近厭世論。而與德國叔本華 Schopenhear 之徒不同。叔本華期絕滅意念。歸於靜寂。老子之厭世觀。未若如是之甚。蓋叔本華哲學本之印度佛教。宜其異於老子也。

今更考老子之死生觀。老子殆希語此。然可因其平時之說而推之也。老子以宇宙萬物皆道之所生。其究極則復歸於道之本體。人之生亦宜無不然。其生爲道之所發現。其死則完其天壽而還其本體。死生之道。無異變化。此間毫不容著忻戚。說者以晝夜夢覺喩生死。猶是義也。

(五)政治論

老子處周末衰亂之世。見流俗之敗。不可救藥。於是發憤欲返於太古。曰。與其動而滋紛。不若靜而無爲也。蓋將以道治天下國家。老子之所謂道。其條目殆又異於儒家之所謂道也。故在歸眞返樸。若有取乎伏羲神農時代之政體。顧其書仍立天下三公君臣侯王百姓之名稱。非如談者所謂原人之家長制度。又絕異於晚近子子煦煦之文明開化說矣。大要以廢智計。塞聰明。息技巧爲主。使天下之人。各適其適。陶然無所肆其爭。此眞安寧幸福之至也。故曰古之善爲道者。非以明民。將以愚之。民之難治。以其智多。故以智治國。國之賊。不以智治國。國之福。商鞅講富強之術。斥文學。非道德。亦以愚民爲始。然老子所謂愚民。非商鞅所謂愚民也。商鞅愚民。將以爲吞併六國之效。老子愚民。則以返於敦樸無爲而無爭於天下。故又曰。絕聖棄智。民利百倍。絕仁棄義。民復孝慈。絕巧棄利。盜賊無有。莊子承老子之意。更爲過激之語曰。聖人不死。大盜不止。剖斗折衡。而民不爭。皆原於老子無爲之治矣。

老子又曰。聖人之治。虛其心。實其腹。弱其志。強其骨。常使民無知無欲。又曰。治大國若烹小鮮。又曰法令滋彰。盜賊多有。觀已上諸語。老子欲救正當時之弊。其旨至深切著明。故惡干涉。厭煩瑣。以爲干涉之至。秩序必益紛擾。故又曰。我無爲而民自化。我好靜而民自正。其所謂無爲者。在蠲除苛碎嬈眾之治。非一切不事事。如佛氏之委去濁世而卽於涅槃之大道也。故亦爲經綸國家之法。曰小國寡民。使有什伯人之器而不用。使民重死而不遠徙。雖有舟楫。無所乘之。雖有甲兵。無所陳之。使民復結繩而用之。甘其食。美其服。安其居。樂其俗。鄰國相望。雞狗之聲相聞。民至老死不相往來。此老子所理想之國家也。

(六)戰爭論

老子既有實踐道德論。有政治論。又有戰爭論。皆自清虛無爲之根本主義。演繹而出。以示濟世之微志者也。老子雖以兵爲不得已而用。然其要歸於止兵。惡夫春秋之末。戰爭不絕。故慨然有以自發其意。視孫吳區區以作戰計畫勝人者。不侔遠矣。故曰。天下有道。卻走馬以糞。天下無道。戎馬生於郊。蓋謂天下有道。卻走馬不用。用其糞治田耳。天下無道而後有戎馬。且繁殖於郊。假馬以喩治亂焉。又曰。以道佐人主者。不以兵强天下。其事好還。師之所處。荆棘生焉。大軍之後。必有凶年。故善者果而已矣。不敢以取强焉。天道好生惡殺。故以兵强天下。而好戰爭者。終必不得其死。殺人之父。人亦殺其父。殺人之子弟。人亦殺其子弟。所謂其事好還。殺氣一動。妖沴隨之。所謂師之所處。荆棘生焉。而屠戮愈慘。大傷天和。則凶年臻至也。然則善用兵者。克敵而已。不多殺也。又曰。用兵有言。吾不敢爲主而爲客。不敢進寸而退尺。是謂行無行。攘無臂。扔無敵。執無兵。禍莫大於輕敵。輕敵幾喪吾寶。故抗兵相加。哀者勝矣。凡用兵不可自我開釁以伐人。唯不得已而後應敵者也。故寧退尺而不敢進寸。是謂無意於戰爭。無意於戰爭。雖戰猶不戰也。雖殺猶不殺也。成列而如未嘗成列。攘臂而如未嘗攘臂。臨敵而如未嘗臨敵。執兵而如未嘗執兵。禍莫大於輕敵。人之命。輕敵人之命。則好殺而喪吾仁慈之寶。是以舉兵相加而哀者常勝焉。又曰。善爲士者不武。善戰者不怒。善勝敵者不爭。善用人者爲下。是謂不爭之德。是謂用人之力。是謂配天古之極。凡兵卒之師不尙先。不凌人。將士之善習戰陣者。猶不競不怒。以制敵取勝。王者之制勝於天下亦然。故能用天下者在善爲人下。善爲人下則衆皆爲吾用。其力至强大。所以謂之不爭之德。可配天之道而古之極則也。又曰夫佳兵者不祥之器。物或惡之。故有道者不處。又曰殺人之衆。以悲哀泣之。戰勝以喪禮處之。兵器所以殺人。故爲不祥之器。而天地鬼神之所憎也。有道者戰勝而止。不務殺人。是以重之以悲哀。處之以喪禮。此老子對於戰爭之大旨也。春秋無義戰久矣。方老子之時。天下之爲兵者。逞剛强以凌寡弱。務殘而好殺。老子乃深明用兵之道。唯內有哀慈謙退之心者。能强於天下。殆如易所謂神武不殺者。或疑老子尙虛無。何故數言兵。不知老子閔當時之亂。思救以不爭之德。其經世之志深矣。

已上數端。老子學術大略如此。以老子爲道家之宗。故詳表而出之。蓋老子之學。無不自天道推之者。故曰天之道其猶張弓與。高者仰之。下者舉之。有餘者損之。不足者補之。天之道損有餘而補不足。人之道則不然。損不足以奉有餘。孰能有餘以奉天下。唯有道者。是以聖人爲而不恃。功成而不處。其不欲見賢。又曰將欲噏之。必固張之。將欲弱之。必固强之。將欲廢之。必固與之。將欲奪之。必固與之。是謂微明。柔弱勝剛强。魚不可脫於淵。國之利器。不可以示人。蓋老子以爲剛者柔之。強者弱之。損有餘以補不足者。天之道也。所謂張、噏、强、弱、與、廢、與奪四者。亦假以明天道而已。說者遂以爲後世權詐所本。如程子曰。與奪噏張理所有也。而老子言非也。與之之意。乃在乎取之。張之之意。乃在乎噏之。權詐之術也。又曰老子書其言自不相入處如冰炭。其初意欲談道之極高妙處。後來卻入做權詐者上去。如將欲取之。必固與之之類。按老子此諸語之意。不過示天道之自然。毫無功利之心於其間。古之言道體者。多此類語。如周易謙卦。天道虧盈而益謙。地道變盈而流謙。鬼神害盈而福謙。人道惡盈而好謙。又中庸曰。天之生物。必因其材而篤之。故栽者培之。傾者覆之。又韓非引周書曰。將欲敗之。必姑輔之。將欲取之。必姑與之。列子引鬻子曰。欲剛必以柔守之。欲彊必以弱保之。積於柔必剛。積於弱必彊。管子曰。知予之爲取者。政之寶也。此皆近老子之語。疑古時言天道之成說。非必出於老子。而老子亦本無以此爲權詐之意。卽後世功利之徒。假借以爲權詐。亦未可議老子也。老子五千餘言。大抵尙虛無而崇讓。今不綜其學說之大體。而掇其數語以爲權詐所資。亦已過矣。

試更卽老子之言以論周末學派變遷之序。老子曰。失道而後德。失德而後仁。失仁而後義。失義而後禮。夫禮者忠信之薄而亂之首。當春秋之末。老子昌言道德。其所謂道德。與孔孟略異。蓋以爲仁義未起以前之狀態。故曰失道而後德。失德而後仁。孔子年輩。固後老子。果標仁字爲其學之根柢。去孔子約百年而孟子出。則兼言仁義。去孟子數十年有荀卿。乃一切本諸禮。至於荀卿門人李斯韓非之徒。竟悉舍道德執法治主義。於是時俗競以智巧詐術爲尙矣。老子所指爲亂之首者。何其驗耶。老子自秉最高之道德。而觀於時勢之就下。確不可避。乃爲斯言。於周末學術變遷之序範圍。不過老子之書簡而有至理。皆此類也。

第三節　楊朱

楊朱。或云字子居。衞人。蓋嘗學於老子。或云後於墨子。莫能詳也。要承道家之學而稍變者。其遺書不傳。惟見於列子莊子孟子韓非所稱而已。孟子曰。楊氏爲我。拔一毛而利天下。不爲也。又曰。楊朱墨翟之言盈天下。楊氏爲我。是無君也。呂覽曰。陽子貴己。（即楊朱）淮南子氾論訓曰。全性保眞。不以物累形。楊子之所立也。今述其學說如下。

(一)利己主義

楊朱學說。悉本於老子。其利己快樂主義。亦自老子恬淡無爲獨善養性之旨而推之者也。蓋以人人當養其天賦之生。以保身愛身爲主。則社會自治。其利己主義。頗馳於極端。嘗曰。古之人損一毫利天下不與也。悉天下奉一身不取也。人人不損一毫。人人不利天下。天下治矣。（列子楊朱篇）此數語。可隸楊朱學之大意。

楊朱之利己主義。與墨翟之兼愛主義。絕對不相容者也。而楊朱嘗與墨子弟禽滑釐問答。

列子載其語曰。禽子問楊朱曰。去子體之一毛。以濟一世。汝爲之乎。楊子曰。世固非一毛之所濟。禽子曰。假濟爲之乎。楊子弗應。禽子出語孟孫陽（楊朱弟子）孟孫陽曰。子不達夫子之心。吾請言之。有侵若肌膚獲萬金者。若爲之乎。曰爲之。孟孫陽曰。有斷若一節得一國。子爲之乎。禽子默然有間。孟孫陽曰。一毛微於肌膚。肌膚微於一節。省矣。然則積一毛以成肌膚。積肌膚以成一節。一毛固一體萬分中之一物。奈何輕之乎。禽子曰。吾不能所以答子。然則以子之言問老聃關尹。則子言當矣。以吾言問大禹墨翟。則吾言當矣。此可見楊墨二家之異。然楊子利己之說。固亦有條理。譬如甲愛乙。乙復愛丙。丙又愛甲。愛愛相緣。循環不已。其間方法甚爲紛雜。不如使甲乙丙各自愛自利。較爲簡易直截也。楊朱知其如此。故將以利己之道。施諸社會。而先躬行之焉。

要之楊朱所謂利己。限於一己性分以內。以保全眞性。不惟於人無與。且無以自充其性情之欲。雖井然有條。而不可以爲國家社會之法。其流弊必至舉國家社會而悉滅絕之。故孟子詆爲無君禽獸之道。古語多以君代表國家。孟子所謂無君。卽是謂其與國家組織法不相容也。

（二）快樂主義與人生觀

楊朱所謂快樂主義。在不受一切世間之束縛。不爲名譽富貴動心。但愛此天賦之身。以盡有生之樂。跡其所謂樂。雖不免逐於外而矜口體之養。然其意實因以內葆眞性。不爲世俗欣羨之所拘牽而蕩然肆志。有以自得其樂。蓋世人之所以錮於苦而失其樂者。悉坐不知名實死生之眞義。無不徇名而忘實貪生而畏死。楊朱乃明名之不可以買實。而死生一致。自然之道。不足爲憂喜也。非破除此等常見則不能得樂。故楊朱之快樂主義與其人生觀有密切之關係。楊朱曰。生民之不得休息。爲四事故。一爲壽。二爲名。三爲位。四爲貨。有此四者。畏鬼畏人畏威畏刑。此之謂遁人也。可殺可活。制命在外。不逆命何羨壽。不矜貴何羨名。不要勢。何羨位。不貪富。何羨貨。此之謂順民也。天下無對。制命在內。故語有之曰。人不婚宦情欲失半。人不衣食。君臣道息。楊朱蓋以牽於壽名位貨婚宦君臣之道。皆足爲人生至樂之累也。故又曰。豐屋美服。厚味姣色。有此四者。何求於外。有此而求外者。無厭之性。無厭之性。陰陽之蠹也。忠不足以安君。適足以危身。義不足以利物。適足以害生。安上不由於忠而忠名滅焉。利物不由於義而義名絕焉。君臣皆安。物我兼利。古之道也。此言絕去忠義之名。乃爲物我兼利之道也。又歎世人不知盡生前之樂。而惟冀死後之名。故非能齊生死者。不能得樂也。其言曰。萬物所異者生也。所同者死也。生則有賢愚貴賤。是所異也。死則有臭腐消滅。是所同也。雖然賢愚貴賤。非所能也。臭腐消滅。亦非所能也。故生非所生。死非所死。賢非所賢。愚非所愚。貴非所貴。賤非所賤。然而萬物齊生齊死。齊賢齊愚。齊貴齊賤。十年亦死。

百年亦死。仁聖亦死。凶愚亦死。生則堯舜。死則腐骨。生則桀紂。死則腐骨。腐骨一矣。孰知其異。且當趣生。奚遑死後。又曰百年壽之大齊。得百年者千無一焉。設有一者。孩抱以逮昏老。幾居其半矣。夜眠之所弭。晝覺之所遺。又幾居其半矣。痛疾哀苦。亡失憂懼。又幾居其半矣。量十數年之中。逌然而自得。亡介焉之慮者。亦亡一時之中爾。則人之生也奚爲哉。奚樂哉。爲美厚爾。爲聲色爾。而美厚復不可常厭足。聲色不可常翫聞。乃復爲刑賞之所禁勸。名法之所進退。遑遑爾競一時之虛譽。規死後之餘榮。偊偊爾慎耳目之觀聽。惜身意之是非。徒失當年之至樂。不能自肆於一時。重囚纍梏。何以異哉。太古之人知生之暫來。知死之暫往。故從心而動。不違自然所好。當身之娛。非所去也。故不爲名所勸。從性而游。不逆萬物所好。死後之名。非所取也。故不爲形所及。名譽先後。年命多少。非所量也。楊朱之所謂樂。雖若執著於形體之間。而固無所貪求。其論人生。雖近於厭世之觀。而固不至自殺。惟從自然之大道。守其個人之範圍。以生以死。以逸以樂而已。仍由道家之根本思想所生者也。

第四節　列子

列子。名禦寇。（禦一作圄）鄭人。戰國策史疾爲韓使楚。答楚王問。謂治列圄寇之言。莊子內外篇稱列禦寇者尤多。尸子曰。列子貴虛。（廣澤篇）淮南子曰。列子學壺子。（繆稱訓）列子天瑞篇曰。子列子居鄭圃四十年。人無識者。國君卿大夫眎之。猶衆庶也。蓋列子高蹈隱晦。當時不甚爲人知。

劉向曰。列子者。與鄭繆公同時。蓋有道者也。（鄭繆公遠在列子前柳宗元曰當作鄭繻公或魯穆公也）其學本於黃帝老子。號曰道家。道家者秉要執本淸虛無爲。及其治身接物務崇不競。合於六經。而穆王湯問二篇。迂誕詼詭。非君子之言也。至於力命篇一推分命。楊子之篇唯貴放逸。二義乖背。不似一家之書。然各有所明。亦有可觀者。孝景帝時貴黃老術。此書頗行於世。及後遺落。散在民間。未有傳者。且多寓言。與莊周相類。故太史公司馬遷不爲列傳。張湛列子注序曰。其書大略明羣有以至虛爲宗。萬品以終滅爲驗。神惠以凝寂常全。想念以著物自喪。生覺與化夢等情。巨細不限一域。窮達無假智力。治身貴於肆任。順性則所之皆適。水火可蹈。忘懷則無幽不照。此其旨也。然所明往往與佛經相參。大歸同於老莊。屬辭引類特與莊子相似。莊子、愼到、韓非、尸子、淮南子。玄示旨歸。多稱其言。漢隋志並錄八篇。今所傳凡天瑞、黃帝、周穆王、仲尼、湯問、力命、楊朱、說符、八篇也。

（一）宇宙論

道家之說。多本於易敎。故必推究宇宙之源。自老子以道爲宇宙之本體。而反覆以明其義。列子雖罕言道。然所論有生於無。及始終變易之理。大抵近於老子。故因易敎立太易太初太始太素四者。復引黃帝書玄牝之訓。後之言宇宙者。莫能外也。雖所說宜有所緣。要至列子尤詳悉。而列子宇宙論。具在天瑞篇矣。

列子之師曰壺丘子林。天瑞篇首述壺子告伯昏瞀人之言曰。有生不生。有化不化。不生者能生生。不化者能化化。生者不能不生。化者不能不化。故常生常化。常生常化者。無時不生。無時不化。陰陽爾。四時爾。不生者疑獨。不化者往復。往復其際不可終。疑獨其道不可窮。黃帝書曰。谷神不死。是謂玄牝。玄牝之門。是謂天地之根。綿綿若存。用之不勤。故生物者不生。化物者不化。自生自化。自形自色。自智自力。自消自息。謂之生化形色智力消息者非也。列子之論宇宙。蓋分能生能化。與所生所化。能生能化。其本體也。所生所化。其現象也。然能生能化。卽不生不化。惟其不生不化。所以有生有化。故曰不生者能生生。不化者能化化。雖然難言也。謂之疑獨之道。疑獨者。疑其冥一而無始終也。此不生不化者。又卽黃帝書之所謂谷神。因谷神而有玄牝。因玄牝之門。而後能生能化。於是有形有色。有智有力。有消有息。皆所生所化者也。要皆本於自然。故曰謂之生化形色智力消息者非也。若有心於生化形色。則豈能官天地而府萬物。贍羣生而不匱乎。此眞造化之妙。宇宙之源。不可不知矣。

乃更述易敎以示能生能化之用。曰。昔者聖人因陰陽以統天地。夫有形者生於無形。則天地安從生。故曰。有太易。有太初。有太始。有太素。太易者。未見氣也。太初者。氣之始也。太始者。形之始也。太素者。質之始也。氣形質具而未相離。故曰渾淪。渾淪者。言萬物相渾淪而未相離也。視之不見。聽之不聞。循之不得。故曰易也。易無形埒。易變而爲一。一變而爲七。七變而爲九。九變者究也。乃復變而爲一。一者形變之始也。清輕者上爲天。濁重者下爲地。沖和氣者爲人。故天地含精。萬物化生。蓋陰陽氣也。有氣而後有形。陰陽統天地。有形而後有質。氣形質具者。能生能化之體已備也。然猶渾淪。終乃交會相離。生生不已。是氣形質之用。氣形質又皆本於太易。太易卽其始之不生不化者也。「太易太初太始太素之名又見易緯乾鑿度白虎通亦引之蓋是古說而列子申之也」

又由所生所化而推極其能生能化之本。綜言之曰有生者有生生者。有形者有形形者。有聲者。有聲聲者。有色者。有色色者。有味者。有味味者。生之所生者死矣。而生生者未嘗終。形之所形者實矣。而形形者未嘗有。聲之所聲者聞矣。而聲聲者未嘗發。色之所色者彰矣。而色色者未嘗顯。味之所味者嘗矣。而味味者未嘗呈。皆無爲之職也。能陰能陽。能柔能剛。能短能長。能圓能方。能生能死。能暑能涼。能浮能沈。能宮能商。能出能沒。能玄能黃。能甘能苦。能羶能香。無知也。無能也。而無不知也。無不能也。此合論宇宙能生能化與所生所化之源變。謂之不生不化。謂之疑獨。謂之谷神玄牝。謂之太易。謂之無爲。其實一物也。更推之。易所謂太極。宋周子所謂無極而太極。老子所謂無名。及有物混成先天地生。希臘恩培多克而 Empedocle 所謂 To Apiron 亦一物也。

列子所謂有形生於無形者。無形便是指其自然而生。卽太易也。既生以後。則周流遷變。莫知所際。如佛氏所謂無常。故太易是常。太初以下並是無常。無常實可總括世間諸有。太初有氣。形質緣氣而生。故氣可兼二者。宋儒但言理氣。理卽太易。氣謂太初以下。然氣中自有理。其生生不息者理也。近世物理學者論勢力永存物質不滅。此亦但言有氣以後事。自其循環流轉而無盡者言之。則謂之不滅耳。列子以一變而爲七。七變而爲九。九復變而爲一。夫九者形質極於繁雜之候。乃復變而爲一。卽循環流轉不滅之說矣。其所以異者。古之道術。自源而委。今之科學。由流溯源。其實所說只是一事。氣分而爲陰陽。陰陽分而爲水火金木土五行。二氣五行合七。故曰一變而爲七。印度哲學與西洋古代哲學。並立地水火風四元素。及夫化學家之分析。則所謂元素者。盈六七十而未已。要之皆一氣之所爲也。氣以能生能化之力。使宇宙萬物相爲生滅而無盡。莫知其終始。列子記殷湯問於夏革曰。古初有物乎。夏革曰。古初無物。今惡得物。後之人將謂今之無物可乎。殷湯曰。然則物無先後乎。夏革曰。物之終始。初無極已。始或爲終。終或爲始。惡知其紀。（湯問篇）然則九變雖究。仍復歸於一。斯殆所謂易與。

（二）修養論

張湛序列子。常論其大旨。謂神惠以凝寂常全。想念以著物自喪。又曰。治身貴於肆任。順性則所之皆適。水火可蹈。忘懷則無幽不照。此雖通評列子。而其義實關於修養法者爲多。蓋道家所以自養者。在身心交融。與天合德。動靜語默。咸契自然。是謂有道。故養心尤重於養身。必其心返於沖漠無朕之本體。乃能不爲外物所亂。列子問關尹子曰。至人潛行不窒。蹈火不熱。行乎萬物之上而不慄。請問何以至於此。關尹曰。是純氣之守也。非智巧果敢之列。（黃帝篇）所謂純氣之守。卽心之本體也。又以醉者喻之曰。夫醉者之墜於車也。雖疾不死。骨節與人同。而犯害與人異。其神全也。乘亦弗知也。墜亦弗知也。死生驚懼不入乎其胸。是故逆物而不慴。彼得全於酒而猶若是。而況得全於天乎。聖人藏於天。故物莫之能傷也。（同上）此所謂藏於天者。卽無人無我。純一不雜。得乎無心之本體者也。

列子書又述列子修養之道曰。子列子學也。三年之後。心不敢念是非。口不敢言利害。始得老商一眄而已。五年之後。心更念是非。口更言利害。老商始一解顏而笑。七年之後。從心之所念。更無是非。從口之所言。更無利害。夫子始一引吾並席而坐。九年之後。橫心之所念。橫口之所言。亦不知我之是非利害與。亦不知彼之是非利害與。外內進矣。而後眼如耳。耳如鼻。鼻如口。口無不同。心凝形釋。骨肉都融。不覺形之所倚。足之所履。心之所念。言之所藏。如斯而已。則理無所隱矣。（仲尼篇又見黃帝篇略同）右再見列子書中。蓋列子平日爲學之要領也。始則心無所念。口無所言。既則心無所不念。口無所不言。恣我所念。恣我所言。然終日念我而非我。終日言我而非我也。於是乃能以無念爲念。以無言爲言。所謂無爲而無不爲者也。乃能達於心凝形釋。骨肉都融之境。是修養之極功也。列子說修養法。較老子又加精密矣。

(三)理想之社會

老子理想之社會。如所謂小國寡民。甘食美服者。極質樸而又易於實現。列子理想之社會則不然。蓋絕對圓滿自在。非地上所能有也。蓋列子意想中之仙都。而神仙家益充其說。遂別構一超人間之境界矣。

老子未嘗言幻夢之事。而列子屢託於夢。以寄其遐想。其所謂神人至上之治世者。蓋先假黃帝之夢以見之。黃帝篇曰。黃帝卽位十有五年。喜天下戴己。養正命。娛耳目。供鼻口。焦然肌色皯黣。昏然五情爽惑。又十有五年。憂天下之不治。竭聰明。進智力。營百姓。焦然肌色皯黣。昏然五情爽惑。黃帝乃喟然讚曰。朕之過淫矣。養一己其患如此。治萬物其患如此。於是放萬機。舍宮寢。去直侍。徹鐘懸。減廚膳。退而閒居大庭之館。齋心服形。三月不親政事。晝寢而夢。游於華胥氏之國。華胥氏之國。在弇州之西。台州之北。不知斯離也齊中國幾千萬里。蓋非舟車足力之所及。神游而已。其國無帥長。自然而已。其民無嗜欲。自然而已。不知樂生。不知惡死。故無夭殤。不知親己。不知疏物。故無愛憎。不知背逆。不知向順。故無利害。都無所愛憎。都無所畏忌。入水不溺。入火不熱。斫撻無傷痛。指擿無痟癢。乘空如履實。寢虛如處牀。雲霧不硋其視。雷霆不亂其聽。美惡不滑其心。山谷不躓其步。神行而已。黃帝既寤。怡然自得。召天老力牧泰山稽告之曰。朕閒居三月。齋心服形。思有以養身治物之道。弗獲其術。疲而睡。所夢若此。今知至道不可以情求矣。朕知之矣。朕得之矣。而不能以告若矣。又二十有八年。天下大治。幾若華胥氏之國。此既以華胥氏之國能順自然而治。又謂黃帝晚年之治幾已似之。蓋道家宗黃帝。黃帝之治。亦號自然。（或曰有熊氏有熊二字乃自然之訛）故列子之理想社會雖託於華胥之國。猶歸諸黃帝也。

黃帝篇又曰。列姑射山在海河洲中。山上有神人焉。吸風飲露。不食五穀。心如淵泉。形如處女。不偎不愛。仙聖爲之臣。不畏不怒。愿慤爲之使。不施不惠。而物自足。不聚不斂。而已無愆。陰陽常調。日月常明。四時常若。風雨常均。字育常時。年穀常豐。而土無札傷。人無夭惡。物無疵厲。鬼無靈響焉。此視華胥氏之國。又有進矣。比諸柏拉圖之共和國。穆爾 T. More 之烏託邦。Utopia 猶執著國家組織之形式者。殆未及列子之超乎神化焉。

(四)死生觀

列子之死生觀。大抵與老子同。蓋以生爲必然。死爲必至。無非道之變化。而不容著忻戚於其間。且謂生時勞苦。死則休息。近於厭世者之說。亦道家之恆義也。常曰。人自生至終。大化有四。嬰孩也。少壯也。老耄也。死亡也。其在嬰孩。氣專志一。和之至也。物不傷焉。德莫加焉。其在少壯。則血氣飄逸。欲慮充起。物所攻焉。德故衰焉。其在老耄。則欲慮柔焉。體將休焉。物莫先焉。雖未及嬰孩之全。方於少壯。間矣。其在死亡。則之於息焉。反其極矣。（天瑞篇）人從道而生。

死則復歸於道。故曰反其極。又論生死之理。曰。生者理之必終者也。終者不得不終。亦如生者之不得不生。而欲恆其生。畫其終。惑於數也。精神者天之分。骨骸者地之分。屬天淸而散。屬地濁而聚。精神離形。各歸其眞。黃帝曰。精神入其門。骨骸反其根。我尙何存。同上此言骨骸有形之物。無有不滅。惟精神歸其眞宅而長存耳。此後來靈魂不滅之說所肇與。列子又因子貢與林類問答。以示輪迴不息之道。曰。子貢曰。壽者人之情。死者人之惡。子以死爲樂何也。林類曰。死之與生。一往一反。故死於是者。安知不生於彼。故吾知其不相若也。吾又安知營營而求生非惑乎。亦又安知吾今之死。不愈於昔之生乎。天瑞篇林鬳齋論此段。以爲死於是者。安知不生於彼。卽佛家今生來生前身後身之說。吾安知今生不勝來生。又安知後身不勝今身也。蓋明一生一死。一往一反。而無窮極之理。則死亦不足惡。生亦不足樂。又曰。萬物皆出於機。皆入於機。同上亦是此意。萬物之有形質者。皆由無而生。復返於無。又自無而有。又自有而無。相爲循環不已也。中國古代哲學思想。近於輪迴之說者頗多。易敎與道家書。每可見其義也。

（五）定命論

中國哲學史中。言命者有二派。一言無命。而主自由意志。墨家是也。至於儒家道家。並言有命。而義不盡同。墨家非命。以爲人人信命。其弊必至於懶惰放肆。而一切不事事。非所以立人道也。然儒家道家之言命。固未至於此。儒家之義。在先盡人力。至於無可奈何。而後俟諸天命。何嘗教人懶惰放肆。息聽於命乎。道家則就宇宙秩然之大法。各有其一定而不可過者言之。故列子曰。天地無全功。聖人無全能。萬物無全用。故天職生覆。地職形載。聖職教化。物職所宜。然則天有所短。地有所長。聖有所否。物有所通。何則生覆者不能形載。形載者不能教化。教化者不能違所宜。宜定者不出所位。故天地之道。非陰則陽。聖人之教。非仁則義。萬物之宜。非柔則剛。此皆隨所宜而不能出所位者也。（天瑞篇） 此言天地萬物。各有能不能。一定而不可易。乃因以建其運命說。設爲力與命問答。力者卽吾人之自由意志。意志力而莫如之何者。卽是命也。力謂命曰。若之功奚若我哉。命曰。汝奚功於物。而欲比朕。力曰。壽夭窮達。貴賤貧富。我力之所能也。命曰。彭祖之智。不出堯舜之上。而壽八百。顏淵之才。不出衆人之下。而壽四八。仲尼之德。不出諸侯之下。而困於陳蔡。（中略） 若是汝力之所能。奈何壽彼而夭此。窮聖而達逆。賤賢而貴愚。貧善而富惡耶。力曰。若如若言。則我固無功於物。而物若此耶。此則若之所制耶。命曰。旣謂之命。奈何有制之者耶。朕直而推之。曲而任之。自壽自夭。自窮自達。自貴自賤。自富自貧。朕豈能識之哉。朕豈能識之哉。（力命篇） 由斯以談。則凡人之貴賤貧富壽夭窮達等。皆非出於人力。亦非出於天命。惟其不知其所以然而然。是乃謂之命也。卽自然是已。

列子又申論命之自然而然曰。生非貴之所能存。身非愛之所能厚。生非賤之所能夭。身亦非輕之所能薄。故貴之或不生。賤之或不死。愛之或不厚。輕之或不薄。此似反也。非反也。此自生自死自厚自薄。或貴之而生。或賤之而死。或愛之而厚。或輕之而薄。此似順也。非順也。此亦自生自死自厚自薄。力命篇又曰。召忽非能死。不得不死。鮑叔非能舉賢。不得不舉。小白非能用讎。不得不用。同上蓋列子雖以人之一舉一動。莫不出於命之自然。爲絕對之定命說。然推其本意。則以爲人從道而生。從道而行動。又從道而死。此卽命也。故不當以吉凶禍福壽夭窮達累其心。是乃眞知命也。

第五節　莊子

莊子者。宋國蒙人也。名周。或曰字子休。成玄英莊子序。以周嘗隱居南華山。唐玄宗號周爲南華眞人。又其書南華眞經。殆以此也。嘗爲蒙之漆園吏。故後之宗其學者。亦稱漆園學。莊子蓋與梁惠王齊宣王同時。其著書歸本老子之言。以詆訾孔子之徒。洸洋自恣以適己。自王公大人。莫能器之。楚威王聞莊子之賢。使使厚幣迎之。許以爲相。莊子笑謂楚使者曰。千金重利也。卿相尊位也。子獨不見郊祭之犧牛乎。養之食數歲。衣以文繡。以入太廟。當是時欲爲孤豚。豈可得乎。子亟去。勿污我。我寧遊戲污瀆之中。勿爲有國者所羈。終身不仕。以快吾志。漢志莊子五十三篇。晉郭象刪定爲三十三篇。或云內篇七篇。眞莊子作。餘則其徒所附益也。

(一)宇宙觀

道家之學以一道字爲宇宙之根柢。老子言道之周遍宇宙者詳矣。莊子益說得此事精微。東郭子問於莊子曰。所謂道惡乎在。莊子曰。無所不在。東郭子曰。期而後可。莊子曰。在螻蟻。曰。何其下耶。曰。在稊稗。曰。何其愈下耶。曰。在瓦甓。曰。何其愈甚耶。曰。在屎溺。東郭子不應。莊子曰。夫子之問也。固不及質。正獲之問於監市履豨也。每下愈況。汝唯莫必。無乎逃物。至道若是。大言亦然。周、徧、咸、三者異名同實。其指一也。（知北遊）莊子言近怪矣。然實能顯示正旨。蓋以道徧在一切處。天地萬物無不依之而生。故爲天地萬物之本體。其所發現。卽天地萬物也。故又曰。夫道有情有信。無爲無形。可傳而不可受。可得而不可見。自本自根。未有天地。自古以固存。神鬼神帝。生天生地。在太極之先而不爲高。在六極之下而不爲深。先天地生而不爲久。長於上古而不爲老。（大宗師）此以道無始無終。永存而無際。鬼依之而神。帝依之而神。天地萬物依之而生生不已者也。

莊子之宇宙觀與老子列子同爲道一元論。不更於道以外立神爲主宰。而所謂世界。卽道之現象也。殆自爲一種之萬有神敎論。道卽實在。然非離現象而存。故亦可謂之現象卽實在論。或舉莊子齊物論中眞宰及眞君之語。以爲莊子別認神之主宰。此決不然。嘗試論之。

夫道之發現而爲萬物。日夜消長變化無窮於吾人之前。欲一推其消長變化之由而莫知其所萌。莫測其所際。此莫能知莫能測者。卽是老子喻道所謂迎之不見其首隨之不見其後者也。蓋無非自然而已。非自然誰能生我。非我誰能禀受自然。我卽自然。自然卽我也。我之自然。卽宇宙之自然。我禀受自然。則眞理已具。口鼻手足。各有職司。非有親。非有私。非相爲臣妾。亦順其自然之位置而已。此自然者。謂之眞宰亦可。謂之眞君亦可。以其有情無形。一有情有形。則流轉往復而不已矣。故因造化之迹而推道之妙用。假說眞宰眞君之語。與耶教之所謂神者。蓋適然不侔也。是以謂眞宰不得其朕。性不得朕。斯謂之眞宰耳。齊物論曰。

日夜相代乎前。而莫知其所以萌。已乎已乎。旦暮得此其所由以生乎。非彼無我。非我無所取。是亦近矣。而不知其所爲使。若有眞宰。而特不得其朕。可行己信。而不見其形。有情而無形。百骸九竅六藏賅而存焉。吾誰與爲親。汝皆悅之乎。其有私焉。如是皆有爲臣妾乎。其臣妾不足以相治乎。其遞相爲君臣乎。其有眞君存焉。如求得其情與不得。無益損乎其眞。一受其成形。不亡以待盡。

觀右文其意自瞭。莊子之宇宙論。以萬有悉由道生。道卽消長變化於吾人之前之大勢力是也。道外無萬有。萬有以外無道。道之發現爲萬物。故曰萬物由道生。萬物由道而顯。由道而隱。故凡生滅成毀皆道也。

(二)人生觀

莊子以為聖人者能齊是非死生得喪者也。故其人生觀以死生為一致。死生不過自然之化。如晝夜夢覺。世之好生而畏死者惑也。惟眞人能不悅生。不惡死。故曰古之眞人不知悅生。不知惡死。其出不訢。其入不距。翛然而往。翛然而來而已矣。不忘其所始。不求其所終。受而喜之。忘而復之。是之謂不以心捐道。不以人助天。是之謂眞人。(大宗師) 夫死生不過夢覺。而世人汲汲然以夢為吉。以覺為凶。而樂生而憂死。不其陋耶。故又曰予惡乎知悅生之非惑耶。予惡乎知惡死之非弱喪而不知歸者耶。麗之姬。艾封人之子也。晉國之始得之也。涕泣沾襟。及其至於王所。與王同筐牀。食芻豢。而後悔其泣也。予惡乎知夫死者不悔其始之蘄生乎。夢飲酒者。旦而哭泣。夢哭泣者。旦而田獵。方其夢也。不知其夢也。夢之中又占其夢焉。覺而後知其夢也。且有大覺而後知此其大夢也。而愚者自以為覺。竊竊然知之。君乎牧乎固哉。(齊物論) 又以胡蝶喻物化曰。昔者莊周夢為胡蝶。栩栩然胡蝶也。自喻適志與。不知周也。俄然覺。則蘧蘧然周也。不知周之夢為胡蝶與。胡蝶之夢為周與。周與胡蝶則必有分矣。此之謂物化。(同上) 若然則生不足賴。死不足悲審矣。故莊子論死生。猶是厭世之人生觀也。大宗師曰。夫大塊載我以形。勞我以生。佚我以老。息我以死。故善吾生者。乃所以善吾死也。

夫藏舟於壑。藏山於澤。謂之固矣。然而夜半有力者負之而走。昧者不知也。藏小大有宜。猶有所遯。若夫藏天下於天下而不得所遯。是恆物之大情也。特犯人之形而猶喜之。若人之形者。萬化而未始有極也。其爲樂可勝計耶。故聖人將游於物之所不得遯而皆存。善夭善老。善始善終。人猶效之。又況萬物之所係而一化之所待乎。蓋自然與人以形、生、老、死四者非有愛憎於其間。然變化之大力。往往揭天地以趨新。負山嶽以舍故。故天地萬物無時不移。昧者不知與化爲體而思藏之。使不化。則雖至深至固。各得其所宜。而無以禁其日變也。惟無所藏而都任之。則與物無不冥。與化無不一。無外無內。無生無死。體天地而合變化。索所遯而不得矣。此乃常存之大情也。人形乃是萬化之一遇耳。未獨喜也。無極之中。所遇者皆若人耳。豈特人形可喜而餘物無樂耶。變化無窮。何所不遇。所遇而樂。樂豈有極乎。聖人游於變化之途。放於日新之流。萬物萬化。亦與之萬化。化者無極。亦與之無極。誰得遯之哉。其未始有我。乃能玄同萬物。與化爲體。而爲天下之宗也。又以造化所造萬物衆矣。人不過其中之一物耳。何獨有慕人之生乎。故曰。今大冶鑄金。金踊躍曰。我且必爲鏌鋣。大冶必以爲不祥之金。今一犯人之形而曰人耳人耳。夫造化者必以爲不祥之人。今一以天地爲大鑪。以造化爲大冶。惡乎往而不可哉。成然寐。蘧然覺。蓋萬物之中偶爲人形而遂唯願爲人。何異金之自躍於冶。造化且以爲妖孽。變化之道。靡所不遇。生非故爲。時自生耳。矜而有之。

不亦妄乎。惟以生形老死。任諸自然之化。乃能寐寤自若。不累於心矣。夫自形而上者推之。則大道在恍惚之內。芒昧之中。造化和雜。清濁而成陰陽。陰陽交感。乃生乃形。生則爲有。死則爲無。生來死往。變化循環。亦猶春夏秋冬。四時代序。達人觀之。何哀樂之有。莊子妻死。惠子弔之。莊子則方箕踞鼓盆而歌。惠子曰。與人居長子老身死不哭亦足矣。又鼓盆而歌。不亦甚乎。莊子曰。不然。是其始死也。我獨何能無槩。然察其始而本無生。非徒無生也。而本無形。非徒無形也。而本無氣。雜乎芒芴之間。變而有氣。氣變而有形。形變而有生。今又變而之死。是相與爲春秋冬夏四時行也。人且偃然寢於巨室。而我噭噭然隨而哭之。自以爲不通乎命。故止也。(至樂篇) 莊子將死。弟子欲厚葬之。莊子曰。吾以天地爲棺槨。以日月爲連璧。星辰爲珠璣。萬物爲齎送。吾葬具豈不備耶。何以加此。弟子曰。吾恐烏鳶之食夫子也。莊子曰。在上爲烏鳶食。在下爲螻蟻食。奪彼與此。何其偏也。(列禦寇) 莊子於人生觀屢明死生一貫之理。此尤其悟道之遺言也。

(三)辯證法

春秋以屬辭比事爲教。戰國之際。學者益究辯言正辭之術。先是墨翟作辯經。名家之徒頗宗之。莊子出墨子後。又自立辯證之法。遂以楊墨爲駢枝。其駢拇篇曰。駢於辯者。纍瓦結繩竄句游心於堅白同異之間。而敝跬譽無用之言非乎。而楊墨是已。故此皆多駢旁枝之道。

非天下之至正也。又胠篋篇曰。鉗楊墨之口。方莊子之時。士以游談相高。蘇張之徒。騰其合縱連橫之說。而又有談天之騶衍。雕龍之騶奭。炙轂之淳于髡。專以名家之學顯者。有尹文、惠施、公孫龍等。可謂極辯論之大觀矣。其詳當述之名家。輒考莊子之辯證法於此。

凡辯論之作用有二。一以顯正旨。一以破妄見是也。顯正旨者。謂之積極之辯證法。破妄見者。謂之消極之辯證法。

、甲　顯正旨　莊子之大意。在於逍遙肆志。無爲而自得。其顯此逍遙自得之正旨。而立積極之辯證法者。莫詳於逍遙遊篇。宇宙之內。品物萬殊。能各安其性分。則無不逍遙自得。雖大小不同。而逍遙則一。逍遙遊篇以相對之差別相。而由同一律 Law of Identity 以示其絕對無差別。如甲與甲同。一切甲與一切甲同。鳥獸之逍遙自得。與萬物之逍遙自得同。萬物之逍遙自得。與人之逍遙自得同。如是乃爲一切無障礙之逍遙自得。此爲莊子積極辯證所務顯之正旨。

相對之差別相。莫若大之與小。逍遙遊篇首辯大小。鯤鵬爲大。蜩鳩爲小。鵬徙水擊三千里。摶扶搖而上者九萬里。蜩鳩笑之曰。我決起而飛。搶榆枋時則不至。而控於地而已矣。奚以之九萬里而南爲。鯤鵬以大自足。蜩鳩以小自足。各足於其性。斯可矣。駢拇篇所謂鳧脛雖短。續之則憂。鶴脛雖長。斷之則悲。故性長非所斷。性短非所續。無所去憂也。大與小雖不相及而能各極其性。而逍遙自得則一也。故曰小知不及大知。小年不及大年。奚以知其然也。朝菌不知晦朔。惠蛄不知春秋。此小年也。楚之南有冥靈者。以五百歲爲春。五百歲爲秋。上古有大椿者。以八千歲爲春。八千歲爲秋。而彭祖乃今以久特聞。衆人匹之。不亦悲乎。（逍遙游）夫年知不相及。若此之懸也。比於衆人之所悲。亦可悲矣。而衆人未嘗悲此者。以其性各有極也。苟知其極。則豪分不可相跂。又何所悲乎哉。是之謂小大之辯。明乎小大不可相跂。則各安其差別之分。而咸得絕對無差別之樂矣。

能安其差別之分。以得絕對無差別之樂者。謂之至人神人聖人。至人無己。神人無功。聖人無名。皆能達於逍遙自得之境者也。又惠子引樗木以喩莊子之言大而無用。莊子答之曰。子獨不見狸狌乎。卑身而伏。以候敖者。東西跳梁。不避高下。中於機辟。死於罔罟。今夫斄牛其大若垂天之雲。此能爲大矣。而不能執鼠。今子有大樹。患其無用。何不樹之於無何有之鄉。廣莫之野。彷徨乎無爲其側。逍遙乎寢臥其下。不夭斤斧。物無害者。無所可用。安所困苦哉。（逍遙游）無何有之鄉。寬廣無人。大樹樹之於此。可以終其天年。盡其生理。此卽無用之用也。莊子常說無用之用。爲保眞之道。曰山木自寇也。膏火自煎也。桂可食。故伐之。漆可用。故割之。人皆知有用之用。而莫知無用之用也。（人間世）惠子又謂莊子曰。子言無用。莊子曰。知無用而始可與言用矣。夫地非不廣且大也。人之所用容足耳。然則廁足而墊之致黃泉。人尙有用乎。惠子曰。無用。莊子曰。然則無用之爲用也亦明矣。外物 蓋以有用之用實有賴於無用之用也。又曰。彼至人者歸精神乎無始而甘冥乎無何有之鄕。列禦寇 樹之大而無用者。樹之無何有之鄕。至人之大而無用者。亦甘冥於無何有之鄕。無何有之鄕。乃可以容是無用之用。知乎無用之用。乃可以享逍遙之至樂。是莊子積極辯證之旨也。

乙、破妄見 逍遙游篇。爲莊子積極之辯證。正顯虛無恬澹逍遙自得之本旨。齊物論篇。爲莊子消極之辯證。在先摧伏世間囂囂之論。而後其本旨自見。世人所懷。不過是非、然否、死生、有無、成毀、利害。種種妄見。故作齊物論以破之。不惟睥睨儒墨名法之徒。當時諸子。並不免此惑。蓋世之爭論。皆由束於相對之差別相。而不能到達絕對無差別之理故也。齊物論曰。似喪其耦。曰吾喪我。自絕對無我之境說起。以世間是非之爭論。譬於風之萬竅怒號。以地籟人籟天籟。譬人之性情與經驗之異。於是所持是非亦異。又謂大知閑閑。小知閒閒。上爲寬裕貌下爲分別貌 大言炎炎。小言詹詹。喻知識有淺深大小。言論隨之爲淺深大小之差。故同爲一事。而甲乙所見是非不同。問之於丙。所見又異。惟當聽其自然。則是非之辯兩忘也。故曰

使我與若辯矣。若勝我。我不若勝。若果是也。我果非也耶。我勝若。若不我勝。我果是也。而果非也耶。其或是也。其或非也耶。其俱是也。其俱非也耶。我與若不能相知也。則人固受其黮闇。吾誰使正之。使同乎若者正之。既與若同矣。惡能正之。使同乎我者正之。既同乎

我矣。惡能正之。使異乎我與若者正之。既異乎我與若矣。惡能正之。使同乎我與若者正之。既同乎我與若矣。惡能正之。然則我與若與人俱不能相知也。而待彼也耶。付之自正而至矣化聲之相待。若其不相待。和之以天倪。因之以曼衍。所以窮年也。何謂和之以天倪。曰是不是。然不然。是若果是也。則是之異乎不是也亦無辯。然若果然也。則然之異乎不然也亦無辯。忘年忘義。振於無竟。故寓諸無竟。齊物論

惟是非然否。彼我更對。故無辯而和之以天倪。各安自然之分。不待彼以正此。忘年故玄同死生。忘義故彌貫是非。是非死生。蕩而爲一。斯至理也。至理暢於無極。故寄之者不得有窮也。當時爭論是非最烈者。儒墨百家之徒皆然。莊子以百家所以相非。坐各執其成心之妄見。無成心則是非之爭息矣。是謂以明。故曰。夫隨其成心而師之。誰獨且無師乎。奚必知代而心自取者有之。愚者與有焉。未成乎心而有是非。是今日適越而昔至也。是以無有爲有。無有爲有。雖有神禹。且不能知。吾獨且奈何哉。又曰。道惡乎隱而有眞僞。言惡乎隱而有是非。道隱於小成。言隱於榮華。故有儒墨之是非。以是其所非而非其所是。欲是其所非而非其所是。則莫若以明。齊物論 以明者。卽以彼之說反覆相明也。解者曰。夫有是有非者。儒墨之所是也。無是無非者。儒墨之所非也。今欲是儒墨之所非。而非儒墨之所是者。乃欲明無是無非也。欲明無是無非。則莫若還以儒墨反覆相明。反覆相明。則所是者非是。而所非者非

非。非非則無非。非是則無是。莊子又論之曰。物無非彼。物無非是。自彼則不見。自知則知之。故曰彼出於是。是亦因彼。彼是方生之說也。雖然方生方死。方死方生。方可方不可。方不可方可。因是因非。因非因是。是以聖人不由而照之於天。亦因是也。是亦彼也。彼亦是也。彼亦一是非。此亦一是非。果且有彼是乎哉。果且無彼是乎哉。彼是莫得其偶。謂之道樞。樞始得其環中以應無窮。是亦一無窮。非亦一無窮也。故曰莫若以明。同上又破公孫龍指物白馬之辯曰。以指喻指之非指。不若以非指喻指之非指也。以馬喻馬之非馬。不若以非馬喻馬之非馬也。天地一指也。萬物一馬也。同上蓋自是而非彼。彼我之常情也。故以我指喻彼指。則彼指於我指獨爲非指矣。此以指喻指之非指也。若覆以彼指還喻我指。則我指於彼指復爲非指矣。此以非指喻指之非指也。將明無是無非。莫若反覆相喻。此亦以明之術也。愚昧之徒。不能通觀是非。則勞精神以一之。而是非終不一。故曰勞神明爲一而不知其同也。謂之朝三。何謂朝三。曰狙公賦芧曰。朝三而暮四。衆狙皆怒。曰然則朝四而暮三。衆狙皆悅。名實未虧。而喜怒爲用。亦因是也。是以聖人和之以是非而休乎天均。是之謂兩行。同上兩行者。任天下之是非也。衆人不能任天下之是非。使其心終日役役。不得休息。此與死何異。故曰。終身役役而不見其成功。苶然疲役而不知其所歸。可不哀耶。人謂之不死。奚益。同上又曰。哀莫大於心死。而人死亦次之。田子方欲救心死之弊。則必先息此是非彼我然否死生可不可之爭論而後乃達於大道之妙致此莊子辯證之目的也因物態之自然以明之以幾於無上之眞知無是非無成虧超然忘我虛無恬澹而物論莫不齊故曰天下莫大於秋毫之末而太山爲小莫壽乎殤子而彭祖爲夭天地與我並生而萬物與我爲一。齊物論 此眞大徹大悟破除一切小大之障礙見天地之間物物各極其性各得其得者也故莊子積極之辯證由顯正旨以破妄見消極之辯證由破妄見以顯正旨二門不相離以破儒墨百家而自建立逍遙玄同之道論者也。

（四）修養論

莊子論修養之工夫在去小智而得大智去小我而成大我去有爲而就無爲破除一切世間之物欲而游於方之外者也故以自然爲至化之極太古爲至治之世以爲古之人知與恬交相養後之世世與道交相喪修養之士在反其性情而復其初耳於是乃由純然退化之說以明世與道交相喪曰古之人在混芒之中與一世而得澹漠焉當是時也陰陽和靜鬼神不擾四時得節萬物不傷羣生不夭人雖有知無所用之此之謂至一當是時也莫之爲而常自然逮德下衰及燧人伏羲始爲天下是故順而不一德又下衰及神農黃帝始爲天下是故安而不順德又下衰及唐虞始爲天下興治化之流澆淳散朴離道以善險德以行然後去性而從於心心與心識知而不足以定天下然後附之以文益之以博文滅質博

溺心。然後民始惑亂。無以反其性情而復其初。由是觀之。世喪道矣。道喪世矣。世與道交相喪也。(繕性)又論古人修養之法曰。古之治道者。以恬養知。生而無以知爲也。謂之以知養恬。知與恬交相養。而和理出其性。夫德和也。道理也。德無不容。仁也。道無不理。義也。義明而物親。忠也。中純實而反乎情。樂也。信行容體而順乎文。禮也。禮樂徧行。則天下亂矣。(同上)蓋莊子之修養法。在於心氣恬靜。而知不蕩。如是乃合於自然。而泯乎私智也。故又曰。游心於淡。合氣於漠。順物自然而無容私焉。而天下治矣。(應帝王) 游心於淡。卽是無思。合氣於漠。卽是無爲。無思以養心。無爲以養體。是修養之要道矣。

知恬交養。無思無爲。乃可反於淳朴之本性。以成其德。故曰。彼民有常性。織而衣。耕而食。是謂同德。一而不黨。命曰天放。故至德之世。其行塡塡。其視顚顚。當是時也。山無溪隧。澤無舟梁。萬物羣生。連屬其鄉。禽獸成羣。草木遂長。是故禽獸可係羈而游。鳥鵲之巢可攀援而闚。夫至德之世。同與禽獸居。族與萬物並。惡乎知君子小人哉。同乎無知。其德不離。同乎無欲。是謂素樸。素樸而民性得矣。(馬蹄) 道家之修養。主於淸虛無爲。故以無知無欲爲至德。以仁義禮爲道德之失。修身治國。皆持此一貫之義者也。

(五)非儒家

史記謂莊子作漁父、盜跖、胠篋。以詆訾孔子之徒。以明老子術。宋蘇子瞻以讓王、盜跖、說劍、漁父、四篇。爲孔子僞作。要之道家與儒家其術本不同。其相絀無足怪也。儒家重仁義而道家非之。儒家重聖人而道家非之。所謂道不同不相爲謀者也。

老子言大道廢有仁義。又曰絕聖棄智民利百倍。絕仁棄義民復孝慈。列子亦云事破僞而後有舞仁義者弗能復也。及莊子所言。尤深切明銳。胠篋篇曰。

跖之徒問於跖曰。盜亦有道乎。跖曰。何適而無有道耶。夫妄意室中之藏。聖也。入先。勇也。出後。義也。知可否。智也。分均。仁也。五者不備而能成大盜者。天下未之有也。由是觀之。善人不得聖人之道不立。跖不得聖人之道不行。天下之善人少而不善人多。則聖人之利天下也少而害天下也多。故曰脣竭則齒寒。魯酒薄而邯鄲圍。聖人生而大盜起。掊擊聖人。縱舍盜賊。而天下始治矣。夫川竭而谷虛。丘夷而淵實。聖人已死。則大盜不起。天下平而無故矣。聖人不死。大盜不止。雖重聖人而治天下。則是重利盜跖也。爲之斗斛以量之。則幷與斗斛而竊之。爲之權衡以稱之。則幷與權衡而竊之。爲之符璽以信之。則幷與符璽而竊之。爲之仁義以矯之。則幷與仁義而竊之。何以知其然耶。彼竊鉤者誅。竊國者爲諸侯。諸侯之門而仁義存焉。則是非竊仁義聖知耶。故逐於大盜。揭諸侯。竊仁義幷斗斛權衡符璽之利者。雖有軒冕之賞弗能勸。斧鉞之威弗能禁。此重利盜跖而使不可禁者。是乃聖人之過也。

莊子明堯舜以來。皆以仁義撓亂天下。而仁義之名。或爲大盜所資。故謂聖人不死。大盜不止。韓退之原道。力闢此說。亦儒道二家相絀之常矣。

第二章　墨家

漢書藝文志曰。蓋出於淸廟之守。茅屋采椽。是以貴儉。養三老五更。是以兼愛。選士大射。是以上賢。宗祀嚴父。是以右鬼。順四時而行。是以非命。以孝視天下。是以上同。此其所長也。及蔽者爲之。見儉之利。因以非禮。推兼愛之意。而不知別親疏。漢志敍墨家。以尹佚爲首。尹佚二篇。今不傳。然謂之墨家者。固以墨子爲宗也。列子楊朱篇。以禹墨並稱。莊子天下篇。亦謂墨者爲禹之道。則墨家宜出於禹。呂覽當染篇。謂墨子學於史角之後。史角蓋深明郊廟之禮者也。淮南子要略。則謂墨子學儒者之業。受孔子之術。墨子學其所淵源者亦衆矣。要所自得者。尤禮官之掌爲多。自益以新說。遂獨成一派。

史記曰。墨翟宋之大夫。善守禦。爲節用。或曰並孔子時。或曰在其後。漢志墨子七十一篇。今存墨子僅五十三篇。

墨子之學。以天爲本。其論天者。見於法儀、天志、明鬼、兼愛、諸篇。學者言天。蓋有四種義。(一)形體之天。(二)主宰之天。(三)運命之天。(四)理法之天。墨子所言。則多是主宰之天。謂天爲造化主。全知全能。萬物與人。咸受治於天。天又視人類之善惡。而下賞罰焉。有善者必賞。

有惡者必罰。故天實道德律之淵源也。而天又同時爲政治之淵源。人君必受命於天。以治天下。天之所許者爲義。政所不許者爲暴。政行義政則合天意必治。行暴政則逆天意必亂。譬如天兼愛天下。治天下者。亦當兼愛天下。兼愛卽賢君也。別愛卽暴君也。故墨子因天之標準。以爲議論道德政治之術。謂立言有三法。有本之者。有原之者。有用之者。於其本之也。考之天鬼之志。聖王之事。於其原之也。徵以先王之書。下原察百姓耳目之實。用之奈何。發而爲刑政。觀其中國家人民之利。此言之三法也。非命三篇並有此文而詳略不同今具其辭以足其義　墨子學說多以此三法爲主矣。今更分析而述之。

（一）兼愛主義

墨子以天志爲本。故唱兼愛主義。以當時之人。違於天志。故不相愛。而有攻伐侵略之亂。非兼愛無以救之。古今言愛者有數種。有愛其心而不愛其身者。印度外道之所謂愛者也。有愛自己而不愛他人者。楊朱是也。有因其親疏之別而爲差等之愛者。儒者是也。墨子言愛異於前數者。蓋不分親疏不立差等而施同一之愛。有如耶教之所謂博愛者。故曰兼愛也。墨子曰。聖人以治天下爲事者也。必知亂之所自起。焉能治之。不知亂之所自起。則弗能治。聖人以治天下爲事者也。不可不察亂之所自起。當察亂自何起。起不相愛。臣子之不愛君父。所謂亂也。子自愛不愛父。故虧父而自利。弟自愛不愛兄。故虧兄而自利。臣自愛不愛君。

故虧君而自利。此所謂亂也。雖父之不慈子。兄之不慈弟。君之不慈臣。此亦天下之所謂亂也。父自愛也不愛子。故虧子而自利。兄自愛也不愛弟。故虧弟而自利。君自愛也不愛臣。故虧臣而自利。是何也。皆起不相愛。雖至天下之爲盜賊者亦然。盜愛其室不愛異室。故竊異室以利其室。賊愛其身不愛人。故賊人以利其身。此何也。皆起不相愛。雖至大夫之相亂家。諸侯之相攻國者亦然。大夫各愛其家不愛異家。故亂異家以利家。諸侯各愛其國不愛異國。故攻異國以利其國。天下之亂物具此而已矣。察此何自起。皆起不相愛。若使天下兼相愛。愛人若愛其身。惡施不孝。猶有不慈者乎。視子弟與臣若其身。惡施不慈。不孝亡有。猶有盜賊乎。故視人之室若其室。誰竊。視人身若其身。誰賊。故盜賊亡有。猶有大夫之相亂家諸侯之相攻國者乎。視人家若其家。誰亂。視人國若其國。誰攻。故大夫之相亂家。諸侯之相攻國者亡有。若使天兼相愛。國不與國相攻。家不與家相亂。盜賊無有。君臣父子皆能孝慈。若此則天下治。故聖人以治天下爲事者。惡得不禁惡而勸愛。故天下兼相愛則治。相惡則亂。故子墨子曰。不可以不勸愛人者此也。（兼愛上）

墨子兼愛主義。以己能愛人。則人亦能愛己。人人互相愛。則天下治。是爲社會最大之幸福。是爲墨子立教之正鵠。近於近世功利派之倫理說者也。孟子深非墨子兼愛。以爲愛無差等。又謂無父禽獸之道也。此蓋指當時爲墨學者之流弊而言。漢志亦謂蔽者爲之。推兼愛之意而不知別親疏。墨子書多重孝道。將明愛以救亂。故因其一貫之旨言之時若無擇。孟子則推其弊之所極而云然耳。

墨子既主兼愛而世之上攻戰實不相愛之甚。故其書又有非攻其言曰今有一人入人園圃。竊其桃李衆聞則非之。上爲政者得則罰之。此何也以虧人自利也。至攘人犬豕雞豚者。其不義又甚入人園圃竊桃李。是何故也。以虧人愈多其不仁茲甚罪益厚。至入人欄廐取人馬牛者。其不仁義又甚攘人犬豕雞豚。此何故也。以其虧人愈多。苟虧人愈多。其不仁茲甚。罪益厚。至殺不辜人也。扡其衣裘取戈劍者。其不義又甚入人欄廐取人馬牛。此何故也。以其虧人愈多。苟虧人愈多。其不仁茲甚矣。罪益厚。當此天下之君子皆知而非之。謂之不義。今至大爲攻國。則弗知非。從而譽之。謂之義。此何謂知義與不義之別乎。殺一人謂之不義。必有一死罪矣。若以此說往殺十人十重不義。必有十死罪矣。殺百人百重不義。必有百死罪矣。當此天下之君子皆知而非之。謂之不義。今至大爲不義攻國。則弗之非。從而譽之謂之義。情不知其不義也。（非攻上）故必寢攻戰而後兼愛之道乃可實踐耳。

（二）節儉論

墨子之貴節儉實自其兼愛主利而來。蓋當時王公大人。不知愛人之道。徒務耗民財以事華侈。故敎之節儉以救正之。

墨子總論當節儉者五事。見辭過篇。曰宮室不可不節。衣服不可不節。飲食不可不節。舟車不可不節。蓄私（蓄妾）不可不節。凡此五者。聖人之所儉節也。小人之所淫佚也。儉節則昌。淫佚則亡。此五者不可不節。又作節用三篇。（今存二篇）仍推上之五者以爲國家制財用之道。而加入甲兵短喪二者。以爲凡足以奉給民用則止。諸加費於民者。聖王弗爲。故用財不費。民德不勞。反是則其使民勞。其籍斂厚。民財不足。凍餓而死者。不可勝數。墨子言節用可兼致富庶而好費財興師爲寡人之道。蓋惟庶而後能富。既富既庶。是善政之極功也。

墨子持論尤與儒家異者。一在短喪節葬。一在非樂。二者皆原於節儉之意。故論厚葬之弊有五。（一）厚葬則賤人死必竭家室。諸侯死必虛府庫。而處喪垂涕不食。手足不勁強。喪之愈久。廢事亦久。以此求富。不可得也。（二）父母喪三年以下遞推。喪久飢約。民多疾病又敗男女之交。以此求衆。不可得也。（富庶相關）（三）厚葬久喪。國家必貧。人民必寡。民出無衣入無食。並爲淫暴而盜賊衆。（四）國貧無積委。城郭不修。敵人覬覦來攻。無以守國備戰（五）國貧則事上帝鬼神者寡。將得禍罰。已上五弊。皆生於喪葬之靡。後復歸之於鬼神。蓋墨子素尊天神。今以此警戒厚葬之俗也。荀卿評墨子之說。謂爲刻死者而增生者。墨子之說。雖若薄於情。然以其持社會博愛主義。爲矯正時弊。不得不然。非盡出於利己吝嗇之旨也。

墨子之非樂。亦意在歸本節儉。蓋墨子所持。頗近所謂實利主義。故每重視物質方面。而或忽於精神方面其立教之本然也。樂之爲物。若以實利之義繩之。固不免爲長物。墨子所言其於國家有害無益也。非樂篇論之弊。大約有四。（一）樂器之費民患飢寒勞苦。卽爲之撞鐘擊鼓彈琴吹笙。民衣食之財將安所得。（二）樂人之費樂人不可衣短褐不可食糠糟。美顏色衣服以悅觀者。不從事衣食之財而掌食乎人者也。（三）奪民衣食之時。丈夫爲樂。廢耕稼樹藝。婦人爲樂。廢紡績織紝。（四）減民生產之力。人賴其力以生。不強從事。卽財用不足。丈夫婦人好樂。不能夙興夜寐。從事正業。已上四者。皆足耗民財力。故非樂亦節儉之一端也。儒者稱樂有移風易俗之美。墨子獨不知樂之爲樂。荀子著樂論。已力辯之。蓋儒者兼重精神。而墨家專主實利故也。

（三）力行之方法

墨子以兼愛及節儉二者爲倫理政治之主義。而歸本於實利。此二者。非有精勤之強力。殆莫能行之。於是墨子又以非命及明鬼爲實行其主義之方法焉。

甲、非命儒道家。儒家皆言有命。墨子獨非命。以其與實利主義相矛盾也。蓋信命則一切委之氣數而不事事。國家社會。不日進而日退矣。故曰今用執有命者之言。則上不聽治。下不從事。上不聽治則刑政亂。下不從事則財用不足。上無以供粢盛酒醴祭祀上帝鬼神。降綏天下賢可之士。外無以應待諸侯之賓客。內無以食飢衣寒。將養老弱。故命上不利於天。中不利於鬼。下不利於人。而強執此者。此特凶言之所自生。而暴人之道也。是故子墨子言曰。今天下之士君子。中實欲天下之富而惡其貧。欲天下之治而惡其亂。執有命者之言不可不非。此天下之大害也。非命上　又曰。昔者三代聖王禹湯文武方爲政乎天下之時曰。必務舉孝子而勸之事親。尊賢良之人而教之爲善。是故出政施教。賞善罰暴。且以爲若是則天下之亂也。將屬可得而治也。社稷之危也。將屬可得而定也。若以爲不然。昔桀之所亂。湯治之。紂之所虐。武王治之。當此之時。世不渝而民不易。上變政而民改俗。存乎桀紂而天下亂。存乎湯武而天下治。天下之治也。湯武之力也。天下之亂也。桀紂之罪也。若以此觀之。夫安危治亂。存乎上之爲政也。則夫豈可謂有命哉。故昔者禹湯文武方爲政乎天下之時。曰必使飢者得食。寒者得衣。勞者得息。亂者得治。遂得光譽令問於天下。夫豈可以爲命哉。故以爲其力也。今賢良之人。尊賢而好道術。故上得其王公大人之賞。下得其萬民之譽。遂得光譽令問於天下。亦豈以爲其命哉。又以爲力也。非命下　墨子既以信命則上不聽治。下不從事。又以治亂衣食光譽皆存乎力。不存乎命。列子以命勝力。墨子以力勝命。亦操術不同也。道家儒家皆謂天爲性道之源。而命卽出焉。墨子亦以天爲萬物之主。而命非制。故墨家以人之行爲。悉因其人之自由意志。天不過憑式之。觀其善惡以下賞罰。如命有定。則賞罰何施。墨子之說。亦有所緣。要其本義。尤在信命則怠於人事。有害實利耳。

乙明鬼　墨子之明鬼。其意亦在厲人勤勉力行。人敬畏鬼神。自不敢不盡己之職分也。蓋分鬼爲三種。（一）天鬼。（二）山水鬼神。（三）人鬼。明鬼篇曰。逮至昔三代聖王既沒。天下失義。諸侯力征。是以存夫爲人君臣上下者之不惠忠者。父子弟兄之不慈孝弟長貞良也。正長之不強於聽治。賤人之不強於從事也。民之爲淫暴寇亂盜賊。以兵刃毒藥水火。退無罪人乎道路率徑。奪人車馬衣裘以自利者並作。由此始。是以天下大亂。此其故何以然也。則皆以疑惑鬼神之有與無之別。不明乎鬼神之能賞賢而罰暴也。今若使天下之人。偕若信鬼神之能賞賢而罰暴也。則夫天下豈亂哉。墨子之明鬼。蓋專以爲政治上之利用。以世人若信鬼神能賞賢罰暴。斯在上者強於聽治。在下者強於從事。惠忠貞良之善成。淫暴寇盜之惡息。或有以祭祀酒醴粢盛棄之汙壑。未免費財。墨子曰。今吾爲祭祀也。非直注之汙壑而棄之也。上以交鬼之福。下以合驩聚衆。取親乎鄉里。若鬼神有。則是得吾父母弟兄而食之也。則此豈非天下利也哉。是故今天下之王公大人士君子。中實欲求興天下之利。除天下之害。當若鬼神之有也。將不可不尊明也。聖王之道也。（明鬼下）墨子非厚葬以其無益。而不廢祭鬼者。意可敎俗力行。又可合親鄉之驩。利大費小。猶可爲也。惟墨子所以論鬼神。不必視爲形而上之論證。直是其利用之方法耳。

（四）辯經爲名家所宗

墨子之學。多屬倫理政治之範圍。而關於哲學上之討究甚少。惟墨經四篇及大取小取二篇。言正名之術。爲吾國古代倫理學之源。莊子曰。相里勤之弟子五侯之徒。南方之墨者苦獲已齒鄧陵子之屬。俱誦墨經而倍譎不同。相謂別墨。以堅白同異之辯相訾。以觭偶不仵之辭相應。以巨子爲聖人。皆願爲之尸。冀得爲其後世。至今不決。晉魯勝墨辯注序曰。墨子著書。作辯經以立名本。惠施公孫龍祖述其學。以正刑名顯於世。孟子非墨子。其辯言正辭則與墨同。荀卿莊周等。皆非毀名家。而不能易其論也。名必有形。察形莫如別色。故有堅白之辯。名必有分明。分明莫如有無。故有無序之辯。是有不是。可有不可。是名兩可。同而有異。異而有同。是之謂辯同異。至同無不同。至異無不異。是謂辯同辯異。同異生是非。是非生吉凶。取辯於一物。而原極天下之汙隆。名之至也。自鄧析至秦時。名家者世有篇籍。率頗難知。後學莫復傳習。於今五百餘歲。遂亡絕。墨經有上下經。經各有說。凡四篇。與其書衆篇連茅。故獨存。魯勝注墨辯久佚。近世校墨經頗有多家。要其條理。仍多錯脫。不可考。故不復詳述云。

已不略述墨家之要義。莊子天下。敘論諸家之學。而以墨爲首。其言曰。不侈於後世。不靡於萬物。不暉於數度。以繩墨自矯。而備世之急。古之道術有在於是者。墨翟禽滑釐聞其風而說之。爲之大過。已之大順。作爲非樂。命之曰節用。生不歌。死無服。墨子汎愛兼利而非鬭。其道不怒。又好學而博不異。不與先王同。毀古之禮樂。黃帝有咸池。堯有大章。舜有大韶。禹有大夏。湯有大濩。文王有辟雍之樂。武王周公作武。古之喪禮。貴賤有儀。上下有等。天子棺槨七重。諸侯五重。大夫三重。士再重。今墨子獨生不歌。死不服。桐棺三寸而無槨。以爲法式。以此敎人。恐不愛人。以此自行。固不愛己。未敗墨子道。雖然。歌而非歌。哭而非哭。樂而非樂。是果類乎。其生也勤。其死也薄。其道大觳。使人憂。使人悲。其行難爲也。恐其不可以爲聖人之道。反天下之心。天下不堪。墨子雖獨能任。奈天下何。離於天下。其去王也遠矣。墨子稱道曰。昔者禹之湮洪水。決江河而通四夷九州也。名山三百。支川三千。小者無數。禹親自操橐耜而九雜天下之川。腓無胈。脛無毛。沐甚雨。櫛疾風。置萬國。禹大聖也。而形勞天下也如此。使後世之墨者。多以裘褐爲衣。以跂蹻爲服。日夜不休。以自苦爲極。曰不能如此。非禹之道也。不足謂墨。又曰。雖然。墨子眞天下之好也。將求之不得也。雖枯槁不舍也。才士也夫。莊子之論墨子如此。頗以其非樂厚葬。又過自苦。爲大觳。然終以爲才士。淮南子稱墨子服役者百八十人。皆可使赴火蹈刃。死不旋踵。蓋墨子之徒。流爲任俠一派。韓非每以儒俠並擧。俠即墨也。韓非謂墨子以後。墨分爲三。有相里氏之墨。相夫氏之墨。鄧陵氏之墨。陶潛聖賢羣輔錄。記三墨。略異。有宋鈃尹文之墨。有相里勤五侯子之墨。有苦獲已齒鄧陵子之墨。此墨學傳授之大略也。漢志墨家尹佚以外。其爲墨子之學者。有田俅子三篇。我子一篇。隨巢子六篇胡非子三篇隨巢胡非皆墨子弟子惜其書不可見矣。

今綜論儒墨異同所謂異者儒從周禮墨用夏政（淮南子曰墨子學儒者之業受孔子之術以爲其禮煩擾而不說厚葬靡財而貧民服傷生而害事故背周道而用夏政）其異一也。儒主厚葬久喪墨主節葬短喪其異二也。儒者說仁雖亦言汎愛而其所謂愛有親疏厚薄之差。墨子則以爲當兼愛交利。本於天志見爲愛無差等。其異三也。儒者重樂墨子非樂其異四也。儒者信命墨子非命其異五也。請更言儒墨之同。儒墨並敬鬼神重祭祀其同一也。儒墨並言天其同二也。儒墨並言修身尚賢貴義節用以治國平天下爲歸其同三也。（所謂同者其中仍有所異已詳前辨）然墨者尊天神尤甚。近時說者以爲頗近耶教亦嘗比其相同之迹（一）墨子所謂主宰之天。卽耶教所謂神（二）墨子本天志立兼愛主義。耶教本神志立博愛主義。（三）墨家耶教並因天神之意而非攻伐。（四）墨子非命。耶教亦不言命而許意志自由。（五）天能視察人行善惡而下賞罰。墨子耶教皆有此義。（六）人生行爲善惡之標準。惟以合於天神之意與否爲定。此數者是其最近耶教者矣。

第三章　法家

第一節　管仲

漢志曰。法家者流。蓋出於理官。信賞必罰。以輔禮制。易曰。先王以明罰飭法。此其所長也。及刻者爲之。則無教化。去仁愛。專任刑法而欲以致治。至於殘害至親。傷恩薄厚。此明法家之原也。漢志敍法家首李悝。而以管子入道家。七略則以爲法家。今觀管子書。實法家言。所本太史公謂申韓皆原黃老道德之意。則法家亦可謂出於道家矣。要其尙富彊明法令。固在申商之先也。故今先述之。

管仲字夷吾。潁上人也。相齊桓公霸諸侯。史記曰。管仲既任政相齊。以區區之齊在海濱。通貨積財。富國彊兵。與俗同好惡。故其稱曰。倉廩實而知禮節。衣食足而知榮辱。上服度則六親固。四維不張。國乃滅亡。下令如流水之原。令順民心。故論卑而易行。俗之所欲。因而與之。俗之所否。因而去之。其爲政也。善因禍而爲福。轉敗而爲功。貴輕重。愼權衡。管子書八十六篇。今存七十六篇。或云多爲管子之學者所附益。不盡自著。而太史公尤稱其牧民、山高、乘馬、輕重、九府等篇。淮南子曰。齊桓公之時。天子卑弱。諸侯力征。南夷北狄。交伐中國。中國之不絕如線。齊國之地。東負海而北障河。地狹田少。而多智巧。桓公憂中國之患。苦夷狄之亂。欲以存亡繼絕。崇天子之位。廣文武之業。故管子之書生焉。則管子之書。是因時勢而自立一學。上承道家。而下開刑名法術之學者也。今撮述其學說。

（一）王霸之辯

古之言治者。有帝道。有王道。帝道王道。儒者之所宗也。至管子而始立霸者之道。蓋化民以德。自然而治者爲帝道。雖有制度之爲無所用之者爲王道。自貴而不伐爲霸道。帝道一變爲王道。王道一變爲霸道。霸道一變爲法治。卽彊國之術也。儒家以德化爲本。故貴王而賤霸。法家以富彊爲本。故假王以行霸。孟荀皆非霸術。以爲仲尼之門五尺之童。猶羞五伯之業也。然王霸之辯。當以其心術辯之。今姑論其區別。

一、王者尙德。霸者尙力。
二、王者尙仁義。霸者尙功利。
三、王者守經。霸者行權。
四、王者氣象雍容。霸者氣象迫促。

管子爲霸術之始。故須先辯霸術。而後其學可考而知也。

(二)功利主義之政治說

霸者之政策。卽功利主義是也。史記齊世家記太公之治齊曰。太公主國修政。因其俗簡其禮。通商工之業。便魚鹽之利。而人民多歸齊。齊爲大國。魯世家又曰。魯公伯禽之初受封之魯。三年而後報政周公。周公曰。何遲也。伯禽曰。變其俗。革其禮。喪三年然後除之。故遲。太公亦封於齊。五月而報政周公。周公曰。何疾也。曰。吾簡其君臣禮。從其俗爲也。及後聞伯禽報政遲。乃歎曰。魯後世其北面事齊矣。夫政不簡不易。民不有近。平易近民。民必歸之。齊魯異政。及後來儒家與法家爲治之異。一主禮義。一主功利是也。太公旣以公利治齊。興商工魚鹽之業。管子因其舊法而成霸者之術。蓋霸者所最要莫過富國强兵二事。欲收二者之效。不可不先以實利導民。是以管子論政首在充其倉廩府庫。殖其衣食之財。故曰凡有地牧民者。務在四時。守在倉廩。國多財則遠者來。地辟舉則民留處。倉廩實則知禮節。衣食足則知榮辱。（牧民）此可見其獎實利而棄文巧之意也。商鞅李斯謀秦之富强。皆用此術。卽老子强骨實腹愚民去文之義矣。然霸者所謂功利。策尤在因民之好惡以行之。太史公謂管仲俗之所欲。因而予之。俗之所否。因而去之。故論卑而易行。是以管子書曰。政之所興在順民心。政之所廢在逆民心。民惡憂勞。我佚樂之。民惡貧賤。我富貴之。民惡危墜。我存安之。民惡滅絕。我生育之。又曰知予之爲取者。政之寶也。（牧民四順）霸者與民以利。因自得其利。以此爲操縱之術。視爲爲政之寶焉。管子治齊國四十餘年。威令加於天下。功利主義之效也。後之霸者晉文楚莊。皆用此道。

（三）虛靜無爲說

管子之所以似道家者。在其書屢言虛靜無爲之義。蓋法家之精義。必審合形名。其本無不出於虛靜。此法家淵源所以與道家同者也。黃帝堯舜垂衣裳而天下治。可謂虛靜無爲矣。乃其盛德之形容如此。而法家所謂虛靜無爲。則專以爲用術之道而已。法術之士。恐人君事政壞法度則敎之以虛靜無爲。責其事於官。而課其效於法。蓋假虛靜無爲。以得施行此法律至高權一也。又以人君虛靜無爲。則臣下莫能窺其好惡所在可因而操縱之。蓋以虛靜無爲敎君用術二也。大抵管子書所言虛靜無爲亦不外道家秉要執本淸虛自守之意。惟作用有殊耳。如曰動則失位靜乃自得道。心術上篇此柔能制剛齒亡舌存之說也。其使人君無爲而行法律之至高權者。如任法篇曰聖君任法而不任智。任數而不任說。任公而不任私。任大道而不任小物。又曰守道處要佚樂馳騁弋獵鐘鼓竽瑟宮中之樂無禁圉也。不思不慮。不憂不圖。利身體。便形軀養壽命垂拱而天下治。是故人主有能用其道者。不事心。不勞意。不動力而土地自辟囷倉自實蓄積自多甲兵自彊羣臣無詐僞百官無姦邪奇術技藝之人。莫敢高言孟行以過其情以遇其主矣。昔者堯之治天下也。猶埴之在埏也。唯陶之所以爲。猶金之在鑪。恣冶之所以鑄。其民引之而來。推之而往。使之而成。禁之而止。故堯之治也。善明法禁之令而已矣。黃帝之治天下也。其民不引而來。不推而往。不使而成。不禁而止。故黃帝之治也。置法而不變。使民安其法者也。所謂仁義禮樂者皆出於法。此先聖之所以一民者也。管子言黃帝堯舜皆躬無爲而任法。可見其用心矣。又心術篇曰天曰虛地曰靜。乃不伐。潔其宮。開其門。去私無言。神明若存。紛乎其若亂。靜之而自治。强不能徧立智不能盡謀。物固有形。形固有名。名當謂之聖人。故必知不言無爲之事。然後知道之紀。殊形異勢。不與萬物異理。故可以爲天下始。人之可殺。以其惡死也。其可不利。以其好利也。是以君子不休乎好。不迫乎惡。恬愉無爲。去智與故。其應也。非所設也。其動也。非所取也。過在自用。罪在變化。是故有道之君。其處也若無知。其應物也若偶之。靜因之道也。申韓皆用此說。以爲君人之術。蓋虛爲天道。靜爲地道。管子又以唯聖人得虛道。能虛與靜。則無爲而合於大道。道爲一切事爲之主。故曰事督乎法。法出乎權。權出乎道。道也者。動不見其形。施不見其德。萬物皆以得然。莫知其極。故曰可以安而不可說也。同上管子言道。言虛靜。頗與老莊相類。蓋同祖黃帝。司馬遷刑名法術。本於黃老。漢志列管子於道家。皆以此也。

(四)國家道德論

管子所謂國家道德。霸者之國家道德也。蓋折衷於德治法治之間。以功利爲本。不如王道之專重德化。亦不如法家之專重刑法。惟因人之天性。有知禮節知榮辱之美質。而爲厚其資生之備。使得自充達於禮義焉。故曰倉廩足而知禮節。衣食足而知榮辱。此管子一生貫澈之政治主義也。儒家雖專重道德。亦言富而後教。知此事王霸所同。重至於倉廩已實。衣食已足之後。其所謂國家道德者當如何。則不外禮義廉恥之四維。故曰國有四維。一維絕則傾。二維絕則危。三維絕則覆。四維絕則滅。傾可正也。危可安也。覆可起也。滅不可復錯也。何謂四維。一曰禮。二曰義。三曰廉。四曰恥。禮不踰節。義不自進。廉不蔽惡。恥不從枉。故不踰節則上位安不自進則民無巧詐。不蔽惡則行自全。不從枉則邪事不生。又曰上服度則六親固。四維張則君令行。故省刑之要在禁文巧。守道之度在飾四維。又曰四維不張國乃滅亡。民並牧 蓋禮義廉恥爲國家道德之根本惟在上者先守法度以爲人民之標準則四維乃飭四維之中以禮義正秩序。以廉恥防淫僞。霸者之道德。尚嚴明而整樸如此所以納民於軌物使從事於富國彊兵之塗也。故言義有七體。曰孝悌慈惠以養親戚。恭敬忠信以事君上。中正比宜以行禮節。整齊撙詘以辟刑僇。纖嗇省用以備飢饉。敦懞純固以備禍亂。和協輯睦以備寇戎。五輔 又言禮有八經曰上下有義貴賤有分長幼有等貧富有度。同上 管子又言鬼神宗廟祭祀爲立國順民之經此與儒墨同殆因其成俗而云然非管子之特見也

綜而論之則管子之學其尤要者卽在明道德與生計之關係及主張法律之最高權而已。此其所以爲後來刑名法術之宗也。其立言之本雖屬道家而哲學上之理致殊形淺略。且言道德不及孔孟言功利不及晏墨言法律不及申韓言兵略不及孫吳以其爲實行之政治家。故孔子亦歎美之其書雖不無後人竄入之作然管子經國之大謨固已具於此也。

第二節　申不害

漢志法家首列李子三十二篇。注云。名悝。相魏文侯富國强兵。此後乃次以申商之書。申商蓋同時爲刑名法術之學。李悝又其先導。然悝與申不害二家之書並不傳。惟商君書見在。

申子遺文猶見他書稱述。李悝說稱述者寡。茲敘申不害而先略考李悝之說於此。韓非子嘗記李悝用兵之事。而漢書食貨志謂悝爲魏文侯作盡地力之教。則悝不僅明法度。固秉持實利主義者也。食貨志曰。李悝爲魏文侯作盡地力之教。以爲地方百里。提封九萬頃。除山澤邑居三分去一。爲田六百萬畝。治田勤謹則畝益三升。不勤則損亦如之。地方百里之增減。輒爲粟百八十萬石矣。又曰。糴甚貴傷民。甚賤傷農。民傷則離散。農傷則國貧。故甚貴與甚賤。其傷一也。善爲國者。使民毋傷而農益勸。今一夫挾五口。治田百畝。歲收畝一石半。爲粟百五十石。除十一之稅十五石。餘百三十五石。食人月一石半。五人終歲爲粟九十石。餘有四十五石。石三十。爲錢千三百五十。除社閭嘗新春秋之祠用錢三百。餘千五十。衣人率用錢三百。五人終歲用千五百。不足四百五十。不幸疾病死喪之費。及上賦斂。又未與此。此農夫所以嘗困。有不勸耕之心。而令糴至於甚貴者也。是故善平糴者。必謹觀歲有上中下孰。上孰其收自四。餘四百石。中孰自三。餘三百石。下孰自倍。餘百石。小饑則收百石。中饑七十石。大饑三十石。故大孰則上糴三而舍一。中孰則糴二。下孰則糴一。使民適足。賈平則止。小饑則發小孰之所斂。中饑則發中孰之所斂。大饑則發大孰之所斂而糴之。故雖遇饑饉水旱。糴不貴而民不散。取有餘以補不足也。行之魏國。國以富强。法家無不以耕戰爲主者。而李悝制耕農之法尤詳。故具錄之。

自李悝以後。法家惟申不害商鞅並著。史記。申不害者。京人也。故鄭之賤臣。學術以干韓昭侯。昭侯用爲相。內修政教。外應諸侯。十五年。終申子之身。國治兵彊。無侵韓者。申子之學。本於黃老而主刑名。著書二篇。號曰申子。漢志法家申子六篇。今其書已佚。惟見於後人所掇拾。其學猶可考者有三。（一）以虛靜無爲爲君術。（二）尊法。（三）重農而已。

一、君術以虛靜無爲爲本　申子之言君術。當無爲。與管子相出入。且亦淵源於道家者也。呂覽任數篇曰。韓昭釐侯視所以祠廟之牲。其豕小。昭釐侯令官更之。官以是豕來也。昭釐侯曰。是非嚮者之豕耶。官無以對。命吏罪之。從者曰。君王何以知之。曰。吾以其耳也。申不害聞之曰。何以知其聾。以其耳之聽也。何以知其盲。以其目之明也。何以知其狂。以其言之當也。故曰去聽無以聞則聰。去視無以見則明。去智無以知則公。去三者不任則治。三者任則亂。以此言耳目心智之不足恃也。耳目心智。其所以知識甚闕。其所以聞見甚淺。以淺闕薄居天下。安殊俗。治萬民。其說固不行。十里之間。耳不能聽。帷牆之外。而目不能見。三畝之宮。而心不能知。其以東至開梧。南撫多顯。西服壽靡。北懷儋耳。若之何哉。故君人者。不可不察此言也。治亂安危存亡。其道固無二也。故至智棄智。至仁忘仁。至德不德。無言無思。靜以待時。時至而應。心暇者勝。凡應之理。清淨公素。而正始卒焉。此治紀無唱有和。無先有隨。古之王者。其所爲少。其所因多。因者君術也。爲者臣道也。爲則擾矣。因則靜矣。因冬爲寒。因夏爲譽。君奚事哉。故曰君道無知無爲。而賢於有知有爲。則得之矣。

二、明法　申子曰。堯之治也。善明法察令而已。聖君任法而不任智。任數而不任說。黃帝之治天下。置法而不變。使民安樂其法也。案此文又見管子藝文類聚太平御覽並引作申子 又曰。君必明法正義。若懸權衡以稱輕重。所以一羣臣也。韓非子外儲說韓昭侯謂申子曰。法者甚不易行也。申子曰。法者見功而與貴。因能而受官。今君設法度而聽左右之請。此所以難行也。昭侯曰。吾自今以來知行法矣。此言法律至高權。不可少有所枉絀也。

三、重農　御覽引申子曰。四海之內。六合之間。曰奚貴。曰貴土。土食之本也。又曰。昔七十九代之君。德制不一。號令不同。然而俱王天下。何也。必當國富而粟多也。

荀子曰。申子蔽於勢而不知智。韓非多稱申不害。則以其言術。太史公曰。申子卑卑。施之於名實。蓋申子相韓。說人君用淸靜無爲之術。而尊尙法治。以循名責實。其言雖卑近。亦可收一時之效也。

第三節　商鞅

商鞅者。衛之庶孽公子。姓公孫氏。其祖本姬姓也。好刑名法術之學。因秦孝公寵臣景監干孝公。遂爲秦相。變法立富强之策。秦封之商於十五邑。故號商君。商君相秦十年。用法太嚴。貴近多怨望。孝公死而被車裂之刑。史記論之曰。商君天資刻薄人也。跡其欲干孝公以帝王之術。挾持浮說非其質矣。且所因由嬖臣。及得用刑公子虔。傷魏將卬。不師趙良之言。亦足以發明商君之少恩矣。余嘗讀商君開塞耕戰書與其人行事相類。卒受惡名於秦有以也。夫漢志商君二十九篇今存二十四篇。諸葛亮集先主遺敕後主曰六韜商君書益人意智。則其書固政治家所不可少也。

(一)法論

蘇轍古史曰商鞅專言法。申不害專言術。韓非兼言法術。商君之書言法者誠尤多。其論法制之原曰。古者未有君臣上下之時民亂而不治。是以聖人列貴賤制節爵位立名號以別君臣上下之義。地廣民衆而姦邪生。故立法制爲度量以禁之。是故有君臣之義五官之分法制之禁。（君臣篇）此以法制咸出於人君之意。故專制政體以秦爲甚也。然其毅然以改革爲主。不牽於古不惑於今。惟在適於己所謂富強之的。則決行之。故曰聖人之爲國也不法古不修今。因世而爲之制。度俗而爲之法。（壹言篇）又曰法古則後於時。修今則塞於勢。（開塞篇）又舉法信權三者。爲治國之要。其曰國之所治者三。一曰法。二曰信。三曰權。法者君臣之所共操也。信者君臣之所共立也。權者君之所獨制也。（修權）然三者之中。法爲尤重。信所以守法。權所以行法。故曰明主慎法制。言不中法者不聽也。行不中法者不高也。事不中法者不爲也。（君臣）其他言法制確定之利。及法制不定害。反覆以明法之效用者甚衆。然其所言法始終以約東人民。專心於農戰。而不使得有所議論。其道太嚴。所謂道之以政。齊之以刑者也。

(二)社會與道德之變革

道家儒家。皆以世與道交喪。而深慨於古治之不可復。商君則以後世之不能復爲古者。乃當然之勢。故昌言變法。其與甘龍等辨於孝公之前。曰三代不同禮而王。五霸不同法而霸。又曰前世不同教。何古之法。帝王不相復。何禮之循。伏羲神農教而不誅。黃帝堯舜誅而不怒。及至文武。各當時而立法。因事而制禮。又曰治世不一道。便國不必法古。湯武之王也不循古而興。殷夏之滅也不易禮而亡。然則反古者未必可非。循禮者未足多是也。於是商君乃論自來道德政治之變。世有不同。曰天地設而民生之。當此之時也。民知其母而不知其父。其道親親而愛私。親親則別。愛私則險。民衆而以別險爲務。則民亂。當此時。民務勝而力征。務勝則爭。力征則訟。訟而無正。則莫得其性也。故賢者立中正。設無私。而民曰仁。當此時也。親親廢。上賢立矣。凡仁者以愛爲務。而賢者以相出爲道。民衆而無制。久而相出爲道。則有亂。故聖人承之。作爲土地貨財男女之分。分定而無制不可。故立禁。禁立而莫之司不可。故立官。官設而莫之一不可。故立君。既立君。則上賢廢而貴貴立矣。然則上世親親而愛私。中世上賢而說仁。下世貴貴而尊官。上賢者以道相出也。而立君者使賢無用也。親親者以私爲道也。而中正者使私無行也。此三者非事相反也。民道弊而所重易也。世事變而行道異也。開塞又曰民愚則智可以王。世智則力可以王。民愚則力有餘而智不足。世智則巧有餘而力不足。民之生不智則學。故神農教耕而王天下。師其智也。湯武致彊而征諸侯服其力也。同上蓋以社會之變遷。道德之進步因時為宜。而非有定則。故道德變化無定。治法亦變化無定。此近於近世實在論哲學者之倫理說矣。

商君既以道德世世不同。而不憚變法。又以舊日所謂道德。為國者必一一剗去之。乃可富強。故曰國有禮有樂有詩有書有善有修有孝有弟有廉有辨。國有十者。上無使戰。必削至亡。國無十者。上有使戰。必興至王。國以善民治姦民者。必亂至削。以姦民治善民者。必治至彊。國用詩書禮樂孝弟善修治者。敵至必削國。不至必貧。國不用八者治。敵不敢至。雖至必卻。興兵而伐必取。取必能有之。按兵而不攻必富。國好力曰以難攻。國好言曰以易攻。國以難攻者起一得十。以易攻者出十亡百。去彊蓋商君之意。重在以實力彊國。而不務虛文。以為非悉廢舊道德不可。然有舊道德者。固世之所謂善民。而無之者。固世之所謂姦民。於是謂雖以姦民治善民不為過。且可以治。可以彊。以善民為治者。反是。此亦見其竭力變革舊俗也。

(三)國家主義

商君所以非舊道德者。蓋欲以行其國家主義。故視國家為一團體。而以全國之人。皆當服從於國家主權之絕對命令。是以有彊國弱民之說。其言曰。民弱國彊。國彊民弱。故有道之國。務在弱民。民樸則彊。淫則弱。弱則軌。淫則越志。弱則有用。越志則強。（弱民）又曰。辯慧亂之贊也。禮樂淫佚之徵也。慈仁過之母也。任譽姦之鼠也。亂有贊則行。淫佚有徵則用。過有母則生。姦有鼠則不止。八者有羣。民勝其政。國無八者。政勝其民。民勝其政。國弱。政勝其民。兵彊。故國有八者。上無以使守戰。必削至亡。國無八者。上有以使守戰。必興至王。（說民）惟商鞅持國家主義太甚。故不留個人自由之餘地。然其所謂弱民政策者。亦但在裁之以法。法律之權。既至高無上。斯人民不得不屈服於其下。夫是以謂之弱民也。

然商君弱民彊國之道。何以行之。不過由任法而重刑以行之耳。以為民性莫不利己。非禁之以刑。則莫可齊。嘗主重罰輕賞。以為王者刑九賞一。彊國刑七賞三。削國刑五賞五。又曰。重刑連其罪。則民不敢試。民不敢試。故無刑也。夫先王之禁。刺殺斷人之足。黥人之面。非求傷民也。以禁姦止過也。故禁姦止過。莫若重刑。刑重而必得。則民不敢試。故國無刑民。故曰明刑不戮。（賞刑）又曰。自卿相將軍以至大夫庶人。有功於前。有敗於後。不為損刑。有善於前。有過於後。不為虧法。忠臣孝子有過。必以其數斷。守法守職之吏。有不行王法者。罪死不赦。刑及三族。（同上）商君之用嚴刑以申國家主義如此。

至於商君所以謀國家富彊之實績。則在獎勵農戰。抑黜浮華之民。嘗曰。國之所以興者農戰也。今民求官爵者皆不以農戰。而以巧言虛道。此謂勞民。勞民者其國必無力。無力者其國必削。（農戰）又曰。民之喜農而樂戰也。見上之尊農戰之士而下辯說技藝之民而賤游學之人也。（壹言）然尤重戰士。又曰。富貴之門要存戰而已矣。彼能戰者踐富貴之門。彊梗焉有常刑而不赦。是父兄昆弟知識婚姻合同者皆曰務之所加存戰而已矣。夫故當壯者務於戰。老弱者務於守。死者不悔。生者務勸。民之欲富貴也。共闔棺而後出。而富貴之門必出於兵。是故民聞戰而相賀也。起居飲食所歌謠者戰也。（賞刑）蓋商君所以鼓舞人民尚武之精神者至矣。

第四節　愼到

史記曰。愼到趙人。田駢接子齊人。環淵楚人。皆學黃老道德之術。因發明序其指意。故愼到著十二論。而田駢接子皆有所論焉。漢志法家愼子四十二篇。先申韓。申韓稱之。蓋愼到嘗游齊之稷下。其著書今存威德因循民雜德立君人五篇。餘時見他書所引。莊子嘗以彭蒙田駢愼到並稱曰。公而不當。易而無私。決然無主。趣物而不兩。不顧於慮。不謀於智。於物無擇。與之俱往。古之道術有在於是者。彭蒙田駢愼到聞其風而悅之。齊萬物以爲首。曰天能覆之而不能載之。地能載之而不能覆之。大道能包之而不能辯之。知萬物皆有所可。有所不可。故曰選則不徧。敎則不至。道則無遺者矣。是故愼到棄智去己而緣不得已。冷汰於物以爲道理。曰知不知將薄知而後鄰傷之者也。謑髁無任。而笑天下之尙賢也。縱脫無行。而非天下之大聖。椎拍輐斷。與物宛轉。捨是與非。苟可以免。不師智慮。不知前後。魏然而已矣。推而後行。曳而後往。若飄風之還。若羽之旋。若磨石之隧。全而無非。動靜無過。未嘗有罪。是何故。夫無知之物。無建己之患。無用知之累。動靜不離於理。是以終身無譽。故曰至於若無知之物而已。無用聖賢。夫塊不失道。豪傑相與笑之曰。愼到之道。非生人之行。而至死人之理。適得怪焉。田駢亦然。學於彭蒙。得不敎焉。彭蒙之師曰。古之至人。至於莫之是莫之非而已矣。其風䆗然。惡可而言。常反人。不見觀。而不免於魭斷。其所謂道非道。而所言之韙不免於非。彭蒙田駢愼到不知道。雖然。槩乎皆嘗有聞焉者也。荀子非十二子。亦以愼到田駢並稱曰。尙法而無法。下脩而好作。上則聽取於上。下則取從於俗。終日言成文典。及紃察之。則倜然無所歸宿。不可以經國定分。然而其持之有故。其言之成理。足以欺惑愚衆。是愼到田駢也。今彭蒙田駢之書不傳。惟愼子遺說稍可考耳。

一、尙法　愼子曰。法者所以齊天下之動。至公大定之制也。故智者不得越法而肆謀。辯者不得越法而肆議。士不得背法而有名。臣不得背法而有功。我喜可抑。我忿可窒。我法不可離也。骨肉可刑。親戚可滅。至法不可闕也。又論法之效曰。法雖不善。猶愈於無法。所以一人心也。夫投鉤以分財。投策以分馬。非鉤策爲均也。使得美者不知所以美。使得惡者不知所以惡。此所以塞願望也。又言法所以立公義。曰著龜所以立公言也。權衡所以立公正也。書契所以立公信也。法制禮籍所以立公義也。然與公義相反者莫如私。故曰法之功莫大於使私不行。君之功莫大於使民不爭。今立法而行私。是與法爭。其亂甚於無法。此愼子尙法之意也。

二、不尙賢　莊子嘗非愼子之不尙賢。荀子亦謂愼子蔽於法而不知賢。蓋愼子旣以法爲主。則治天下之事。惟在奉法而已。法立則君雖不賢可也。百官之事。亦惟以守法。不須必賢也。故曰立君而尊賢。是賢與君爭。其亂甚於無君。又曰鷹善擊也。然日擊之則疲而無全翼矣。驥善馳也。然日馳之則蹶而無全蹄矣。此言恃賢爲治之必敗也。

三、君道無爲主義　自管子申不害均申君道無爲之義。易詞言之。卽今世內閣制國家所謂元首不負責任之制是也。蓋法家恆欲尊法律之至高權。倘更申君權則法絀矣。管子申不害因哲學上之意義。教人君以無爲。愼子更由事實上以論不當負責之理。其言所以立君之故。曰古者立天子而貴者。非以利一人也。曰天下無一貴。則理無由通。通理以爲天下也。立國君以爲國。非立國以爲君也。立官長以爲官。非立官以爲官長也。於是乃言君於事不當負責。曰君臣之道。臣有事而君無事也。君逸樂而臣任勞。臣盡智力以善其事。而君無與也。仰成而已。事無不治。治之正道然也。人君自任而務爲善以先下。則是代下負任蒙勞也。臣反逸矣。故曰君人者好爲善以先下。則下不敢與君爭善以先君矣。皆稱所知以自覆掩。有過則臣反責君逆亂之道也。君之智未必最賢於衆也。以未最賢而欲善盡被下則下不贍矣。若君之智最賢。以一君而盡贍下則勞。勞則有倦。倦則衰。衰則復返於人不贍之道也。是以人君自任而躬事。則臣不事事也。是君臣易位也。謂之倒逆。倒逆則亂矣。人君任臣而勿自躬。則臣事事矣。是君臣之順治亂之分不可不察也。

四、貴因　儒者言治。皆貴化民成俗。若以我之德化之使從我也。法家則尚因時爲治。愼子亦然。故曰。天道因則大。化則細。因也者因人之情也。人莫不自爲也。化而使之爲我則莫可得而用。是故先王不受祿者不臣。不厚祿者不與人人不得其所以自爲也。則上不取用焉。故用人之自爲。不用人之爲我。則莫可得而用矣。此之謂因。人莫不有利己心。因其利己心而用之。是因之道也。

右引愼子語。並雜據他書逸文。其義猶若有可考者。信法家之宗也。韓非有難愼子言勢一篇。然韓非亦言勢。不過稍有出入耳。愼子言勢曰。堯爲匹夫不能治之人。而桀爲天子能亂天下。又曰。堯教隸屬而民不聽。至於南面而王天下。令則行。禁則止。由此觀之。賢知未足服衆。而勢位足以任賢者也。則其言仍本於不尙賢之意。即前所謂立君所以通理。而通理即以行勢。非爲其賢也。蓋與內閣制國家之元首合矣。

第五節　韓非

史記曰。韓非者韓之諸公子也。喜刑名法術之學。而其歸本於黃老。非爲人口吃不能道說。而善著書。與李斯俱事荀卿。斯自以爲不如非。非見韓之削弱。數以書諫韓王。韓王不能用。於是韓非疾治國不務修明其法制。執勢以御其臣下。富國彊兵。而以求人任賢。反舉浮淫之蠹。而加之於功實之上。以爲儒者以文亂法。而俠者以武犯禁。寬則寵名譽之人。急則用介胄之士。今者所養非所用。所用非所養。悲廉直不容於邪枉之臣。觀往者得失之變。故作孤憤五蠹內外儲說說林說難十餘萬言。人或傳其書至秦。秦王見孤憤五蠹之書曰。嗟乎。寡人得見此人與之游。死不恨矣。李斯曰。此韓非之所著書也。秦因急攻韓。韓王始不用非。及急。迺遣非使秦。秦王說之。未信用。李斯姚賈害之。毀之曰。韓非韓之諸公子也。今王欲幷諸侯。非終爲韓不爲秦。此人之情也。今王不用。久留而歸之。此自遺患也。不如以過法誅之。秦王以爲然。下吏治非。李斯使人遺非藥。使自殺。韓非欲自陳。不得見。秦王後悔之。使人赦之。非已死矣。史記蓋以老莊申韓合在一傳。而太史公論之曰。老子所貴道。虛無因應變化於無爲。故著書辭稱微妙難識。莊子散道德。放論。要亦歸之自然。申子卑卑。施之於名實。韓子引繩墨。切事情。明是非。其極慘礉少恩。皆原於道德之意。而老子深遠矣。

漢志法家韓非子五十五篇。今具存。非之書。據史記所說。以皆其自撰。惟初見秦篇。見戰國策。以爲張儀初見秦之詞。而存韓篇具載李斯奏。疑出後人掇拾。蓋古之言政治者多家。至法家而詳。法家之學。又至韓非而大備。司馬談論六家要指。曰陰陽儒墨名法道德。此務爲治者也。韓非不喜陰陽。而好刑名法術之學。親受業儒者之門。而其歸本於道德。旣博稽衆家。求其切實可施諸行事者。著書言治。故中國古代政治學。至於韓非大體具矣。以書晚出。所取資多也。今考非之學統所出有三。

道家　黃老
法家　申商
儒家　荀卿
　　　　　韓非

韓非事荀卿。最爲高弟。蓋禮敎之過。必流而爲法。要之韓非實集刑名法術之大成。是以其著書多非難儒者之義。而取道家虛靜無爲之說以自輔而已。

韓非旣折衷自古諸家之說。以爲政治之道。古今異宜。蓋社會之變遷不同。則制度不得不異。是以舍道德而論法律。非仁義而尙威勢。而深以世之言法古者爲愚。因就事實以徵之曰。上古之世。人民少而禽獸衆。人民不勝禽獸蟲蛇。有聖人作。搆木爲巢。以避羣害。而民悅之。使王天下。號曰有巢氏。民食果蓏蜯蛤。腥臊惡臭。而傷害腹胃。民多疾病。有聖人作。鑽燧取火。以化腥臊。而民悅之。使王天下。號之曰燧人氏。中古之世。天下大水。而鯀禹決瀆。近古之世。桀紂暴亂。而湯武征伐。今有構木鑽燧於夏后氏之世者。必爲鯀禹笑矣。有決瀆於殷周之世者。必爲湯武笑矣。然則今有美堯舜湯武禹之道於當今之世者。必爲新聖笑矣。是以聖人不期修古。不法常可。論世之事。因爲之備。（五蠹）於是深察古今爲治之具所以異者由於人口多少之差與社會生活狀況之不同。其言曰古者丈夫不耕。草木之實足食也。婦人不織。禽獸之皮足衣也。不事力而養足。人民少而財有餘。故民不爭。是以厚賞不行。重罰不用。而民自治。今人有五子不爲多。子又有五子。大父未死而有二十五孫。是以人民衆而貨財寡。事力勞而供養薄。故民爭。雖倍賞累罰而不免於亂。堯之王天下也。有茅茨不翦。采椽不斲。糲粢之食。藜藿之羹。冬日麑裘。夏日葛衣。雖監門之服養。不虧於此矣。禹之王天下也。身執耒臿以爲民先。股無胈。脛不生毛。雖臣虜之勞。不苦於此矣。以是言之。夫古之讓天子者。是去監門之養。而離臣虜之勞也。故傳天下而不足多也。今之縣令。一日身死。子孫累世絜駕。故人重之。是以人之於讓也。輕辭古之天子。難去今之縣令者。薄厚之實異也。夫山居而谷汲者。膢臘而相遺以水。澤居苦水者。買庸而決竇。故饑歲之春。幼弟不饟。穰歲之秋。疏客必食。非疏骨肉愛過客也。多少之實異也。是以古之易財。非仁也。財多也。今之爭奪。非鄙也。財寡也。輕辭天子。非高也。勢薄也。重爭士橐。非下也。權重也。故聖人議多少論薄厚爲之政。故罰薄不爲慈。誅嚴不爲戾。稱俗而行也。（同上）乃言仁義不如威勢之效曰。夫古今異俗。新故異備。如欲以寬緩之政。治急世之民。猶無轡策而御馯馬。此不知之患也。今儒墨皆言先王兼愛天下。則視民如父母。何以明其然也。曰司寇行刑。君爲之不舉樂。聞死刑之報。君爲流涕。此所舉先王也。夫以君臣爲如父子則必治。推是言之。是無亂父子也。人之情性。莫先於父母。皆見愛而未必治也。雖厚愛矣。奚遽不亂。今先王之愛民。不過父母之愛子。子未必不亂也。則民奚遽治哉。且夫以法行刑。而君爲之流涕。此以效仁。非以爲治也。夫垂泣不欲刑者仁也。然而不可不刑者法也。先王勝其法。不聽其泣。則仁之不可以爲治亦明矣。且民者固服於勢。寡能懷於義。仲尼天下聖人也。修行明道以游海內。海內說其仁。美其義。而爲服役者七十人。蓋貴仁者寡。能義者難也。故以天下之大。而爲服役者七十人。而爲仁義者一人。魯哀公下主也。南面君國。境內之民莫敢不臣。民者固服於勢。勢誠易以服人。故仲尼反爲臣。而哀公顧爲君。仲尼非懷其義。服其勢也。故以義則仲尼不服於哀公。乘勢則哀公臣仲尼。今學者之說人主也。不乘必勝之勢。而務行仁義。則可以王。是求人主之必及仲尼。而以勢之凡民皆如列徒。此必不得之數也。同上韓既非法古。不尚仁義。而重威勢。以爲其政治學說之根柢。於是以爲治國之道。在立法術明賞罰而已。茲畧述之。

一、法律至上主義　形名法術刑罰數者相待爲用。蓋由審合形名而生法術。先明法禁。示以何者爲惡。何者爲罪。若人民守而不犯。則刑罰可以不施。至於犯之。則不問骨肉之親。不論貴賤之別。皆不可枉法。故曰。法不阿貴。繩不撓曲。法之所加。智者弗能辭。勇者弗敢爭。（有度）故在一國之中。法律之地位最高。國之强弱。不外於此。故曰。國無常彊。無常弱。奉法者彊則國彊。奉法者弱則國弱。（同上）人君於用人量功之事。一斷之於法。而不存私意。故曰。明主使法擇人。不自舉也。使法量功。不自度也。（同上）蓋舍常法而從私意。則臣各弄智能。必至法禁不立。國家危亂。故曰。國有常法。雖危不亡。夫舍常法而從私意。則臣下飾於智能。則法禁不立矣。此法家所以重法而不尚賢。韓非眞能發明法治至上之精神也。

二、賞罰　賞罰爲治國之要具。無世無之。惟其執行之意。或有不同耳。韓非論之曰。聖人之治民。度於本。不從其欲。期於利民而已。故其與之刑。非所以惡民。愛之本也。刑勝而民靜。賞繁而姦生。故治民者。刑勝。治之首也。賞繁。亂之本也。（心度）又曰。行刑重其輕者。輕者不至。重者不來。此謂以刑去刑。罪重而刑輕。刑輕則事生。此謂以刑致刑。其國必削。（飭令）韓非蓋主重刑而輕賞。此卽其重刑之原理也。商君刑棄灰。亦重輕罪則民不敢犯重罪之意。韓非殆本之。太史公論非慘礉少恩。以此。

又論賞尤不可濫。曰。秦大饑。應侯請曰。五苑之草著蔬菜橡果棗栗。足以活民。請發之。昭襄王曰。吾秦法使民有功而受賞。有罪而受誅。今發五苑之蔬草者。使民有功與無功俱賞也。夫使民有功與無功俱賞者。此亂之道也。夫發五苑而亂。不如棄棗蔬而治。一曰。令發五苑之蔬蔬棗栗足以活民。是用民有功與無功爭取也。夫生而亂。不如死而治。大夫其釋之。（外儲說右）此推賞不可濫之義。以爲寧任人民餓死。不當有所以濟之。近於無功而食悖於賞功之原理也。此可謂趨於極端矣。

三、人君無爲之術　韓非論人君南面之術。亦以無爲爲主。與管子申不害慎到同。故曰。人主之道。靜退以爲寶。不自操事而知拙與巧。不自計慮而知福與咎。是以不言而善應。不約而善增。（主道）又曰。聖人執一以靜。使名自命。令事自定。不見其采。下故素正。因而任之。使自事之。因而予之。彼將自舉之。（揚權）此言人君不自任事也。又論人君聽言之道曰。凡聽之道。以其所出反以爲之入。故審名以定位。明分以辯類。聽言之道。溶若甚醉。脣乎齒乎。吾不爲始乎。齒乎脣乎。愈惛惛乎。彼自離之。吾因以知之。是非輻湊。上不與構。虛靜無爲。道之情也。參伍比物。事之形也。參之以比物。伍之以合虛。根幹不革。則動泄不失矣。動之溶之。無爲而改之。喜之則多事。惡之則生怨。故去喜去惡。虛心以爲道舍。上不與共之。民乃寵之。上不與義之。使獨爲之。上固閉內扃。從室視庭。參咫尺以具。皆之其處。以賞者賞。以刑者刑。因其所爲。各以自成。善惡必及。孰敢不信。規矩既設。三隅乃列。主上不神。下將有因。其事不當。下考其常。若天若地。是謂累解。若地若天。孰疏孰親。能象天地。是謂聖人。（同上）此明虛靜之道。甚精。不僅聽言。固可推之他事。亦當本無爲之旨。大抵韓非所論人君之要務有四。（一）不自見其好惡。(二)不任賢。(三)不信親近之人(四)不泄其密計於近臣。皆自無爲之術。引而申之者也。

綜而論之。韓非之學。其言變古與重刑。則本諸商鞅。亦略取於荀卿。(荀子言法後王又謂刑罰治世無不重亂世無不輕。)其言人君無爲之術。本諸管子申不害愼到。而亦取諸老子。然韓非平生最推重老子之學。至作解老喻老二篇。以釋其書。其倫理政治之原理。往往用老子義。時見精微。此外則尤服膺申商之言。以申不害言術。商鞅言法。二者之於國。如衣食不可缺一。皆養生之具也。故古代法家之政治論。自韓非集其大成焉。

第四章　名家

第一節　名家之淵源

漢志曰。名家者流。蓋出於禮官。古者名位不同。禮亦異數。孔子曰。必也正名乎。名不正則言不順。言不順則事不成。此其所長也。及警者爲之。則苟鉤鈲析亂而已。漢志敍名七家。三十六篇。今所傳惟鄧析尹文公孫龍之書。而鄧析書又殆非其本也。墨子書有辯經。晉魯勝注序。謂墨子作辯經以立名本。惠施公孫龍祖述其學。以正別名(一作刑名)顯於世。孟子非墨子。其辯言正辭則與墨同。荀卿莊周等。皆非毀名家。而不能易其論也。據此則名家當出墨子。漢志獨錄鄧析爲首。次以尹文。敍述源流。亦不及墨氏之徒。蓋墨經當時自與其書連第。故不復分繫名家也。莊子天下篇。謂相里勤之弟子五侯之徒。南方之墨者苦獲已齒鄧陵子之屬。俱誦墨經而倍譎不同。相謂別墨。以堅白同異之辨相訾。以觭偶不仵之辭相應。則名家所謂堅白異同者。信出於墨氏之學矣。陶潛聖賢羣輔錄記三墨。與韓非不同。而首宋鈃尹文之墨。然則尹文亦承墨學。雖他論不與墨同。而正名之術。固本諸墨子也。故名家之源。遠肇於禮官。至鄧析操兩可之說。而不免鉤鈲析亂之弊。及墨子作經。條理始粲然可尋。不惟尹文惠施以下宗之。卽諸家旨歸與墨異者。亦用之以爲辨論之法也。墨辯具存。其辭不甚可讀。魯勝注引說就經。各附其章。又雜集爲刑名二篇。其書久不傳於學者近世頗有校治墨辯者。要其義尙未可尋繹。故今靡得而論也。

漢志列鄧析爲名家之首。考諸家所記。則鄧析殆名家之嚳者也。列子謂鄧析操兩可之說。設無窮之辭。呂氏春秋曰。洧水甚大。鄭之富人有溺者。人得其死者。富人請贖之。其人求金甚多。以告鄧析。鄧析曰。安之。人必莫之賣矣。得死者患之。以告鄧析。鄧析又答之曰。安之。此必無所更買矣。鄧析之言。可謂詭辯之極矣。呂氏春秋又曰。子產治鄭。鄧析務難之。與民之有獄者約。大獄一衣。小獄襦袴。民之獻衣襦袴而學訟者。不可勝數。以非爲是。以是爲非。是非無度。而可與不可日變。所欲勝因勝。所欲罪因罪。鄭國大亂。民口讙譁。子產患之。於是殺鄧析而戮之。民心乃服。是非乃定。法律乃行。鄧析書漢志二篇。今傳無厚轉辭二篇。其中亦有名實之論。如云循名責實。君之事。奉法宣令。臣之職。又云明君之督大臣。緣名責實。然此近於法家言人君御下之術。此外亦錄二條以供參考。

異同之不可別。是非之不可定。白黑之不可分。淸濁之不可理久矣。誠聽能聞於無聲。視能見於無形。計能規於未兆。慮能防於未然。斯無他也。不以耳聽則通於無聲矣。不以目視。則照於無形矣。不以心計則達於無兆矣。不以知慮則合於未然矣。君者藏形匿影。羣下無私。掩目塞耳。萬民震恐。

世間悲哀喜樂嗔怒憂愁。久惑於此。今轉之在己爲哀。在他爲悲。在己爲樂。在他爲喜。在己爲嗔。在他爲怒。在己爲愁。在他爲憂。在己若扶之與攜。謝之與議。故之與右。諸之與己。相去千里也。夫言之術。與智者言依於博。與博者言依於辯。與辯者言依於安。與貴者言依於勢。與富者言依於豪。與貧者言依於利。與勇者言依於敢。與愚者言依於說。此言之術也。

鄧析書不具。其詞淺而不深。故疑非其本。以相傳既久。要是名家之源也。孔子猶言正名。春秋以來。如宰我、子貢、蘇秦、張儀、騶衍、騶奭、淳于髡、田駢、惠施、公孫龍之徒。皆以辯說顯名。其餘百家議論之言。無不以有倫有要爲歸。則正名之術。孰得無之。如鄧析惠施。往往篤於詭辯。是名家之失也。當時諸子莫不務正名。其近詭辯者。則徒以勝人之口。離理自騁爲術。然名家多與法家相關。如韓非書多稱惠施。尹文書每言法治。名家所以明法治之理。法家所以講法治之用。故名法二家亦不可相離也。

第二節 尹文

漢志尹文子一篇。注云。說齊宣王。先公孫龍。（此蓋班固自注清四庫提要以爲顏師古注非也）魏仲長氏撰定尹文子。獨謂尹文學於公孫龍者非也。今所傳卽仲長氏撰定之本。爲上下二篇。篇目並題大道。其佚文亦偶見於他書。要其義則仲長氏本已具也。莊子天下篇以尹文與宋鈃並稱曰。不累於俗。不飾於物。不苟於人。不忮於衆。願天下之安寧以活民命。人我之養畢足而止。以此白心。古之道術有在於是者。宋鈃尹文聞其風而悅之。作爲華山之冠以自表。接萬物以別宥爲始。語心之容。命之曰心之行。以聏合驩。以調海內。請欲置之以爲主。見侮不辱。救民之鬬。禁攻寢兵。救世之戰。以此周行天下。上說下教。雖天下不取。强聒而不舍者也。故曰上下見厭而强見也。雖然其爲人太多。其自爲太少。曰請欲固置五升之飯足矣。先生恐不得飽。弟子雖飢。不忘天下。日夜不休。曰我必得活哉。圖傲乎救世之士哉。曰君子不爲苛察。不以身假物。以爲無益於天下者。明之不如己也。然則尹文亦與宋鈃同。蓋皇皇以救世爲志。而非僅騁口辯者比也。

名家之辯。不過於名實。其謂形名者。形卽實也。尹文書首數語已括之。如曰。大道無形。稱器有名。名也者。正形者也。形正由名。則名不可差。此卽名家之根本原理也。然正名之尤亟者。莫先於政治之名。故尹文論治。以道爲最高。此下有法術權勢之治。其言曰。大道治者則名法儒墨自廢。以名法儒墨治者。則不得離道。老子曰。道者萬物之奧。善人之寶。不善人之所寶。是道治者謂之善人。藉名法儒墨者謂之不善人。善人之與不善人。名分日離。不待審察而得也。道不足以治則用法。法不足以治則用術。術不足以治則用權。權不足以治則用勢。勢用則反權。權用則反術。術用則反法。法用則反道。道用則無爲而自治。此以道爲政治之源。而與法術權勢。循環相繼爲治。而並是儒墨名法之所用也。名法儒墨之治。固猶未契於大道。然固不能離也。此見尹文歸本黃老。而以名法列於儒墨之上。亦見其微旨矣。於是論名有三科。法有四呈。名有三科者。一曰命物之名。方圓白黑是也。二曰毀譽之名。善惡貴賤是也。三曰況謂之名。賢愚愛憎是也。法有四呈者。一曰不變之法。君臣上下是也。二曰齊俗之法。能鄙同異是也。三曰治衆之法。慶賞刑罰是也。四曰平準之法。律度權量是也。茲更析尹文之形名說政治說而論之。

(一)形名說

尹文曰。名者名形者也。形者應名者也。然形非正名也。名非正形也。則形之與名。居然別矣。不可相亂。亦不可相無。無名故大道無稱。有名故名以正形。今萬物具存。不以名正之則亂。

萬名具列。不以形應之則乖。故形名者。不可不正也。善名命善。惡名命惡。故善有善名。惡有惡名。聖賢仁智。命善者也。頑嚚凶愚。命惡者也。今卽聖賢仁智之名。以求聖賢仁智之實。未之或盡也。卽頑嚚凶愚之名。以求頑嚚凶愚之實。亦未或盡也。使善惡盡然有分。雖未能盡物之實。猶不患其差也。故曰名不可不辨也。名稱者。何彼此而檢虛實者也。自古至今。莫不用此而得。用彼而失。失者由名分混。得者由名分察。今親賢而疏不肖。賞善而罰惡。賢不肖善惡之名宜在彼。親疏賞罰之稱宜屬我。我之與彼。又復一名。名之察者也。名賢不肖爲親疏。名善惡爲賞罰。合彼我之一稱而不別之。名之混者也。故曰名稱者。不可不察也。語曰好牛。好則物之通稱。牛則物之定形。以通稱隨定形。不可窮極者也。設復言好馬。則復連於馬矣。則好所通無方也。設復言好人。則彼屬於人也。則好非人。人非好也。則好牛好馬好人之名自離矣。故曰名分不可相亂也。五色五聲五臭五味。凡四類。自然存焉天地之間。而不期爲人用。人必用之。終身各有好惡。而不能辯其名分。名宜屬彼。分宜屬我。我愛白而憎黑。韻商而舍徵。好膻而惡焦。嗜甘而逆苦。白黑商徵。膻焦甘苦。彼之名也。愛憎韻舍。好惡嗜逆。我之分也。定此名分。則萬事不亂也。故人以度審長短。以量受少多。以衡平輕重。以律均淸濁。以名稽虛實。以法定治亂。以簡治煩惑。以易御險難。以萬事皆歸於一。百度皆準於法。歸一者簡之至。準法者易之極。如此頑嚚聾瞽。可與察慧聰明同其治也。天下萬事不可備能。責其備能於一人則賢聖其猶病諸。設一人能備天下之事。能左右前後之宜遠近遲疾之間。必有不兼者焉。苟有不兼於治闕矣全治而無闕者大小多少各當其分農商工仕不易其業。老農長商習工舊仕莫不存焉則處上者何事哉此尹文定形名以統萬事之說也。

（二）政治說

尹文之言政治不外定名分以立法。故曰聖人任道以通其險立法以理其差。使賢愚不相棄。能鄙不相遺能鄙不相遺則能鄙齊功賢愚不相棄則賢愚等慮此至治之術也。名定則物不競分明則私不行。物不競非無心由名定故無所措其心私不行非無欲由分明故無所措其欲然則心欲人人有之而得同於無心無欲者制之有道也。又曰老子曰以政治國以奇用兵以無事取天下。政者名法是也。以名法治國萬物所不能亂奇者權術是也。以權術用兵萬物所不能敵。凡能用名法權術而矯抑殘暴之情則已無事焉已無事則得天下矣。故失治則任法失法則任兵。以求無事不以取强取强則柔者反能服之要之尹文言治雖頗宗黃老而終以法治爲最高故稱堯之治爲聖法之治田子讀書曰堯時太平宋子曰聖人之治以致此乎。彭蒙在側越次答曰聖法之治以至此非聖人之治也。宋子曰聖人與聖法何以異。彭蒙曰子之亂名甚矣。聖人者自己出也。聖法者自理出也。理出於己。己非理也。己能出理。理非己也。故聖人之治獨治者也。聖法之治則無不治矣。此萬世之利。唯聖人能該之宋子猶惑質於田子田子曰蒙之言然此辯聖人與聖法之別又謂法出於理實法家尊法之原則也。

尹文之書先述大道與形器之關係次言大道爲名法儒之淵源因正名分以定萬事而歸於理法之治其言多精審而不爲詭辯當推爲名家之正宗也。

第三節 惠施

惠施與莊子同時嘗爲梁相莊子屢稱之漢志名家惠子一篇今不傳莊子天下篇論之曰。惠施多方其書五車其道舛駁其言也不中歷物之意曰至大無外謂之大一至小無內謂之小一。無厚不可積也其大千里天與地卑山與澤平日方中方睨物方生方死大同而與小同異此之謂小同異萬物畢同畢異此之謂大同異南方無窮而有窮今日適越而昔來。連環可解也我知天下之中央燕之北越之南是也氾愛萬物天地一體也惠施以此爲大觀於天下而曉辯者天下之辯者相與樂之卵有毛雞三足郢有天下犬可以爲羊馬有卵。丁子有尾火不熱山出口輪不蹍地目不見指不至至不絕龜長於蛇矩不方規不可以爲圓鑿不圍枘飛鳥之景未嘗動也鏃矢之疾而有不行不止之時狗非犬黃馬驪牛三白狗黑孤駒未嘗有母一尺之棰日取其半萬世不竭辯者以此與惠施相應終身無窮桓團公孫龍辯者之徒飾人之心易人之意能勝人之口不能服人之心辯者之囿也惠施日以其知與人之辯。特與天下之辯者爲怪。此其柢也。然惠施之口談。自以爲最賢。曰天地其壯乎。施存雄而無術。南方有倚人焉。曰黃繚。問天地所以不墜不陷。風雨雷霆之故。惠施不辭而應。不慮而對。徧爲萬物說。說而不休。多而無已。猶以爲寡。益之以怪。以反人爲實。而欲以勝人爲名。是以與衆不適也。弱於德。强於物。其塗隩矣。由天地之道。觀惠施之能。其猶一蚊一䖟之勞者也。其於物也何庸。夫充一尚可。曰愈貴道幾矣。惠施不能以此自寧。散於萬物而不厭。卒以善辯爲名。惜乎惠施之才。駘蕩而不得。逐萬物而不反。是窮響以聲。形與影競走也。悲夫。莊子所以論惠子者如此。雖云其道舛駁。其言不中。然惠子之辯法。僅存乎此。蓋爲辯之目三十有二。其辭不可猝知。註家每多異解。茲僅於目中著三數條。略見其例。

一　無厚不可積也。其大千里。　釋文司馬云。物言形爲有。形之外爲無。無形與有。相爲表裏。故形物之厚。盡於無厚。無厚與有。同一體也。其有厚大者。其無厚亦大。高因廣立。有因無積。則其可積因不可積者。苟其可積。何但千里乎。

二　連環可解也　司馬云。夫物盡於形。形盡之外。則非物也。連環所貫。貫於無環。非貫於環也。若兩環不相貫。則雖連環。故可解也。

三　雞三足　司馬云。雞兩足。所以行而非動也。故行由足發。動由神御。今雞雖兩足。須神而行。故曰三足也。

四　馬有卵　李云。形之所託。名之所寄。皆假耳。非眞也。故犬羊無定名。胎卵無定形。故鳥可以有胎。馬可以有卵也。

五　一尺之棰。日取其半。萬世不竭　司馬云。棰。杖也。若其可析。則常有兩。若其不可析。其一常存。故曰。萬世不竭。

第四節　公孫龍

公孫龍。趙人。嘗爲平原君客。以堅白之辯鳴於時。平原君甚厚之。後齊使鄒衍過趙。平原君以問鄒子。鄒子曰。不可。彼天下之辯。有五勝三至。而辭至爲下。辯者別殊類使不相害。序異端使不相亂。抒意通旨。明其所謂。使人與知焉。不務相迷也。故勝者不失其所守。不勝者得其所求。是故辯可爲也。及至煩文以相假。飾詞以相惇。巧譬以相移。引人聲使不得及其意。如此害大道。平原悟而絀之。龍又與魏國公子牟相善。其說乃大行。漢志公孫龍子十四篇。隋志不著錄。晉時猶有講白馬論者。今傳跡府、白馬論、指物論、通變論、堅白論、名實論六篇。跡府篇記公孫龍與孔穿問答。及其立辯之意。疑後人所集錄。以冠其書者。故曰。公孫龍六國時辯士也。疾名實之散亂。因資材之所長。爲守白之論。假物取譬。以守白辯。謂白馬爲非馬也。白馬爲非馬者。言白所以名色。言馬所以名形也。色非形。形非色也。夫言色則形不當與。言形則色不宜從。今合以爲物。非也。如求白馬於廐中。無有。而有驪色之馬。然不可以應有白馬也。不可以應有白馬。則所求之馬亡矣。亡則白馬竟非馬。欲推是辯以正名實而化天下焉。此已括公孫龍子辯言之大意。白馬論尤顯於當時。故獨敍之也。以下五篇當是公孫龍自作。立論頗精巧。首尾一貫。無有羨詞。非深於辯者不能爲也。

一　白馬論　白馬論已略述於前。蓋墨子已有此論。小取篇曰。白馬馬也。乘白馬乘馬也。驪馬馬也。乘驪馬乘馬也。公孫龍殆本墨子之意。而立白馬非白馬之說。立賓主致往復。假一物爲萬化之宗。寄言論而齊彼我之謬。故舉白馬以混同異。馬形者喻萬物之形。皆有材用。馬色者況萬物種類各有親疏。離色求馬。衆馬斯應。守白求馬。唯得白馬。故將統衆材於一適。貫親疏而洞照。是謂白馬非馬也。

二　指物論　莊子齊物論曰。以指喻指之非指。不若以非指喻指之非指也。蓋以明公孫龍指物之義。未足立也。然指物之義。實與齊物同歸。惟深妙不及耳。指物論曰。物莫非指。而指非指。天下無指。物無可以謂物。解者曰。物我殊能。莫非相指。故曰物莫非指。相指者相是非也。彼此相推。是非混一。歸於無指。故曰而指非指。指皆謂是非也。所以物莫非指者。凡物之情。必相是非。天下若無是非之物。則無一物而可謂之物。是以有物卽相是非。故物莫非指也。

三　通變論　此篇論百物材類之異同。必審類以合名。乃爲正舉。否則爲亂名。爲狂舉。非正舉者謂之兩明。兩明者昏不明也。名實無當。道喪而無有以正焉。

四　堅白論　此篇以堅白石三喻名實不存。以手拊堅。以目見白。手所拊者目不知。目所見者手不知。五官殊閡。惟離見然後神也。離也者謂之因。是謂之正。物物斯離。不相雜也。聖人卽物而冥。卽事而靜。卽事而靜。故天下安存。卽物而冥。故物百得性。物皆得性。則彼我同親。天下安存。則名實不存也。

五　名實論　論曰。天地與其所產焉物也。物以物其所物而不過焉實也。實以實其所實不曠焉位也。出其所位非位。位其所位焉正也。以其所正。正其所不正。疑其所正。其正者正其所實也。正其所實者。正其名也。此在使爲治者審名實。爲立論之本意。

已上所述名家諸子之說。雖各有不同。然其歸無不在如使名實符合。萬事萬物。咸得其正。以立政治之大本。而社會常治不亂也。

第五章　雜家

漢志以兼儒墨合名法者謂之雜家。蓋其言雜取古說。不能自樹爲一宗也。然子晚子尉繚皆兵家言。而亦入焉。嘗考上古哲學。悉本於道術。故先有道家。其後儒墨最爲顯學。儒墨以後。則名法之家爲盛。故上敘儒、道、墨、法、名、諸家。各出一章。自餘或關於哲學者淺。或其書亡缺。爲義不具。或疑似依託。或原是雜家。並入於此。且以兵家附之。大抵其書見唐以前。卽有疑其僞者。亦略加論次。如關尹子、子華子、唐五代以來始有。則不復論也。其未有書者。如宋牼寢攻已見尹文之篇田駢貴齊儕諸愼到之列惟別出告子以其論性時爲後來所述也。自鬻子以下凡十餘家稍以時之後先爲序。

(一)鬻子（小說家兼道家）　漢志道家鬻子二十二篇。名熊。爲周師。自文王以下問焉。周封爲楚祖。小說家鬻子說十九篇。今傳七篇。唐逢行珪注。王應麟謂鬻子道家之書已亡惟屬於小說家者略存。所謂小說亦雜家者流。稍錯以事。與後世小說者大異。按列子數引鬻子。（字或作粥）即道家言。今傳雖多短篇。亦每有精說。嘗由宇宙之原。以推倫理政治之所由起。曰天地闢而萬物生。萬物生而人爲政焉。無不能生而無殺也。唯天地之所以殺人不能生人。化而爲善獸化而爲惡人。而不善者謂之獸。有天然後有地。有地然後有別。有別然後有義。有義然後有敎。有敎然後有道。有道然後有理。有理然後有數。日有冥有旦。有晝有夜。然後以爲數。月一盈一虧。月合月離。以數紀。四者皆陳以爲數。治政者衞也。始終之謂衞。列子引鬻子曰。欲剛必以柔守之。欲强必以弱保之。積於柔必剛。積於弱必强。觀其所積。以知禍福之鄉。强勝不若己者。至於若己者剛。柔勝出於己者。其力不可量。此即老子柔弱勝剛强之意。與

(二)太公六韜（兵家）　今傳六韜。題以爲太公望撰。蓋兵家言也。計文韜十二篇。武韜五篇。龍韜十三篇。虎韜十二篇。豹韜八篇。犬韜十篇。漢志道家太公二百三十七篇。謀八十一篇。言

七十一篇。兵八十五篇。無六韜之名。惟儒家有周史六弢六篇。顏師古以爲卽六韜也。隋志始載太公六韜五卷。周文王師姜望撰。唐宋志皆因之。今按其詞意多淺近。然諸子往往稱太公。其言或近道家。或近法家。或近兵家。太公當時固自有書。惟六韜眞僞不可知耳。如大戴記載太公申黃帝丹書之訓。是道家修養之宗。韓非記太公誅狂矞華士。爲法家深刻之漸。六韜論治國之道。亦頗平近。文韜文王問太公曰。願聞爲國之大務。欲使主尊人安。爲之奈何。太公曰。愛民而已。文王曰。愛民奈何。太公曰。利而勿害。成而勿敗。生而勿殺。予而勿奪。樂而勿苦。喜而勿怒。文王曰。敢請釋其故。太公曰。民不失務則利之。農不失時則成之。薄賦斂則予之。儉宮室臺榭則樂之。吏淸不苛擾則喜之。民失其務則害之。農失其時則敗之。無罪而罰則殺之。重賦斂則奪之。多營宮室臺榭以疲民力則苦之。吏濁苛擾則怒之。故善爲國者。馭民如父母之愛子。如兄之愛弟。見其饑寒則爲之憂。見其勞苦則爲之悲。賞罰如加於身。賦斂如取於己。則愛民之道也。

（三）晏子 功利主義 雜儒墨 漢志列晏子於儒家。劉向序曰。其書六篇。皆忠諫其君。文章可觀。義理可法。皆合六經之義。又有復重。文辭頗異。不敢遺失。復列以爲一篇。又有頗不合經術。似非晏子言。疑後世辯士所爲者。故亦不敢失。復以爲一篇。凡八篇。然七略作七篇。則當時於篇中旋有所合。卽今所傳本也。柳宗元辨晏子春秋曰。或曰晏子爲之而人接焉。或曰晏子之後爲之皆非也。吾疑其墨子之徒有齊人者爲之。墨好儉。晏子以儉名於世。故墨子之徒。尊著其事。以增高已術。且其旨多尙同兼愛非樂節用非厚葬久喪者。是皆出墨子。又非孔子。好言鬼事。非儒明鬼。又出墨子。晁公武用宗元說列晏子於墨家。要之晏子書實雜儒墨。以其尙功利。故節儉力行。周以來管晏並稱。以其俱尙功利也。

（四）文子 道家　漢志道家文子九篇。注云。老子弟子。與孔子並時。而稱周平王問。似依託者也。或以謂卽范蠡師計然。或曰別是一人。柳宗元辨文子曰。其辭時若有可取。其指意皆本老子。然考其書蓋駁書也。其渾而類者少。竊取他書以合之者多。凡孟子輩數家皆見剽竊。嶢然而出其類。其義緒文辭。又牙相抵而不合。不知人之增益之歟。或者衆爲聚斂以成其書歟。然觀其往往有可立者。意頗惜之。今按文子實多采他子書。其稱老子者多出淮南子。或曰淮南子采文子書也。餘亦時有精語。且流傳已久。北魏李暹。徐靈府。朱元。三家曾爲之注。宋杜道堅爲纘義。頗集舊注。文子唐天寶中加號通玄眞經。其書雖駁雜。要是道家之緒論也。

（五）司馬法 兵家　史記。齊威王用兵行威大放穰苴之法。而諸侯朝齊。齊威王使大夫追論古者司馬兵法。而附穰苴於其中。因號曰司馬穰苴兵法。按此卽今所傳司馬法也。兵者古司馬之職所掌。故曰司馬法。齊威王集古司馬兵法。而附穰苴其中。今本則徑題穰苴所撰。

然穰苴固亦兼存焉者也。史記穰苴傳。稱穰苴文能附衆。武能威敵。晏嬰薦之齊景公。以扞燕晉之師。太史公曰。余讀司馬兵法。閎廓深遠。雖三代征伐。未能竟其義。漢志軍禮司馬法百五十五篇入禮類。蓋軍禮本五禮之一。今所傳雖不必爲完書。然論用兵之本。歸於仁義。猶爲近古。而與徒尙權謀術數者殊科。其言兵之原理曰。古者以仁爲本。以義治之之謂正。正不獲意則權。權出於戰。不出於中人。是故殺人安人。殺之可也。攻其國愛其民。攻之可也。以戰止戰。雖戰可也。故仁見親。義見說。智見恃。勇見方。信見信。內得愛焉。所以守也。外得威焉。所以戰也。戰道不違時。不歷民病。所以愛吾民也。不加喪。不因凶。所以愛夫其民也。冬夏不興師。所以兼愛民也。故國雖大。好戰必亡。天下雖安。忘戰必危。此可見其大意矣。隋唐志司馬法三卷。今本一卷。

(八)孫子兵家　史記曰。孫子武者。齊人也。以兵法見於吳王闔閭。闔閭曰。子之十三篇。吾盡觀之矣。吳越春秋曰。吳王召孫子。問以兵法。每陳一篇。王不知口之稱善。兵家中惟孫子爲其自撰可信。凡計篇、作戰、謀攻、軍形、兵勢、虛實、軍爭、九變、行軍、地形、九地、火攻、用間十三篇。劉向別錄。孫子兵法三卷。漢志有八十二篇。疑是後人因十三篇有所附益。獨唐杜牧謂是魏武削其繁存十三篇。或魏武但註孫子自撰十三篇。漢志並後人所附者數之。致有八十二篇。故其遺文往往見於他書也。孫子論用兵之根本要義。具於計篇。其辭曰。兵者國之大事。死生之地。存亡之道。不可不察也。故經之以五校之計而索其情。一曰道。二曰天。三曰地。四曰將。五曰法。道者令民與上同意也。故可與之死。可與之生。而民不畏危。天者陰陽寒暑時制也。地者遠近險易廣狹死生也。將者智信仁勇嚴也。法者曲制官道主用也。凡此五者將莫不聞。知之者勝。不知者不勝。故校之以計而索其情。曰主孰有道。將孰有能。天地孰得。法令孰行。兵衆孰強。士卒孰練。賞罰孰明。吾以此知勝負矣。將聽吾計。用之必勝。留之。將不聽吾計。用之必敗。去之。計利以聽。乃爲之勢。以佐其外。勢者因利而制權也。兵者詭道也。故能而示之不能。用而示之不用。近而示之遠。遠而示之近。利而誘之。亂而取之。實而備之。強而避之。怒而撓之。卑而驕之。佚而勞之。親而離之。攻其無備。出其不意。此兵家之勝。不可先傳也。孫子已不言仁義之師。惟以詭道取勝爲主。然猶以得人民之同意爲道。猶爲兵家之正。與其書雖不過數十言而已。極兵家之能事矣。

（七）吳子兵家　吳起衞人。嘗師事曾子。其母死不歸家。曾子薄之。與起絕。後事魏文侯爲將。有功。又奔楚。爲楚悼王相。王死。大臣作亂殺起。史遷曰。吳起兵法。世多有之。故不論。又謂能行者未必能言。能言者未必能行。殆以吳起爲能言能行者。與漢志吳起四十八篇。隋唐志並吳子一卷。胡應麟謂此書雖不必起自撰。要亦戰國間人撰其議論。編集而成。蓋篇中每述吳起事蹟。疑後人所加也。吳子分圖國、料敵、治兵、論將、應變、勵士六篇。圖國篇曰。昔之圖國家者。必先教百姓而親萬民。有四不和。不和於國。不可以出軍。不和於軍。不可以出陣。不和於陣。不可以進戰。不和於戰。不可以決勝。是以有道之主。將用其民。先和而造大事。此亦以先和於國而後能戰爲本。其他亦多精語。故孫吳二家。爲兵家之宗也。

(八)鬼谷子 縱橫家。 鬼谷子書。漢志不著錄。隋志縱橫家始有鬼谷子三卷。史記曰。蘇秦張儀。俱事鬼谷先生。皇甫謐曰。鬼谷子楚人。周世隱於鬼谷。柳宗元以爲劉向班固錄書無鬼谷子。鬼谷子後出。而險盩峭薄。晚乃益出七術。怪謬異甚。不可考校。其言益奇而道益陿。使人狙狂失守而易於陷墜。然自歐陽修晁公武高似孫均未嘗以爲僞。唐志曰。蘇秦之書大抵皆捭闔鉤鉗揣摩之術。殆指出於鬼谷書捭闔飛箝揣摩之篇也。鬼谷之術。宜出於道家之變。而嘗稱陰符。蓋戰國縱橫之徒。記鬼谷之精語十三篇爲此書。與其言捭闔。卽因天地陰陽之道。推之人事。故曰。天地之道捭闔者。以變動陰陽。四時開閉。以化萬物。縱橫反出反覆反忤。必由此矣。捭闔者。道之大化。說之變也。必豫審其變化。口者心之門戶也。心者神之主也。志意喜欲思慮智謀。此皆由門戶出入。故關之以捭闔。制之以出入。捭之者開也。言也。陽也。闔之者閉也。默也。陰也。陰陽其和。終始其義。故言長生安樂富貴尊榮顯名愛好財利得意喜欲爲陽。曰始。故言死憂患貧賤苦辱棄損亡利失意有害刑戮誅罰爲陰。曰終。諸言法陽之類。皆曰始。言善以始其事。諸言法陰之類。皆曰終。言惡以終爲謀。捭闔之道。以陰陽試之。故與陽言者依崇高。與陰言者依卑小。以下求小。以高求大。由此言之。無所不出。無所不入。無所不可。言陰陽之理盡小大之情。得故出入皆可。何所爲不可乎。此實縱橫家辯說之術所本也。

(九)尸子 儒墨折衷　尸子名佼。魯人。漢志尸子二十篇。注云。商君師之。鞅死。逃入蜀。劉向別錄。尸子書六萬餘言。其書久佚。後人據羣書掇錄。纔得十之二三耳。其廣澤篇曰。墨子貴兼。孔子貴公。皇子貴衷。田子貴均。列子貴虛。料子貴別囿。其學之相非也。數世矣而已。皆弇於私也。天帝皇后辟公弘廓宏溥介純夏憮家晊昄。皆大也。十有餘名而實一也。若使兼公虛均衷平易別囿一實也。則無相非也。蓋尸子謂衆學所明。不過一道。其相非皆弇於私。故欲折衷諸家而息其爭也。然將去其私。非有公心不可。故又曰。因井中視星。所視不過數星。自邱上以視。則見其始出。又見其入。非明益也。勢使然也。夫私心井中也。公心邱上也。故智載於，私則所知少。載於公則所知多矣。又曰。夫論貴賤辨是非者。必且自公心言之。自公心聽之。而後可知也。然尸子所言。尤在於分義。故以分統諸德曰。君臣父子上下長幼貴賤親疏。皆得其分曰治。愛得分曰仁。施得分曰義。慮得分曰智。動得分曰適。言得分曰信。皆得其分而後爲成人。此已近名法家之言。宜商君師之與。

(十)告子 儒墨雜　趙岐孟子章指曰。告子名不害。兼治儒墨之道。嘗學於孟子。而不能純徹性命之理。告子雖無書。然其論性實爲揚雄性善惡混說所自出。後來學者。每評其說。雖學於孟子。而其術不同。疑亦當時之顯學也。茲就其與孟子論性考之。告子曰。性猶湍水也。決諸東方則東流。決諸西方則西流。人性之無分於善不善也。猶水之無分於東西也。又曰。性猶杞柳也。義猶杯棬也。以人性爲仁義。猶以杞柳爲杯棬。又曰。性無善無不善也。又曰。生之謂性。綜其所說。皆謂人性可以力變化。就其可能性言之。故謂可東可西。可善可惡。要其歸可謂之無善無惡也。王充論衡。評告子之說曰。無分於善惡。可推移者。中人也。不善不惡。須敎成者也。故孔子曰。中人以上可以語上也。中人以下不可以語上也。告子之以決水喻者。徒謂中人。不指極善極惡也。孔子曰。性相近也。習相遠也。夫中人之性。在所習焉。習善而爲善。習惡而爲惡。又曰。孟軻言人性善者。中人以上也。孫卿言人性惡者。中人以下也。揚雄言性善惡混者。中人也。然則揚雄與告子論性。漢人已謂其相同矣。後來王安石蘇軾言性。亦近告子。學者又或謂陸象山王陽明言性。亦有類告子者。

(十二)鶡冠子 雜黃老刑名　漢志道家鶡冠子一篇。居深山。以鶡爲冠。今傳十九篇。柳宗元以爲僞書。而韓愈甚稱之。以爲其詞雜黃老刑名。其博選篇四稽五至之說。當矣。使其人遇其時。援其道而施於國家。功德豈少哉。要鶡冠子流傳已久。晉宋間已有引其書者。博選篇曰。王鈇非一世之器者。厚德隆俊也。道凡四稽。一曰天。二曰地。三曰人。四曰命。權人有五至。一曰伯己。二曰什己。三曰若己。四曰厮役。五曰徒隸。所謂天者。物理情者也。所謂地者。常弗去者也。所謂人者。惡死樂生者也。所謂命者。靡不在君者也。陸佃解曰莫不聽之之謂命 君也者。端神明者也。神明者。以人爲本者也。人者。以賢聖爲本者也。賢聖者。以博選爲本者也。博選者。以五至爲本者也。故北面而事之。則伯己者至。先趨而後息。先問而後默。則什己者至。人趨己趨。則若己者至。憑几據杖。指麾而使。則厮役者至。樂嗟苦咄。則徒隸之人至矣。故帝者與師處。王者與友處。亡主與徒處。此卽韓愈所稱四稽五至之說。蓋稽天人以立治道。謂之王鈇。其餘論宇宙原理。及關於刑名者頗有。末又載趙武靈王與龐煥。龐煥一作龐煖論兵。眞雜家言也。

(十二)尉繚子兵家 、漢志雜家尉繚二十九篇。註云六國時。師古引劉向別錄曰。繚爲商君學。兵家又有尉繚三十一篇。今所傳尉繚子。則兵家言也。史記秦始皇本紀。載大梁人尉繚說秦王。而其書有梁惠王問。則見秦王者。殆別一尉繚耶。尉繚書凡二十四篇。兵家自孫吳以下。當推尉繚。且不用戰國權謀譎詐之術。有仁義之意。如武議篇曰。凡兵不攻無過之城。不殺無罪之人。夫殺人之父兄。利人之貨財。臣妾人之子女。此皆盜也。故兵者所以誅暴亂禁不義也。兵之所加者。農不離其田業。賈不離其肆宅。士大夫不離其官府。由其武議在一人。故兵不血刃。而天下親焉。又兵令篇曰。兵者凶器也。爭者逆德也。事必有本。故王者伐暴亂。本仁義焉。戰國則以立威抗敵相圖。而不能廢兵也。然其言過於殘酷。與前意不類者。兵令篇又曰。古之善用兵者。能殺士卒之半。其次殺其十三。其下殺其十一。能殺其半者。威加海內。殺十三者。力加諸侯。殺十一者。令行士卒。故曰。百萬之衆不用命。不如萬人之鬬也。萬人之鬬。不如百人之奮也。此蓋言治軍須嚴。則士卒用命。不謂殺敵也。

(十三)呂氏春秋（兼合陰陽儒墨名法）　漢志雜家呂氏春秋二十六篇。注云。秦相呂不韋輯智略士作。史記曰。莊襄王薨。太子政立爲王。尊呂不韋爲相國。號稱仲父。當是時。魏有信陵君。楚有春申君。趙有平原君。齊有孟嘗君。皆下士喜賓客以相傾。呂不韋以秦之彊。羞不如。亦招致士。厚遇之。至食客三千人。是時諸侯多辯士。如荀卿之徒。著書布天下。呂不韋乃使其客人人著所聞。集論以爲八覽六論十二紀。二十餘萬言。以爲備天地萬物古今之事。號曰呂氏春秋。布咸陽市門。懸千金其上。延諸侯游士賓客。有能增損一字者予千金。高誘序曰。此書所尙。以道德爲標的。以無爲爲綱紀。以忠義爲品式。以公方爲檢格。與孟軻孫卿淮南揚雄相表裏也。按呂覽作者既非一手。故其書最駁雜。有道家之說。有儒家之說。有墨家之說。有天文陰陽家之說。有兵家之說。有農家之說。然其所資者博。先秦諸學。亦多藉此有可考者。學者所不能廢也。

第六章　秦滅古學

秦始皇以雄桀之才。李斯爲輔。遂并六國。於是焚詩書。坑儒士。古學幾滅盡。然皆出李斯之策。李斯者。楚上蔡人也。從荀卿學帝王之術。學已成。度楚王不足事。而六國皆弱。無可爲建功者。欲西入秦。辭於荀卿曰。斯聞得時無怠。今萬乘方爭時。游者主事。今秦王欲吞天下稱帝而治。此布衣馳騖之時。而游說者之秋也。處卑賤之位。困苦之地。非世而惡利。自託於無爲。此非士之情也。故斯將西說秦王矣。然李斯與韓非同事荀卿。嘗自謂不如之。韓非使秦。斯譖殺非。其後秦王用斯計。以間諸侯。及斯爲相。荀卿爲之不食。（見鹽鐵論）蓋斯之學雖出於荀卿。實好刑名法術。故忌韓非尤甚。亦有智術。而不識仁義經國之本。遂用其道以爲暴秦之治也。

自上世至於三代。其政治之理想。無不在以聖賢疆理國家。而尤莫盛於三皇五帝之世。其爲皇爲帝。率曠世之大哲。必貫通宇宙萬物之理。知人民安樂之原。且能作器利用。垂之久遠。蓋一時比德量能。更無以加乎其上。而後爲天人之所歸。以踐天子之位。故中國上古政治。哲學之政治也。其統治之元首。卽哲學之巨子也。此爲政治上根本定義。殷周革命。亦其前王之不賢。而代之者之功德。又實足當此傳道傳國之任。湯武是也。及傳子之法已定。此哲學之政治系統。雖終不能不破。而一般學者之所講論。則仍以哲學政治爲至上之正鵠。孔子出於衰周之際。爲賢於堯舜之哲人。比德量能。固當統治天下。是以學者加以素王之號。以其不得位爲哲人之變例。亦可見此思想固著之深矣。不惟儒墨尙哲學之政治。卽道德名法諸家。亦無不尙哲學之政治。法家最不取古制。而其論人君南面之術。必歸之虛靜無爲。恬慮去欲。以合天地之道。以養成哲學上最高之人格。故哲學之政治。爲諸家所同尙。中國哲學與政治所以有不可離之關係也。秦初幷天下。丞相斯及當時博士咸秉所修之學。援古義以論君道。故上始皇尊號議曰。古有天皇。有地皇。有泰皇。泰皇最貴。上尊號爲泰皇。始皇命去泰著皇。采上古帝位號。號曰皇帝。丞相斯等議泰皇最貴者。以其道最貴也。始皇自去泰字。幷皇與帝爲一號。則始皇雖無哲人之實。當時博士等猶必奉之以哲人之名。以爲必如是而後可以統治天下也。始皇若自不敢居於泰皇。乃合皇帝爲一名詞。後世君主。遂遵用焉。然始皇亦頗以哲人之道爲己任。古所稱惟眞人神人。至高不可幾及。素問謂眞人提挈天地孟子謂聖而不可知之謂神 始皇博徵方士。入海求所謂仙眞人者。又封禪行幸天下。命博士作仙眞人詩。絃歌之。蓋古者皇帝皆通於神靈。皇帝亦學仙。始皇之意。以非是不足媲美也。是自昔哲學之政治系統。始皇亦慕之。且欲超三代而比於皇與帝之盛德大業矣。

古之王者。有質文因革之義。李斯受業儒者。旣習聞之。又有取於商鞅韓非不法古之說。遂以制作之事自任。淳于越言於始皇。以事不師古。未有能長久者。始皇下其議。而李斯議曰。五帝不相復。三代不相襲。各以治。非其相反。時變異也。今陛下創大業。建萬世之功。固非愚儒所知。且越言乃三代之事。何足法也。異時諸侯並爭。厚招游學。今天下已定。法令出一。百姓當家則力農工。士則習法令辟禁。今諸生不師今而學古。以非當世。惑亂黔首。丞相斯昧死言。古者天下散亂。莫之能一。是以諸侯竝作。語皆道古以害今。飾虛言以亂實。人善其所私學。以非上之所建立。今皇帝幷有天下。別黑白而定一尊。私學而相與非法教。人聞令下。則各以其學議之。入則心非。出則巷議。夸主以爲名。異取以爲高。率羣下以造謗。如此弗禁。則主勢降乎上。黨與成乎下。禁之便。臣請史官非秦記皆燒之。非博士學所職。天下敢有藏詩書百家語者。悉詣守尉雜燒之。有敢偶語詩書棄市。以古非今者族。吏見知不舉者與同罪。令下三十日不燒。黥爲城旦。所不去者。醫藥卜筮種樹之書。若有欲學法令。以吏爲師。此爲李斯改制同文之根據所在。蓋亦兼用儒家法家之義而行之過嚴酷耳。周初建國。已知人君世及必難代有哲人繼統。故一切學術皆守於官。周衰官失。乃散爲百家之學。李斯復欲使官守之。是以詆百家爲私學。其燒天下書者。博士書固不燒也。學法令者以吏爲師。則官師合一。斯之所建。誠亦未嘗無一道德同風俗之意矣。

始皇以諸生訞言以亂黔首。於是使御史悉案問諸生。諸生傳相告引。乃自除犯禁者四百六十餘人。皆阬之咸陽。使天下知之以懲後。太子扶蘇諫曰。天下初定。遠方黔首未集。諸生皆誦法孔子。今上皆重法繩之。臣恐天下不安。唯上察之。始皇怒。使扶蘇北監蒙恬於上郡。蓋始皇初亦信用博士諸生。凡大政及封禪之事。皆與博士議之。李斯燒天下書。惟藏於博士。欲學法令者。以吏爲師。而不許以一人之私意。議國家之法令。蓋將尊重國家至高權。且一學術於官守。始皇至因己之喜怒。多坑殺儒生。或亦非李斯始意所料也。李斯知用法家變古之義。而不能導始皇以虛靜無爲之道。使其日以衡石程書。自任蒙勞。得自以喜怒措置政事。徒令先儒舊籍。灰滅民間。大違法家逸君尊法之術。信其不如韓非遠矣。六藝自是多缺。秦亦不永厥祚。而被滅學狂戾之名。然上古相傳之哲學的政治系統。亦自秦而廢矣。

中國哲學史二終

第二編上　中古哲學史(兩漢)

第一章　漢代哲學總論

秦雖滅學燔書。而當時故有博士。漢與秦博士猶有存者。陳涉之王也。魯諸儒持孔氏之禮器歸之。孔甲爲陳涉博士。與俱敗死。太史公曰。陳涉起匹夫。毆瓦合適戍。旬月以王楚。不滿半歲竟滅亡。其事至微淺。然而縉紳先生之徒。負孔子禮器往委質爲臣者。何也。以秦焚其業。積怨而發憤於陳王也。孔甲一名鮒。魏相子順之子。字曰子魚。秦并天下。召鮒爲文通君。拜少傅。李斯議燔書。鮒乃亡去。隱嵩山中。至是歸陳涉。今傳孔叢子。署名鮒撰。多記孔氏遺事。亦明儒術。或云後人所依託也。故不述焉。漢王既卽帝位。叔孫通亦秦博士。爲漢制禮儀。封爲稷嗣君。張蒼亦秦博士。定律令。民間修博士遺業者多存。及惠帝四年。始除挾書之禁。接以呂氏之亂。未皇庠序。儒林傳曰。孝惠高后時。公卿皆武力功臣。孝文本好刑名之言。及至孝景不任儒。竇太后又好黃老術。故諸博士具官待問。未有進者。及武帝始立五經博士。自是以來。易有施、讎、孟喜、梁邱賀、京房之學。書有伏生、歐陽生、大夏侯、小夏侯之學。詩有魯齊、韓三家之學。河間獻王又立毛詩博士。禮有高堂生、戴德、戴聖、及慶普之學。春秋有胡毋生、董仲舒、嚴彭祖、顏安樂之學。故漢世經術大盛。諸家立博士。有在武帝後。然黜異學。崇儒術。實由武帝啟之也。先是董仲舒對策曰。春秋大一統者。天地之常經。古今之通誼也。今師異道。人異論。百家殊方。指意不同。是以上亡以持一統。法制數變。下不知所守。臣愚以爲諸不在六藝之科。孔子之術者。皆絕其道。勿使並進。邪辟之說息。然後統紀可一。而法度可明。民知所從矣。又曰。夫不素養士而欲求賢。譬猶不琢玉而求文采也。故養士之大者。莫大乎大學。大學者。賢士之所關也。教化之本原也。今以一郡一國之衆。對亡應書者。是王道往往而絕也。臣願陛下興大學。置明師。以養天下之士。數考問以盡其材。則英俊宜可得矣。武帝蓋覽仲舒之策。始黜百家諸子之學。設大學。置五經博士弟子員。舉茂才孝廉。命之以職。而後公卿大夫。彬彬多文學之士矣。

兩漢經術最盛。傳學受業。各有專家。儒林傳述之詳矣。然至東京以後。又有今學古學之分。言今學者絀古學。言古學者絀今學。先時西京時。賈誼、孔安國、河間獻王、並好古學。於是有左氏春秋、古文尙書、毛詩之傳。周官最晚出。劉歆治左氏春秋。兼好周官經。以古學衒於新室。桓譚、杜林轉相研考。賈逵父徽受學劉歆古學。遂行。許叔重通五經。出賈侍中。博稽通人。作說文解字。則訓詁之書。集其大成。實古學派之緒也。馬融鄭玄始亦爲古學。鄭君乃雜用今古文。而今古學又混矣。

陰陽讖緯之學。亦漢世最盛。蓋緯書自周以來有之。隋經籍志曰。河圖九篇。洛書六篇。云自黃帝至周文王所受本文。又三十篇。云九聖之所增演。又七經緯三十六篇。並云孔氏所作。

合爲八十一篇。歷世諸儒。多辨其僞。然史記秦本紀。盧生入海還。奏錄圖書曰。亡秦者胡也。則由來已久。荀悅以爲終張之徒。有所增益。哀平之際。尤盛。光武未起。而圖讖已傳劉秀作天子之語。故光武即位。特信好之。凡有大事。恆欲用讖決焉。大儒如賈逵、鄭玄。並多以緯書釋經。亦風氣使然也。漢儒每言陰陽災異。亦傅會經術。如董仲舒、眭孟、夏侯勝、京房、翼奉、劉向、谷永。皆其著者。蓋哲學之政治系統。雖至秦而廢。然學者猶侈言天人感應之符。以災變爲人事之應。人君信之。至常以日蝕等變。罷免宰相大臣。亦一種神秘哲學之影響矣。

周末百家爭鳴。至於漢初。其傳未盡絕也。而黃老申韓諸家。尤爲一時所尚。蓋經秦之暴政。接以楚漢之戰。人民憔悴流離。思得休養安息。故蓋公教曹參以清靜治國。家而百姓謳之。張良亦好道家。欲從赤松子游。陳平傳稱其好讀書。修黃帝老子術。而竇太后亦好黃老。汲黯修黃老術。治民主清靜。故太史談敍六家。以道家爲首。至於刑名雜學。則鼂錯嘗學申商刑名。韓安國受韓子雜說。主父偃學長短縱橫術。要至武帝以後。儒術始獨盛。而百家之學微矣。及後漢明帝之際。佛敎又入中國。使蔡愔於大月氏國求佛經。並得攝摩騰、竺法蘭二僧。以歸於洛陽。建白馬寺。繙譯四十二章經等。是爲佛敎入中國之始。其後踵譯。至漢末已有佛經三百餘部。然大抵小乘敎也。縉紳之徒。漸有信者。牟融爲作理惑論。自是以還。儒道釋並行域中。號爲三敎矣。

第二章　陸賈

漢書以酈食其、陸賈、朱建、劉敬、叔孫通列傳合在一篇。酈生固自命儒。叔孫通不著書。朱建平原老七篇。劉敬書三篇。陸賈二十三篇。並列在藝文志儒家。蓋漢高創業。其佐多刀筆之吏。惟此數子服膺儒業而已。今僅陸賈新語尙傳。賈楚人。以客從高祖。時時進說詩書。高祖罵曰。乃公馬上得天下。安事詩書。賈曰。馬上得之。寧可馬上治之乎。且湯武逆取而順守。文武並用。長久之術也。高祖因命賈著書。言秦所以失天下。及古今成敗。每奏一篇。帝未嘗不稱善。稱其書曰新語。新語道基篇。論宇宙所以由成。因及政治道德建立之本。曰天生萬物。以地養之。聖人成之。功德參合。而道術生焉。故曰張日月。列星辰。序四時。調陰陽。布氣治性。次置五行。春生夏長。秋收冬藏。陽生雷電。陰成雪霜。養育羣生。一茂一亡。潤之以風雨。曝之以日光。溫之以節氣。降之以殞霜。位之以衆星。制之以斗衡。包之以六合。羅之以紀綱。改之以災變。告之以禎祥。此下乃敍文物制度所起。並明天人一貫之符也。其言倫理之德。亦主仁義。故又曰。百姓以德附。骨肉以仁親。夫婦以義合。朋友以義信。君臣以義序。百官以義承。曾閔以仁成大孝。伯姬以義建至貞。守國者以仁堅固。佐君者以義不頃。君以仁治。臣以義平。此其宗尙儒術之略也。

論衡評古之論性者數家。而陸賈亦與焉。賈蓋似取孟子之道性善者也。論衡載之曰。陸賈曰。天地生人也以禮義之性。人能察己所受命則順。順之謂道。此言人所受於天之性雖善。又在己察而順之。乃成其善耳。此已小異孟子之旨。而言天賦人以善性則同也。王充以爲陸賈知人禮義爲性。人亦能察己所以受命。性善者不待察而自善。性惡者雖能察之猶背畔禮義。義挹於善不能爲也。故貪者能言廉。亂者能言治。盜跖非人之竊也。莊蹻刺人之濫也。明能察己口能論賢。性惡不爲。何益於善。陸賈之言。未能得實。充之言性本世碩。故與賈不同。漢初最先以儒術著書議論。當推賈矣。

第三章　賈誼

賈誼嘗從張蒼受左氏春秋。蒼故秦博士也。誼雒陽人。年十八。以能誦詩書屬文稱於郡中。河南守吳公聞其秀材。召置門下。文帝初立。聞河南守吳公治平第一。故與李斯同邑而嘗學事焉。徵以爲廷尉。廷尉乃言誼年少頗通諸家之書。文帝召以爲博士。是時賈生年二十餘。最爲少。每詔令議下。諸老先生未能言。賈生盡爲之對。人人各如其意所出。諸生於是乃以賈生爲能。文帝說之。一歲之中。超遷至大中大夫。於是天子議以誼任公卿之位。絳灌東陽侯馮敬之屬。盡害之。廼毀誼曰。雒陽之人年少初學。專欲擅權。紛亂諸事。於是文帝亦疏之。不用其議。以爲長沙王太傅。久之。文帝復徵賈生入見。因感問鬼神之事。至夜半。文帝前席。既罷。曰。吾久不見賈生。自以爲過之。今不及也。然終莫能用。拜爲梁懷王太傅。後懷王墮馬死。賈生自傷爲傅無狀。歲餘亦死。年三十三。先是賈生以漢興至文帝二十餘年。當改正朔。易服色。制法度。定官名。興禮樂。乃草具其事。諸律所更定。及列侯就國。其說皆自賈生發之。漢書載其陳政事疏。及今所傳新書。頗具其條理。漢志儒家賈誼五十八篇。太史公引賈生過秦論。卽在今新書首篇。過秦論推秦所以亡。由不用仁義。亦由儒者之道以論之也。新書五十六篇。視漢志所錄少二篇。陳振孫謂其非誼本意。（隋志賈子十卷錄一卷舊唐書賈子九卷新唐書始作賈誼新書亦十卷）然其中卽不無後人附益之語。至其精處。殆非可僞爲也。誼所言治安之策。具在漢書。今不復論。但論其關於哲學倫理者。

一、道德說　莊周已言道術。而未論道與術之別。賈子道術篇曰。問曰。數聞道之名矣。而未知其實也。請問道者何謂也。對曰。道者所從接物也。其本者謂之虛。其末者謂之術。虛者言其精微也。平素而無設施也。術也者所從制物也。動靜之數也。凡此皆道也。又六術曰。德有六理。何謂六理。道德性神明命此六者德之理也。六理無不生也。已生而六理存乎所生之內。是以陰陽天地人。盡以六理爲內度。內度成業。故謂之六法。六法藏內。變流而內外。遂外遂六術。故謂之六行。是以陰陽各有六月之節。而天地有六合之事。人有仁義禮智信之行。行和則樂。與樂則六。此之謂六行。陰陽天地之動也。不失六行。故能合六法。人謹修六行。則亦可以合六法矣。然而人雖有六行。微細難識。唯先王能審之。凡人弗能自至。是故必待先王之教。乃知所從事。是以先王爲天下設教。因人所有。以之爲訓。道人之情。以之爲眞。是故內法六法。外體六行。以與詩書易春秋禮樂六者之術。以爲大義。謂之六藝。令人緣之以自修。修成則得六行矣。蓋道是總名。若兼其體用。則道是體。道之用是術。體在內。用在外也。體用對舉。則體是道。用是德。道在內。德在外也。德之六理。卽是一道所生。故六理首道。謂之曰理。仍是在內由六理而爲六法。由六法而外遂爲六術。六術卽六行。六行之教在六藝。猶子思性道教合一之旨也。

二、性說　性爲六理之一。六理首道德而次之以性。又次之以神明。命。其論性曰。性者道德造物。物有形而道德之神專而爲一。氣明其潤益厚矣。濁而膠相連。在物之中。爲物莫生氣皆集焉。故謂之性。性神氣之所會也。性立則神氣曉曉然發而通行於外矣。與外物之感相應。故曰潤厚而膠。謂之性。性生氣通之以曉。（道德說）蓋性者神氣初會而未感之名。及其已感則純是氣。善惡分矣。劉向荀悅以形神感應論性。實本於此。故賈子論性。近於性三品說。連語曰。有上主者。有中主者。有下主者。上主者可引而上。不可引而下。下主者可以引而下。不可引而上。中主者可引而上。可引而下。此卽上智下愚不移之說。中人可以語上之義矣。

三、容經　古者以禮儀並稱。儀容所以行禮。蓋修身之要也。周禮保氏掌教六儀。一曰祭祀之容。二曰賓客之容。三曰朝廷之容。四曰喪紀之容。五曰軍旅之容。六曰車馬之容。賈子書有容經。或古禮之遺說而賈生述之與。容經曰。志有四興。朝廷之志。淵然清以嚴。祭祀之志。諭然思以和。軍旅之志。怫然慍然精以厲。喪紀之志。漻然瀎然憂以湫。四志形中。四色發外。維如志色之經也。容有四起。朝廷之容。師師然翼翼然整以敬。祭祀之容。遂遂然粥粥然敬以婉。軍旅之容。湢然肅然固以猛。喪紀之容。怮然慵然若不還。容經也。視有四則。朝廷之視。端流平衡。祭祀之視。視如有將。軍旅之視。固植虎張。喪紀之視。不流垂綱。視經也。言有四術。言敬以固。朝廷之言也。文言有序。祭祀之言也。屏風折聲。軍旅之言也。言若不足。喪紀之言也。言經也。蓋以色容視言爲四經。而志爲之主。於是乎有立容。曰經立。曰共立。曰肅立。曰卑立。有坐容。曰經坐。曰共坐。曰肅坐。曰卑坐。又有行容。趨容。跘旋之容。跪容。拜容。伏容。坐車之容。立車之容。兵車之容。且申之曰。若夫立而跛。坐而蹁。體怠懈。志驕傲。趮視。數顧。容色不比。動靜不以度。妄咳唾。疾言嗟。氣不順。皆禁也。漢興有徐生善爲容。殆卽此類與。

第四章　董仲舒

董仲舒。廣川人。景帝時已爲博士。武帝元光元年。以賢良對策。天子異焉。至於三冊之。以爲江都相。復相膠西王。及去位歸居。終不問家人產業。修學著書爲事。以壽終於家。仲舒言治國。每本春秋災異之變。而推陰陽之所以錯行。故有求雨。閉諸陽。縱諸陰。其止雨反是。後以言災異。罪當死。帝詔赦之。仲舒遂不敢復言災異。仲舒在家。朝廷如有大議。使使者及廷尉張湯。就其家問之。其對皆有明法。自武帝初立。魏其武安侯爲相而隆儒矣。及仲舒對策。推明孔氏。抑黜百家立學校之官州郡舉茂材孝廉皆自仲舒發之。劉向稱仲舒有王佐之才。雖伊呂無以加。管晏之屬伯者之佐。殆不及也。史稱仲舒所著皆明經術之意。及上疏條敎。凡百二十三篇。而說春秋事得失聞舉玉杯蕃露清明竹林之屬。復數十篇。（即今所傳春秋繁露十餘）萬言。仲舒與公孫弘同治公羊春秋而弘不逮仲舒云。仲舒學說。據在繁露者考之。

（一）天人合一觀

董子之學。以天爲之本。以春秋爲之證。其言天極詳密。賢良對策有曰。道之大原出於天。此語雖簡。而與中庸首章所謂天命之謂性。率性之謂道。修道之謂敎者同意。故董子以一切政治道德無不本於天者。天爲吉凶賞罰之主。凡人之行動云爲。咸當循天之法則。故天爲人之祖父。其言曰。人之人本於天。天亦人之曾祖父也。此人之所以上類天也。人之形體。化天數而成。人之血氣。化天志而仁。人之德行。化天理而義。人之好惡。化天之暖清。人之喜怒。化天之寒暑。人之受命。化天之四時。人生有喜怒哀樂之答。春秋冬夏之類也。喜春之答也。怒秋之答也。樂夏之答也。哀冬之答也。天之副在乎人。人之性情有由天者矣。（爲人比者）此以天不啻人之父母。故人之性情自天而分也。又綜天地人論之曰。天德施地德化人德義。天氣上。地氣下。人氣在其間。春生夏長。百物以興。秋殺冬收。百物以藏。故莫精於氣。莫富於地。莫

神於天。天地之精所以生物者。莫貴於人。人受命乎天也。故超然有以倚。物疢疾莫能爲仁
義。唯人獨能爲仁義。物疢疾莫能偶天地。唯人獨能偶天地。人有三百六十節。偶天之數也。
形體骨肉。偶地之厚也。上有耳目聰明。日月之象也。體有空竅理脈。川谷之象也。心有哀樂
喜怒。神氣之類也。觀人之體。抑何高物之甚。而類於天也。物旁折取天之陰陽之生活耳。而
人乃爛然有其文理。是故凡物之形。莫不伏從旁折天地而行。人獨題直立端尚正。正當之。
是故所取天地少者旁折之。所取天地多者正當之。此見人之絕於物而參天地。是故人之
身首妋而員。（妋音分墳起貌）象天容也。髮象星辰也。耳目戾戾象日月也。鼻口呼吸象風氣也。胸中
達知。象神明也。腹胞實虛。象百物也。百物最近地。故要以下地也。天地之象。以要爲帶。精神
尊嚴明天類之狀也。頸而下者豐厚卑辱。土壤之比也。足布而方。地形之象也。是故禮帶置
紳。必直其頸。以別心也。帶而上者。盡爲陽。帶而下者。盡爲陰。各有其分。陽天氣也。陰地氣也。
故陰陽之動。使人足病喉痺起。則地氣上爲雲雨。而象亦應之也。天地之符。陰陽之副。常設
於身。身猶天也。數與之相參。故命與之相連也。天以終歲之數。成人之身。故小節三百六十
六。副日數也。大節十二分。副月數也。內有五藏。副五行數也。外有四肢。副四時數也。乍視乍
暝。副晝夜也。乍剛乍柔。副冬夏也。乍哀乍樂。副陰陽也。心有計度。副度數也。行有倫理。副天
地也。（人副天數）此由其天人合一觀而組織精密之人類學者矣。

於是乃以此天人合一之義。推之政治。以爲王者設官。亦當象天。其言曰。王者制官。三公九卿。二十七大夫。八十一元士。凡百二十人。而列臣備矣。吾聞聖王所取儀法天之大經。三起而成。四轉而終。官制亦然者。此其儀與。三人而爲一選。儀於三月而爲一時也。四選而止。儀於四時而終也。三公者王之所以自持也。天以三成之。王以三自持。立成數以爲植。而四重之。其可以無失矣。備天數以參事。治謹於道之意也。此百二十臣者。皆先王之所與直道而行也。是故天子自參以三公。三公自參以九卿。九卿自參以三大夫。三大夫自參以三士。三人爲選者四重。自三之道以治天下。若天之四重。自三之時以終始歲也。一陽而三春。非自三之時與。而天四重之。其數同矣。天有四時。時三月。王有四選。選三臣。是故有孟有仲有季。一時之情也。有上有下有中。一選之情也。三臣而爲一選。四選而止。人情盡矣。人之材固有四選。如天之時固有四變也。聖人爲一選。君子爲一選。善人爲一選。正人爲一選。由此而下者。不足選也。是故天選四堤十二而人變盡矣。盡人之變合之天。唯聖人者能之。所以立王事也。何謂天之大經。三起而成。日三日而成規。三旬而成月。三月而成時。三時而成功。寒暑與和。三而成物。日月與星。三而成光。天地與人。三而成德。由此觀之。三而一成。天之大經也。以此爲天制。是故禮三讓而成一節。官三人而成一選。三公爲一選。三卿爲一選。三大夫爲一選。三士爲一選。凡四選。三臣應天之制。凡四時之三月也。是故其以三爲選。取諸天之經。

其以四爲制。取諸天之時。其以十二臣爲一條。取諸歲之度。其至十條而止。取之天之端。何謂天之端。曰天有十端。十端而止已。天爲一端。地爲一端。陰爲一端。陽爲一端。火爲一端。金爲一端。木爲一端。水爲一端。土爲一端。人爲一端。凡十端而畢。天之數也。天數畢於十。王者受十端於天。而一條之率。每條一端。以十二時。如天之每終一歲以十二月也。十者天之數也。十二者歲之度也。用歲之度。條天之數。十二而天數畢。是故終十歲而用百二十月。條十端。亦用百二十臣。以率被之。皆合於天。其率三臣而成一慎。故八十一元士爲二十七慎以持二十七大夫。二十七大夫爲九慎以持九卿。九卿爲三慎以持三公。三公爲一慎以持天子。天子積四十慎以爲四選。選一慎三臣。皆天數也。是故以四選率之。則選三十人。三四十二。百二十人。亦天數也。以十端四選。十端積四十慎。慎三臣。三四十二。百二十人。亦天數也。以三公之勞率之。則公四十人。三四十二。百二十人。亦天數也。故散而名之爲百二十臣。選而賓之爲十二長。所以名之雖多。莫若謂之四選十二長。然而分別率之。皆有所合。無不中天數者也。（官制象天）此以其天人合一觀而組織政府者也。

然天地之道。分爲陰陽。散爲五行。董子復廣說陰陽五行。以統萬事。故曰。天地之常。一陰一陽。陽者天之德也。陰者天之刑也。（陰陽義）又以陰陽相反。凡政治倫理。皆當扶陽抑陰。即尊德卑刑。以順天道。故曰。天之常道。相反之物也。不得兩起。故謂之一。一而不二者。天之行也。陰與陽相反之物也。故或出或入。或右或左。春俱南。秋俱北。夏交於前。冬交於後。並行而不同路。交會而各代理。此其文與天之道有一出一入一休一伏。其度一也。然而不同意。陽之出常縣於前而任歲事。陰之出常縣於後而守空虛。陽之休也。功已成於上而伏於下。陰之伏也。不得近義而遠其處也。天之任陽不任陰。好德不好刑如是。故陽出而前。陰出而後。尊德而卑刑之心見矣。（天道無二）又曰。陰陽理人之法也。陰刑氣也。陽德氣也。陰始於秋。陽始於春。春之爲言猶偆偆也。秋之爲言猶湫湫也。偆偆者喜樂之貌也。湫湫者憂悲之狀也。是故春喜夏樂。秋憂冬悲。悲死而樂生。以夏養春。以冬喪秋。大人之志也。是故先愛而後嚴。樂生而哀終。天之當也。而人資諸天。大德而小刑也。是故人主近天之所近。遠天之所遠。大天之所大。小天之所小。是故天數右陽而不右陰。務德而不務刑。刑之不可任以成世也。猶陰不可任以成歲也。爲政而任刑。謂之逆天。非王道也。（陽尊陰卑）又推陽尊陰卑之義。用於倫理。則貴義賤利。故曰。天之生人也。使人生義與利。利以養其體。義以養其心。心不得義不能樂。體不得利不能安。義者心之養也。利者體之養也。體莫貴於心。故養莫重於義。又曰。夫人有義者。雖貧能自樂也。而大無義者。雖富莫能自存。吾以此實義之養生人大於利而厚於財也。民不能知。而常反之。皆忘義而殉利。去理而走邪。以賊其身而禍其家。此非其自爲計不忠也。則其知之所不能明也。聖人事明義以炤燿其所闇。故民不陷。詩云。示我顯德行。此之謂也。先王顯德以示民。民樂而歌之以爲詩。說而化之以爲俗。故不令而自行。不禁而自止。從上之意。不待使之。若自然矣。故曰聖人天地動四時化者。非有它也。其見義大。故能動。動故能化。化故能大行。大行故法不犯。法不犯故刑不用。刑不用則堯舜之功德。此大治之道也。身之養重於義蓋由明義以措刑。卽尊德卑刑之義。皆由天道陰陽之行以推之矣。

又論五行曰。天有五行。木火土金水是也。木生火。火生土。土生金。金生水。水爲冬。金爲秋。土爲季夏。火爲夏。木爲春。春主生。夏主長。季夏主養。秋主收。冬主藏。藏冬之所成也。是故父之所生。其子長之。父之所長。其子養之。父之所養。其子成之。諸父所爲。其子皆奉承而德行之。不敢不致如父之意。盡爲人之道也。又曰。土者火之子也。五行莫貴於土。土之於四時無所命者。不與火分功名。木名春。火名夏。金名秋。水名冬。忠臣之義。孝子之行。取之土。土者五行最貴者也。其義不可以加矣。五行對並又曰。天地之氣。合而爲一。分爲陰陽。判爲四時。列爲五行。行者行也。其行不同。故謂之五行。東方者木。農之本。司農尚仁。南方者火也。本朝司馬尚智。中央者土。君官也。司營尚信。西方者金。大理司徒也。司徒尚義。北方者水。執法司寇也。司寇尚禮。五行相生董子始以仁義禮智信配五行爲五常。其對賢良策曰。仁義禮智信五常之道也。洪範五行。本配貌言視聽思五事。董子又以配五常之德。其通於人事。益周洽矣。繁露中明陰陽者最多。皆以徵天人合一之道也。

(二)性說

董子論性。亦本其天地陰陽之大法言之。蓋天道不可謂之有陰而無陽。亦不可謂之有陽而無陰。則偏言性善性惡者。皆非也。故折衷孟荀二家以言性。董子性論。有謂其近於性善論者。有謂其近於性惡論者。（劉向謂仲舒作書美荀卿）要之董子本意。實在折衷二家。而論其所失耳。故曰今世闇於性。言之者不同。胡不試反性之名。性之名非生與。如其生之自然之資。謂之性。性者質也。詰性之質。於善之名。能中之與。既不能中矣。而尚謂之質善。何哉。性之名不得離質。離質如毛。則非性已。不可不察也。（深察名號）又曰性比於禾。善比於米。米出禾中。而禾未可全爲米也。善出性中。而性未可全爲善也。（同上）於是謂人之氣質。兼含善惡。如天有陰陽。待敎而後善。其言曰。栣衆惡於內。弗使得發於外者。心也。故心爲名。栣也。人之受氣。苟無惡者。心何栣哉。吾以心之名。得人之誠。人之誠。有貪有仁。仁貪之氣。兩在於身。身之名。取諸天。天兩有陰陽之施。身亦兩有貪仁之性。天有陰陽禁。身有情欲栣。與天道一也。是以陰之行。不得於春夏。而月之魄。常厭於日光。乍全乍傷。天之禁陰如此。安得不損其欲而輟其情。以應天。天所禁。而身禁之。故曰身猶天也。禁天所禁。非禁天也。必知天性不乘於敎。終不能栣。察實以爲名。無敎之時。性何遽若是。（同上）又曰。善與米。人之所繼天而成於外。非在天所爲之內也。天之所爲。有所止而止。止之內。謂之天性。止之外。謂之人事。事在性外。而性不得不成德。民之號取之瞑也。使性而已善。則何故以瞑爲號。以霣言者。弗扶將則顚陷猖狂。安能善。性有似目。目臥幽而瞑。待覺而後見。當其未覺。可謂有見質。而不可謂見。今萬民之性。有其質而未能覺。譬如瞑者待覺。敎之而後善。當其未覺。可謂有善質。而不可謂善。與目之瞑而覺。一槪之比也。（同上）又曰。身之有性情也。若天之有陰陽也。言人之質而無其情。猶言天之陽而無其陰也。窮論者。無時受也。名性不以上。不以下。以其中名之。性如繭如卵。卵待覆而爲雛。繭待繅而爲絲。性待敎而爲善。此之謂眞天。天生民性有善質而未能善。於是爲之立王以善之。此天意也。民受未能善之性於天。而退受成性之敎於王。王承天意。以成民之性爲任者也。今案其眞質。而謂民性已善者。是失天意而去王任也。萬民之性苟已善。則王者受命尙何任也。（同上）總之董子以人性必待敎化乃善。秉敎化之任者爲之成善抑惡。與前尊陽卑陰貴義賤利之說相通也。

董子乃評孟子論性曰。或曰性也善。或曰性未善。則所善者各異意也。性有善端。動之愛父母。善於禽獸。則謂之善。此孟子之善。循三綱五紀。通八端之理。忠信爲博愛。敦厚而好禮。乃可謂善。此聖人之善也。是故孔子曰。善人吾不得而見之。得見有常者斯可矣。由是觀之。聖人之所爲善。未易當也。非善於禽獸則謂之善也。（深察名號）又曰。質於禽獸之性。則萬民之性善矣。質於人道之善。則民性弗及也。萬民之性善於禽獸者許之。聖人之所謂善者勿許。吾質之命性者異孟子。孟子下質於禽獸之所爲。故曰性已善。吾上質於聖人之所善。故謂性未善。善過性。聖人過善。春秋大元。故謹於正名。名非所始。如之何謂未善已善也。同上王充論董子言性曰。董仲舒覽孫孟之書。作情性之說曰。天之大經。一陰一陽。人之大經。一情一性。性生於陽。情生於陰。陰氣鄙。陽氣仁。曰性善者。是見其陽也。謂惡者。是見其陰者也。若仲舒之言。謂孟子見其陽。孫卿見其陰也。處二家各有見。可也。不處人情性。情性有善有惡。未也。夫人情性同生於陰陽。其生於陰陽。有渥有泊。玉生於石。有純有駁。情性於陰陽。安能純善。仲舒之言。未能得實。論衡本性 蓋王充以性一而已。仲舒離爲陰陽二者以說之。義有未盡。然仲舒本意。蓋歸重教化。且在折衷孫孟之論。以正名爲主。非自建立性說。故王充以其惟評論舊說得失。不處人情性也。

董子善言天人之故。及其論性情。皆尤精者。故述其略。自戰國之學。費亂於稷下。百家雜用於諸侯。秦雖燔書。而諸學猶傳民間。至於漢武。用仲舒之言。表章六經。於是儒術獨行於域中。故世爲孔子遺讖。有董仲舒亂我書治亂之語。蓋以仲舒眞能純乎孔氏之學者也。其推天道陰陽五行之變。雖不必盡驗。然本形而上學之根據。以立政治倫理之大經。系統組織。至爲精密。蓋深於春秋正名之道。故其言有紀而不紊。且歸之五常仁義之道。以正人事。非功利而尙德行。故曰正其誼不謀其利。明其道不計其功。是漢儒之尤醕者也。

第五章　淮南子

淮南子者。淮南王劉安作。漢書曰。淮南王安為人好書。鼓琴。不喜弋獵狗馬馳騁。亦欲以行陰德拊循百姓。流名譽。招致賓客方術之士數千人。作為內書二十一篇。外書甚眾。又有中篇八卷。言神仙黃白之術。亦二十餘萬言。漢志雜家。淮南內二十一篇。外三十三篇。師古曰。內篇論道。外篇雜說。今所傳僅二十一篇。亦曰鴻烈。高誘序曰。初安為辨達善屬文。皇帝為從父。數上書。召見。孝文皇帝甚重之。詔使為離騷賦。（本傳作離騷傳）自旦受詔。日早食已上。愛而祕之。天下方術之士。多往歸焉。於是遂與蘇飛、李尚、左吳、田由、雷被、毛被、伍被、晉昌等八人。及諸儒大山小山之徒。共講論道德。總統仁義。而著此書。其旨近老子。淡泊無為。蹈虛守靜。出入經道。言其大也。則燾天載地。說其細也。則淪於無垠。及古今治亂存亡禍福。世間詭異瓌奇之事。其義也著。其文也富。物事之類。無所不載。然其大較歸之於道。號曰鴻烈。鴻大也。烈明也。以為大明道之言也。漢志又有淮南道訓二篇。以為淮南王安聘明易者九人所作。號九師易。或曰。今淮南子原道訓。即九師易之遺說也。淮南書亦眾手聚斂而成。故其中多古說。惟取於道家者尤多矣。

（一）道論

淮南子所謂道。與老莊所謂道同。蓋無始無終。能生萬物。而萬物又由之以變化消長者也。

其論道之體曰。夫道者。覆天載地。廓四方。柝八極。高不可際。深不可測。包裹天地。稟授無形。原流泉浡。沖而徐盈。混混滑滑。濁而徐淸。故植之而塞於天地。橫之而彌於四海。施之無窮而無所朝夕。舒之幎於六合。卷之不盈於一握。約而能張。幽而能明。弱而能強。柔而能剛。橫四維而含陰陽。紘宇宙而章三光。甚淖而滒。甚纖而微。山以之高。淵以之深。獸以之走。鳥以之飛。日月以之明。星歷以之行。麟以之游。鳳以之翔。（原道訓）此言道統天地萬物。無所不包也。其道之流行在人間者。則爲無爲之極功。伏羲神農之治。庶幾近之。故曰。泰古二皇。（羲農）得道之柄。立於中央。神與化游。以撫四方。是故能天運地滯。輪轉而無廢。水流而不止。與萬物終始。風興雲蒸。事無不應。雷聲雨降。並應無窮。鬼出電入。龍興鸞集。鈞旋轂轉。周而復匝。已彫已琢。還反於樸。無爲爲之而合於道。無爲言之而通乎德。恬愉無矜而得於和。有萬不同而便於性。神託於秋毫之末。而大宇宙之總。其德優天地而和陰陽。節四時而調五行。呴諭覆育。萬物羣生。（同上）此言人間之治順自然之化。而無容心焉。故與道合。謂之太上之道。又曰。夫太上之道。生萬物而不有。成化像而弗宰。跂行喙息。蠉飛蝡動。待而後生。莫之知德。待之後死。莫之能怨。得以利者不能譽。用而敗者不能非。收聚畜積而不加富。布施稟授而不益貧。旋縣而不可究。纖微而不可勤。累之而不高。墮之而不下。益之而不衆。損之而不寡。斲之而不薄。殺之而不殘。鑿之而不深。塡之而不淺。忽兮怳兮。不可爲象兮。怳兮忽兮。用不屈兮。幽兮冥兮。應無形兮。遂兮洞兮。不虛動兮。與剛柔卷舒兮。與陰陽俛仰兮。（同上）此言大道廓然無際。不增不減。無形無迹。惟大聖之德。化乃能與此道流行無二耳。世間萬物。無不從道而生。復歸於道。乃論萬物所由發生曰。古未有天地之時。惟像無形。窈窈冥冥。芒芠漠閔。澒濛鴻洞。莫知其門。有二神混生。（陰陽二者）經天營地。孔乎莫知其所終極。滔乎莫知其所止息。於是乃別爲陰陽。離爲八極。剛柔相成。萬物乃形。煩氣爲蟲。精氣爲人。是故精神。天之有也。而骨骸者。地之有也。精神入其門。而骨骸反其根。我尙何存。（精神訓）無生不滅。無往不復。故用黃帝書之語。以明宇宙終始之故。要不過推衍老聃列禦寇之說矣。

（二）倫理說

淮南子之倫理說。亦淵源於道家。蓋主養其一己之性。則萬事自定。而天下國家自然化成也。以爲人性本靜本善。動則或入於惡。此雖近於孟子之所謂性善。然孟子言性善。在充而達之。以行仁義禮智之德。淮南子言性善。則在復其淸靜之本。而無事於仁義禮智之紛紛者。此其所異也。故曰。淸淨恬愉。人之性也。（人間訓）又略取樂記人生而靜之說曰。人生而靜。天之性也。感而後動。性之害也。物至而神應。知之動也。知與物接。而好憎生焉。好憎成形。而知誘於外。不能反己。而天理滅矣。（原道訓）此文幾悉同樂記。沈約謂樂記是取公孫尼子。不知淮南取公孫尼子與。抑古有是說。而淮南與公孫尼子交取之與。故陸象山謂樂記此數語根於老氏。而非當時學者用天理人欲之語也。於是淮南乃以人間至善之正鵠。不外率其清靜之本性。而爲之禮義云爲。則反以滋亂。故曰率性而行謂之道。得其天性謂之德。性失然後貴仁。道失然後貴義。是故仁義立而道德遷矣。禮樂飾則純樸散矣。是非形則百姓眩矣。珠玉尊則天下爭矣。凡此四者。衰世之造也。末世之用也。夫禮者所以別尊卑異貴賤。義者所以合君臣父子兄弟夫妻朋友之際也。今世之爲禮者。恭敬而忮。爲義者布施而德。君臣以相非。骨肉以生怨。則失禮義之本也。故搆而多責。夫水積則生相食之魚。土積則生自宂之獸。禮義飾則生僞匿之本。夫吹灰而欲無眯。涉水而欲無濡。不可得也。古者民童蒙不知東西。貌不羡乎情。而言不溢乎行。其衣致煖而無文。其兵戈銖而無刃。其歌樂而無轉。其哭哀而無聲。鑿井而飮。耕田而食。無所施其美。亦不求得。親戚不相毁譽。朋友不相怨德。及至禮義之生。貨財之貴。而詐僞萌興。非譽相紛。怨德並行。於是乃有曾參孝己之美。而生盜跖莊蹻之邪。齊俗訓 此與莊子聖人不死大盜不止之意略同。蓋善惡本相對之物。息其所謂善者。則所謂惡者亦息。此道家經世之意也。

淮南之學。雖本於道家者爲多。然善論宇宙之大法。由形而上學而兼爲物理學之考索。如天文地形等訓。言陰陽交感變化萬物生滅凝散之理。皆有至精之論。蓋所取材者廣。上本易老。下兼儒墨名法。故文章辯博。自爲一家。於要略自序其意曰。夫作爲書論者。所以紀綱道德。經緯人事。上考之天。下揆之地。中通諸理。雖未能抽引玄妙之中。才繁然足以觀終始矣。總要舉凡。而語不剖判純樸。靡散大宗。懼爲人之惛惛然弗能知也。故多爲之辭。博爲之說。又恐人之離本就末也。故言道而不言事。則無以與世浮沈。言事而不言道。則無以與化游息。故著二十篇。漢世中道家者。惟存此書而已。

第六章　桓寬鹽鐵論

自武帝崇儒術。士多服習六藝。講論仁義。然其爲政。猶尙刑法功利之治。未能宗儒者之道也。昭帝以幼沖嗣位。始元六年。詔舉賢良文學之士。問以民所疾苦。於是諸文學請罷鹽鐵酒榷均輸之政。以爲非先王之道。與丞相車千秋御史大夫桑弘羊等互相詰難。一持管商之功利主義。一持孔孟之仁政主義。於此可見法家儒家爲治之不同。其言各深切著明。而汝南桓寬字次公。撰集以爲鹽鐵論六十篇。諸文學本儒術以折貴近言利之臣。故漢志列在儒家。桓寬雖據當時辨議之詞。損削成書。然寬固服膺儒業者。於雜論篇敘其撰次之意曰。

客曰。余覩鹽鐵之義。觀乎公卿文學賢良之論。意指殊路。各有所出。或上仁義。或務權利。異哉吾所聞。周秦粲然。皆有天下而南面焉。然安危長久殊世。始汝南朱子伯爲予言。當此之時。豪俊並進。四方輻輳。賢良茂陵唐生。文學魯萬生之倫。六十餘人。咸聚闕庭。舒六藝之諷。論太平之原。知者贊其慮。仁者明其施。勇者見其斷。辯者陳其詞。誾誾焉。侃侃焉。雖未能詳備。斯略可觀矣。然蔽於雲霧。終廢而不行。悲夫。公卿知任武可以辟地。而不知德廣可以附遠。知權利可以廣用。而不知稼穡可以富國也。近者親附。遠者說德。則何爲而不成。何求而不得。不出於斯路。而務畜利長威。豈不謬哉。中山劉子雍言王道。嬌當世。復諸正務。在乎反本。直而不徼。切而不燥。斌斌然斯可謂宏博君子矣。九江祝生奮由路之意。推史魚之節。發憤懣。刺譏公卿。介然直而不撓。可謂不畏强禦矣。桑大夫據當世。合時變。推道術。尚權利。辟略小辨。雖非正法。然巨儒宿學。惡然大能自解。可謂博物通士矣。然攝卿相之位。不引準繩以道化下。放於利末。不師古始。易曰。焚如棄如。處非其位。行非其道。果隕其姓。以及厥宗。車丞相卽周魯之列。當軸處中。括囊不言。容身而去。彼哉彼哉。若夫丞相御史。不能正議以輔宰相。成同類。是同行。阿意苟合。以說其上。斗筲之人。道諛之徒。何足選哉。

桓寬宣帝時爲郎。行事雖不可詳。然此書要爲有功於儒術。故不得不論也。

第七章　劉向

劉向。字子政。本名更生。宣帝時。以文辭與王褒張子僑等並進對。後受穀梁春秋。講論五經於石渠。元帝時。石顯等用事。數上書言事。成帝時。乃更名向。感外戚貴盛。頗有所諷諫。是時以書頗散亡。使論者陳農求遺書於天下。而向典校經傳秘書。每一書已。輒條其篇目。撮其旨意錄而奏之。向卒哀帝復使向子歆卒父業。歆於是總羣書而奏其七略。故有輯略有六藝略。有諸子略有詩賦略有兵書略有術數略有方技略。漢書藝文志所本也。向所著傳於今者有說苑新序列女傳等。所論多推儒家之意。漢志劉向所序六十七篇。列於儒家。今就可考者略述之。

一、性說　子政性說。荀悅最稱之。悅固言性有三品者。則子政言性。亦宜屬於性三品說者也。申鑒曰。孟子稱性善。荀卿稱性惡。公孫子曰性無善惡。揚雄曰人之性善惡渾。劉向曰性情相應。性不獨善。情不獨惡。曰問其理。曰性善則無四凶。性惡則無三仁。人無善惡。文王之教一也。則無周公管蔡。性善情惡。是桀紂無性而堯舜無情也。性善惡皆渾。是上智懷惠而下愚挾善也。理也未究矣。惟向言為然。悅以子政論性。度越孟荀諸家。惟子政說今殊不甚可考。說苑有曰。人之善惡非性也。感於物而後動。論衡本性篇引劉子政曰。性生而然者也在於身而不發。情接於物而然者也。出形於外。形外則謂之陽。不發者則謂之陰。然則子政之意。以在身不發者為性。故曰善惡非性也。情感於物而後有善惡。此之謂性情相應也。論衡評之曰。夫子政之言。謂性在身而不發。情接於物。形出於外。故謂之陽。性不發不與物接。故謂之陰。夫如子政之言。乃謂情為陽性為陰也。不據本所生起。苟以形出與不發見定陰陽也。必以形出爲陽。性亦與物接。造次必於是。顚沛必於是。惻隱不忍。不忍仁之氣也。卑謙辭讓。性之發也。有與接會。故惻隱卑謙形出於外。謂性在內。不與物接。恐非其實。不論性之善惡。徒議外內陰陽。理難以知。且從子政之言。以性爲陰。情爲陽。夫人稟情。竟有善惡不也。子政說既不具。故並錄論衡申鑒之語。可以考焉。

二、鬼神祭祀說　子政雖言災異。而不信鬼神。以爲世之欲禱祀以獲福者妄也。說苑反質篇曰。信鬼神者失謀。信日者失時。何以知其然。夫賢聖周知。能不時日而事利。敬法令。貴功勞。不卜筮而身吉。謹仁義。順道理。不禱祠而福。故卜數擇日。潔齋戒。肥犧牲。飾珪璧。精祠祀。而終不能除悖逆之禍。以神明有知而事之。乃欲背道妄行。而以祠祀求福。神明必違之矣。天子祭天地五嶽四瀆。諸侯祭社稷。大夫祭五祀。士祭門戶。庶人祭其先祖。聖王承天心。制禮分也。凡古之卜日者。將以輔道稽疑。示有所先。而不敢自專也。非欲以顚倒之惡而幸安之全。孔子曰。非其鬼而祭之。諂也。是以泰山終不享季氏之旅。易稱東鄰殺牛。不如西鄰之禴祭。蓋重禮不貴牲也。敬實而不貴華。誠有其德而推之。則安往而不可。是以聖人見人之文。必考其質。蓋災異可見。而鬼神不可知。就可見之實象。論其爲人事所感。則可以厲人修德之心。若不修其德。徒事鬼神。何益之有。故子政言災異而非徼福於鬼神也。

向治易及穀梁春秋。其子歆獨爲古學之宗。先是歆校祕書。見古文春秋左氏傳。大好之。時丞相史尹咸以能治左氏。與歆共校經傳。歆略從咸及丞相翟方進受質問大義。初左氏傳多古字古言。學者傳訓故而已及歆治左氏引傳文以解經轉相發明。由是章句義理備焉。歆亦湛靖有謀。父子俱好古。博見彊志過絕於人。歆以爲左丘明好惡與聖人同親見夫子。而公羊穀梁在七十子後。傳聞之與親見之。其詳略不同。歆數以難向。向不能非間也。及歆親近。欲建立左氏春秋。及毛詩逸禮古文尙書皆列於學官。哀帝令歆與五經博士講論其義。諸博士或不肯置對。歆因移書太常博士責讓之。後歆用事新室。而古學遂行。東京以來言古學者。多本於歆也。

第八章　揚雄

揚雄字子雲。蜀郡成都人。少而好學。不爲章句。訓詁通而已。博覽無所不見。爲人簡易佚蕩。口吃不能劇談。默而好深湛之思。淸靜亡爲。少耆欲。自有大度。非聖哲之書不好也。非其意。雖富貴不事也。雄以成帝時游京師。給事黃門。與王莽劉歆並。哀帝之初。又與董賢同官。當成哀平間。莽賢皆爲三公。權傾人主。所薦莫不拔擢。而雄三世不徙官。及莽篡位。談說之士用符命稱功德獲封爵者甚衆。雄復不侯。雄既善詞賦。已而小之。以爲壯夫不爲也。於是作太玄以擬易。作法言以擬論語。用心於內。不求於外。時人皆忽之。唯劉歆及范逡敬焉。而桓譚以爲絕倫。鉅鹿侯芭常從雄居。受其太玄法言。劉歆嘗謂雄曰。空自苦。今學者有祿利。然尙不能明易。又如玄何。吾恐後人用覆醬瓿也。雄笑而不應。及雄死。桓譚論其書曰。凡人賤近而貴遠。親見揚子雲祿位容貌不能動人。故輕其書。昔老聃著虛無之言兩篇。薄仁義。非禮學。然後世好之者。尙以爲過於五經。自漢文景之君及司馬遷。皆有是言。今揚子之書。文義至深。而論不詭於聖人。若使遭遇時君。更閱賢知。爲所稱善。則必度越諸子矣。

(一)太玄

揚雄平生覃精之書。莫過太玄。太玄文詞艱深。然實以準歷擬易。子雲之根本思想。具乎此矣。漢書敍玄之略曰。大潭思渾天。參摹而四分之。極於八十一。旁則三摹九据。極之七百二十九贊。亦自然之道也。故觀易者見其卦而名之。觀玄者數其畫而定之。玄首四重者。非卦也。數也。其用自天元推一晝一夜陰陽數度律歷之紀。九九大運。與天終始。故玄三方九州二十七部八十一家二百四十三表七百二十九贊。分爲三卷。曰一二三。與泰初歷相應。亦有顓頊之歷焉。揲之以三策。關之以休咎。絣之以象類。播之以人事。文之以五行。擬之以道德仁義禮智。無主無名。要合五經。苟非其事。文不虛生。爲其泰曼漶而不可知。故有首衝錯測攡瑩數文掜圖告十一篇。皆以解剝玄體。離散其文。章句尙不存焉。按玄之爲名。老子之書特重之。玄雖擬易。然其以玄爲宇宙之本體。世間萬物。不啻玄之所生。其義大類老子。惟占象取數。則本諸易耳。今就子雲所謂玄之性質略考之。

一、玄無始無終。獨立自存。
二、玄者宇宙之本體。一切萬象。皆本體之所發見者也。
三、玄在宇宙間。遍一切處。無論何物。不能離玄。
四、玄生宇宙萬物。又統治之。
五、凡日月星辰晝夜陰陽寒暑死生四時之消長變化之序。皆玄主之。
六、玄之爲道。不僅統自然界。且統人事界道德界。
七、玄關於倫理。合乎玄者爲君子。反乎玄者爲小人。吉凶禍福等亦然。
八、以玄比易之太極。則玄之說更詳密。以玄比老子之所謂道。則玄之說尤精微。

子雲參合易老。以太玄立一種深遠之本體論。又以筮法包括宇宙萬有之現象。其條理繁賾。無不相貫。眞子雲極思之書也。

（二）倫理說

子雲之倫理說。大抵見於法言。漢書曰。雄見諸子各以其知舛馳。大氐詆訾聖人。卽爲怪迂。析辯詭詞。以撓世事。雖小辨。終破大道而或衆。使溺於所聞而不自知其非也。及太史記六國。歷楚漢。訖麟止。不與聖人同。是非頗謬於經。故時人有問雄者。常用法應之。譔以爲十三卷。號曰法言。今稍述其要義。

子雲宗尚儒家。有問是非者。皆折以古義。而其論性。獨自出一說。嘗曰。修身以爲弓。矯思以爲矢。立義以爲的。奠而後發。發必中矣。人之性也善惡混。修其善則爲善人。修其惡則爲惡人。氣也者所適於善惡之馬也與。（修身）子雲蓋以性爲善惡混。後世論性者。以孟子道性善。荀子道性惡。子雲折衷二子之間。而謂善惡混。司馬光作性辨申子雲之說。以爲子雲所謂氣。卽孟子志者氣之帥。氣者體之充之氣。志如乘馬之將帥。氣如所乘之馬。馬將唯帥之命是從。則御之不可不得其道。子雲既以性善惡混立說。於是謂性不可不修。修之者修其視聽言貌思五者而已。故曰。學者所以修性也。視聽言貌思。性所有也。學則正。否則邪。（學行）或謂子雲論性近告子。蓋修其善則善。修其惡則惡。與學則正。否則邪者。猶告子所謂杞柳可以爲杯棬。湍水待決而東西也。

堯舜以來。皆傳執中之訓。至孔子子思而說中道益備。子雲既承先哲之緒論。故嘗亦以中爲至善。而過不及爲惡。其問道篇序曰。芒芒天道。昔在聖考。過則失中。不及則不至。不可姦罔。先知篇序曰。立政鼓衆。動化天地。莫尚於中和。中和之發。在於哲民情。此可見子雲亦貴中道也。

子雲又謂天下有三門。由於情欲。入自禽門。由於禮義。入自人門。由於獨智。入自聖門。（修身）此言修身之序也。又論五常之用曰。或問仁義禮智信之用。曰仁宅也。義路也。禮服也。智燭也。

信符也。處宅。由路。正服。明燭。執符。君子不動。動斯得矣。有意哉。孟子曰。夫有意而不至者有矣。未有無意而至者也。同上 所引孟子是逸文。蓋教不可怠修也。

又論君子處治亂之道。曰或問君在治。曰若鳳。在亂。曰若鳳。或人不諭。曰。未之思矣。曰治則見。亂則隱。鴻飛冥冥。弋人何簒焉。鷦明遴集。食其絜者矣。鳳鳥蹌蹌。徙堯之庭。亨龍潛升。其貞利乎。或曰。龍如何可以貞利而亨。曰時未可而潛不亦貞乎。時可而升不亦利乎。潛升在己。用之以時。不亦亨乎。或問活身。曰明哲。或曰。童蒙則活。何乃明哲乎。曰君子所貴。亦越用明保愼其身也。如庸行翳路。衝衝而活。君子不貴也。問明 子雲貴明哲保身。雖本古訓。然朱子謂子雲之學。近於黃老。蓋徒尙保身。其弊卽入黃老也。

第九章　王充

王充字仲任。會稽上虞人。嘗受業太學。又師事扶風班彪。好博覽。不守章句。博通衆流百家之言。以爲俗儒守文。多失其眞。乃閉門潛思。絕慶弔之禮。戶牖墻壁。各置刀筆。著論衡八十五篇。二十餘萬言。釋物類同異。正時俗嫌疑。又作譏俗書。政務書。養性書。今惟論衡見存。方論衡之成。未有傳者。蔡邕入吳始得之。恆秘玩以爲談助。其後王朗爲會稽太守。又得其書。及還許下。時人稱其才進。或曰。不見異人。當得異書。問之果以論衡之益。由是遂見傳焉。仲任之學。以務實爲主。故其爲說。多不與昔同。其大綱有數端

一、天道無知主義　儒者多謂人受天命以生。天能禍福人。積善之家必有餘慶。積不善之家必有餘殃。充獨謂天地不故生人。人自然而生。吉凶禍福皆偶然之數。無與於天。

二、破除迷信主義　儒墨皆敬畏鬼神。充獨謂人死氣滅。鬼神不能爲禍福。祭祀亦無鬼神歆饗。又力闢世俗歲時禁忌圖宅禳解種種妄信。

三、世運進步主義　儒者多謂今不如古。充則謂時有古今。非古今有優劣也。故作宣漢、恢國、驗符、齊世等篇。以漢在百王後。其治何至不如古。有世運進步後當勝前之義。又尊古多言古有聖人。今無聖人。故不相及。充力辨古所謂聖人生知前識之異。舉不可信。聖人當亦猶人耳。

四、强力競爭主義　學者皆言二氣五行。爲宇宙生成之根本。充極非五行相勝之說。以爲物之所以相勝。由其力有强弱。非關五行。近於近世生物家優勝劣敗說。

五、文學實用主義　漢世尚詞賦。充獨以繁文麗詞爲非。謂口言所以明志。言恐遺滅。故著之文字。文字與言同趨。何爲復當隱閉指意。故充文自爲一體。但主詞達。

充所以著書之大意。不外上之數端。蓋卓然有以異於當世流行之學而自樹一幟者也。嘗分古之作者爲三種。一曰作。二曰述。三曰論。論衡卽論之流也。論者在正古今得失。明辯世俗浮妄虛僞之事。使之反於誠實焉。茲略述其有關形而上學與倫理者。

（一）形而上學

形而上學所以明宇宙之根本原理。而萬物之所由生者也。王充哲學。雖於形而上之條理。不必盡具。然其關於形而上學甚多。如其以自然及無爲爲宇宙原理。卽以宇宙爲無意志。誠漢世罕見之哲學思想也。其論命論鬼。亦能證以物理。不沿舊說。

甲、自然爲宇宙原理　王充蓋以天道爲無意志。於是名之曰自然。名之曰無爲。皆無意志之義也。故曰。儒者論曰。天地故生人。此言妄也。夫天地合氣。人偶自生也。猶夫婦合氣。子則自生也。夫婦合氣。非當時欲得生子。情欲動而合。合而生子矣。且夫婦不故生子。以知天地不故生人也。然則人生於天地。猶魚之於淵也。蟣虱之於人也。因氣而生。種類相產。萬物生天地之間。皆一實也。（物勢）又曰。或說以爲天生五穀以食人。生絲麻以衣人。此謂天爲人作農桑女之徒也。不合自然。故其義疑。未可從也。（自然）蓋王充以爲天無意於生人。亦無意於生養人之物。凡人與萬物。皆偶然自生於大氣之中。卽自然而生。非有使之者也。又申之曰。天之動行也。施氣也。體動氣乃出。物乃生矣。由人動氣也。體動氣乃出。子亦生也。夫人之施氣也。非欲以生子。氣施而子自生矣。天動不欲以生物。而物自生。此則自然也。施氣不欲爲物。而物自爲。此則無爲也。（同上）又以生理證天之無意志。以爲凡有意志者。必有欲。且必有所以表其欲之機能。如口目之類焉。故曰。何以天之自然也。以天無口目也。案有爲者。口目之類也。

口欲食而目欲視。有嗜欲於內發之於外。口因求之得以爲利。欲爲之也。今無口目之欲於物無所求索。夫何爲乎。何以知天無口目也。以地知之。地以土爲體。土本無口目。天地夫婦也。地體無口目。亦知天無口目也。使天體乎。宜與地同。使天氣乎。氣若雲煙。雲煙之屬。安得口目。同上 於是乃以惟自然爲能爲宇宙之原理。如非自然則不能爲宇宙之原理。乃引宋人刻楮葉之事喩之曰。宋人或刻木爲楮葉者。三年乃成。孔子曰。使地三年而成一葉。則物之有葉者寡矣。如孔子之言。萬物之葉自爲生也。故能並成。如天爲之。其遲當如宋人刻楮葉矣。觀鳥獸之毛羽。毛羽之采色。通可爲乎。鳥獸未能盡實。春觀萬物之生。秋觀其成。天地爲之乎。物自然也。如謂天爲之。爲之宜用手。天地安得萬萬千千手。並爲萬萬千千物乎。同上 然天道既無意志。則萬物之自然相生相養。而有一定之消息者。孰爲之乎。王充以爲勢力。是也。此勢力亦宇宙間生存之原則。乃論古者推五行相勝之無當。曰。凡物相賊刻。含血之蟲則相服。至於啖食者。自以齒牙頓利。筋力優劣。動作巧㨗。氣勢勇桀。若人之在世。勢不與適力不均等。自相勝服。以刃相服。則以刃相賊矣。猶物以齒角爪牙相觸刺也。力強角利。勢烈牙長。則能勝。氣微爪短。則誅。膽小距頓。則畏服也。人有勇怯。故戰有勝負。勝者未必受金氣。負者未必得木精也。此非五行金克木之說 其他非五行者甚衆。蓋萬物與人。雖自然而生。其間自有優劣勝負。此非五行之謂。亦惟服從其自然之法而已。自然之法奈何。卽力優者勝。力劣者敗。大常勝小。彊常勝弱。是也。此類近世生物學者之說矣。

乙、命論　墨家非命。道家儒家並言有命。王充亦言有命。然其所謂命。非謂有主之者也。蓋在各人受氣多少。因以爲終身吉凶禍福之徵焉。故曰。倶稟元氣。或獨爲人。或爲禽獸。並爲人。或貴或賤。或貧或富。富或累金。貧或乞食。貴至封侯。賤至爲僕。非天稟施有左右也。人物受性有厚薄也。（幸偶）又曰。人生性命當富貴者。初稟自然之氣。養育長大。富貴之命效矣。（初稟）至於人之受氣。何以有厚有薄。多少不齊。充則歸之於偶然。故曰。命吉之主也。自然之道。適偶之數。非有他氣異物。厭勝感動使之然也。（偶會）蓋同此元氣之中。人物偶然如分得一定之氣。遂以爲一定之命矣。命既定於初稟之氣。及身長大。行有善惡。而不能移命。是以充極非天人感應之說。以爲卽有徵驗。亦非有主之者。不過其稟氣善者。自與善氣應。稟氣凶者。自與凶氣會耳。故又曰。厲氣所中。必加命短之人。凶歲所著。必饑虛耗之家。（同上）皆自然之數。不可改矣。又曰。人稟元氣於天。各受壽夭之命。以立長短之形。猶陶者用土爲簋廉。冶者用銅爲柈杅矣。器形已成。不可小大。不可減增。用氣爲性。性成命定。體氣與形體相抱。生死與期節相須。形不可變化。命不可減加。以陶冶言之。人命短長。可得論也。（無形）蓋人自得元氣而有定形。其壽夭卽有定數。形資血氣。爲養血氣。竭則死。無復有鬼。人亦不能增益壽算。或變其定形。如世所謂神仙之說。又有謂天能益人壽者。皆妄言也。故又設喻以明之曰。形之有血氣也。猶囊之貯粟米也。一石囊之高大。亦適一石。如損益粟米。囊亦增減。人以氣爲壽。氣爲粟米。形猶囊也。增減其壽。亦當增減其身。形安得如故。如以人形與囊異。氣與粟米殊。更以苞瓜喩之。苞瓜之汁。猶人之血也。其肌猶肉也。試令人損益苞瓜之汁。令其形如故。耐（即能字）爲之乎。（同上）此以物理設譬。見人自受氣有定形。命亦隨定。終莫可易。故充又信相法。以爲定形所賦。存於骨相。可考而知也。

丙、論鬼　王充論鬼。已近於無鬼論。以爲即使有鬼。當是天地間別一妖物。非人死所爲也。於是謂人死其精魂。必不能長存爲鬼。故以物理證之。曰。人之所以生者精氣也。死而精氣滅。能爲精氣者血脉也。人死血脉竭。竭而精氣滅。滅而形體朽。朽而成灰土。何用爲鬼。（論死）又以人死有鬼。則自開闢以來。鬼當充滿人間。安有此理。故謂世有稱見鬼者。皆妄也。故曰。夫爲鬼者。人謂死人之精神。如審鬼者死人之精神。則人見之。宜徒見裸袒之形。無爲見衣帶被服也。何則。衣服無精神。人死與形體俱朽。何以得貫穿之乎。精神本以血氣爲主。血氣常附形體。形體雖朽。精神尙在。能爲鬼可也。今衣服絲絮布帛也。生時血氣不附著。而亦自無血氣。敗朽遂已。與形體等。安能自若爲衣服之形。由此言之。見鬼衣服象之。則形體亦象之矣。象之則知非死人之精神也。（同上）晉書阮脩傳。謂脩持無鬼論。以見鬼者云著生時衣服。若人死有鬼。衣服有鬼耶。論者服焉。此其說蓋本之充也。於是乃謂鬼當別爲一物。不關人死所爲。而人見鬼似人生時者。大抵精神錯亂所致也。訂鬼篇曰。凡天地之間有鬼。非人死精神爲之也。皆人思念存想之所致也。致之何由。由於疾病。人病則憂懼。憂懼見鬼出。凡人不病則不畏懼。故得病寢衽。畏懼鬼至。畏懼則存想。存想則目虛見。何以效之。傳曰。伯樂相馬。顧玩所見。無非馬者。宋之庖丁學解牛。三年不見生牛。所見皆死牛也。二者用精至矣。思念存想。自見異物也。人病見鬼。猶伯樂之見馬。庖丁之見牛也。伯樂庖丁。所見非馬與牛。則亦知夫病者所見非鬼也。病者困劇身體痛。則謂鬼持箠杖毆擊之。若見鬼把椎鏁繩纆。立守其旁。病痛恐懼。妄見之也。初病畏驚。見鬼之來。疾困恐死。見鬼之怒。身自疾痛。見鬼之擊。皆存想虛致。未必有其實也。夫精念存想。或泄於目。或泄於口。或泄於耳。泄於目。目見其形。泄於耳。耳聞其聲。泄於口。口言其事。晝日則鬼見。暮臥則夢聞。獨臥空室之中。若有所畏懼。則夢見夫人據案其身哭矣。覺見臥聞。俱用精神。畏懼存想。同一實也。王充以物理證人死不能爲鬼。又以生理與心理之關係。明人所以見鬼之故。皆昔人所未發也。

(二)倫理說

王充論衡中言倫理者至鮮。惟其論性。極有可觀。蓋充既以萬物無爲自然而生。同處元氣之中。而受氣有厚有薄。故主人性有善有惡。亦以其分得元氣之厚薄不同爲根據。然終歸於教訓作善之功。蓋宗周人世碩之養性說。本性篇曰。昔儒舊生著作篇章。莫不論說。莫能實定。周人世碩。以爲人性有善有惡。舉人之善性。養而致之則善長。性惡養而致之則惡長。如此則性各有陰陽。善惡在所養焉。故世子作養書一篇。宓子賤、漆雕開、公孫尼子之徒。亦論性情。與世子相出入。皆言性有善有惡。於是充乃歷舉孟子告子荀卿以下論性諸家。以爲皆不如世子之善。惟世子遺說不可考見。據充所引而細繹之。則有三義。(一)人之生也。其性固定。或受善性。或受惡性。(二)性既善矣。益養其善則善長。性既惡矣。益養其惡則惡長。(三)善性可養之使移入於惡。惡性亦可養之使移入於善。更申言之。則董仲舒謂性有貪仁。性中有貪仁也。揚謂性善惡混。性中善惡混也。卽以一性之中。同時而含善惡二元。所以能爲善惡。世子則不然。以爲人之受性。一而已矣。或爲善。或爲惡。各人相異。(卽各有陰陽) 善惡必非俱在一性。仲舒揚雄以性爲二。世子以性爲一。尤自其本體言之。而不謂其可能性。此其辨也。卒之受善性者。有時可爲惡。受惡性者。有時可謂善。是在所養。善養而之善。惡養而之惡。惡養而之善。亦養也。充蓋本此諸義。以立其性說。

本性篇曰。人性有善有惡。猶人才有高有下也。高不可下。下不可高。謂性無善惡。是謂人才無高下也。稟性受命。同一實也。命有貴賤。性有善惡。謂性無善惡。是謂人命無貴賤也。九州田土之性。善惡不均。故有黃赤黑之別。上中下之差。水潦不同。故有清濁之流。東西南北之趨。人稟天地之性。懷五常之氣。或仁或義。性術乖也。動作趨翔。或重或輕。性識詭也。面色或白或黑。身形或長或短。至老極死。不可變易。天性然也。又率性篇曰。豆麥之種。與稻粱殊。然食能去饑。小人君子稟性異類乎。譬諸五穀皆爲用。實不異而效殊者。稟氣有厚薄。故性有善惡也。殘則授不仁之氣薄。怒則稟勇渥也。仁泊則戾而少愈。勇渥則猛而無義。又曰。惡人受五常。含五臟。皆具於身。稟之薄少。故其操行不及善人。猶或厚或薄也。非厚與薄殊其釀也。麴糵多少使之然也。是故酒之薄厚同一麴糵。人之善惡共一元氣。氣有多少。故性有賢愚。此並言人性所以有善有惡之原也。乃論性之養曰。論人之性。定有善有惡。其善者固自善矣。其惡者故可教告率勉。使之爲善。凡人君父審觀臣子之性。善則養育勸率。無令近惡。近惡則輔保禁防。令漸於善。善漸於惡。惡化於善。成爲性行。然受性既與命同。則生時所受元氣不可增減。不可改易。當亦與命同。何故命不可改而性獨能養充。又論之曰。肥沃墝埆。土地之本性也。肥而沃者性美。樹稼豐茂。墝而埆者性惡。深耕細鋤。厚加糞壤。勉致人功。以助地力。其樹稼與彼肥沃者相類似也。地之高下。亦如此焉。以钁鍤鑿地。以埤增下。則其下與高者齊。如復增钁鍤。則夫下者不徒齊者也。反更爲高。而其高者反爲下。使人之性有善有惡。彼地有高有下。勉致其教令之善。則將善者同之矣。善以化渥。釀其教令。變更爲善。善則且更宜反過於往。善猶下地增加钁鍤。更崇於高地也。又謂惟至惡之質則不受變。曰。丹朱商均。染於唐虞之化矣。然而丹朱傲而商均嚚者。至惡之質。不受變也。此又略本孔子下愚不移之說矣。

後漢書以王充、王符、仲長統三人傳合在一篇。符字節信。安定臨涇人。與馬融、張衡、崔瑗等友善。著潛夫論三十餘篇。見存。仲長統字公理。山陽高平人。在漢末。每論說古今。著昌言。今惟傳後漢書所載三篇。節信論政。承儒家之義。討讁時短。公理書不具。要多言政治者。二子文采或勝仲任。至於析理辨物。則不及仲任遠矣。故今著仲任於節信公理。卽不復述焉。仲任考正古今學術。又有問孔刺孟非韓之篇。其書在當時則謝夷吾比之孟軻荀卿。與近漢司馬遷揚雄劉向。而蔡邕王朗並寶其說。晉世葛洪抨議百家。而深推仲任。信一時之大哲者歟。

第十章　東漢經術今古學之分及其混合

儒家哲學。本承六藝之敎。及更秦火。六藝殘缺。漢興。掇拾於灰燼之餘。武帝始立五經博士。而古文經有未立官學者。民間傳之。其說亦異於博士所掌。故後謂博士學爲今學。今學易有京孟說。尚書夏侯歐陽說。詩魯齊韓說。春秋公羊穀梁說。禮戴氏說。古學易費氏。禮周官。書孔氏。詩毛氏。春秋左氏。而論語孝經今古文亦不同。西京時今學列在學官。爲博士。通行之說。而古文傳於民間。當時學者加以古號。以別異於博士所職也。至於東京。古學甚盛。遂又目博士爲今學。故班書猶無今名。至許愼五經異議。乃今古並稱。古號得於西京。今號加於東漢。此其大略也。

古學之盛。實自劉歆。歆既好左氏周官。與博士爭辨。桓譚亦好古學。數從歆辨析疑異。而河南鄭興與扶風杜林東海衛宏等。皆長古學。興又師事劉歆。古學於是遂行。興字少贛。少學公羊春秋。晚善左氏傳。遂積精深思。通達其旨。同學者皆師之。天鳳中。將門人從劉歆講正大義。歆美其才。使撰條例章句訓詁。及校三統歷。光武時以不善讖。不爲帝所任。左遷蓮勺令。興既明左氏周官。兼長歷數。自杜林桓譚衛宏之屬。無不斟酌焉。世言左氏者多祖興。而賈逵自傳其父業。故有鄭賈之學。興子衆亦善左氏春秋。與同時又有蒼梧陳元。承父欽之學。爲左氏訓詁。與興及桓譚杜林。並爲古學之宗。要至賈逵許愼。而後古學乃大成。逵字景伯。扶風平陵人。父徽從劉歆受左氏春秋。兼習國語周官。又受古文尚書於塗惲。學毛詩於謝曼卿。作左氏條例二十一篇。逵悉傳父業。弱冠能誦左氏傳及五經本文。以大夏侯尚書教授。雖爲古學。兼通五家穀梁之說。永平中。獻其所爲左氏傳國語解詁五十一篇。顯宗重其書。寫藏祕館。旋拜爲郎。與班固並校祕書。肅宗時。逵數言古文尚書與經傳爾雅訓詁相應。詔令撰歐陽大小夏侯尚書古文同異。復令撰齊魯韓詩與毛氏異同。并作周官解故。建初八年。乃詔諸儒各選高才生受左氏春秋古文尚書毛詩。由是古文諸經。皆行於世矣。許愼字叔重。受學於逵。博通經籍。馬融常推敬之。時人語曰。五經無雙許叔重。愼以五經傳說臧否不同。於是撰五經異義。又作說文解字十四篇。多用古義。此古學之源流也。

方古學初行。學者每相爭論。建初中嘗大會諸儒於白虎觀。考詳同異。連月乃罷。肅宗親臨稱制。顧命史臣著爲通義。蓋班固實主纂集其詞。以固方在史官也。今考白虎通義。雜用今古說。殆已有調和今古學之意。當時頗會諸儒之精義以爲書。故後人視爲六藝之總要。然每據緯書。好稱漢制。經師家法。至是而紊。而古義之存於是書者。亦多如淵宇宙之原則。引易緯太初之說。（太初本出道家易緯後人或以爲疑證白虎通則知儒者亦據是說）講倫理之辨。則詳三綱六紀宗族之名。共論性情。以爲性善情惡。則李翺復性書所本也。其言曰。

情性者何謂也。性者陽之施。情者陰之化也。人稟陰陽氣而生。故內懷五性六情。情者靜也。性者生也。此人所稟六氣以生者也。故鉤命訣曰。情生於陰。欲以待念也。性生於陽。以就理也。陽氣者仁。陰氣者貪。故情有利欲。性有仁也。五常者何。謂仁義禮智信也。仁者不忍也。施生愛人也。義者宜也。斷決得中也。禮者履也。履道成文也。智者知也。獨見前聞。不惑於事。見微者也。信者誠也。專一不移也。故人生而應八卦之體。得五氣以爲常。仁義禮智信是也。六情者何謂也。喜怒哀樂愛惡。謂六情。所以扶成五性。性所以五。情所以六者何。人本含六律五行氣而生。故內有五臟六腑。此情性之所由出入也。（白虎通情性）

白虎通以陰陽論性情。謂性陽而仁。情陰而貪。又謂情有利欲。而五常則具性中。此雖未質言性善情惡。是卽謂性善情惡也。古皆以喜怒哀懼愛惡欲爲七情。而此六情者。殆以欲統六者也。白虎通他所論關倫理者。猶多不復著焉。

班固之集白虎通。雖有調和今古學之意。然白虎之論稱制所決。固又不名經師。故今古學之混合。成於鄭玄也。先是今學古學各立門戶。始有陳元與范升相難。嗣有李育與賈逵互辨。最後何休治公羊。爲今學大師。則與鄭玄相非折。玄嘗學於馬融。融初亦爲古學。時兼采衆家。玄本通今學。復又受古學。則遂雜用今古文矣。融字季長。扶風茂陵人。才高博洽。爲世通儒。教養諸生。常有千數。而玄及涿郡盧植尤顯。融嘗欲訓左氏春秋。及見賈逵鄭衆注。乃曰。賈君精而不博。鄭君博而不精。既精既博。吾何加焉。但著三傳異同說。玄字康成。北海高密人。先在太學受京氏易公羊春秋三統歷九章算術。又從東郡張恭祖受周官禮記左氏春秋韓詩古文尙書。以山東無足問者。乃西入關。因盧植受業於融。學成辭歸。融喟然謂門人曰。鄭生今去。吾道東矣。何休好公羊學。著公羊墨守左氏膏肓穀梁廢疾。玄乃發墨守鍼膏肓、起廢疾。休見而嘆曰。康成入吾室。操吾戈以伐吾乎。然玄解經。固不專用古學也。所注周易、尙書、毛詩、儀禮、禮記、論語、孝經、尙書大傳、中候、乾象曆。又著天文七政論、魯禮禘祫義、六藝論、毛詩譜、駁許愼五經異義等。凡百餘萬言。今惟三禮注詩譜箋尙完。范曄後漢書玄傳論曰。自秦焚六經。聖文埃滅。漢興。諸儒頗脩藝文。及東京學者。亦各名家。而守文之徒滯固所稟。異端紛紜。互相詭激。遂令經有數家。家有數說。章句多者。或乃百餘萬言。學徒勞而少功。後生疑而莫正。鄭玄囊括大典。網羅衆家。刪裁繁蕪。刊改漏失。自是學者略知所歸。王父豫章君每考先儒經訓而長於玄。常以爲仲尼之門不能過也。蔚宗所論。蓋稱其能綜合今古學之功也。然經師家法至是遂亡。玄旣博通異說。著述最富。是以其學獨行於後也。

第十一章　荀悅

荀悅。字仲豫。潁川人。年十二。能說春秋。性沈靜。好著述。獻帝時。進講禁中。時曹操專權。天子恭己而已。悅志在獻替。而謀無所用。乃作申鑒五篇。其所論辨。通見政體。又著崇德論。漢紀。今申鑒與漢紀並傳。申鑒五篇。分政體、時事、俗嫌、雜言上下。政體。時事。論政治大要。俗嫌。雜言。汎論義理。頗類揚雄法言。其學咸本儒術。故所辨說。多合正道。自述所以明申鑒之意曰。夫道之本。仁義而已矣。五典以經之。羣籍以緯之。詠之歌之。弦之舞之。前監旣明。後復申之。故古之聖王。其於仁義也。申重而已。篤序無疆。謂之申鑒。（政體）而雜言篇論性。本劉向性情相應之說。分別形神。言性有三品。性三品之名。自荀悅始發之。而其義則本孔子上智下愚不移之論。及承賈誼劉向之緒者也。

雜言篇曰。或問性命。曰。生之謂性也。形神是也。所以立生終生者之謂命也。吉凶是也。或問天命人事。曰。有三品焉。上下不移。其中則人事存焉爾。命相近也。事相遠也。則吉凶殊矣。故曰窮理盡性以至於命。或曰。仁義性也。好惡情也。仁義常善。而好惡或有惡。故有情惡也。曰不然。好惡者性之取舍也。實見於外。故謂之情爾。必本乎性矣。仁義者。善之誠者也。何嫌其常善。好惡者。善惡未有所分也。何怪其有惡。凡言神者。莫近於氣。有氣斯有形。有神斯有好惡喜怒之情矣。故人有情由氣之有形也。氣有白黑。神有善惡。形與白黑偕。情與善惡偕。（即劉向性情相應之說）故氣黑非形之咎。情惡非情之罪也。或曰。人之於利。見而好之。能以仁義爲節者。是性割其情也。性少情多。性不能割其情。則情獨行爲惡矣。曰不然。是善惡有多少也。非情也。有人於此。嗜酒嗜肉。肉勝則食焉。酒勝則飲焉。此二者相與爭。勝者行矣。非情欲得酒。性欲得肉也。有人於此。好利好義。義勝則義取焉。利勝則利取焉。此二者相爭。勝者行矣。非情欲得利。性欲得義也。其可兼者。則兼取之。其不可兼者。則隻取重焉。若二好鈞平。無分輕重。則一俯一仰。乍進乍退。或曰。請折於經。曰。易稱乾道變化。各正性命。是言萬物各有性也。觀其所感。而天地萬物之情可見矣。是言情者感應而動者也。昆蟲草木皆有性焉。不盡善也。天地聖人皆稱情焉。不主惡也。又曰。爻彖以情言。亦如之。凡情意心志者。皆性動之別名也。情見乎辭。是稱情也。言不盡意。是稱意也。中心好之。是稱心也。以制其志。是稱志也。惟所宜各稱其名而已。情何主惡之有。悅之言性。大抵本劉向。向曰。性情相應。性不獨善。情不獨惡。故悅論性情。尤申情不獨惡之義。蓋以性統形神。形實緣於神。由神而有氣。由氣而有形。神已有好惡。善惡未分也。及好惡之表於形而後爲情。情之發雖善惡著見。終非善惡之源。不過形出神之好惡耳。謂情與善惡偕則可。徑謂情惡則不可也。且其間有氣焉。氣之相爭。則或善勝。或惡勝。是善惡之所以爲善惡者氣也。悅雖分形神二者。實分神氣二者。神近於性。氣近於情。又以情是感應而動者。凡情意心志皆性動之別名。感本乎寂。動根乎靜。故必先知其相應之理。不可徒云性善性惡也。

於是由上中下三品分爲九品。以論性善待敎而成。或曰。善惡皆性也。則法敎何施。曰。性雖善待敎而成。性雖惡待法而消。唯上智下愚不移。其次善惡交爭。於是敎扶其善。法抑其惡。得施之九品。從敎者半。畏刑者四分之三。其不移大數九分之一也。一分之中。又有微移者矣。然則法敎之於化民者。幾盡之矣。及法敎之失也。其爲亂亦如之。或曰。法敎得則治。法敎失則亂。若無得無失。縱民之情。則治亂其中乎。曰。凡陽性升。陰性降。升難而降易。善陽也。惡陰也。故善難而惡易。縱民之情。使自由之。則降於下者多矣。曰。中焉在。曰。法敎不純。有得有失。則治亂在其中矣。純德無慝。其上善也。伏而不動。其次也。動而不行。行而不遠。遠而能伏。又其次也。其下者遠而不近也。凡此者皆人性也。制之者則心也。動而抑之。行而止之。與上同性也。行而弗止。遠而弗近。與下同終也。然則性雖分三品。若能以其心抑惡就善。則中者自可進於上也。

第十二章　徐幹

徐幹。字偉長。北海劇人。建安中為司空軍謀祭酒掾屬。五官將文學。與王粲諸人並號建安七子。而幹獨究心儒業。不慕祿仕。魏文帝稱之曰。偉長懷文抱質。恬惔寡欲。有箕山之志。可謂彬彬君子矣。先賢行狀。謂幹篤行體道。不耽世榮。魏太祖特旌命之。辭疾不就。後以為上艾長。又以疾不行。幹沒三年。而魏乃受漢禪。故幹雖與曹氏周旋。猶卒於漢世也。著中論二十餘篇。今存二十篇。曾鞏嘗論之曰。漢承周衰及秦滅學之餘。百氏雜家與聖人之道並傳。學者罕能獨觀於道德之要。而不牽於俗儒之說。至於治心養性去就語默之際。能不悖於理者固希矣。況至於魏之濁世哉。幹獨能考六藝。推仲尼孟軻之旨。述而論之。求其辭時若有小失者。要其歸不合於道者少矣。其所得於內者。又能信而充之。逡巡濁世。有去就顯晦之大節。蓋鞏深推許之云。

(一)周官三教為學之根本　幹之修習經術。不甚可考。就中論觀之。則殆為古學者也。故治學篇首列周官三教為學之本。其言曰。先王立教官掌教國子。教以六德。曰智仁聖義中和。教以六行。曰孝友睦婣任恤。教以六藝。曰禮樂射御書數。三教備而人道畢矣。又論德藝相關之重曰。藝之興也。其由民心之有智乎。造藝者將以有理乎。民生而心知物。知物而欲作。欲作而事繁。事繁而莫之能理也。故聖人因智以造藝。因藝以立事。二者近在乎身。而遠在乎物。藝者所以旌智飾能。統事御羣也。聖人之所不能已也。藝者所以事成德者也。德者以道率身者也。藝者德之枝葉也。德者人之根榦也。斯二物者。不偏行。不獨立。木無枝葉則不能豐其根榦。故謂之瘣。人無藝則不能成其德。故謂之野。若欲爲乎君子。必兼之乎。先王之欲人爲君子也。故立保氏掌教六藝。一曰五禮。二曰六樂。三曰五射。四曰五御。五曰六書。六曰九數。教六儀。一曰祭祀之容。二曰賓客之容。三曰朝廷之容。四曰喪紀之容。五曰軍旅之容。大胥掌學士之版。春入學舍采合萬舞。秋班學合聲。諷誦講習。不解於時。故詩曰菁菁者莪。在彼中阿。既見君子。樂且有儀。美育羣材。其猶人之於藝乎。既修其質。且加其文。文質著然後體全。體全然後可登乎清廟。而可羞乎王公。故君子非仁不立。非義不行。非藝不治。非容不莊。四者無愆。而聖賢之器就矣。藝紀 蓋周官三致本自相通。德藝交修。則六行亦立也

(二)智重於行　周官所教六德。以智爲首。故中論言德者。以智爲尤重。且謂力行不如明哲也。智行篇曰。或問曰。士或明哲窮理。或志行純篤。二者不可兼。聖人將何取。對曰。其明哲乎。夫明哲之爲用也。乃能殷民阜利。使萬物無不盡其極者也。聖人之可及。非徒空行也。智也。又曰。人之行莫大於孝。莫顯於清。曾參之孝。有虞不能易。原憲之清。伯夷不能閒。然不得與游夏列在四行之科。以其才不如也。仲尼問子貢曰。汝與回也孰愈。對曰。賜也何敢望回。回也聞一以知十。賜也聞一以知二。子貢之行。不若顏淵遠矣。然而不服其行。服其聞一知

十。由此觀之。盛才所以服人也。仲尼亦奇顏淵之有盛才也。故曰回也非助我者也。於吾言無所不說。顏淵達於聖人之情。故無窮難之辭。是以能獨獲亹亹之譽。爲七十子之冠。曾參雖質孝。原憲雖體清。仲尼未甚嘆也。又曰夫明哲之士者。威而不懾。困而能通。決嫌定疑。辨物居方。禳禍於忽杪。求福於未萌。見變事則達其機。得經事則循其常。巧言不能推。令色不能移。動作可觀。則出辭爲師表。比諸志行之士。不亦謬乎。按孔門並稱知仁勇三德。而以仁爲高。後儒每言務智不如躬行。雖足成踐履之效。而或流於迂闊。闇於事情。中論疾其弊。故稱智重於行與。

(三)法象　周官敎六儀以修容。賈子書有容經。蓋禮儀三百。威儀三千。禮與儀本並重也。中論法象篇曰。夫法象立所以爲君子。法象者。莫先乎正容貌。愼威儀。是故先王之制禮也。爲冕服采章以旌之。爲珮玉鳴璜以聲之。欲其尊也。欲其莊也。焉可懈慢也。夫容貌者人之符表也。符表正故情性治。情性治故仁義存。仁義存故盛德著。故可以爲法象。斯謂之君子矣。君子者無尺土之封而萬民尊之。無刑罰之威而萬民畏之。無羽籥之樂而萬民樂之。無爵祿之賞而萬民懷之。其所以致之者一也。故孔子曰。君子威而不猛。泰而不驕。詩云。敬爾威儀。惟民之則。若夫墮其威儀。恍其瞻視。忽其辭令。而望民之則我者。未之有也。莫之則者則慢之者至矣。又曰。君子立必磬折。坐必抱鼓。周旋中規。折旋中矩。視不離乎結襘之間。言不越乎表著之位。聲氣可範。精神可愛。俯仰可宗。揖讓可貴。述作有方。動靜有常。師禮不荒。故爲萬夫之望也。然中論所謂法象。非虛飾其儀表。以有德之人。則其容止之著見者。當自然可觀如此者耳。

中國哲學史三終

第二編下　中古哲學史（魏晉六朝唐）

第一章　魏晉及南北朝之儒學與經術總論

魏晉以來。經籍道息。而老釋並爭於域中。正始首倡玄風。清談名理。極盛於時。永嘉之後。迄於齊梁。則義學大興。有以奪柱下漆園之席矣。自魏及隋四五百年。其間經術。雖有南學北學之分。國學講藝。不乏名師。要或牽於訓詁。或汨於玄尙。眞能明儒家之義者甚少。隋志錄魏以下儒家。盈數十人。今其文多不存。僅傅玄所著傅子略具。王沈稱玄書存重儒教。足以塞楊墨之流遁。齊孫孟於往代。然玄家承名論。好言政體。其餘義時未純。至若裴頠之崇有。李充之學箴。王坦之之廢莊。固亦意存風教。而雜出刑名。雖託禮義。以矯空無。終難附儒林之列矣。惟隋末王通。講學河汾。綜貫六藝。論其指要。卓爾不羣。參跡揚董。漢以後儒者之徒。斯人而已。今當於後別出一章述之。而先論魏晉南北朝經術之變遷於此。

前已論兩漢經術。有今古學之分。至於鄭玄。而混合。玄囊括衆學。徒黨徧天下。如傳所記郗慮等五人。鄭玄所記趙商十六人。皆其著者也。樂安孫叔然炎。亦鄭氏弟子。爲魏世大儒。始作反語。王肅作聖證論。以譏玄。叔然駁而釋之。又蜀先主劉備。嘗與康成周旋。蜀志姜維傳。稱其好鄭氏學。則鄭氏學曾遠及蜀中也。此外治經術而不盡與鄭同者。吳有荀爽、虞翻、魚豢魏略。以董遇、賈洪、邯鄲淳、薛夏、隗禧、蘇林、樂詳七人爲儒宗。然王肅尤多著書。有名於時。

魏志王肅傳曰。初肅善賈馬之學。而不好鄭氏。采會同異。爲尚書詩論語三禮左氏解。按肅父朗。師楊賜。楊氏世傳歐陽尚書。洪亮吉傳經表以王肅爲伏生十七傳弟子。是肅嘗習今文。而又治賈馬古文學。故其駁鄭。或以今文說駁鄭之古文。或以古文說駁鄭之今文。鄭君雜糅今古。肅之攻鄭。不知分別家法。各還其舊。而其雜糅抑又甚焉。故漢師治經專門之法。一亂於鄭君。再亂於王肅。此近來漢學家之所論也。說者又謂肅僞造孔安國尚書傳、論語注、孝經注、孔子家語、孔叢子五書。以自證明其說。凡郊廟禮制。兩漢今古文家所聚訟不決者。盡記於孔子之言以爲定論。此後又有王鄭之異同。卽孫炎馬昭等主鄭攻王。孔晁孫毓等申王駁鄭是也。

當時王鄭之爭方盛。而王弼何晏。又倡老莊玄學。晏爲論語集解。不盡用鄭義。而王弼易注。盡掃象數。雖亦用費易。說解不同。晉世王肅與輔嗣之書大行。而杜預撰左氏集解。異於賈服。自出新例。范甯穀梁集解。雖存舊說。不主一家。且其序兼詆三傳。郭璞爾雅注。亦小學專書。然沒前人說解之名。余蕭客謂爲攘善無恥。此見魏晉人注經。好爲臆解。創說準以漢人著述體例。大有逕庭。古來經師家法。至是破壞幾盡矣。及北魏起於河朔。幷劉石等十六國。與南朝對立。而其間說經者。亦遂有南學北學之分。至於隋唐而後合一。蓋南北學派源流風尚。頗有不同。北史儒林傳論之曰。南人約簡。得其英華。北學深蕪。窮其枝葉。又曰。江左周易則王輔嗣。尚書則孔安國。左傳則杜元凱。河洛左傳則服子愼。尚書周易則鄭康成。詩則並主於毛公。禮則同遵於鄭氏。又云漢世鄭玄並爲衆經註解。服虔何休各有所說。玄易詩書禮論語孝經。虔左氏春秋。休公羊傳。大行於河北。此南北學派所宗注義異同之大略也。

南史儒林傳序曰。宋齊國學。時或開置。而勸課未博。建之不能十年。蓋取文具而已。是時鄉里莫或開館。公卿罕通經術。朝廷大儒。獨學而弗肯養衆。後生孤陋。擁經而無所講習。至梁武創業。深愍其弊。天監四年。乃詔開五館。建立國學。總以五經敎授。置五經博士各一人。於是以平原明山賓、吳郡陸璉、吳興沈峻、建平嚴植之、會稽賀瑒補博士。各主一館。館有數百生。給其餼廪。其射策通明經者。卽除爲吏。於是懷經負笈者雲會矣。又選學生遣就會稽雲門山受業於廬江何胤。分遣博士祭酒。到州郡立學。七年。又詔皇太子宗室王侯始就學受業。武帝親屈輿駕。釋奠於先師先聖。申之以讌語。勞之以束帛。濟濟焉。洋洋焉。大道之行也如是。及陳武創業。時經喪亂。敦奬未遑。稍置學官。成業蓋寡。案南朝以文學自矜。而不重經術。宋齊及陳。皆無足觀。惟梁武起自諸生。知崇經術。崔嚴之徒。前後並見升寵。學者靡然向風。然晚好釋氏。遂疏儒業。是以南學未得大昌也。

北史儒林傳序曰。魏道武初定中原。始建都邑。便以經術爲先。立太學。置五經博士。生員千有餘人。天興二年春。增國子太學生員至三千人。明元時。改國子爲中書學。立敎授博士。太武始光三年。起太學於城東。後徵盧玄高允等。而令州郡各舉才學。於是人多砥尚儒術。天安初詔立鄉學。太和中改中書學爲國子學。建明堂辟雍。尊三老五更。又開皇子之學。及遷都洛邑。詔立國子太學四門小學。劉芳李彪諸人以經書進。宣武時復詔營國學。樹小學於四門。大選儒生。以爲小學博士員四十人。雖黌宇未立。而經術彌顯。時天下承平。學業大盛。燕齊趙魏之間。橫經著錄。不可勝數。大者千餘人。小者猶數百。周文受命。雅重經典。明皇纂曆。敦尚學藝。內有崇文之觀。外重成均之職。徵沈重於南荊。待熊安生以殊禮。是以天下慕嚮。文教遠覃。案北朝諸君。惟魏孝文周武帝能一變舊風。尊崇儒術。考其實效。雖未必優於蕭梁。而北人俗尙淳樸。未染淸言浮華之風。故能專宗服鄭。不爲僞孔王杜所惑。說者所以謂北學純正勝於南學也。焦循曰。正始以後。人尙淸談。迄晉南渡。經學盛於北方。大江以南。自宋及齊。遂不能爲儒林立傳。梁天監中。漸尙儒風。於是梁書有儒林傳。陳書嗣之。仍梁所遺也。魏儒學最隆。歷北齊周隋。以至唐武德貞觀。流風不絕。故魏書儒林傳爲盛。

南朝說經之書。惟皇侃論語義疏見存。其餘經師遺說。則雜見唐宋疏家所引而已。要至隋而南北學有統一之機。隋書經籍志。於易之梁陳鄭玄王弼二註。列於國學。齊代惟傳鄭義。至隋王註盛行。鄭學浸微。於書云。梁陳所講有孔鄭二家。齊代唯傳鄭義。至隋孔鄭並行。而鄭氏甚微。於春秋云。左氏唯傳服義。至隋杜氏盛行。服義浸微。是僞孔王杜之盛行。鄭服之浸微。皆在隋時。故天下統一之後。經學亦統一。而北學從此幾絕矣。當時劉焯劉炫。最號博通經術。然以北人而染南學之習。及唐時孔穎達等撰五經正義。易注用王輔嗣。書用孔安國。左氏用杜預解。而鄭注易書服注左氏皆置不取。故唐以來惟南學獨行焉。

第二章　晉世黃老刑名學之復興

在漢西京之初。黃老刑名之學與儒術並行。武帝雖黜百家。而好之者未盡息也。光武中興以後。則異學罕有傳者。天下學術。一統於儒矣。漢之衰季。一時名士與於黨錮之禍者。有三君八俊八顧八及等號。其人率太學諸生所推戴。而被服儒業者也。於是郭泰李膺陳蕃之倫。爲之領袖。進退必守經義。本於禮教。故道德學術之純一不雜。吾必以東漢爲最焉。建安之際。曹氏父子頗集文辯之士。不尙經籍。魏正始閒王弼何晏。乃唱老莊之學。當世競慕其風。有四聰八達之目。晏等雖及於禍。而遺說延及晉世。黃老刑名之學。至是中興。其略可得論也。

刑名之學。本出於黃老。故魏世言黃老者。每兼言刑名。其實皆道家之緒也。故今綜而論之。大抵王弼何晏爲虛無之宗。傅嘏鍾會爲才性之宗。裴頠崇有論。則又由刑名以非虛無派之流失。要並依於道家。而葛洪詳論神仙修養之法。鮑敬言樹政治無君之論。道家之學。至晉世大備矣。其派別約有五。

一、才性論　傅嘏鍾會爲宗。阮武劉劭爲輔。

二、虛無論　王弼何晏爲宗。竹林七賢爲輔。流而爲王衍樂廣之清談。

三、崇有論　裴頠著崇有論。由名家以論無。不離有。正虛無論之弊。

四、神仙論　葛洪抱朴子。綜古來之神仙說。述出世之修養法。

五、無君論　鮑敬言申上古之無君說。破世間之政治論。

今就以上五者。敍其大略如下。

一　才性論

傅嘏鍾會。事略見於三國志及裴松之注。與世說新語等書。嘏有清理識要。好論才性。原本精微。尠能及之。司隸校尉鍾會年甚少。嘏以明智交會。王弼初亦先爲嘏所知。會弱冠與弼並知名。嘗論易無互體。才性同異。及會死後。於會家得書二十篇。名曰道論。而實刑名家也。其文似會。會又有四本論。亦名家。今不傳。四本者。言才性同。才性異。才性合。才性離也。尚書傅嘏論同。中書令李豐論異。會論合。屯騎校尉王廣論離。會初撰四本論畢。欲示嵇叔夜。置懷中。既定。畏其難。不敢出。於戶外遙擲。便回走。叔夜好虛無之說。而輕名家。故會難之也。殷仲堪精覈玄論。人謂莫不研究。殷乃嘆曰。使我解四本。談不翅爾。則晉以來多重之矣。傅子記傅嘏事曰。是時何晏以才辯顯於貴戚之間。鄧颺好變通。合徒黨。鬻聲名於閭閻。而夏侯玄以貫臣子。少有重名。爲之宗主。求交於嘏而不納也。嘏友人荀粲有清識遠心。然猶怪之。謂嘏曰。夏侯泰初一時之傑。虛心交子。合則好成。不合則怨至。二賢不睦。非國之利。此藺相如所以下廉頗也。嘏答之曰。泰初志大其量。能合虛聲而無實才。何平叔言遠而情近。好辯而無誠。所謂利口覆邦國之人也。鄧玄茂有爲而無終。外要名利。內無關鑰。貴同惡異。多言而妬前。多言多釁。妬前無親。以吾觀此三人者。皆敗德也。遠之猶恐禍及。況昵之乎。裴松之嘗訾嘏拒夏侯玄而交鍾會。然就其學考之。嘏雖與泰初平叔並好老莊。而會實近於名家。故嘏交之。與是時陳留阮武。亦謂才性。嘗謂杜恕曰。相觀才性。可以由公道而持之不厲。器能可以處大官而求之不順。才學可以述古今而志之不一。此所謂有其才而無其用。今向閑暇可試潛思成一家言。武遂著體論八篇。又著興性論一篇。蓋興於爲己也。今鍾會阮武之書並不傳。惟傳劉劭人物志。亦在名家。論才性甚精審。劭字孔才。邯鄲人。蓋與鍾會諸人同時。三國志云劭所撰述法論人物志之類百餘篇。法論不傳。人物志祇十二篇。一九徵。二體別。三流業。四材理。五材能。六利害。七接識。八英雄。九八觀。十七繆。十一效難。十二釋爭。蓋推性情之原。以察人之材能。心尚不同。當以九徵八觀。審察而知所以任之。劭嘗奉詔作都官考課七十二條。以綜核名實。甄別人物。因本此意著書。故隋唐志均入名家也。其九徵曰

蓋人物之本。出乎情性。情性之理。甚微而玄。非聖人之察。其孰能究之哉。凡有血氣者。莫

不含元一以爲質。稟陰陽以立性。體五行而著形。苟有形質。猶可卽而求之。凡人之質量。中和最貴矣。中和之質。必平淡無味。故能調成五材。變化應節。是故觀人察質。必先察其平淡。而後求其聰明。聰明者。陰陽之精。陰陽淸和。則中叡外明。聖人淳耀。能兼二美。知微知章。自非聖人。莫能兩遂。故明白之士。達動之機。而暗於玄慮。玄慮之人。識靜之原。而困於速捷。猶火日外照。不能內見。金水內暎。不能外光。二者之義。蓋陰陽之別也。若量其材質。稽諸五物。五物之徵。亦各著於厥體矣。其在體也。木骨金筋火氣土肌水血。五物之象也。五物之實。各有所濟。是故骨植而弱者。謂之宏毅。宏毅也者。仁之質也。氣淸而朗者。謂之文理。文理也者。禮之本也。體端而實者。謂之貞固。貞固也者。信之基也。筋勁而精者。謂之勇敢。勇敢也者。義之決也。色平而暢者。謂之通微。通微也者。智之原也。五質恆性。故謂之五常矣。五常之別。列爲五德。是故溫直而擾毅。木之德也。剛塞而宏毅。金之德也。愿恭而理敬。水之德也。寬栗而柔立。土之德也。簡暢而明砭。火之德也。雖體變無窮。猶依乎五質。故其剛柔明暢貞固之徵。著乎形容。見乎聲色。發乎情味。各如其象。故心質亮直。其儀勁固。心質休決。其儀進猛。心質平理。其儀安閑。夫儀動成容。各有態度。直容之動。矯矯行行。休容之動。業業蹌蹌。德容之動。顒顒卬卬。夫容之動作。發乎心氣。心氣之徵。則聲變是也。夫氣合成聲。聲應律呂。有和平之聲。有淸暢之聲。有回衍之聲。夫聲暢於氣。則實存貌色。故誠仁必有溫柔之色。誠勇必有矜奮之色。誠智必有明達之色。夫色見於貌。所謂徵神。徵神見貌。則情發於目。故仁目之精。慤然以端。勇膽之精。曄然以彊。然皆偏至之材。以勝體爲質者也。故勝質不精。則其事不遂。是故直而不柔則木。勁而不精則力。固而不端則愚。氣而不清則越。暢而不平則蕩。是故中庸之質異於此類。五常既備。包以澹味。五質內充。五精外章。是以目彩五暉之光也。故曰物生有形。形有神精。能知精神。則窮理盡性。性之所盡。九質之徵也。然則平陂之質在於神。明暗之實在於精。勇怯之勢在於筋。强弱之植在於骨。躁靜之決在於氣。慘懌之情在於色。衰正之形在於儀。態度之動在於容。緩急之狀在於言。其爲人也。質素平澹。中叡外朗。筋勁植固。聲清色懌。儀正容直。則九徵皆至。則純粹之德也。九徵有違。則偏雜之材也。三度不同。其德異稱。故偏至之材。以材自名。兼德之人。更爲美號。是故兼德而至。謂之中庸。中庸也者。聖人之目也。具體而微。謂之德行。德行也者。大雅之稱也。一至。謂之偏材。偏材。小雅之質也。一徵。謂之依似。依似。亂德之類也。一至一違。謂之間雜。間雜。無恆之人也。無恆依似。皆風人末流。末流之質。不可勝論。是以略而不概也。

人物志雖專論觀人之法。卽當時人倫風鑒之術。然推陰陽形神立論。亦可由以致於窮理。盡性之極功。而哲人之所有事也。魏晉名家之書。流傳絕少。故著其一篇。隋志人物志下注梁有姚信士緯。及姚氏新書。並以爲亡。信仕於吳。其書宜與人物志相近。佚文散見諸類書者猶十餘條。亦尊老莊而論性情。又齊顧歡之名論。史以爲鍾會四本之流。均不可見矣。

二 虛無論

晉書王衍傳曰。正始中。何晏王弼等。祖述老莊立論。以爲天地萬物。皆以無爲爲本。無也者。開物成務。無往不存者也。陰陽恃以化生。萬物恃以成形。賢者恃以成德。不肖恃以免身。故無之爲用。無爵而貴矣。衍甚重之。惟裴頠以爲非。著論以譏之。而衍處之自若。然則何晏王弼。固持道家之虛無者。而王樂清談一派之所宗也。魏志曹爽傳曰。南陽何晏鄧颺李勝沛國丁謐東平畢軌。咸有聲名。進趣於時。明帝以其浮華。皆抑黜之。及爽秉政。乃復進敍。任爲腹心。又曰。晏何進孫也。少以才秀知名。好老莊言。作道德論。注引魏氏春秋曰。初夏侯玄何晏等。名盛於時。司馬景王亦預焉。晏嘗曰。唯深也。故能通天下之志。夏侯泰初是也。唯幾也。故能成天下之務。司馬子元是也。惟神也。不疾而速。不行而至。吾聞其語。未見其人。蓋欲以神況諸己也。何劭王弼傳曰。弼與鍾會善。會論議以校練爲家。然每服弼之高致。何晏以爲聖人無喜怒哀樂。其論甚精。鍾會等述之。弼與不同。以爲聖人茂於人者神明也。同於人者五情也。神明茂。故能體沖和以通無。五情同。故不能無哀樂以應物。然則聖人之情。應物而無累於物者也。今以其無累。便謂不復應物。失之多矣。弼年少。初爲傅嘏所知。何晏尤奇之。

曰。後生可畏。若斯人者可與言天人之際矣。注周易老子。往往有高麗之言。年二十四早卒。

今就弼老子注中言虛無之妙者。掇其一二於下。

凡有皆始於無。故未形無名之時。則爲萬物之始。及其有形有名之時。則長之育之亭之毒之爲其母也。言道以無形無名。始成萬物。以始以成而不知其所以。玄之又玄也。第一章註

天地任自然。無爲無造。萬物自相治理。故不仁也。仁者必造立施化。有恩有爲。造立施化。則物失其眞。有恩有爲。則物不具存。物不具存。則不足以備載矣。第五章註

轂所以能統三十輻者。無也。以其無能受物之故。故能以實統衆也。十一章註

德者得也。常得而無喪。利而無害。故以德爲名焉。何以得德。由乎道也。何以盡德。以無爲用。以無爲用。則莫不載也。故物無焉。則無物不經。有焉。則不足以免其生。是以天地雖廣。以無爲心。聖王雖大。以虛爲主。故曰以復而視。則天地之心見。至日而思之。則先王之至覩也。故滅其私而無其身。則四海莫不瞻。遠近莫不至。殊其己而有其心。則一體不能自全。肌骨不能相容。是以上德之人。唯道是用。不德其德。無執無用。故能有德而無不爲。不求而得。不爲而成。故雖有德而無德名也。下德求而得之。爲而成之。則立善以治物。故德名有焉。求而得之。必有失焉。爲而成之。必有敗焉。善名生則有不善應焉。故下德爲之而有以爲也。無以爲者。無所偏爲也。凡不能無爲而爲之者。皆下德也。仁義禮節是也。三十八章註

世說新語曰。王輔嗣弱冠詣裴徽。徽問曰。夫無者誠萬物之所資。聖人莫肯致言。而老子申之無已何耶。弼曰。聖人體無。無又不可以訓。故言必及有。老莊未免於有。恆訓其所不足。其說甚精。何晏初注老子。見輔嗣注而大伏。遂自删其說爲道德論二篇。虛無之說。雖倡於何王。至竹林七賢。互相標題。其流始廣。大抵陋儒崇老。蔑棄禮法。七賢者山濤、阮籍、嵇康、向秀、劉伶、阮咸、王戎七人也。嵇康好老莊。常修養性服食之事。嘗著養生論聲無哀樂論。均有玄理。又論君子無私。以標貴無之旨。其辭曰。

夫稱君子者。心不措乎是非。而行不違乎道者也。何以言之。夫氣靜神虛者。心不存於矜尚。體亮心達者。情不繫於所欲。矜尚不存乎心。故能越名敎而任自然。情不繫於所欲。故能審貴賤而通物情。物情順通。故大道無違。越名任心。故是非無措也。是故言君子則以無措爲主。以通物爲美。言小人則以匿情爲非。以違道爲闕。何者。匿情矜吝。小人之至惡。虛心無措。君子之篤行也。是以大道言及吾無身。吾又何患。無以生爲貴者。是賢於貴生也。由斯而言。夫至人之用心。固不存有措矣。(下略)

康以輕鍾會。會譖而害之。阮籍亦著達莊論。敍無爲之貴。向秀爲莊子注。於舊注外爲解義。妙析奇致。大暢玄風。今傳郭象莊子注。卽是全取秀作。象但自注秋水至樂二篇而已。王戎從弟衍。與南陽樂廣。俱宅心事外。名重於時。故七賢之後。天下言風流者。以王樂爲稱首焉。

皆好作清言。以析名理。而廣詞尤簡約。衛玠總角時。嘗問廣夢。廣曰是想。玠曰。神形所不接而夢豈是想耶。廣曰因也。玠思之經月不得。遂以成疾。廣聞故命駕爲剖析之。玠病卽愈。然自是士風耽尙虛無。如王澄胡母輔之等。皆任放爲達。或至裸體。論者歸罪於王何。作俑其後范寧作論。至以王何之罪。浮於桀紂。謂其叨海內之浮譽。資膏粱之傲誕。畫魑魅以爲巧。扇無檢以爲俗。自喪之釁小。迷衆之愆大。遂令仁義幽淪。儒雅蒙塵。禮壞樂崩。中原傾覆。蓋自其流弊而追過之也。

三　崇有論

晉書裴頠傳曰。頠字逸民。弘雅有遠識。博學稽古。自少知名。御史中丞周弼見而歎曰。頠若武庫。五兵縱橫。一時之傑也。頠深患時俗放蕩。不尊儒術。何晏阮籍素有高名於世。口談浮虛。不遵禮法。尸祿耽寵。仕不事事。至王衍之徒。聲譽太盛。位高勢重。不以物務自嬰。遂相倣效。風敎陵遲。乃著崇有之論。以釋其蔽。王衍之徒。攻難交至。並莫能屈。又著辯才。以釋古今精義。未成而爲趙王倫所殺。年三十四。崇有論曰。

夫總混羣本。宗極之道也。方以族異。庶類之品也。形象著分。有生之體也。化感錯綜。理迹之原也。夫品而爲族。則所稟者偏。偏無自足。故憑乎外資。是以生而可尋。所謂理也。理之所體。所謂有也。有之所須。所謂資也。資有攸合。所謂宜也。擇乎厥宜。所謂情也。識智既授。

雖出處異業。默語殊塗。所以寶生存宜。其情一也。衆理並而無害。故貴賤形焉。失得由乎所接。故吉凶兆焉。是以賢人君子。知欲不可絕。而交物有會。觀乎往復。稽中定務。惟夫用天之道。分地之利。躬其力任。勞而後饗。居以仁順。守以恭儉。率以忠信。行以敬讓。志無盈求。事無過用。乃可濟乎。故大建厥極。綏理羣生。訓物垂範。於是乎在。斯則聖人爲政之由也。若乃淫抗陵肆。則危害萌矣。故欲衍則速患。情佚則怨博。擅恣則興攻。專利則延寇。可謂以厚生而失生者也。悠悠之徒。駭乎若茲之釁。而尋艱爭所緣。察夫偏質有弊。而覩簡損之善。遂闡貴無之議。而建賤有之論。賤有則必外形。外形則必遺制。遺制則必忽防。忽防則必忘禮。禮制弗存。則無以爲政矣。衆之從上。猶水之居器也。故兆庶之情。信於所習。習則心服其業。業服則謂之理。然是以君人必愼所敎。班其政刑。一切之務。分宅百姓。各授四職。能令禀命之者不肅而安。忽然忘異。莫有遷志。況於據在三之尊。懷所隆之情。敦以爲訓者哉。斯乃昏明所階。不可不審。夫盈欲可損。而未可絕有也。過用可節。而未可謂無貴也。蓋有講言之具者。深列有形之故。盛稱空無之美。形器之故有徵。空無之義難檢。辨巧之文可悅。似象之言足惑。衆聽眩焉。溺其成說。雖頗有異此心者。辭不獲濟。屈於所狎。因卑虛無之理。誠不可蓋。唱而有和。多往弗反。遂薄綜世之務。賤功烈之用。高浮游之業。經實謂之賢。人情所殉。篤夫名利。於是文者衍其辭。訥者讚其旨。染其衆也。是以立言藉其虛無。謂之玄妙。處官不親所司。謂之雅遠。奉身散其廉操。謂之曠達。故砥礪之風。彌以陵遲。放者因斯或悖吉凶之禮。而忽容止之表。瀆棄長幼之序。混漫貴賤之級。其甚者至於裸裎。言笑忘宜。以不惜爲弘。士行又虧矣。老子既著五千之文。表摭穢雜之弊。甄舉靜一之義。有以令人釋然自夷。合於易之損謙艮節之旨。而靜一守本。無虛無之謂也。損艮之屬。蓋君子之一道。非易之所以爲體守本無也。觀老子之書。雖博有所經。而云有生於無。以虛爲主。偏立一家之辭。豈有以而然哉。人之既生。以保生爲全。全之所階。以順感爲務。若味近以虧業。則沈溺之釁興。懷末以忘本。則天理之眞滅。故動之所交。存亡之會也。夫有非有。於無非無。於無非無。於有非有。是以申縱播之累。而著貴無之文。將以絕所非之盈謬。存大善之中節。收流遁於既過。反澄正於胸懷。宜其以無爲辭。而旨在全有。故其辭曰。以爲文不足。若斯則是所寄之塗。一方之言也。若謂至理信以無爲宗。則偏而害當矣。先賢達識。以非所滯。示之深論。惟班固著難。未足折其情。孫卿揚雄大體抑之。猶偏有所許。而虛無之言。日以廣衍。衆家扇起。各列其說。上及造化。下被萬事。莫不貴無。所存僉同。情以衆固。乃號凡有之理。皆義之卑者。薄而鄙焉。辯論人倫及經明之業。遂易門肆。頠用矍然。身其所懷。而攻者盈集。或以爲一時口言。有客幸過。咸見命著文。擿列虛無不允之徵。若未能每事釋正。則無家之義。弗可奪也。頠退而思之。雖君子宅情無求於顯。及其立言。在乎達旨而已。然去聖久遠。異同紛糾。苟少有彷彿。所以崇濟先典。扶明大業。有益於時。則惟患言之不能焉得靜默及未舉一隅。略示所存而已哉。夫至無者無以能生。故始生者自生也。自生而必體有。則有遺而生虧矣。生以有爲已分。則虛無是有之所謂遺者也。故養既化之有。非無用之所能全也。理既有之衆。非無爲之所能循也。心非事也。而制事必由於心。然不可以制事以非事。謂心爲無也。匠非器也。而制器必須於匠。然不可以制器以非器。謂匠非有也。是以欲收重泉之鱗。非偃息之所能獲也。隕高墉之禽。非靜拱之所能捷也。審投弦餌之用。非無知之所能覽也。由此而觀。濟有者皆有也。虛無奚益於已有之羣生哉。

此篇謂老子以無爲辭。而旨在全有。又謂至無者無以能生。其言至辨。而歸於刑政。蓋刑名家言也。刑名家每抗無宗。如李充王坦之皆然。要同出於道家之意。一立無以極理。一立有以通事。故終至於相非耳。

四　神仙論

神仙之說。上古有之。至漢以來彌盛。蓋道家實際修養之人格也。惟古時書多不傳。或好爲隱語。（如參同契之類）難可測知。又其秉術有殊。則是非相軋。惟晉世葛洪抱扑子。乃綜合自來神仙修養諸術。一一敍而論之。自恬澹守一。以至金丹服食符籙禁忌。無所不言。眞神仙家之總要也。葛洪之學。雖以道家爲歸。而實兼明儒學。故其書內篇論道。外篇論儒。各申其本旨。不爲調和牽附之言。亦博雅之士也。抱朴子因其宇宙觀以立神仙論。蓋以玄爲宇宙之本體。本於老子玄之又玄與玄牝之說。能合此玄道者。卽神僊矣。故先論玄之體用曰。玄者自然之始祖。而萬殊之大宗也。眇昧乎其深也。故稱微焉。綿邈乎其遠也。故稱妙焉。其高則冠蓋乎九霄。其曠則籠罩乎八隅。（中略）乾以之高。坤以之卑。雲以之行。雨以之施。胞胎元一。範鑄兩儀。吐納大始。鼓冶億類。迴旋四七。匠成草昧。轡策靈機。吹噓咀吸。幽括沖默。舒闡溼鬱。抑濁揚清。斟酌河渭。增之不溢。挹之不匱。與之不榮。奪之不瘁。故玄之所在。其樂不窮。玄之所去。器弊神逝。（暢玄）玄道之廣大如此。能得此玄道之人。則爲神仙。故曰。夫玄道者。得之者內。失之者外。用之者神。忘之者器。此玄道之要言也。得之者貴。不待黃鉞之威。體之者富。不須難得之貨。高不可登。深不可測。乘流光。策逝景。凌六虛。貫涵溶。出乎無上。入乎無下。經乎汗漫之門。游乎窈眇之野。逍遙恍惚之中。徜徉彷彿之表。咽九華於雲端。咀六氣於丹霞。徘徊茫昧。翺翔希微。履略蜿虹。踐蹋琁璣。此得之者也。（同上）所謂得之者。卽指神仙矣。世人或謂天下豈有神仙。抱朴子辨之曰。事有本鈞而末乖。未可一也。夫言有始必有終者多矣。混而齊之。非通理矣。謂夏必長而薺麥枯焉。謂冬必凋而竹柏茂焉。謂始必終而天地無窮焉。謂生必死而龜鶴長存焉。盛夏宜暑而夏天未必無涼日也。極陰宜寒而嚴冬未必無暫溫也。

僊論又曰。若謂受氣皆有一定。則雉之爲蜃。雀之爲蛤。壤蟲假翼。川蛙翻飛。水蠣爲蛤。荇菜爲蛆。田鼠爲鴽。腐草爲螢。鼉之爲虎。蛇之爲龍。皆不然乎。同上於是乃論學仙者心意修養之法曰。人能淡默恬愉。不染不移。養其心以無欲。頤其神以粹素。埽滌誘慕。收之以正。除難求之思。遣害眞之累。薄喜怒之邪。滅愛惡之端。則不請福而福來。不禳禍而禍去矣。何者。命在其中。不繫於外。道存乎此。無俟於彼也。道意又曰。學僊之法。欲得恬愉澹泊。滌除嗜慾。內視反聽。尸居無心。論僊蓋其心能屏去物欲。守其恬澹。乃能合於玄道也。然又不可不求清淨之地。故曰。爲道者必入山林。誠欲遠彼腥膻。而卽此清淨也。明本夫既能內修其心。外得於地。乃假以藥物方術之助。庶幾神仙可成矣。猶必積善累行以致之焉。故又曰。欲求僊者。要當以忠孝和順仁信爲本。若德行不修。而但務求玄道。無益也。對俗又曰。積善事未滿。雖服僊藥亦無益也。若不服僊藥。並行好事。雖未便得僊。亦可無卒死之禍矣。吾更疑彭祖之輩。善功未足。故不能昇天耳。同上此抱朴子所論神仙修養之要也。若夫其書所言鍊形守一金汋服食等術。則關於實際之方法。非茲所能詳矣。

五　無君論

道家之言政治。本以無爲爲主。其流遂爲無君說。有類近世所謂無政府主義者。要實本黃老虛無之意。晉世有鮑敬言。常明此說。抱朴子外篇。託儒者之義與之相難。而稱之曰鮑生敬言。好老莊之書。治劇辯之言。以爲古者無君。勝於今世。今略葛洪駁難之詞。而著鮑生之言於下。以備一家云。

鮑生曰。儒者曰。天生烝民而樹之君。豈其皇天諄諄言。亦將欲之者爲辭哉。夫彊者凌弱。則弱者服之矣。智者詐愚。則愚者事之矣。服之故君臣之道起焉。事之故力寡之民制焉。然則隸屬役由乎爭彊弱而校愚智。彼蒼天果無事也。夫混茫以無名爲貴。羣生以得意爲歡。故剝桂刻漆。非木之願。拔鶡裂翠。非鳥所欲。促轡銜鑣。非馬之性。荷軛運重。非牛之樂。詐巧之萌。任力違眞。伐根之生。以飾無用。捕飛禽以供華玩。穿本完之鼻。絆天放之腳。蓋非萬物並生之意。夫役彼黎烝。養此在官。貴者祿厚。而民亦困矣。夫死而得生。欣喜無量。則不如向無死也。讓爵辭祿。以釣虛名。則不如本無讓也。天下逆亂焉。而忠義顯矣。六親不和焉。而孝慈彰矣。曩古之世。無君無臣。穿井而飲。耕田而食。日出而作。日入而息。汎然不繫。恢爾自得。不競不營。無榮無辱。山有蹊徑。澤無舟梁。川谷不通。則不相并兼。士衆不聚。則不相攻伐。是高巢不探。深淵不漉。鳳鸞棲息於庭宇。龍鱗羣游於園池。饑虎可履。虺蛇可執。涉澤而鷗鳥不飛。入林而狐兔不驚。勢利不萌。禍亂不作。干戈不用。城池不設。萬物玄同。相忘於道。疫癘不流。民獲考終。純白在胸。機心不生。含哺而熙。鼓腹而游。其言不華。其行不飾。安得聚斂以奪民財。安得嚴刑以爲坑穽。降及叔季。智用巧生。道德既衰。

尊卑有序。繁升降損益之禮。飾紱冕玄黃之服。起土木於凌霄。構丹綠於棼橑。傾峻搜寶。泳淵採珠。聚玉如林。不足以極其變。積金成山。不足以贍其費。澶漫於淫荒之域。而叛其大始之本。去古日遠。背朴彌增。尚賢則民爭名。貴貨則盜賊起。見可欲則眞正之心亂。勢利陳則刼奪之塗開。造剡銳之器。長侵割之患。弩恐不勁。甲恐不堅。矛恐不利。盾恐不厚。若無凌暴。此皆可棄也。故曰。白玉不毀。孰爲圭璋。道德不廢。安取仁義。使夫桀紂之徒得燔人。辜諫者。脯諸侯。葅方伯。剖人心。破人脛。窮驕淫之惡。用炮烙之虐。若令斯人並爲匹夫。性雖凶奢。安得施之。使彼肆酷恣欲。屠割天下。由於爲君。故得縱意也。君臣既立。衆慝日滋。而欲攘臂乎桎梏之間。愁勞於塗炭之中。人主憂慄於廟堂之上。百姓煎擾乎困苦之中。閑之以禮度。整之以刑罰。是猶闢滔天之源。激不測之流。塞之以撮壤。障之以指掌也。

鮑生又難曰。夫天地之位。二氣範物。樂陽則雲飛。好陰則川處。承柔剛以率性。隨四八而化生。各附所安。本無尊卑也。君臣既立。而變化遂滋。夫獺多則魚擾。鷹衆則鳥亂。有司設則百姓困。奉上厚則下民貧。壅崇寶貨。飾玩臺榭。食則方丈。衣則龍章。內聚曠女。外多鰥男。採難得之寶。貴奇怪之物。造無益之器。恣不已之欲。非鬼非神。財力安出哉。夫穀帛積則民有饑寒之儉。百官備則坐靡供奉之費。宿衛有徒食之衆。百姓養游手之人。民乏之衣食。自給已劇。況加賦斂。重以苦役。下不堪命。且凍且饑。冒法斯濫。於是乎在。王者憂勞於上。台鼎顰顣於下。臨深履薄。懼禍之及。恐智勇之不用。故厚爵重祿以誘之。恐姦釁之不虞。故嚴城深池以備之。而不知祿厚則民匱而臣驕。城嚴則役重而攻巧。故散鹿臺之金。發鉅橋之粟。莫不懽然。況乎本不聚金。而不斂民粟乎。休牛桃林。放馬華山。載戢干戈。載櫜弓矢。猶以爲太。況乎本無軍旅。而不戰不成乎。茅茨土階。棄織拔葵。雜囊爲幃。濯裘布被。妾不衣帛。馬不秣粟。儉以率物。以爲美談。所謂盜跖分財。取少爲讓。陸處之魚。相煦以沫也。夫身無在公之役。家無輸調之費。安土樂業。順天分地。內足衣食之用。外無勢利之爭。操杖攻劫。非人情也。象刑之教。民莫之犯。法令滋彰。盜賊多有。豈彼無利性。而此專貪殘。蓋我清靜則民自正。下疲怨則智巧生也。任之自然。猶慮凌暴。勞之不休。奪之無已。田蕪倉虛。杼柚之空。食不充口。衣不周身。欲令勿亂。其可得乎。所以救禍而禍彌深。峻禁而禁不止也。關梁所以禁非。而猾吏因之以爲非焉。衡量所以檢僞。而邪人因之以爲僞焉。大臣所以扶危。而姦臣恐主之不危。兵革所以靜難。而寇者盜之以爲難。此皆有君之所致也。民有所利。則有爭心。富貴之家。所利重矣。且夫細人之爭。不過小小。匹夫校力。亦何所至。無疆土之可貪。無城郭之可利。無金寶之可欲。無權柄之可競。勢不能以合徒衆。威不足以驅異人。孰與王赫斯怒。陳師鞠旅。推無讎之民。攻無罪之國。僵尸則動以萬計。流血則漂櫓丹野。無道之君。無世不有。肆其虐亂。天下無邦。忠良見害於內。黎民暴骨於外。豈徒小小爭奪之患耶。

鮑生曰。人君採難得之寶。聚奇怪之物。飾無益之用。厭無已之求。

鮑生曰。人君後宮三千。豈皆天意。穀帛積則民饑寒矣。

鮑生曰。人之生也。衣食已劇。況又加之以收賦。重之以力役。饑寒並至。下不堪命。冒法犯非。於是乎生。

鮑生曰。王者臨深履尾。不足喩危。假寐待旦。日昃旰食。將何爲懼禍及也。

鮑生曰。王者歛想奇端。引誘幽荒。欲以崇德邁威。厭耀未服。白雉玉環。何益齊民乎。

鮑生曰。人君恐姦釁之不虞。故嚴城以備之也。

或曰。苟無可欲之物。雖無城池之固。敵亦不來者也。按此亦鮑生語

已上並見抱朴子詰鮑篇。晉世玄風最盛。然罕以黃老之理。推之政治者。鮑生旣以無君著論。又與抱朴子相難。其人當亦一時道家巨子。惜其行事不考見矣。

第三章　六朝佛教之盛行

漢明帝永平中。夢神人金身丈六。項有日光。寤問傅毅。云有佛出於天竺。乃遣使往求。備獲經像。迎其高歸。乃僧建寺譯經。出四十二章經等三百餘部。然詞或有淺薄。多小乘義。縉紳

之徒間有好者。今傳理惑論。是牟融作。融後漢書有傳不言好佛莫能詳也 比論儒老。而以佛爲高。自序謂其銳志佛道。兼研老子五千文。含玄妙爲酒漿。翫五經爲琴簧。世俗多非之。以爲背五經而向異道。欲爭則非道。欲默則不能。遂略引聖賢之言證解之。名曰牟子理惑。漢魏之際。吳主孫權好佛。康居國沙門康僧者。深荷禮異。爲之立寺。而尙書闞澤亦捨宅爲寺。孫皓晚年嘗從康僧會受五戒。魏都則陳思王植。每聽佛經。輒美其梵唱。要之未及江南之盛也。魏晉相代。風流未絕。晉元中興。至講佛經於內殿。明帝成帝信好亦深。自五胡雲擾中原。各建國氏。西域高僧。時有來者。頗見尊信。石趙有佛圖澄。尤擅異術。道安及鳩摩羅什。蓋其弟子。而慧遠又道安弟子也。羅什於晉隆安中在姚秦洛陽。集沙門八百餘人。譯出經論三百餘卷。大乘義至是始傳。而成實宗三論宗。皆祖羅什也。遠公啟蓮社於東南。士林往往歸之。義熙間法顯始游印度。歸撰佛國記。自是以後。以曁於隋。大德迭興。南北朝野。並隆講會。江左尤盛。此土佛教。斯時最爲昌明也。今以時代爲次。略述當時所開諸宗。

一、成實宗 成實論者。訶梨跋摩所造。姚秦弘治十三年。羅什初譯此論。僧叡奉命講之。羅什門人三千。皆弘此論。其後宋僧導初始爲論疏。僧旹、慧威、法智、道高等。講習弘通。名成實宗。

二、三論宗 三論宗亦羅什爲開祖。三論者。龍樹之中觀論。十二門也。提婆之百論也。姚秦弘治中。羅什始譯三論。道生、曇濟、道朗、僧詮等弘之。按佛教東來至晉隆安中。約三百餘年。就中翻譯諸經。雖不無大乘經論而傳者未盛。卽道安慧遠亦僅說端緒。故至羅什而後大乘蔚興也。

三、涅槃宗　此宗開祖爲天竺曇無讖。曇師北涼高祖元始三年。始譯涅槃經。越七年譯竟。敷演其義。宋僧慧靜、無成、僧莊、道汪、靜林、慧定等。乃開宗立義。製作章疏。號涅槃宗。至是遂傳。

四、地論宗　後魏宣武帝永平元年。命天竺道希寶意等譯十地論。至是十地宗義。始被於世。而光統律師爲地論之宗匠。光統門人。有慧順道愼。

五、淨土宗　此宗開祖曰曇鸞。前魏之世。康僧鎧譯無量壽經。宋時畺良耶舍譯觀無量壽經。合以羅什所譯阿彌陀經。爲淨土三經。佛滅九百年。天親造無量壽經優婆提舍。名淨土論。亦名往生論。後魏留支翻譯。曇鸞受之於留支。又受觀無量壽經。爲往生論注。自是念佛法門遂行。

六、禪宗　南朝宋文帝最寵惠琳。與顏延之同參朝政。號黑衣宰相。齊武帝時。法獻法暢二僧。亦參與政事。要至梁武帝好佛尤甚。當時所起。有禪宗等。禪宗又號佛心宗。以其言教是佛語。禪是佛心也。天竺二十八祖達磨。梁武普通元年。來自西域。始傳此宗。達磨以後二祖慧可。三祖僧燦。四祖道信。五祖弘忍。六祖慧能。五祖以下。分爲二派。南宗之祖慧能。北宗之祖神秀。而南宗獨傳。有五宗二派。(一)臨濟宗(臨濟義玄)(二)雲門宗(雲門文偃)(三)曹洞宗(洞山良价曹山本寂)(四)溈仰宗(溈山靈祐仰山慧寂)(五)法眼宗(法眼文益)以上五宗。行於唐代。後又有楊岐派。黃龍派。合爲五宗二派也。禪宗玄旨有八句。曰正法眼藏。涅槃妙心。實相無相。微妙法門。不立文字。敎外別傳。直指人心。見性成佛。禪宗主參公案。梁以後至唐宋元明之際並盛行。學者亦有時慕之者焉。

七、攝論宗　眞諦爲開祖。攝大乘論者。無著解釋阿毗達磨經十萬頌中攝大乘之一品。天親更作釋論。眞諦以梁時來中國。陳文帝譯攝大乘論。又譯釋論。其門人等師資相承。立義製疏。名攝論宗。

八、俱舍宗　此宗亦眞諦爲開祖。初曰毗曇宗。具曰阿毗曇宗。阿毘曇者。譯云無比法。後稱俱舍宗者。以其以諸部俱舍論爲門戶故也。具舍論世親菩薩造。眞諦始譯之。後玄奘復譯爲三十卷。以上二宗。始眞諦所倡。眞諦又譯大乘起信論。說眞如緣起者宗之。蓋起信論本馬鳴宗百部大乘經所造。文約而義豐也。

九、天台宗　此宗智顗爲開祖。先是北齊時有慧文禪師。傳南岳慧思。慧思傳智顗。始判四敎。陳隋之際。此宗盛傳。後則章安荊谿有弘通之功。隋文帝力護佛法。度僧五十萬人。立劉經博士。有詔毀佛像者。以大逆不道論。

綜考南北朝之際。惟魏太武及周武帝不信佛教。欲加摧滅。身餘諸世。凡朝野薦紳文人隱者。多有歸依象教。以爲絕倫。雖其時大乘義諦研討未深。而信好所專。屢騰辨舌。（大乘教義自唐宋以來始大明）推原其故。殆有數種。

一、漢魏以來。士厭儒教禮法。而諸子百家之學。亦復衰歇已久。人好新知。故佛教乘機而入。卽見傳信。

二、魏晉以來。清談方盛。名言玄理。日騖高深。故佛教始行。說者以爲義近老莊。故辯言所資。藉以剖析空有。因與當時風氣相近。是以流傳日廣也。

三、五胡亂夏。干戈相屬。人厭殘殺。故羣起皈依大慈之心。而經像雕鐫。冀消天禍者。此際最盛。且或惡斯世苦擾。思卽淨樂。於是佛教得行也。

四、道家儒家。罕有鉅子。而西域傳播義學者。或直人傑。異跡高行。爲世所仰也。

五、十六國興亡不常。國是不一。舊來之文物制度。皆已陵替。是以異學起而代之。此歐陽修本論之說。

六、因果報應三世輪迴之說。易厭足俗心。起其欣羨。歸命求福。自益多矣。

七、儒道二流。修者或因循自怠。而佛家每有厭身燃指苦行傳道之士。卓絕動俗。爲人敬仰。

八儒道多明治國入世之道。而佛家進以妙遠出世之說。故好高者悅而慕之。如牟子嘆之於前。陳思美之於後。彼其人皆通方之士。宜後之文人相與景從也。

第四章　三敎調和論

魏晉以來。始則儒與道爭。繼則道與佛爭。繼則儒道與佛爭。於是其間乃有調和三敎之說。有謂儒佛一致。有謂道佛一致者。有謂三敎一致者。其說孔多。茲略敍其著者一二家於此。

一　孫綽　儒佛一致

晉世多習小乘論。以資名言。然罕有以儒佛並論。孫綽作喻道篇。始有此意。綽字興公。博學善屬文。少與許詢俱有高尙之志。晚與范榮期習鑿齒爲友。官至廷尉。當時學者。宜亦有儒佛異趣之疑。綽獨謂周孔卽佛。佛卽周孔。蓋外內之名而已。如在皇爲皇。在王爲王。又以佛梵語。晉訓爲覺。覺以悟物爲義。卽孟子以聖人爲先覺之旨。又以周孔救弊。佛敎明本。堯舜世夷。故二后高讓。湯武時難。故兩君揮戈。跡雖胡越。實無二致。綽之所論。猶卽其粗象比之耳。要在融和二家。故略著焉。

二　張融與周顒　三敎一致

宋齊之際。張融周顒並好佛敎。而不非儒老。蓋亦有調和其間之意。融字思光。文辭詭激。宋時爲封溪令。卒於齊世。臨終之時。左手執孝經老子。右手執法華經。可見其並好三敎之意。

顒字彥倫。深於佛理。兼善老易。與張融相遇。輒以玄言相滯。彌日不解。嘗著三宗論。玄空假名。玄不空假名。設不空假名。難空假名。設空假名。難不空假名。假名空。難二宗。又玄假名空。故曰三宗。殆用名家之法。以說佛義。張融作門論。謂儒佛道一致。顒亦以儒佛道同爲所好。而謂融之辨有所未極。相與論之。文詞經復極繁。茲各錄首篇。略見歸趣。周稱融爲通源也。融又自號少子。隋志有少子五卷。

張融門論

吾門世恭佛。舅氏奉道。道也與佛。逗極無二。寂然不動。致本則同。感而遂通。達跡成異。其猶樂之不沿。不隔五帝之秘。禮之不襲。三皇之聖。豈三與此。皆殊時故。不同其風。異世故。不一其義。安可輒駕庸愚。誣罔神極。吾見道士與道人戰儒墨。道人與道士獄是非。昔有鴻飛天道。積遠難亮。越人以爲鳧。楚人以爲乙。人自楚越耳。鴻常一鴻乎。夫澄本雖一。吾自俱宗其本。鴻迹既分。吾已翔其所集。汝可專遵於佛迹。而無侮於道本。(下略)

周顒難張長史門論

懋製來班。承復峻其門。則參子無踞。誠不待獎。敬尋同本有測高心。雖神道所歸。吾知其主。然自釋之外。儒綱爲弘。過此而能與仲尼相若者。黃老實雄也。其教流漸。非無邪弊。素樸之本義。有可崇。吾取捨舊懷。麤有涇渭。與奪之際。不至朱紫。但蓄積懷抱。未及曆言耳。

途軌乖順。不可謬同異之聞文宜有歸辨。來旨謂致本則同。似非吾所謂同。時殊風異。又非吾所謂異也。久欲此中微擧條裁。幸因雅趣。試共極言。且略如左。遲聞深況

通源曰。道也與佛。逗極無二。寂然不動。致本則同。感而遂通。達跡誠異。周之問曰。論云致本則同。請問何義是其所謂本乎。言道家者。豈不以二篇爲主。言佛教者。亦應以般若爲宗。二篇所貴。義極虛無。般若所觀。照窮法性。虛無法性。其寂雖同。住寂之方。其旨則別。論所謂逗極無二。爲逗極於虛無。當無二於法性耶。將二塗之外。更有異本。儻虛無法性。其趣不殊乎。若有異本。思告異本之性。如其不殊。願聞不殊之說。

通源曰。殊時故不同其風。異世故不一其義。吾見道士與道人戰儒墨。道人與道士獄是非。昔有鴻飛天道。積遠難亮。越人以爲鳧。楚人以爲乙。人自楚越。耳鴻常一鴻乎。夫澄本雖一。吾自俱宗其本。鴻跡既分。吾已翔其所集。周之問曰。論云時殊故不同其風。是佛教之異於道也。世異故不一其道。是道言之乖於佛也。道佛兩殊。非鳧則乙。唯足下所宗之本。一物爲鴻耳。驅馳佛道。無免二乖。未知高鑒緣何識本。輕而宗之。其有旨乎。若猶取二教以位其本。恐戰獄方興。未能聽訟也。若雖因二教同測教源者。則此教之源。每沿教而見矣。自應鹿巾環杖。悠然目擊。儒墨誾誾。從來何諍。苟合源共是。分跡雙非。則二跡之用宜均去取。奚爲翔集所向。勤務唯佛。專氣抱一。無謹於道乎。言精旨遠。企聞後要。

通源曰。汝可專遵於佛跡。而無侮於道本。周之問曰。足下專尊佛跡。無侮道本。吾則心持釋訓。業愛儒言。未知足下雅意。佛儒安在。爲當本一末殊。爲本末俱異耶。既欲精探彼我。方相究涉。理類所關。不得無請。

張周往復之論。不復具詳。融之門論。雖未稱儒。而後書則以百聖同投。本末無二。又臨終手執孝經。周論似不許道家。然周固善老莊。且云與仲尼相若者。黃老實雄。故今以二家皆持三教一致論者。周衞元嵩。亦有齊三教論。而元嵩後固爲僧也。此外近似之論多有。並不復著。

三　顧歡（道佛二教同體異用）

齊顧歡。字景怡。吳郡人。篤志好學。嘗從豫章雷次宗。諮玄儒諸義。隱遁不仕。晚節服食。不與人通。每旦出戶。山鳥集其掌取食。當佛道二家立教。既異學者。互相非毀。歡據玄妙內篇及瑞應本起。謂佛卽老子所化。（六朝時有老子化胡經當亦歡所本也）故二者之道一致。不過方域習尚有異。其權用之跡。若有差耳。然卒以此方但宜崇道。不宜牽異爲同。則似右道家。要亦調和論之一種也。茲特著之。歡夷夏論曰。

五帝三皇。不聞有佛。國師道士。無過老莊。儒林之宗。孰出周孔。若孔老非聖。誰則當之。然二經所說。如合符契。道則佛也。佛則道也。其聖則符。其跡則反。或和光以明近。或曜靈以示遠。道濟天下。故無方而不入。智周萬物。故無物而不爲。其入不同。其爲必異。各成其性。不易其事。是以端委搢紳。諸華之容。翦髮緇衣。羣夷之服。擎跽磬折。侯甸之恭。狐蹲狗踞。荒流之肅。棺殯槨葬。中夏之制。火焚水沈。西戎之俗。全形守禮。繼善之敎。毀貌易性。絕惡之學。豈伊同人。爰及異物。鳥王獸長。往往是佛。無窮世界。聖人代興。或昭五典。或布三乘。在鳥而鳥鳴。在獸而獸吼。敎華而華言。化夷而夷語耳。雖舟車均於致遠。而有川陸之節。佛道齊乎達化。而有夷夏之別。若謂其致旣均。其法可換者。而車可涉川。舟可行陸乎。今以中夏之性。效西戎之法。旣不全同。又不全異。下棄妻孥。上廢宗祀。嗜欲之物。皆以禮伸。孝敬之典。獨以法屈。悖德犯順。曾莫之覺。弱喪忘歸。孰識其舊。且理之可貴者道也。事之可賤者俗也。舍華效夷。義將安取。若以道邪。道固符合矣。若以俗邪。俗則大乖矣。屢見刻舷沙門。守株道士。交諍小大。互相彈射。或域道以爲兩。或混俗以爲一。是牽異以爲同。破同以爲異。則乖爭之由。淆亂之本也。尋聖道雖同。而法有左右。始乎無端。終乎無末。泥洹仙化。各是一術。佛號正眞。道稱正一。一歸無死。眞會無生。在名則反。在實則合。但無生之敎賒。無死之化切。切法可以進謙弱。賒法可以退夸强。佛敎文而博。道敎質而精。精非麤人所信。博非精人所能。佛言華而引。道言實而抑。抑則明者獨進。引則昧者競前。佛經繁而顯。道經簡而幽。幽則妙門難見。顯則正路易遵。此二法之辨也。聖匠無心。方圓有體。器既殊。用敎亦異。施佛是破惡之方。道是興善之術。興善則自然爲高。破惡則勇猛爲貴。佛跡光大。宜以化物。道跡密微。利用爲己。優劣之分。大略在茲。夫蹲夷之儀。婁羅之辨。各出彼俗。自相聆解。猶蟲躍鳥聒。何足述效。

南齊書本傳。謂歡雖同二法。而意黨道敎。宋司徒袁粲。託爲道人通公駁之。容明集載同時與歡相難者。尙有數篇。此外又有孟景翼作正一論。亦謂老佛同趣。張融門論。亦齊老釋。已見於前矣。

第五章　神不滅論與神滅論

人死其神滅否。是千古大疑。有謂形神俱滅者。有謂形滅神不滅者。惟孔子未質言鬼神之有無。餘爲墨子之明鬼。莊子薪火之喩。皆近神不滅論。而王充獨以人死形質滅盡。卽靈魂滅盡。無所謂神不滅者也。桓君山未聞釋氏之敎。新論言形神。已類神不滅論。要至宋以來。其說始盛。彗遠宗炳鄭道子。並有神不滅論。至主客互難。頗盡其義。梁時范縝獨標神滅論。與之辨論。終不爲屈。梁武帝勅羣僚六十三人難之。彼此之言。僉爲詳切。觀其兩方攻守之情。則神滅與神不滅之義。思過半矣。茲特撮其精要。删其複文。具列於下。其他諸論。不復著焉。

范縝。字子眞。南陽人。嘗從沛國劉瓛學。博通經術。尤精三禮。性質直。好危言高論。不爲士友所安。唯與外弟蕭琛善。琛名曰口辯。每服縝簡詣。梁時官至尙書左丞。初縝在齊世與武帝同爲竟陵王子良賓客。子良精信釋教而縝盛稱無佛。子良問曰。君不信因果。世間何得有富貴。何得有貧賤。縝答曰。人之生譬如一樹花同發一枝。俱開一蒂。隨風而墮。自有拂簾幌墜於茵席之上。自有關籬牆落於溷糞之側。墜茵席者。殿下是也。落糞溷者。下官是也。貴賤雖復殊途。因果竟在何處。子良不能屈。深怪之。縝退論其理。著神滅論。此論出。朝野諠譁。子良集僧難之。梁世武帝與衆臣共難之。玆立范縝論爲主。略析其條理而擇錄諸難於下。

范縝神滅論。設自問自答三十一條。縝外弟蕭琛難之六條。梁武帝勅曹思文等六十三人難之。然諸難中曹思文蕭琛爲詳。今分縝本論爲五項。

(一)形卽神

范縝論曰。或問予云。神滅。何以知其滅也。答曰。神卽形也。形卽神也。是以形存則神存。形謝則神滅也。

又問曰。形者無知之稱。神者有知之名。知與無知。卽事有異。神之與形。理不容一。形神相卽。非所聞也。答曰。形者神之質。神者形之用。是則形稱其質。神言其用。形之與神。不得相異也。

曹思文難范縝曰。形非卽神也。神非卽形也。是合而爲用者也。而合非卽矣。生則合而爲用。死則形留而神逝也。何以言之。昔者趙簡子疾。五日不知人。秦穆公七日乃寤。並神游於帝所帝賜之鈞天廣樂此其形留而神逝者乎。若如論旨。形滅則神滅者。斯形之與神。應如影響之必俱也。然形既病焉。則神亦病也。何以形不知人。而神獨游帝而欣歡於鈞天廣樂乎。斯其寐也魂交。故神游於蝴蝶。卽形與神分也。其覺也形開。蘧蘧然周也。卽形與神合也。然神之與形。有分有合。合則共爲一體。分則形亡而神逝也。是以延陵窆子而言曰。骨肉復歸於土。而魂氣無不之也。斯卽形亡而神不亡也。然經史明證灼灼也。此卽寧是形亡而神滅者也。

范縝難曹思文曰。難曰。形非卽神也。神非卽形也。是合而爲用者也。而合非卽也。答曰。若合而爲用者。不明合則無用。如蛩駏相資。廢一則不可。此乃是滅神之精據。而非存神之雅決。子意本欲請戰而定爲我援兵邪。難曰。昔趙簡子疾五日不知人。秦穆公七日乃寤。並神游於帝所。帝賜之鈞天廣樂。此形留而神逝者乎。答曰。趙簡子之上賓。秦穆之游上帝。既云耳聽鈞天。居然口嘗百味。亦可身安廣廈。目悅玄黃。或復披文繡之衣。控如龍之轡。故知神之須待。既不殊人。四肢七竅。每與形等。隻翼不可以適遠。故不比不飛。神無所闕。何故憑形以自立。難曰。若如論旨。形滅則神滅者。斯形之與神。應如影響之必俱也。然形既病焉。則神亦病也。何以形不知人。神獨游帝所。答曰。若如來意。便是形病而神不病也。今傷之則痛。是形痛而神不痛也。惱之則憂。是形憂而神不憂也。憂慮痛廢。形已得之。如此。何用勞神於無事耶。難曰。其寐也魂交。故神游於蝴蝶。卽形與神分也。其覺也形開。蘧蘧然周也。卽形與神合也。答曰。此難可謂窮辯。未可謂窮理也。子謂神游蝴蝶。是眞作飛蟲耶。若然者。或夢爲牛。則負人轅輈。或夢爲馬。則入人跨下。明旦應有死牛死馬。而無其物。何也。又腸繞閶門。此人卽死。豈有遺其肝肺。而可以生哉。又日月麗天。廣輪千里。無容下從匹婦。近入懷。神夢幻虛假有自來矣。一旦實之。實足偉也。明結想霄。坐周天海。神昏於內。妄見異物。豈莊生實亂南國趙簡眞登閶闔邪。外弟蕭琛。亦以夢爲文句。甚悉想就取視也。難曰。延陵窆子而言曰。骨肉歸復於土。而魂氣無不之也。斯卽形亡而神不亡也。答曰。人之生也。資氣於天。稟形於地。是以形銷於下。氣滅於上。氣滅於上。故言無不之。無不之者。不測之辭耳。豈必其有神與知邪。

曹思文重難曰。論曰。若合而爲用者。明不合則無用。如蛩駏相資。廢一則不可。此乃是滅神之精據。而非存神之雅決。子意本欲請戰。而定爲我援兵邪。又伸延陵之言。卽形消於下。神滅於上。故云無不之也。難曰。蛩蛩駏驢。是合用之證耳。而非形滅卽神滅之據也。何以言之。蛩非驢也。驢非蛩也。今滅蛩蛩而駏驢不死。斬駏驢而蛩蛩不亡。非相卽也。今引此以爲形神俱滅之精據。又爲救兵之良援。斯倒戈授人。而欲求長存也。又伸延陵之言曰。卽是形消於下。神滅於上。論云形神是一體之相卽。今形滅於此。卽應神滅於形中。何得云形消於下神滅於上。而云無不之乎。范答未見蕭琛難范縝曰。今論形神合體。則應有不離之證。而直云神卽形。形卽神。形之於神。不得相異。此辨而無徵。有乖篤喻矣。予今據夢以驗形神不得共體。當人寢時。其形是無知之物。而有見焉。此神游之所接也。神不孤立。必憑形器。猶人不露處。須有居室。但形氣是穢闇之質。居室是蔽塞之地。神反形內。則其識微惛。惛故以見爲夢。人歸室中。則其神暫壅。壅故以明爲昧。夫人或夢上騰玄虛。遠適萬里。若非神行。便是形往耶。形旣不往。神又弗離。復焉得如此。若謂是想所見者。及其安寐。身似僵木。氣若寒灰。呼之不聞。撫之無覺。旣云神與形均。則是表裏俱勌。旣不外接聲音。寧能內興思想。此卽形靜神馳。斷可知矣。（范之答曹亦破夢見玩其意似亦有答蕭之辭今未見當是弘明集有所删削也）

（二）論形質神用

范縝論曰。問曰。神故非用。不得爲異。其義安在。答曰。名殊而體一也。問曰。名旣已殊。體何得一。答曰。神之於質。猶利之於刃。形之於用。猶刃之於利。利之名非刃也。刃之名非利也。然而捨利無刃。捨刃無利。未聞刃沒而利存。豈容形亡而神在。

蕭琛難范縝曰。夫刃之有利。砥礪之功。故能水截蛟螭。陸斷兕虎。若窮利盡用。必摧其鋒鍔。化成鈍刃。如此則利滅而刃存。卽是神亡而形在。何云捨利無刃。名殊而體一耶。刃利旣不俱滅。形神則不共亡。雖能近取譬。理實乖矣。

曹思文難范縝曰。今刃之於利。是一物之兩名耳。然一物兩名者。故捨刃則無利也。二物之合用者。故形亡則神逝也。今引一物之二名。以徵二物之合用。斯差若毫釐者。何千里之遠也。斯又形滅而神不滅之證也。

范縝論曰。問曰。刃之與利。或如來說。形之與神。其義不然。何以言之。木之質無知也。人之質有知也。人既有如木之質。而有異木之知。豈非木有其一。人有其二耶。答曰。異哉言乎。人若有如木之質以爲形。又有異木之知以爲神。則可如來論也。今人之質。質有知也。木之質。質無知也。人之質非木質也。木之質非人質也。安在有如木之質。而復有異木之知。問曰。人之質所以異木質者。以其有知耳。人而無知。與木何異。答曰。人無無知之質。猶木無有知之形。問曰。死者之形骸。豈非無知之質耶。答曰。是無知之質也。問曰。若然者。人果有若木之質而有異木之知矣。答曰。死者有如木之質。而無異木之知。生者有異木之知。而無如木之質。問曰。死者之骨骼。非生者之形骼耶。答曰。生形之非死形。死形之非生形。區已革矣。安有生人之形骸。而有死人之骨骼哉。問曰。若生者之形骸。非死者之骨骼。死者之骨骼則應不由生者之形骸。不由生者之形骸。則此骨骼從何而至。答曰。是生者之形骸。變而爲死者之骨骼也。問曰。生者之形骸。雖變爲死者之骨骼。豈不因生而有死。則知死體猶生體也。答曰。如因榮木變爲枯木。枯木之質。寧是榮木之體。問曰。榮體變爲枯體。枯體卽是榮體。如絲體變爲縷體。縷體卽是絲體。有何咎焉。答曰。若枯卽是榮。榮卽是枯。則應榮時彫零。枯時結實。又榮木不應變爲枯木。以榮卽是枯。故枯無所復變也。又榮枯是一。何不先枯後榮。要先榮後枯何也。絲縷同時。不得爲喩。問曰。生形之謝。便應豁然都盡。何故方受死形。綿歷未已耶。答曰。生滅之體。要有其次故也。夫欻而生者必欻而滅。漸而生者必漸而滅。欻而生者飄驟是也。漸而生者。動植是也。有欻有漸。物之理也。

蕭琛難范縝曰。論云。人之質有知也。木之質無知也。豈不以人識涼燠。知痛癢。養之則生。傷之則死耶。夫木亦然矣。當春則榮。當秋則悴。樹之必生。拔之必死。何謂無知。今人之質。猶如木也。神留則形立。神去則形廢。立也卽是榮木。廢也卽是枯木。子何以辨此非神知。而謂質有知乎。凡萬有皆以神知。無以質知者也。但草木昆蟲之性。裁覺榮悴生死。生民之識。則通安危利害。何謂非有如木之質以爲形。又有異木之知以爲神耶。此則形神有二。居可別也。但木稟陰陽之偏氣。人含一靈之精照。其識或同。其神則異矣。骨骼形骸之論。死生授受之說。義既前定。事又不經。安用曲辨哉。

(三)論精神所在

范縝論曰。問曰。形卽是神者。手等亦是耶。答曰。皆是神之分也。問曰。若皆是神之分。神既能慮。手等亦應能慮也。答曰。手等亦應能有痛癢之知。而無是非之慮。問曰。慮爲一爲異。答曰。

知卽是慮。淺則爲知。深則爲慮。問曰。若爾應有二乎。答曰。人體惟一。神何得二。問曰。若不得二。安有痛癢之知。復有是非之慮。答曰。如手足雖異。總爲一人。是非痛癢雖復有異。亦總爲一神矣。問曰。是非之慮不關手足。當關何處。答曰。是非之慮。心器所主。問曰。心器是五藏之心非耶。答曰。是也。問曰。五藏有何殊別。而心獨有是非之慮乎。答曰。七竅亦復何殊。而司用不均。問曰。慮思無方。何以知是心器所主。答曰。五藏各有所司。無有能慮者。是以心爲慮本。問曰。何不寄在眼等分中。答曰。若慮可寄於眼分。何故不寄於耳分耶。問曰。慮體無本。故可寄之於眼分。眼目有本。不假寄於佗分也。答曰。眼何故有本而慮無本。苟無本於我形。而可偏寄於異地。亦可張甲之情寄王乙之軀。李丙之性託趙丁之體。然乎哉。不然也。

蕭琛難范縝曰。形神不殊。手等皆是神分。此則神以形爲體。體全卽神全。體傷卽神缺矣。神者何。識慮也。今人或斷手足殘肌膚。而智思不亂。猶孫臏刖趾。兵略愈明。膚浮解腕。儒道方謐。此神與形離。形傷神不害之切證也。但神任智以役物。託器以通照。視聽香味。各有所憑。而思識歸乎心器。譬如人之有宅。東閣延賢。南軒引景。北牖招風。西櫺映月。主人端居中霤。以牧四時之用焉。若如來論。口鼻耳目各有神分。一目病卽視神毀。二目應俱盲矣。一耳疾卽聽神傷。兩耳俱應聾矣。今則不然。是知神以爲器。非以爲體也。又云。心爲慮本。慮不可寄之他分。若在於口眼耳鼻。斯論然也。若在於他心。則不然矣。耳鼻雖共此體。不可以相雜。以

其所司不同。器用各異也。他心雖在彼形。而可得相涉。以其神理俱妙。識慮齊功也。故書稱
啟爾心。沃朕心。詩云他人有心。予忖度之。齊桓師管仲之謀。漢祖用張良之策。是皆本之於
我形。寄之於他分。何云張甲之情。不可託王乙之軀。李丙之性。勿得寄趙丁之體乎。

（四）論精神與凡聖鬼神祭祀之關係

范縝論曰。問曰。聖人形猶凡人之形。而有凡聖之殊。故知形神異矣。答曰。不然。金之精者能
昭。穢者不能昭。有能昭之精金。寧有不昭之穢質。又豈有聖人之神而寄凡人之器。亦無凡
人之神而託聖人之體。是以八采重瞳。勛華之容。龍顏馬口。軒皞之狀。形表之異也。比干之
心。七竅列角。伯約之膽。其大若拳。此心器之殊也。是知聖人定分。每絕常區。非惟道革羣生。
乃亦形超萬有。凡聖均體。所未敢安。問曰。子云聖人之形。必異於凡者。敢問陽貨類仲尼。項
籍似大舜。舜項孔陽。智革形同。其故何耶。答曰。珉似玉而非玉。雞類鳳而非鳳。物誠有之。人
故宜爾。項陽貌似而非實似。心器不均。雖貌無益。問曰。凡聖之殊。形器不一。可也。貞極理無
有二。而丘旦殊姿。湯文異狀。神不侔色。於此益明矣。答曰。聖同於心器。形不必同也。猶馬殊
毛而齊逸。玉異色而均美。是以晉棘荊和。等價連城。驊騮騄驪。均致千里。問曰。形神不二。既
聞之矣。形謝神滅。理固宜然。敢問經云。爲之宗廟。以鬼饗之。何謂也。答曰。聖人之教然也。所
以弭孝子之心。而厲偸薄之意。神而明之。此之謂也。問曰。伯有被甲。彭生豕見。墳素著其事。

寧是設教而已耶。答曰。妖怪茫茫。或存或亡。彊死者衆。不皆爲鬼。彭生伯有。何獨能然。乍爲人豕。未必齊鄭之公子也。問曰。易稱故知鬼神之情狀與天地相似而不違。又曰。載鬼一車。其義云何。答曰。有禽焉。有獸焉。飛走之別也。有人焉。有鬼焉。幽明之別也。人滅而爲鬼。鬼滅而爲人。則未之知也。

蕭琛難范縝曰。論云。豈有聖人之神。而寄凡人之器。亦無凡人之神而託聖人之體。今陽貨類仲尼。項籍似帝舜。卽是凡人之神託聖人之體也。珉玉鷴鳳不得爲喩。今珉自名珉。玉實名玉。鷴號鷄鷴。鳳曰神鳳。名既殊稱。貌亦爽實。今舜重瞳子。項羽亦重瞳子。非有珉玉二名。唯覩重瞳相類。又有女媧蛇軀。皐陶馬口。非眞聖神入於凡器。遂乃託於蟲畜之體。此形神殊別。明暗不同。茲益昭顯也。若形神爲一。理絕前因者。則聖應誕聖。賢必產賢。勇怯愚智悉類其本。既形神之所陶甄。一氣之所孕育。不得有堯睿朱嚚。瞍頑舜聖矣。論又云。聖同聖器而器不必同。猶馬殊毛而齊逸。今毛復是逸氣耶。馬有同毛色而異駑駿者。如此則毛非逸相。由體無聖器矣。人形骸無凡聖之別。而有貞脆之異。故遐靈棲於遠質。促神寓乎近體。唯斯而已耳。向所云聖人之體。指直語近舜之形。不言器有聖智。非矛盾之說。勿近於此惑也。

曹思文難范縝祭祀之義曰。論曰。問者曰。經云。爲之宗廟。以鬼饗之。何謂也。答曰。非有鬼也。斯是聖人之教然也。所以達孝子之心。而厲偸薄之意也。難曰。今論所云。皆情言也。而非聖旨。語舉經記以證聖人之教。孝經云。昔者周公郊祀后稷以配天。宗祀文王於明堂以配上帝。若形神俱滅。復誰配天乎。復誰配帝乎。且無神而爲有神。宣尼云天可欺乎。今稷無神矣。而以稷配。斯是周旦其欺天乎。果其無稷也。而空以配天者。既其欺天矣。又其欺人也。斯是聖人之教教以欺妄也。設欺妄以立教者。復何達孝子之心。厲偷薄之意哉。原尋論旨以無鬼爲義試重詰之曰。孔子菜羹瓜祭。祀其祖禰也。記云。樂以迎來。哀以送往。神既無矣。迎何所迎。神既無矣。送何所送。迎來而樂。斯假欣於孔貌。送往而哀。又虛淚於丘體。斯則夫子之祭禮也欺僞滿於方寸。虛假盈於廟堂。聖人之教。其若是乎。而云聖人之教然也。何哉。

范縝重答曹思文曰。難曰。今論所云。皆情言也。而非聖旨。請舉經記以證聖人之教。孝經云。昔者周公郊祀后稷以配天。宗祀文王於明堂以配上帝。若形神俱滅。復誰配天乎。復誰配帝乎。答曰。若均是聖達本自無教教之所設。貴在黔首。黔首之情常貴生而賤死。死而有靈則長畏敬之心。死而無知。則生慢易之意。聖人知其若此。故廟祧壇墠以篤其誠心。肆筵授几以全其罔己。尊祖以窮郊天之敬。嚴父以配明堂之享。且忠信之人。寄心有地。强梁之子。茲焉是懼。所以聲教昭於上。風俗淳於下。用此道也。故經云。爲之宗廟。以鬼享之。言用鬼神之道。致茲孝享也。春秋祭祀。以時書之。明厲其追遠。不可朝死夕亡也。子貢問死而有知。仲尼云。吾欲言死而有知。則孝子輕生以殉死。吾欲言死而無知。則不孝之子棄而不葬。子路問事鬼神。夫子云。未能事人。焉能事鬼。適言以鬼享之。何故不許其事耶。死而有如。輕生以殉是也。何故不明言其有而作此悠漫以答耶。研求其義。死而無知亦已審矣。宗廟郊社皆聖人之教迹。彝倫之道。不可得而廢耳。難又曰。無神而爲有神。是聖人之教以欺妄爲教。答曰。夫聖人者顯仁藏用。窮神盡變。故曰聖達節而賢守節也。寧可求之蹄筌局以言教。夫欺者謂傷化敗俗。導人非道耳。苟可以安上治民。移風易俗。三光明於上。黔黎悅于下。何欺妄之有乎。請問湯放桀。武伐紂。是弒非君耶。孟子云。聞誅獨夫紂。未聞弒君也。子不責聖人放弒之迹。而勤勤於郊稷之妄乎。郊丘明堂。乃是儒家之淵府也。而非形神之滯義。當如此何耶。曹仍有答義與前相出入不錄

(五)神滅論之利用

范縝論曰。問曰。知此神滅。有何利用耶。答曰。浮屠害政。桑門蠹俗。風驚霧起。馳蕩不休。吾哀其弊。思拯其溺。夫竭財以赴僧。破產以趨佛。而不恤親戚。不憐窮匱者何。良由厚我之情深。濟物之意淺。是以圭撮涉於貧友。吝情動於顏色。千鍾委於富僧。歡意暢於容髮。豈不以僧有多稌之期。友無遺秉之報。務施闕於周急。歸德必於在己。又惑以茫昧之言。懼以阿鼻之苦。誘以虛誕之辭。欣以兜率之樂。故捨逢掖。襲橫衣。廢俎豆。列缾鉢。家家棄其親愛。人人絕其嗣續。致使兵挫於行間。吏空於官府。粟罄於墮游。貨殫於泥木。所以姦宄弗勝。頌聲尚擁。

惟此之故。其流莫已。其病無限。若陶甄稟於自然。森羅均於獨化。忽焉自有。怳爾而無。來也不禦。去也不追。乘夫天理。各安其性。小人甘其壟畝。君子保其恬素。耕而食。食不可窮也。蠶而衣。衣不可盡也。下以餘以奉其上。上無爲以待其下。可以全生。可以匡國。可以霸君。用此道也。

蕭琛難范縝曰。佛之有無•寄於神理。存滅既有經論•且欲略言。今指辨其損益•語其利害•以弼夫子過正之談。子云。釋氏蠹俗傷化。費貨損役。此惑者爲之。非佛之尤也。佛之立教。本以好生惡殺。修善務施。好生非止欲繁育鳥獸。以人靈爲重。惡殺豈可得緩宥逋逃。以哀矜斷察。修善不必瞻丈六之形。以忠信爲上。務施不苟使殫財土木。以周給爲美。若悉絕嗣續。則必法種不傳。如並起浮圖。又亦播殖無地。凡人且猶知之。況我慈氏。寧樂爾乎。今守株桑門迷瞀俗士。見寒者不施之短褐。遇餒者不錫以糠豆。而競聚無識之僧。爭造衆多之佛。親戚棄而弗眄。祭祀廢而弗修。良繒碎於刹上•丹金靡於塔下。而謂爲福田。期以報業。此並體佛未深•解法不妙。雖呼佛爲佛。豈曉歸佛之旨。號僧爲僧。寧達依僧之意。此亦神不降福。予無取焉。夫六家之術。各有流弊。儒失於僻。墨失於蔽。法失於峻。名失於訐。咸由祖述者失其傳以致泥溺。今子不以僻蔽誅孔墨。峻訐責韓鄧。而獨罪我如來。貶茲正覺。是忿風濤而毀舟楫也。

按古本有神滅與神不滅二說。及佛教既來。神不滅之說益盛。凡其三世輪迴成佛修證之說。皆以此爲根據。故范縝之神滅論。卽是深闢佛教而攻擊之者。則皆崇信佛教者也。范縝在梁書列於儒林傳。而其神滅之說。雜本於王充論辯之致。雅近於名家。六朝之際。儒道與佛家相難。極衆。而神滅與否。尤爲精微重大之問題。故茲詳著此論。至於其餘。則從略焉。

第六章　文中子

隋既統一南北。而其時學者。仍以華藻相高。經術之士。局於訓詁。玄釋並行。惟文中子明儒業。其言甚醕。參於漢之揚董。而魏晉以來。未有能及之者也。文中子。姓王名通。字仲淹。河東龍門人。隋書不爲立傳。其事蹟略見於新舊唐書王勃傳。劉禹錫王華卿墓誌序。皮日休文中子碑。宋司馬光嘗輯爲文中子傳。文中子以隋仁壽三年。獻太平十二策。文帝召見而不能用。遂罷歸。煬帝卽位。又徵之。稱疾不至。專以講學教人爲事。弟子自遠方至者甚衆。唐初開國之佐。如房杜之倫。多出其門。著禮論二十五篇。樂論二十篇。續書百五十篇。詩三百六十篇。元經五十篇。贊易七十篇。謂爲王氏六經。多所散佚。卒後門人諡曰文中子。唐志文中子中說五卷。程伊川嘗謂文中子隱德君子。當時少有言語。爲後人傳會。不可謂全書。若其精粹處。殆非荀揚所及。朱晦庵亦稱文中子之學。而疑其中有爲後人所亂者。獨洪邁以中說爲阮咸之徒僞作。所謂文中子者。疑無其人。今審其詞。宜若非可悉僞者。中說本擬論語。

卽非文中子自作。亦其門人記平日言論所成者也。

文中子學說。以執中爲要。故其書曰中說。蓋中之爲義。自堯舜禹湯至於孔子子思。皆言之。揚雄法言。亦主於中。此固儒者相傳之至道也。魏晉以來。佛老之說盛。無復能明此者。而文中子乃復申之。其言曰。政猛寧若恩。法速寧若緩。獄繁寧若簡。臣主之際。其猜也寧信。執其中者。惟聖人乎。（關朗篇） 阮逸序中說曰。大哉中之爲義。在易爲二五。在春秋爲權衡。在書爲皇極。在禮爲中庸。謂乎無形。非中也。謂乎有象。非中也。上不蕩於虛無。下不局於器用。惟變所適。惟義所在。此中之大略也。中說如是而已。

當時老釋並行。文中子論三教。亦深有可觀者。或問佛。子曰。聖人也。曰。其教何如。西方之教也。中國則泥。（周公篇） 或問長生神仙之道。子曰。仁義不修。孝悌不立。奚爲長生。甚矣人之無厭也。（禮樂篇） 文中子之論釋老。其言皆甚持平。且歸重人道致用之本。則釋老之不必修。其義自明。故亦不復論心性空有深處。以非釋老也。程元曰。三教何如。子曰。政惡多門久矣。曰。廢之何如。曰。非爾所及也。（問易篇） 夫欲使三教會歸於一。此聖人之事。故不輕言之。子讀洪範讜議。曰。三教於是可一矣。程元魏徵進曰。何謂也。曰。使民不倦。（同上） 洪範皇極。貫中道致中和。則天地可位。萬物可育。取三教之中以行之。則民自相與不倦。所以文中子因洪範而論三教之可一也。又曰。詩書盛而秦世滅。非仲尼之罪也。虛玄長而晉室亂。非老莊之罪也。齋戒修而梁國亡。非釋迦之罪也。易不云乎。苟非其人。道不虛行。（周公篇）釋於修齊治平之事。其用雖不及儒家。然善用之。則亦曷嘗無補於治世。以衰亂歸罪於學術之過。皆不智之言也。

文中子所論實踐道德。雖不出古來儒者之恆言。然因其時以申其義。亦有不可不述者。其論五常與仁性道之關係。曰。薛收問仁。子曰。五常之始也。問性。曰。五常之本也。問道。曰。五常一也。（述史篇）仁義禮智信。是曰五常。故仁爲其始。五常同本於性。則性無不善。而與五常一矣。卽子思性道教一貫之義。又以仁義爲教之本。而禮樂爲道德之輔。曰。仁義其教之本乎。先王以是繼道德而興禮樂者也。（問易篇）禮所以制社會之秩序。樂所以導性情於中和。禮樂興而後仁義道德之實備矣。其論孝。曰。賈瓊曰。中山昊欽天下之孝者也。其處家也。父兄欣欣然。其行事也。父兄焦然若無所據。（焦猶子也子然如無依據言事自集）子曰。吾黨之孝者異此。其處家也。父母晏然。其行事也。父兄恬然若無所思。（魏相篇）又曰。孝立則忠遂矣。（周公篇）蓋文中子於倫理先孝而後忠。卽孝經孝始於事親之義也。又論人生之行爲。當依於正道。不可以枉尋。故曰。不就利。不違害。不強交。不苟絕。惟有道者能之。（天地篇）又曰。君子不受虛譽。不祈妄福。不避死義。（禮樂篇）賈瓊問君子之道。子曰。必先恕乎。曰。敢問恕之說。子曰。爲人子者。以其父之心爲心。爲人弟者。以其兄之心爲心。推而達之於天下。斯可矣。（天地篇）又論義利之辨。曰。君子之學進於道。小人之學近於利。（同上）又論人生職務之要。曰。子躬耕。或問曰。不亦勞乎。子曰。一夫不耕。或受其饑且庶人之職也。亡職者罪無所逃於天地之間。吾得逃乎。同上其言多切近平實如此。文中子之所言固純然祖述儒家。然亦慨然有制作之意。其擬六經雖亡。而其志可知也。董常曰。夫子以續詩續書爲朝廷。禮論樂論爲政化。贊易爲司命。元經爲賞罰。此夫子所以生也。魏相篇蓋實欲興素王之業。大禮樂之效。以濟當世。故曰。學者博誦云乎哉。必也貫乎道。文者苟作云乎哉。必也濟乎義。天地篇則文中子經綸之懷。非與靮靮抱訓詁校文字者同矣。唐劉禹錫、李翺、司空圖、宋柳開、孫何。並稱文中子。陳同甫則於孟子之後。獨推王通云。

第七章　唐代哲學總論

有唐一代。其詩古文辭最盛。爲後世之宗。而哲學獨不振。其能宗儒者之義。本性命之本者。數百年間。惟韓愈、李翺而已。唐太宗以英雄之主。好學樂藝。在太子時。已開館延文學之士。如房玄齡、杜如晦、虞世南之流。所謂十八學士者也。卽位以後。又置弘文館。聚書二十餘萬卷。充其學士者。皆天下名儒。學生若明一經以上。皆得補官。增築學舍千二百間。增學生至二千二百六十八。四方學者。雲集京師。日本、高麗、百濟、新羅、高昌、吐蕃。皆遣子弟來學於國學。其盛如此。當時陸德明、孔穎達、顏師古。皆邃於經訓小學。陸德明著經典釋文。顏師古正五經脫誤。孔穎達作五經正義。五經正義者。周易正義十卷。用晉王弼韓康伯注。尚書正義二十卷。用孔安國傳。毛詩正義二十卷。用毛亨傳鄭玄禮箋。記正義六十三卷。用鄭玄注。春秋左傳正義六十卷。用杜預集解。其正義皆頴達所爲也。自是說經者皆遵正義。不復更爲新說。從此南北學派之爭雖泯。而學術思想亦坐是不進矣。

唐與老子同姓。故尊道家。太宗又遣玄奘於西域。及其歸也。廣譯大乘經論。而佛敎亦盛。唐時釋老與儒敎並行。佛敎之中。尤大德輩出。道敎則多方術之士。以玄理著書者甚少。譚峭記書之屬。殊罕精微之論。其餘陰陽術數之學。亦頗有傳者。李淳風、一行等。其最著者也。又趙蕤長短經。言縱橫之學。然無特創之見。故茲不取也。

唐人文集。時有關於哲理之議論。如柳宗元劉禹錫之天論。並具新解。其餘此類亦多。要其學未有系統。難以一二文字述之。哲學之林。故今只取韓愈李翺二家。要之佛敎尤盛。其敎理多可論者。故亦別出一章也。

第八章　唐代佛敎略述

唐時佛敎思想。仍承魏晉六朝以來之影響。先是佛敎流傳者。本有數派。至是復開新派。今略述之。

一、律宗　唐之律宗。自五祖慧光以來。分爲三派。爲法礪律師之相部宗。懷素律師之東塔宗。道宣律師之南山宗。南山宗最盛。經宋至元始衰。

二、法相宗　法相一宗。玄奘爲開祖。玄奘往西域學法相宗。歸後譯其經論多種。而慈恩窺基大師。最得其傳。此宗依楞伽深密等。瑜功等論。因明之學。至是始行。

三、華嚴宗　此宗以華嚴經爲所依。此經本有晉譯。唐時重譯始完。華嚴五祖。並在唐代。杜順、智儼、法藏、澄觀、宗密是也。

四、眞言宗　眞言宗一名密宗。開元初。中印度善無畏至長安。始創此宗。譯大日經蘇悉地經等。善無畏與金剛智、不空、一行等。號密四尊者。一行作大日經疏。

如上所述。則唐時佛教流傳者。幷六朝時九宗。共有十三宗。又合爲十一宗。卽禪宗。華嚴宗。（地論併入此宗）俱舍宗。天台宗。淨土宗。三論宗。法相宗。（攝論併入此宗）眞言宗。律宗。成實宗。涅槃宗是也。佛教教義。至唐大備。其關於哲學者。曾不可悉述。茲姑略舉杜順之華嚴法界理事無礙觀及宗密之原人論於下。

（一）理事無礙觀

華嚴法界觀門者。所以發揮華嚴之眞理。其根本思想。卽在立現象界與眞如界二者。現象界爲色爲事。眞如界爲理。明理事二者不相離。故是華嚴法界觀之約義也。故必先知一切現象界無實體。無自性。全屬於空。而眞空者。卽名妙有。既現象之事。無實體。無自性。則雖有差別。仍還與眞如之理。同一體性。此謂理事互融。一多無礙。故一滴之水。可以該全宇宙全世界之水。可以入一瓶中。其言曰。能徧之事。是有分限。所徧之理。要無分限。此有分之事。於無分之理。全同非分同。何以故。以事無體。還如理故。是故一塵不壞而偏法界也。如一塵一切法亦然。思之。又曰。如全一大海在一波中。而海非小。如一小波匝於大海。而波非大。同時全偏於諸波。而海非異。俱時各匝於大海。而波非一。又大海全偏一波時。不妨舉體全偏諸波。一波全匝大海時。諸波亦各全匝。互不相礙。思之。法界觀之要旨。在使各人知現象無自體無自性。則不至執著。然後其心能離去種種差別。而與眞如一致也。

(二)原人論

宗密原人論。實綜古來論性諸家。而自創一說。蓋先破儒教、道教、小乘、權大乘、諸宗所說。而乃曰下心性本源之定義。今約舉其意。(一)非儒老曰。儒老二教。皆言天地萬物。由生於元氣。萬物所以相異。因於時命不同。此說有四失。元氣既是生死之源。常存之基。則禍亂凶愚。終不可除。一也。又如此說。則人生不由因緣。自然生化。既無因緣。則不應生草。草應生人。二也。元氣未曾習慮。何故嬰孩便知愛惡。若言神智欻有。則德藝亦可不待因緣學成。三也。人死則復還元氣。何處復有鬼神。四也。(二)非人天教曰。人天教以一切萬物。皆業所生。或生人間。或墮禽獸。皆過去業所爲。然造業者誰耶。如以我身心能造業。身死誰受其報。若云後身受報。則修福者屈甚。造業者幸甚。太無道矣。(三)非小乘教曰。小乘教以人間由身心相續。身有地水火風。心有受想行識。執之爲我。以致輪迴。謂須修無我之觀。灰身滅智。乃能斷苦。然謂身心相續。則身心自體須無間斷。色心本無。爲何持得此身。世世不絕耶。(四)非大乘法相敎及破相敎曰。大乘法相敎以一切有情無始以來。有八種識。而第八阿賴耶識爲根本。以生七識。皆能變現自分所緣。如目現色。耳現聲。都無實法。如夢如幻。我身亦然。皆由識起也。大乘破相駁之曰。一切現象皆虛妄。則阿賴耶識亦虛妄也。夢中不能辨眞僞。是眞僞皆虛妄也。一切諸識。由因緣生。心境皆空。方是大乘實理。身亦是空。空卽是本。然心境皆空。則知空者誰耶。又實法何得由非實法者而現耶。法鼓經曰。一切空經。是有解說。大品經云。空是大乘之初門。於是宗密乃自示其一乘顯性敎。卽以一切有情皆有本覺之眞心。無始以來。昭然不昧。是名佛性。又名如來藏。然爲妄想所翳。不自覺知。但認凡質。遂至淪墮受生死苦。乃言曰。須行依佛行。心契佛心。反本還源。斷除凡習。損之又損。以至無爲。自然應用恆沙。名之曰佛。當知迷悟同一眞心。大哉妙門。原人至此。宗密原人之要具於此矣。蓋諸敎之中。亦各有眞理。不過各見一偏。未識本源耳。所謂如來藏者。無始無終。不增不滅。不覺念起。而有妄想。與眞心非一非異。名阿賴耶識。由妄想起種種業。由不覺自心妄現。執有增癡作業。變報轉於六道。一切諸法不外四大。四大又不外一元氣。故知諸敎所說。亦如具眞理也。

理事無礙觀及原人論。略近宋儒性理之論。故稍著其義。自餘關於佛敎者。卽不復廣說也。

第九章　韓愈

韓愈字退之。鄧州南陽人。官至吏部侍郎。諡曰文。（生唐代宗大曆三年卒於穆宗長慶四年）其古文繼司馬遷。後人推爲起八代之衰。平生好儒者之道。尊信孔子。自孟子以下。卽罕所許可。故曰孟子醇乎醇者也。荀與揚也大醇而小疵。尤闢佛老二氏之學。憲宗迎佛骨。愈力諫得罪。貶潮州。其操行堅正。無所屈撓。著原道原性等篇。爲後儒所稱。有集四十卷。

（一）性三品說

性三品說。原於劉向荀悅。前已具之。要退之之言之較詳。其言曰。性也者。與生俱生者也。情也者。接於物而生者也。性之品有三。而其所以爲性者五。情之品有三。而其所以爲情者七。曰何也。曰。性之品有上中下三。上焉者。善焉而已矣。中焉者。可導而上下也。下焉者。惡焉而已矣。其所以爲性者五。曰仁。曰禮。曰信。曰義。曰智。上焉者之於五也。主於一而行於四。中焉者之於五也。一不少有焉。則少反焉。其於四也混。下焉者之於五也。反於一而悖於四。性之於情視其品。情之品有上中下三。其所以爲情者七。曰喜。曰怒。曰哀。曰懼。曰愛。曰惡。曰欲。上焉者之於七也。動而處其中。中焉者之於七也。有所甚。有所亡。下焉者之於七也。亡與甚。直情而行者也。情之於性視其品。（原性）蓋孔子雖有上智下愚不移之說。退之更極言之曰。上之性就學而愈明。下之性畏威而寡罪。是故上者可敎。而下者可制也。又以孟子言性善。荀子言性惡。揚子言性善惡混。皆舉其中而遺其上下。又曰今之言性者雜佛老而言之也。殆指李翺性善情惡說。與朱子以退之言性過於荀揚遠甚。其言五性尤善。但三品說太拘而不言氣稟亦有未備云。

（二）仁義道德辨

原道曰博愛之謂仁。行而宜之之謂義。由是而之焉之謂道。足乎己無待於外之謂德。仁與義爲定名。道與德爲虛位。故道有君子小人。而德有凶有吉。老子之小仁義。非毀之也。其見者小也。坐井而觀天。曰天小者。非天小也。彼以煦煦爲仁。孑孑爲義。其小之也則宜。其所謂道。道其所道。非吾所謂道也。其所謂德。德其所德。非吾所謂德也。凡吾所謂道德云者。合仁與義言之也。天下之公言也。老子之所謂道德云者。去仁與義言之也。一人之私言也。退之之言仁義道德。雖與古來無大出入。而此篇先辨明儒家所言之道德與老子所言之道德異。是其最精處。故以道德爲虛位。以仁義爲定名。惟道德爲虛位。是以有君子之道。有小人之道。有吉德有凶德。孔孟所謂道是君子之道。所謂德是吉德。老子所謂道是小人之道。所謂德是凶德。仁義爲孔孟之教。所獨有不適於老子之教。老子雖言仁義。而以爲煩瑣而排斥之。故退之分別儒家所言道德。蓋仁義所由生之本原。老子所言道德則仁義未生時之景象。此其大異也。老子曰。大道廢有仁義。又曰。失道而後德。失德而後仁。失仁而後義。失義而後禮可以證矣。

（三）闢佛老

退之既根據老子不知仁義之說。則以老子爲坐井觀天。至其排二氏。亦多就事上說。故以有佛老則游食之民增加。曰古之爲民者四。今之爲民者六。又曰農之家一而食粟之家六。工之家一而用器之家六。賈之家一而資焉之家六。奈之何民不窮且盜也。又以佛敎不知君臣父子。曰今其法曰必棄而君臣。去而父子。禁其相生相養之道。以其所謂清淨寂滅者。嗚呼其亦幸而出於三代之後。不見黜於禹湯文武周公孔子也。其亦不幸而不出於三代之前。不見正於禹湯文武周公孔子也。又以儒者之道。心身家國天下。一以貫之。而釋氏但求諸心。是以有害。故曰今也欲治其心。而外天下國家。滅其天常。子焉而不父其父。臣焉而不君其君。民焉而不事其事。蓋佛家本爲出世法。退之則專就其倫理上之義務所闕者而攻之也。

第十章　李翺

李翺字習之。元和初爲國子博士。修撰。嘗從韓愈學爲文章。見推當世。翺於佛學。亦所究心。其復性書三篇。頗演中庸率性之義。以爲性善情惡。殆退之所指爲雜佛老者也。然陸傪見而歎之曰。子之言。尼父之心也。聖人復作。不出此不息之而已矣。翺文章雍容和緩。宋人最稱之。至有以爲賢於退之者。有集十八卷。

復性書曰。人之所以爲聖人者性也。人之所以惑其性者情也。喜怒哀懼愛惡欲七者。皆情之所爲也。情旣昏。性斯匿矣。非性之過也。七者循環而交來。故性不能充也。水之渾也。其流不清。火之煙也。其光不明。非水火清明之過。沙不渾。流斯清矣。煙不鬱。光斯明矣。情不作。性斯充矣。性與情不相無也。雖然。無性則情無所生矣。是情由性而生。情不自情。因性而情。性不自性。由情而明。性者。天之命也。聖人得之而不惑者也。情者。性之動也。百姓溺之而不能知其本者也。聖人者豈其無情耶。聖人者寂然不動。不往而到。不言而神。不耀而光。制作參乎天地。變化合乎陰陽。雖有情也。未嘗有情也。然則百姓者豈其無性者耶。百姓之性與聖人之性無差也。雖然。情之所昏。交相攻伐。未始有窮。故雖終身而不能覩其性焉。又曰。夫明者所以對昏。昏旣滅。則明亦不立矣。是故誠者。聖人之性也。寂然不動。廣大清明。照乎天地。感而遂通天下之故。行止語嘿。無不處於極也。復其性者。賢人循之而不已者也。不已則能歸其源矣。又曰。聖人知人之性皆善。可以循之不息而至於聖也。故制禮以節之。作樂以和之。安於和樂。樂之本也。動而中禮。禮之本也。故在車則聞鸞和之聲。行步則聞珮玉之音。無故不廢琴瑟。視聽言行。循禮而動。所以敎人忘嗜欲而歸性命之道也。道者至誠也。誠而不息則虛。虛而不息則明。明而不息則照天地而無遺。非他也。此盡性命之道也。

蓋習之在本中庸明誠之義。以致止情復性之極功。孫夏峰謂原道人猶訾其不醇。至復性書罕及焉。歐陽文忠謂此中庸之義疏。爾智者識其性當復。愚者雖讀此不曉也。不作可焉。夏峰以爲翱之時諸儒未起。理學未明。而鑿鑿然以四子爲歸。且當少時眞切爲性命之憂。此而非儒也。誰可以當儒者哉。

中國哲學史四終

第三編上　近世哲學史（宋元）

第一章　宋代哲學總論

中國哲學。當以宋代爲極盛。蓋古之儒者。講修齊治平之道。或詳於人事。而略於宇宙之本原。宋儒始明人性與宇宙之關係。立理氣心性之說。不僅教人以實踐。且進而推求其原理。故有以立其大本。而教義益密。至是乃有性理之學。然亦時勢有以致之。

（一）佛教之影響　六朝文士、喜好佛教。恆著於文詞。唐韓愈出。始辟而闢之。然唐以來。佛之爲教。益備。大德迭出。禪宗所謂以心傳心。不立文字。直指心性。見性成佛者。尤能導人從事心性之源。而厭章句碎屑之陋。宋之大儒。多與禪門往還。其討論性命之說。故宜有相契發者。惟於人事倫理。所持各異耳。

（二）道教之影響　五代陳摶。亦究性命之理。太極圖先天圖。有謂皆出於摶者。蓋古時陰陽五行之說。常存於方外。至是傳於儒者。爲宋學之根據焉。

（三）訓詁學之反動　漢之學者。於訓詁已詳。唐初亦盛。小學說經者。牽於字句。至於宋儒。始務求其大義。而歸於純理。故詞章訓詁。皆在所輕。此道學家所以異前之經生也。

北宋之道學者。有周濂溪、邵康節、張橫渠、程明道、程伊川。而程門之傳最廣。其餘司馬光、歐陽修、王安石。本政治文章之士。其議論亦多原於儒術。南渡以後。則朱陸分爲二派。陸近於尊德性。朱近於道問學。並爲後來所宗。而又有永嘉永康之功利派。王霸雙行。義利並用。門戶之爭。自宋以來而彌甚。然要不可不謂爲哲學進步之一時期矣。南渡以來。苦於金人之侵略。朝中有主和主戰二派。相軋。終以國弱力屈。鼎遷於元。至是異族入主中夏。而遺民抗節守義。秉志不回者極多。殆亦道學之餘勢所激厲也。

第二章　道學之淵源

宋興幾八十年。而孫明復、石守道、胡翼之三先生。始以師道自任。講明正學。自是而濂洛之學嗣之以起。故三先生實宋學之先導也。

一、孫明復　孫復字明復。平陽人。舉進士不第。退居泰山。學春秋。著尊王發微十二篇。石介有名山東。自介而下皆師事之。介既爲學官。語人曰。孫先生非隱者也。於是范仲淹、富弼皆言復有經術。宜在朝廷。召爲邇英閣祗候。稍遷殿中丞。卒。

二、石徂徠　石介字守道。兗州人。進士及第。爲嘉州軍事判官。丁父母憂。歸耕徂徠山下。以易教授於家。魯人號徂徠先生。入爲國子監直講。學者從之甚衆。嘗患文章之弊。佛老爲蠹。著怪說三篇。言去此三者。乃可有爲。又著唐鑑。以戒姦臣宦官宮女。指切當時。無所諱忌。奸臣夏竦等忌之。將擠之死。徂徠安然不惑。曰。吾道固如是。吾勇過孟軻矣。最爲范仲淹、富弼所知。卒年四十一。

三、胡安定　胡瑗。字翼之。泰州人。學者稱爲安定先生。七歲善屬文。十三通五經。卽以聖賢自任。家貧無以自給。往泰山與孫復石介三人同學。攻苦食淡。終夜不寢。一坐十年不歸。以經術教授吳中。范仲淹嘗與之遊。愛而敬之。以其子純仁從學焉。嘗爲湖州教授。是時方尙詞賦。安定一新故習。倡明正學。教人以身先之。雖盛暑必公服坐堂上。嚴師弟子之禮。視諸生如其子弟。諸生亦信愛如其父兄。其科條纖悉畢具。署其齋曰經義曰治事。蓋一以明其體。一以適其用云。慶歷中興太學。下湖州取其法著爲令云。嘉祐初在太學。其徒甚衆。學舍至不能容。其弟子衣服容止。往往相類。雖不識。皆知爲瑗弟子也。程伊川嘗稱之曰安定之門。往往知稽古愛民。於爲政也何有。若錢藻、孫覺、范純仁、錢公輔、徐積等。皆出其門云。

孫明復、石徂徠、胡安定三先生。其學說雖未盡純。然以躬行實踐爲主。則在聖賢道義之大本。而一變詞章訓詁之風。故不得不謂之道學之先導也。

第三章　周濂溪（生於宋眞宗天禧元年卒於神宗熙寧六年年五十七後賜謚元公）

周子名敦實。字茂叔。後避英宗舊諱。改名敦頤。世家道州營道縣濂溪上。以舅龍圖閣學士鄭向任。爲分寧主簿。有獄久不決。周子至。一訊立辨。邑人驚曰。老吏不如也。調南安軍司理參軍。有囚法不當死。轉運使王逵欲深治之。衆莫敢爭。周子獨與之辨。不聽。乃委手版歸。將棄官去。曰如此尙可仕乎。殺人以媚人。吾不爲也。逵悟。囚得免。移郴之桂陽令。治績尤著。歷官至知南康軍。因家廬山蓮花峯下。前有溪合於湓江。取營道所居濂溪以名之。嘗著太極圖說通書等數十篇。方在南安時。年少不爲守所知。程珦通判軍事。視其氣貌非常人。與語知其爲學知道。因與爲友。且使二子往受學焉。卽明道伊川兩先生也。嘗教令尋孔顏樂處所樂何事。故明道之言曰。自見周茂叔後。吟風弄月以歸。有吾與點也之意。又曰。茂叔窗前草不除。問之。云與自家意思一般。又曰。吾年十六七時。好田獵。既見茂叔。則自謂已無此好矣。茂叔曰。何言之易也。但此心潛隱未發。一日萌動。復如初矣。後十二年。復見獵者。不覺有喜心。乃知果未也。侯師聖學於伊川。未悟。造訪茂叔。茂叔留對榻夜談。越三日乃還。伊川驚異之。曰。非從周茂叔來耶。其善開發人類此。黃庭堅嘗曰。茂叔人品甚高。胸懷灑落。如光風霽月。李延平謂山谷此言。善形容有道者氣象。朱子曰。山谷謂周子灑落者。只是形容一個不疑所行。清明高遠之意。若有一毫私吝心。何處更有此等氣象耶。周子學說。具於太極圖說通書。今析而論之。

(一)太極圖說

朱震漢上易傳。謂陳摶以太極圖授种放。放授穆修。修授周子。晁公武讀書志。謂周子受學於潤州鶴林寺僧壽涯。傳其太極圖。陸象山以太極圖說與通書不類。疑非周子作。屢與朱晦庵辨之。朱彝尊經義考。謂太極一圖。遠本道書。圖南陳氏演之爲圖。爲四位五行。其中由下而上。初一曰玄牝之門。次二曰鍊精化氣。鍊氣化神。次三曰五行定位。五氣朝元。次四曰陰陽配合。取坎塡離。最上曰鍊神還虛。復歸無極。故曰無極圖。乃方士修鍊之術。當時曾刊華山石壁。相傳圖南受之呂嵓。嵓受之鍾離權。權得其說於魏伯陽。伯陽聞其旨於河上公。在道家未嘗詡爲千聖不傳之秘。周子取而轉易之爲圖。亦四位五行。其中由上而下。最上曰無極而太極。次二曰陰陽配合。陽動陰靜。次三曰五行定位。五行各一其性。次四曰乾道成男。坤道成女。最下曰化生萬物。更名之曰太極圖。仍不沒無極之旨。然則太極圖出於道家。而原於易教。故周子因之以明易。自來善明宇宙萬物之所以發生者。未有約於太極圖說者也。蓋不過推極陰陽消長之理而已。學者每好辨其所由來。此無關宏旨。卽謂太極圖爲周子之所創。亦無不可也。

太極圖說

無極而太極。太極動而生陽。動極而靜。靜而生陰。靜極復動。一動一靜。互爲其根。分陰分陽。兩儀立焉。陽變陰合。而生水火木金土。五氣順布。四時行焉。五行一陰陽也。陰陽一太極也。太極本無極也。五行之生也。各一其性。無極之眞。二五之精。妙合而凝。乾道成男。坤道成女。二氣交感。化生萬物。萬物生生。而變化無窮焉。惟人也得其秀而最靈。形既生矣。神發知矣。五性感動而善惡分。萬事出矣。聖人定之以仁義中正而主靜。立人極焉。故聖人與天地合其德。日月合其明。四時合其序。鬼神合其吉凶。君子修之吉。小人悖之凶。故曰立天之道。曰陰與陽。立地之道。曰柔與剛。立人之道。曰仁與義。又曰原始反終。故知死生之說。大哉易也。斯其至矣。

朱子釋之曰。上天之載。無聲無臭。而實造化之樞紐。品彙之根柢也。故曰無極而太極。非太極之外。復有無極也。太極之有動靜。是天命之流行也。所謂一陰一陽之謂道。誠者聖人之本。物之終始。而命之道也。其動也。誠之通也。繼之者善。萬物之所資以始也。其靜也。誠之復也。成之者性。萬物各正其性命也。動極而靜。靜極復動。一動一靜。互爲其根。命之所以流行而不已也。動而生陽。靜而生陰。分陰分陽。兩儀立焉。分之所以一定而不移也。蓋太極者本然之妙也。動靜者所乘之機也。太極形而上之道也。陰陽形而下之器也。是以自其著者而觀之。則動靜不同時。陰陽不同位。而太極無不在焉。自其微者而觀之。則沖漠無朕。而動靜陰陽之理。已悉具於其中矣。雖然。推之於前。而不見其始之合。引之於後。而不見其終之離也。故程子曰。動靜無端。陰陽無始。非知道者。孰能識之。有太極則一動一靜而兩儀分。有陰陽則一變一合。而五行具。然五行者。質具於地。而氣行於天者也。以質而語其生之序。則曰水火木金土。而水木陽也。火金陰也。以氣而語其行之序。則曰木火土金水。而木火陽也。水金陰也。又統而言之。則氣陽而質陰也。又錯而言之。則動陽而靜陰也。蓋五行之變。至於不可窮然無適而非陰陽之道。至其所以爲陰陽者。則又無適而非太極之本然也。夫豈有所虧欠間隔哉。五行具則造化之發育無不備矣。故又卽此而推本之以明其渾然一體莫非無極之妙而無極之妙亦未嘗不各具於一物之中也。蓋五行異質。四時異氣。而皆不能外乎陰陽。陰陽異位動靜異時而皆不能離乎太極。至於所以爲太極者。又無聲臭之可言。是性之本體然也。天下豈有外性之物哉。然五行之生。隨其氣質而所禀不同。所謂各一其性也。各一其性。則渾然太極之全體無不各具於一物之中。而性之無所不在又可見矣。夫天下無性外之物而性無不在。此無極二五所以混融而無間者也。所謂妙合者也。眞以理言。無妄之謂也。精以氣言。不二之名也。凝者聚也。氣聚而成形也。蓋性爲之主。而陰陽五行爲之經緯錯綜。又各以類凝聚而成形焉。陽而健者成男。則父之道也。陰而順者成女。則母之道也。是人物之始以氣化而生者也。氣聚成形。則形交氣感。遂以形化。而人物生生變化無窮矣。自男女而觀之。則男女各一其性。而男女一太極也。自萬物而觀之。則萬物各一其性。而萬物一太極也。蓋合而言之。萬物統體一太極也。分而言之。一物各具一太極也。所謂天下無性外之物。而性無不在者。於此尤可以見其全矣。子思子曰。君子語大。天下莫能載焉。語小。天下莫能破焉。此之謂也。衆人具動靜之理。而常失之於動。蓋人物之生。莫不有太極之道焉。然陰陽五行氣質交運。而人之所禀獨得其秀。故其心爲最靈。而有以不失其性之全。

所謂天地之心而人之極也。然形生於陰。神發於陽。五常之性。感物而動。而陽惡陰惡又以類分而五性之殊散爲萬事。蓋二氣五行化生萬物其在人也又如此。自非聖人全體大用有以定之。則欲動情勝利害相攻。人極不立而違禽獸不遠矣。聖人全動靜之德而常本之於靜。聖人稟陰陽五行之秀氣以生而聖人之生。又得其秀之秀者。是以其行之也中其處之也正其發之也仁其裁之也義。蓋一動一靜。莫不有以全夫太極之道而無所虧焉。則向之所謂欲動情勝利害相攻者。於此乎定矣。然靜者誠之復而性之眞也苟非此心寂然無欲而靜則又何以酬酢事物之變。而一天下之動哉。故聖人中正仁義動靜周流而其動也必主乎靜。此其所以成位乎中。而天地日月四時鬼神有所不能違也。蓋必體立而後用有以行。若程子論乾坤動靜。而曰不專一則不能直遂。不翕聚則不能發散。亦此意爾。聖人太極之全體。一動一靜無適而非中正仁義之極。蓋不假修爲而自然也。未至此而修之君子之所以吉也。不知此而悖之小人之所以凶也。修之悖之。亦在乎敬肆之間而已矣。敬則欲寡而理明。寡之又寡以至於無。則靜虛動直而聖可學矣。陰陽成象天道之所以立也。剛柔成質地道之所以立也。仁義成德人道之所以立也。道一而已隨事著見。故有三才之別。而於其中又各有體用之分焉。其實則一太極也。陽也。剛也。仁也。物之始也。陰也。柔也。義也。物之終也。能原其始而知所以生。則反其終而知所以始也。此天地之間。綱紀造化流行古今不言之妙。聖人作易其大意蓋不出此。故引之以證其說。又曰。易之爲書。廣大悉備。然語其至極。則此圖盡之。其指豈不深哉。抑嘗聞之。程子昆弟之學於周子也。周子手是圖以授之。程子之言性與天道。多出於此。然卒未嘗明以此圖示人。是則必有微意焉。學者亦不可以不知也。

古今釋太極圖說者極多。今惟著朱子之說。餘則略焉。黃黎洲太極圖講義謂天地間無非一氣。氣本一也。而有往來闔闢升降之殊。則分爲動靜。分爲陰陽。動靜陰陽雖紛紜至賾而萬古不亂。一寒一暑一生一藏。莫知其所以然而然。是之謂理。卽太極也。以其不學而言則謂之理。以其極至而言則謂之太極。識得此理。則知陰陽爲物不二。恐人疑陰陽變易。別有一物主宰其間。故加無極二字。曰無極而太極。造化流行之體。無時休息。自形生神發五性感動善惡於是乎生。世人一往不反。執物而遷。無極之眞竟不可見。是以聖人以靜之一字爲反本歸元之主。故周子太極圖說前半是純正哲學。後半是實踐哲學。前半形而上。後半形而下。然形上形下。一以貫之。非分爲二截也。若就人生之本論之。則太極圖說所以示教者有三。

一　人類萬物。其始同一本原。

二　人類所以爲萬物中最靈秀者。以其獨禀仁義禮智信五性。故能異於他動物。此亦性善存於先天之說。

三　聖人又爲衆人之靈秀者。故當以仁義中正敎導衆人。使各復其善。

（二）道德論

誠　周子以誠之一字。統天道人道。誠爲宇宙之原。則倫理之大本。陰陽交錯。萬物流行。其中莫不有誠焉。聖人之所以爲聖人者。亦能全此誠而已。全此誠卽具太極之全德。故曰誠者聖人之本。大哉乾元。萬物資始。誠之源也。乾道變化。各正性命。誠斯立焉。純粹至善者也。故曰一陰一陽之謂道。繼之者善也。成之者性也。元亨誠之通。利貞誠之復。大哉易也。性命之源乎。（通書誠上）又曰聖誠而已矣。誠五常之本。百行之源也。靜無而動有。至正而明達也。五常百行非誠非也。邪暗塞也。故誠則無事矣。至易而行難。果而確。無難焉。故曰一日克己復禮。天下歸仁焉。（誠下）蓋誠爲宇宙之實理。天以此實理賦於人。人受此實理以爲性。能全此實理。卽聖人矣。五常爲吾人心德全體之總稱。百行爲吾人行爲全部之總稱。實理全則五常不虧。而百行自脩矣。所謂靜無而動有者。靜則誠未形。動則誠可見。其象爲至正而明達。非至正而明達。爲邪爲暗爲塞。則非誠也。非誠則無實理矣。誠則衆理自然無一不備。不勉而中。不思而得。而從容中道矣。惟果而確者。能勝此私僞。全此實理。至易而無難。天下歸仁。其機可一日決也。周子言誠。實本於大易及子思中庸之義。

五常　誠既爲諸德之本。誠之所發而中節者。是爲五常。太極圖說所謂五性感動而善惡分萬事出者也。夫善惡之幾亦微矣。誠與不誠而已矣。吾人分心之德爲仁義禮智信五常。何莫非一誠之所發見者乎。故曰。誠無爲。幾善惡。德愛曰仁。宜曰義。理曰禮。通曰智。守曰信。性焉安焉之謂聖。復焉執焉之謂賢。發微不可見。充周不可窮之謂神。（誠幾德）　五常之德。卽五行之性。聖人安而全之。於己不待學問勉强。誠無不立。幾無不明。德無不備。賢者則須反而至之。執而持之。思誠研幾以成其德。而守而勿去。至於發之微妙而不可見。充之周徧而不可窮者。則又聖人之妙用而不可知者也。君子必謹於其幾。以致於善。謹於幾者。謹其動也。故曰。動而正曰道。用而和曰德。匪仁匪義匪禮匪智匪信。悉邪也。邪動辱也。甚焉害也。故君子愼動。（愼動）　中庸以發而皆中節謂之和。周子以用而和曰德。其義一也。

仁義中正　太極圖說已云。聖人定之以仁義中正而主靜。立人極焉。通書又曰。聖人之道。仁義中正而已矣。守之貴。行之利。廓之配天地。豈不易簡。豈爲難知。不守不行不廓耳。（道篇）能全仁義中正之道者爲聖人。失乎仁義中正之道者爲小人。太極圖說立君子小人之別。一以此爲標準。曰不守不行不廓。嘆小人志行薄弱也。

聖人　周子既以人之最靈秀者爲聖人。更述聖人之德之形容曰。寂然不動者誠也。感而遂通者神也。動而未形有無之間者幾也。誠精故明。神應故妙。幾微故幽。誠神幾曰聖人。（聖篇）

聖能備誠神幾三德。所以合乎純粹之至善也。

修養之法　夫人欲全於誠德以庶幾於聖域。其功夫當若何而可。周子以爲始乎思而終乎靜。故曰洪範曰思曰睿睿作聖無思本也思通用也幾動於彼誠動於此無思而不無不通爲聖人。不思則不能通微不睿則不能無不通是則無不通生於通微通微生於思故思者聖功之本。而吉凶之機也。易曰君子見幾而作不俟終日又曰知幾其神乎。（思篇）此云思爲聖功之本者蓋善惡之幾甚微非思則無以辨之。由思而後乃可致於無思無思卽合於誠矣。故又謂士希賢賢希聖聖希天。士之希賢亦在思於幾之所動以成其作聖之功耳然豈徒思而已又當主靜。靜則聖學之要也。故曰聖可學乎曰可曰有要乎曰有請聞焉曰一爲要。一者無欲也。無欲則靜虛動直。靜虛則明明則通動直則公公則溥明通公溥庶矣乎。（聖學）朱子曰一卽所謂太極靜虛卽陰靜動直卽陽動明通公溥便是五行。又曰周子只說一者無欲也這話頭高卒急難湊泊。常人如何便得無欲故伊川只說個敬字。教人只就敬上睚去。庶幾執捉得定有個下手處或問周子云一爲要一者無欲也如何朱子曰一者無欲一便是無欲今時看無欲之時。心豈不一。又問比程子主一之謂敬如何曰無欲與敬字一般。比敬字分外分明要之持敬頗似費力不如無欲撇脫人只爲有欲此心便千條萬緒此章之言。甚爲切要。蓋靜虛無欲之言。宋以前釋老多說之。自周子以後又爲儒者修養之本矣。

(三)政治論

周子之政治論。亦主於德化。以在上者能自正其心。則天下可得而治。故曰。天以陽生萬物。以陰成萬物。生仁也。成義也。故聖人在上。以仁育萬物。以義正萬民。天道行而萬物順。聖德脩而萬民化。大順大化。不見其迹。莫知其然。謂之神。故天下之衆。本在一人。道豈遠乎哉。術豈多乎哉。順化 周子之政治論。仍本其形而上學以推之。天地聖人。其揆一也。儒家以德治。故必以聖人彊理天下。與法家之法治主義而不上賢者不同。宋儒之從政。莫不以正心誠意致其君者。亦儒教之本義然也。通書又曰。十室之邑。人人提耳而教。且不及。況天下之廣。兆民之衆哉。故曰。純其心而已矣。仁義禮智四者。動靜言貌視聽無違之謂純。心純則賢才輔。賢才輔則天下治。純心要矣。用賢急焉。治篇 蓋人君雖當自正其心。以德化民。而一人之化。終慮不能遍及。故必求賢才以爲輔。然非人君先自正其心。亦莫能得賢才而輔之也。賢才所以教導衆人爲衆人之師。故又曰。師道立則善人多。善人多則朝廷正而天下治矣。師篇 此周子政治論之大略也。

第四章　邵康節

（生於眞宗大中祥符四年　卒於神宗熙寧十年）

邵雍。字堯夫。其先范陽人。從父遷河南。李之才攝共城令。授以圖書先天象數之學。之才得之於穆脩。脩得之於种放。放得之於陳摶者也。自是探賾索隱。妙悟神契。蓬蓽環堵。不蔽風雨。而怡然自樂。富鄭公司馬溫公、呂申公退居洛中。爲市園宅。出則乘小車。一人挽之。任意所適。士大夫識其車音。爭相迎候。童孺斯隸。皆曰吾家先生至也。不復稱其姓字。遇人無貴賤賢不肖。一接以誠。羣居燕飲。笑語終日。不甚取異於人。樂道人之善而未嘗及其惡。故賢者悅其德。不賢者喜其眞。久而益信服之。平生與司馬溫公張橫渠二程兄弟尤善。其卒也。明道志其墓。以爲先生之學。可謂安且成矣。始學於百源。堅苦刻厲。冬不爐。夏不扇。日不再食。夜不就席者凡數年。明道又謂康節爲振古之豪傑。又曰。內聖外王之道也。元祐中賜謚康節。著皇極經世書。觀物篇。伊川擊壤集。

（二）先天學

邵子之純正哲學。卽先天學是也。周子之太極圖。邵子之先天圖。並云傳自方外。有謂同出於陳摶者。然皆由是以明宇宙之原理。貫澈於顯微而無間者也。謂之先天者。對後天而言。故曰。一分而爲二。二分而爲四。四分而爲八。邵子所謂一。卽太極也。易有太極。是生兩儀。兩儀生四象。四象生八卦。卽是此義。又曰。八分爲十六。十六分爲三十二。三十二分爲六十四。卽八卦變爲六十四也。於是定爲八卦次序方位。及六十四卦次序方位之圖。朱晦庵周易集註。列之卷首。謂之邵子之先天學。而伏羲之易是也。邵子以太極生宇宙萬有。略與周子同。然邵子不惟言萬有所由生而已。且又一切歸之心界。此周子所未嘗顯言也。其言曰。先天學心法也。圖皆從中起。萬化萬事生於心。（先天卦位圖說）又曰。先天之學心也。後天之學迹也。出入有無死生者道也。（觀物外篇）又曰心爲太極。又曰道爲太極。（同上）然則邵子之意以宇宙萬有皆生於心。故爲先天學爲心。又謂先天學爲心法。心是能生心法是所生之法。二者具而宇宙萬有並在其中矣。又因心以立中道。爲天人共由之標準。曰天地之本其起於中乎。是以乾坤交變而不離乎中。人居天地之中。心居人之中。日中則盛。月中則盈。故君子貴中也。（同上）蓋邵子認物心無二。以立其唯心之先天學。物莫大於天地。天地生於太極。太極卽是吾心。太極所生之萬化萬事。卽吾心之萬化萬事也。故曰天地之道備於人。（漁樵問答）此邵子先天學之根本主義也。

邵子之萬物生成說。與古來稍不同。蓋不用五而用四。不言五行而言四維。四維者。水火土石是也。其陰陽剛柔各有大小之別。故曰天之大陰陽盡之矣。地之大剛柔盡之矣。陰陽盡而四時成焉。剛柔盡而四維成焉。夫四時四維者。天地至大之謂也。凡言大者無得而過之也。亦未始以大爲自得。故能成其大。豈不謂至偉者與。天生於動者也。地生於靜者也。一動一靜交而天地之道盡之矣。動之始則陽生焉。動之極則陰生焉。一陰一陽交而天之用盡之矣。靜之始則柔生焉。靜之極則剛生焉。一剛一柔交而地之用盡之矣。動之大者謂之太陽。動之小者謂之少陽。靜之大者謂之太陰。靜之小者謂之少陰。太陽爲日。太陰爲月。少陽爲星。少陰爲辰。日月星辰交而天之體盡之矣。太柔爲水。太剛爲火。少柔爲土。少剛爲石。水火土石交而地之體盡之矣。（觀物內篇）說者曰。皇極經世舍金木水火土而用水火土石何也。曰日月星辰天之四象也。水火土石地之四體也。金木水火土者五行也。四象四體先天也。五行後天也。先天後天之所自出也。水火土石。五行之所自出也。水火土石本體也。金木水火土致用也。以其致用。故謂之五行。行乎天地之間者也。水火土石蓋五行在其間矣。金出於石。而木生於土。有石而後有金。有土而後有木。金者從革而後成。木者植物之一類也。是豈舍五行而不用哉。五行在其間者。此之謂也。

邵子以世運會元。推天地始終之運。一時爲辰。十二辰爲日。三十日爲月。十二月爲年。三十年爲世。十二世爲運。（三百六十年）三十運爲會。（一萬八百年）十二會爲元。（十二萬九千六百年）天地一元而一更。然元之終卽爲辰之始。周而復始。往復無際。蓋由數理以推之也。

(二)倫理說

邵子言性。亦主性善。故曰。性者道之形體也。性傷則道亦從之矣。心者性之郛郭也。心傷則性亦從之矣。身者心之區宇也。身傷則心亦從之矣。物者身之舟車也。物傷則身亦從之矣。（擊壤集自序）又曰。性者道之形體也。道妙而無形。性則仁義禮智具而體著矣。（性理大全）此以仁義禮智。性中固有。是性善說也。又論性情曰。以物觀物性也。以我觀物情也。性公而明。情偏而暗。

觀物外篇又曰。任我則情。情則蔽。蔽則昏矣。因物則性。性則神。神則明矣。潛天潛地。不行而至。不爲陰陽所攝者神也。同上蓋性無我則能全乎性。即明道廓然大公物來順應之意也。又以無我之義推之處事。曰心一而不分。則能應萬變。此君子所以虛心而不動也。同上劉絢問無爲。對曰。時然後言。人不厭其言。樂然後笑。人不厭其笑。義然後取。人不厭其取。此所謂無爲也。同上又論爲學修身之要曰。君子之學。以潤身爲本。其治人應物。皆餘事也。同上又曰。人必內重。內重則外輕。苟內輕。必外重。好利好名。無所不至。同上乃言學者之極功曰。學不至於樂。不可謂之學。又曰。學不際天人。不足以謂之學。並同上　邵子見地高。故其言皆有超然自得之意如此。

第五章　張橫渠

生於宋眞宗天禧四年
卒於神宗熙寧十年

張載。字子厚。其先大梁人。僑居鳳翔郿縣橫渠鎭。少即志氣不羣。喜談兵。年十八。上書謁范文正公。公知其遠器。責之曰。儒者自有名教可樂。何事於兵。手中庸一編授焉。遂翻然志於道。已求諸釋老。乃反求之六經。嘉祐初。至京師。見二程子。二程於橫渠爲外兄弟之子。卑行也。與語道學之要。厭服之。因渙然曰。吾道自足。何事旁求。於是盡棄異學。是時橫渠已擁皋比講易京邸。聽從者甚衆。既見二程。乃告學者曰。今二程兄弟深明易道。可往師之。吾不及也。即日輟講。歷任外官。熙寧初。以呂正獻公薦召對。神宗問治道。對曰。爲治不法三代。終苟道也。時王安石方行新法。橫渠不善之。久之託疾歸。終日危坐一室。左右簡編。俯讀仰思。冥心妙契。雖中夜必取燭疾書。曰吾學既得諸心。乃修其辭命。命辭無失。然後斷事。斷事無失。吾乃沛然。蓋其志道精思。未始須臾息也。告諸生以學必如聖人而後已。以爲知人而不知天。求爲賢人而不求爲聖人。此秦漢以來學者之大蔽也。故其學以易爲宗。以中庸爲的。以禮爲體。以孔孟爲極。深信周禮。以爲必可行於後世。謂仁政必自經界始。經界不正。卽貧富不均。教養無法。雖欲爲治。牽架而已。與學者將買田一方。畫爲數井。以推明先生之遺法。未就而卒。所著曰東銘西銘。正蒙。理窟。易說等。西銘旨意尤純粹廣大。程門專以西銘開示學者云。

(一)氣一元論

橫渠宇宙論實自樹一宗。故非老子有生於無之說。又非釋氏爲執無而不知有。當時諸家論宇宙。如周子之言太極。邵子之言先天。程子之言理氣。橫渠並不取之。獨由虛空卽氣之作用。以解釋宇宙之本體及現象。故今名之曰氣一元論。正蒙開首卽曰太和所謂道。太和是指陰陽會合冲和之氣。則謂氣卽道也。太和之中。函有浮沈升降動靜相感之性。既發則二氣摩盪而生勝負屈伸。如寒暑往來是也。聚則是勝而伸。散則是屈而負。氣之流行。其始潛孚默運。極於幾微簡易。其究廣大堅固。此氣一鼓。萬物化生。而無迹可見者爲乾之易。庶物繁生。巨細畢達而有迹可見者爲坤之簡。乾以此始物。坤以此成物。要皆氣之變化之客形。其清通不測之神。乃爲本體。卽太虛無形者也。無本體則無此變化之客形。總是一氣。非有二也。故氣之交感升降浮沈直如野馬飛塵之相絡往來不息。是之爲太和。太和充塞宇宙而無有間。故曰。

太和所謂道。中涵浮沈升降動靜相感之性。是生絪緼相盪勝負屈伸之始。其來也幾微易簡。其究也廣大堅固。起知於易者乾乎。敬殊而可象爲氣。清通而不可象爲神。不如野馬絪緼。不足謂之太和。語道者知此。謂之知道。學易者見此。謂之見易。（太和）

程子曰。橫渠之言。誠有過者。乃在正蒙。又曰。子厚以淸虛一大名天道。是以器言。非形而上者。又曰。橫渠立淸虛一大爲萬物之原。恐未安。須兼淸虛實乃可言神。道體物不遺。不應有方所。朱子亦謂以太虛太和爲道體。卻只是說得形而下者。皆是發而皆中節之謂和處。蓋橫渠雖立太虛太和二者。而首言太和。實就氣之流行處言。卽太虛亦只是一氣。不過因其本體謂之太虛耳。乃論氣之變化。曰。氣块然太虛。升降飛揚。未嘗止息。易所謂絪緼。莊生所謂生物以息相吹野馬者與。此虛實動靜之機。陰陽剛柔之始。浮而上者陽之淸。降而下者陰之濁。其感遇聚散。爲風雨。爲雪霜。萬品之流形。山川之融結。糟粕煨燼。無非散也。（太和）然此變化者。非自外來。非有二物。皆氣之本體所爲也。故曰。太虛無形。氣之本體。其聚其散變化之客形爾。至靜無感。性之淵源。有識有知。物交之客感爾。客感客形與無感無形。惟盡性者能一之。（同上朱子曰客感客形與無感無形未免分作兩截事聖人不如此說只說形而上形而下而已）於是乃申論氣之聚散曰天地之氣。雖聚散攻取百途。然其爲理也。順而不妄。氣之爲物。散入無形。適得吾體。聚爲有象。不失吾常。太虛不能無氣。氣不能不聚而爲萬物。萬物不能不散而爲太虛。循是出入。是皆不得已而然也。然則聖人盡道其間。兼體而不累者。存神其至矣。彼語寂滅者。往而不反。徇生執有者。物而不化。二者雖有間矣。以言乎失道則均焉。聚亦吾體。散亦吾體。知死之不亡者。可與言性矣。（同上）橫渠所謂語寂滅者。指釋氏。知散而不知聚者也。徇生執有者。指道家長生久視之說，知聚而不知散者也。故均失之。猶恐人未喻也。更極釋老不知形性之本曰。知虛空卽氣。則有無隱顯。神化性命。通一無二。顧聚散出入形不形。能推本所從來。則深於易者也。若謂虛能生氣。則虛無窮。氣有限。體用殊絕。入老氏有生於無自然之論。不識所謂有無混一之常。若謂萬象爲太虛中所見之物。則物與虛不相資。形自形。性自性。形性天人不相待而有。陷於浮屠以山河大地爲見病之說。此道不明。正由懵者略知體虛空爲性。不知反天道爲用。反以人見之小。因緣天地。明有不盡。則誣世界乾坤爲幻化。幽明不能舉其要。遂躐等妄意而然。不悟一陰一陽。範圍天地。通乎晝夜。三極大中之矩。遂使儒佛老莊、混然一途。語天道性命者。不罔於恍惚夢幻。則定以有生於無。爲窮高極微之論。入德之途。不知擇術而求。多見其蔽於詖而陷於淫矣。（同上）蓋氣之聚散。卽是實理。無聚不散。無散不聚。性無生死。何有滅亡。惟陰陽之常道。宇宙之常理。則然而非所謂輪迴之說也。故又曰氣之聚散於太虛。猶冰凝釋於水。知太虛卽氣則無無。故聖人語性與天道之極。盡於參伍之神。變易而已。諸子淺妄有有無之分。非窮理之學也。（同上）然則氣外無道。道外無氣。故又曰由太虛有天之名。由氣化有道之名。合虛與氣有性之名。合性與知覺有心之名。（同上）皆是氣也。此橫渠窮理盡性之極功也。

橫渠乃又推氣之一本。以論鬼神。蓋世人每一道及鬼神。無不以爲一種怪異之靈物。而哲學上所謂鬼神之意義。倘無有此。爾雅曰。鬼之言歸也。或曰氣之屈者爲鬼。韓詩外傳曰。人死肉歸於土。血歸於水。骨歸於石。魂升於天。此亦言人死歸其本之義。故就造字之本意釋之。則鬼者歸也。神者伸也。卽氣之伸者爲神。氣之屈者爲鬼。屈者謂其氣消散。反其本原。伸者謂其氣伸張。生成萬物。卽易所謂陰陽之謂神也。然則鬼神不過氣之一伸一屈者而已。橫渠實本此義。以立其鬼神說。故曰。鬼神者二氣之良能也。聖者至神得天之謂。神者太虛妙應之目。凡天地法象。皆神化糟粕爾。天道不窮。寒暑已。衆動不窮。屈伸已。鬼神之實。不越二端而已矣。（太和）又曰。鬼神往來屈伸之義。故天曰神。地曰示。人曰鬼。（神化）然則凡天神地示人鬼者。皆指二氣變化之良能。而非有其他也。則古人爲祭祀之義。亦見此陰陽造化之神妙不窮。故齋明盛服以承祀之耳。

(二)倫理學

甲 天地萬物一體之仁

橫渠於學堂雙牖右書訂頑左書砭愚。伊川曰是起爭端。改訂頑曰西銘。改砭愚曰東銘。東西銘者。倫理之總要而教學之根本也。西銘規模尤大。故周子太極圖說之於哲學。橫渠西銘之於倫理。其功並爲至偉。太極圖說綜古來聖賢所言宇宙創造之理。西銘綜古來聖賢所示人生至善之鵠。蓋天地萬物。其理本一。惟廓然大公。無一毫有我之私。而後融化洞澈。物我無間。可以契仁之體。西銘卽善言此仁之體者也。故楊龜山曰。西銘只是要學者求仁而已。或問朱子西銘仁孝之理。朱子曰。他不是說孝。是將這孝來形容這仁。事親底道理。便是事天底樣子。天地間本是一理。萬物卽一理之所分。人本與天地同大。因其自小。所以不能全乎仁。若能自處以天地之心爲心。便是與天地萬物同體。此西銘之所謂仁也。今錄西銘全文如下。

乾稱父。坤稱母。予茲藐焉。乃混然中處。故天地之塞。吾其體。天地之帥。吾其性。民吾同胞。物吾與也。大君者。吾父母宗子。其大臣。宗子之家相也。尊高年。所以長其長。慈孤弱。所以幼吾幼。聖其合德。賢其秀也。凡天下疲癃殘疾。惸獨鰥寡。吾兄弟顚連而無告者也。于時保之子之翼也。樂且不憂。純乎孝者也。違曰悖德。害仁曰賊。濟惡者不才。其踐形惟肖者也。知化則善述其事。窮神則善繼其志。不愧屋漏爲無忝。存心養性爲匪懈。惡旨酒崇伯子之顧養。育英才穎封人之錫類。不弛勞而底豫舜其功也。無所逃而待烹申生其恭也。體其受而歸全者參乎。勇於從而順令者伯奇也。富貴福澤將以厚吾之生也。貧賤憂戚庸玉女於成也。存吾順事。沒吾寧也。

程子曰。西銘明理一而分殊。又曰。訂頑之言。極純無雜。秦漢以來學者所未到。又曰。西銘某得此意。只是須得子厚筆力。他人無緣做得。孟子以後未有人及此。朱子西銘論曰。天地之間。理一而已。然乾道成男。坤道成女。二氣交感化生萬物。則其大小之分。親疏之等。至於十百千萬而不能齊也。不有聖賢者出。孰能合其異而反其同哉。西銘之作。意蓋如此。程子以爲明理一而分殊。可謂一言以蔽之矣。蓋以乾爲父以坤爲母。有生之類。無物不然。所謂理一也。而人物之生。血脈之屬。各親其親。各子其子。則其分亦安得而不殊哉。一統萬殊。則雖天下一家。中國一人。而不流於兼愛之弊。萬殊而一貫。則雖親疏異情。貴賤異等。而不梏於爲我之私。此西銘之大指也。觀其推親親之厚。以大無我之公。因事親之誠。以明事天之道。蓋無適非所謂分殊而推理一也。夫豈專以民吾同胞長長幼幼爲理一。而必默識於言意之表。然後知其分之殊哉。且所謂稱物平施者。正謂稱物之宜以平吾之施云爾。若無稱物之義。則亦何以知夫所施之平哉。按西銘首尾貫通。天人一體。東銘則戒戲言戲動。過言過動。以示修身之要者也。

乙　天地之性與氣質之性

程伊川朱晦庵皆言有氣質之性與本然之性兩種。大抵本之橫渠所謂天地之性氣質之性。橫渠尤重變化氣質。朱子曰。氣質之說起自張程。極有功聖門。有補後學。前此未曾說到。故張程之說立。諸子之說定矣。正蒙誠明篇曰。形而後有氣質之性。善反之則天地之性存焉。故氣質之性。君子有弗性者焉。蓋天命之所流行。賦與萬物。而純粹至善者。曰天地之性。氣聚成形。其氣質有純駁偏正之異者。曰氣質之性。若能變化氣質。則天地之性。不失其初。而能復於本然之善矣。然本然之性。非離氣質而別存。氣質之性。亦非純出於惡。惟氣質有所雜糅。故不能一於善耳。學者當變化其氣質之惡以進於善。又當充其所謂善者焉。故曰人之剛柔緩急。有才與不才。氣之偏也。天本參和不偏。養其氣反之本而不偏。則盡性而天矣。性未成則善惡混。故亹亹而繼善者斯爲善矣。惡盡去則善因以亡。故舍曰善而曰成之者性。(誠明篇) 又曰。湛一氣之本。攻取氣之欲。口腹於飲食。鼻舌於臭味。皆攻取之性也。知德者屬厭而已。不以嗜欲累其心。不以小害大。末喪本焉爾。(同上) 蓋惡之所起。由於氣之有偏。審其本末大小而善反之斯可矣。然如何而後可以善反。則不外以德勝氣。以致於中道之善。故氣性命於氣。德勝其氣。性命於德。窮理盡性。則性天德。命天理。氣之不可變者。獨死生修夭而已。故論死生則曰有命。以言其氣也。語富貴則曰在天。以言其理也。此大德之命。易簡理得而成位乎天地之中也。同上 朱子釋之曰。張子只是說性與氣皆從上自家之德。若不能有以勝其氣。則只是承當得他那所賦之氣。若是德有以勝其氣。以受其賦予者皆是德。故窮理盡性。則我之所受皆天之德。其所以賦予我者皆天之理。氣之不可變者。惟死生修夭而已。蓋死生修夭富貴貧賤。這却還他氣。至義之於君臣。仁之於父子。所謂命也。有性焉。君子不謂命也。這個却須由我。不由他。欲去氣稟之偏。勝氣。能以德勝氣。而合於中道。斯爲善也。故曰極善者須以中道方謂極善。故極善。過則便非善。不及亦非善。語錄 至於所以以德勝氣。所以去偏就中。又終不用橫渠所謂心統性情者此也。

乃謂學者修養之功。莫先於變化氣質。能變化氣質者。亦是此心而已。故曰爲學能變化氣質。不爾卒無所發明。不得見聖人之奧。故學者先須變化氣質。變化氣質相表裏。理窟義理 又曰。變化氣質。孟子曰。居移氣。養移體。況天下之大居者乎。居仁由和而體正。更要約時。但拂去舊日所爲。使動作皆中禮。則氣質自然全好。禮曰。心既弘大。自然舒大而樂也。若心但能弘大。不謹敬則不立。若但能謹敬而心不弘

寬而敬。大抵有諸中者必形外。故君子心和則氣和。心正則氣正。其始也固
爲冠者以重其首。爲履以重其足。至於盤盂几杖。爲銘皆以愼戒之。理窟氣質變
作用又待師友講勸而成者也。

程明道　生於宋仁宗明道元年卒於哲宗元豐八年年五十四

陽人。踰冠中進士第。調鄠縣主簿。南山有石佛。歲傳其首放光。遠近聚觀。謂
事佛。復見爲吾取其首來觀之。自是光不復見。改上元縣主簿。移澤州晉城
公著薦爲太子中允監察御史裏行。神宗素知其名。每召見從容諮訪。將退
欲常相見耳。務以誠意感動人主。言人主當防未萌之欲。神宗俯身拱手曰
後進說。未有一語及於功利。嘗極陳治道。神宗曰。此堯舜之事。朕何敢當。明
此言。非天下之福也。王安石執政。議更法令。言者攻之甚力。明道被旨赴中
方怒言者。厲色待之。明道徐曰。天下事非一家私議。願平氣以聽。安石爲之媿
明道言智者若禹之行水。行所無事。自古興治立事。未有中外人情交謂不可
就使僥倖小成。而興利之臣日進。尚德之風浸衰。尤非朝廷之福。乞去言職。安
及是雖不合。猶敬其忠信。不深怒。但出提點京西刑獄。歷官皆有惠政。哲宗立
未行而卒。明道資性過人。而充養有道。和粹之氣。盎於面背。門人交友從之數

十年。未嘗見其忿厲之容。遇事優偽。雖當倉卒。不動聲色。自十五六時。與弟正叔聞汝南周茂叔論學。遂厭科舉之習。慨然有求道之志。泛濫於諸家。出入於老釋者幾十年。返求之六經而後得之。文潞公採衆議而爲之表其墓曰明道先生。有文集語錄。合在二程全書中。考正大學一篇。以爲孔氏之遺書。蓋大學本在禮記中。二程始以與中庸論孟號爲四書。明道以大學錯簡。爲之定正。伊川亦別有定本。朱子因之作改定大學章句焉。

（二）宇宙觀

明道之宇宙論。亦本於易。雖未嘗言太極。而以乾元一氣。爲宇宙之根本。易謂由太極生陰陽兩儀。由陰陽生萬物。明道承其說。曰。天地之大德曰生。天地絪縕。萬物化生。（二程全書十二）絪縕卽是陰陽二氣交感。又明二氣相待而成。曰。獨陰不成。獨陽不生。（全書一）故天地二氣相交。則萬物繁育。天道生之。地道成之也。故曰。地氣不上騰。則天氣不下降。天氣降至地。地中生物皆天氣。唯無成代有終者地道。（全書十二）又曰。萬物本於天。又曰。萬物成形於地。（全書五）又曰。天只主施。成之者地。（全書七）凡人類禽獸草木。莫非乾元一氣所生。而二氣交感。有偏正之差耳。故曰。人與物但氣有偏正。得陰陽之變者爲鳥獸草木夷狄。受正氣者爲人。（全書一）人類萬物受氣旣同。不惟同受形體。並同受心靈。人尤得其中耳。故曰。天地間非獨人爲至靈。自家心便是草木鳥獸之心。但人受天地之中以生。（同上）然則宇宙萬物同一元氣。偏正有差。斯靈蠢殊致於是謂天地莫非陰陽相待之迹。曰天地萬物。理無獨有對。皆自然而然。全書十二 又曰。萬物莫不有對。一陰一陽。一善一惡。陽長則陰消。善增則惡減。同上 又由宇宙間陰陽相待之大法。以論善惡皆天理。曰事有善有惡。皆天理也。天理中物須有美惡。蓋物之不齊。物之情也。但當察之。不可自入於惡。流爲一物。全書二 又曰。天下善惡皆天理。謂之惡者非本惡。但或過或不及便如此。如楊墨之類。明道之論善惡。實由其宇宙觀推之。陰陽二者。終古並行。故謂橫渠立清虛一大爲萬物之源。有所未安。須兼清濁虛實。乃可言神也。然則所謂善惡本是一體。就其過不及而謂之爲惡。就其過不及之中而謂之爲善。是明道之意也。

(二)倫理說

一、性說　明道始詳論氣質之性。其所言生之謂性一節。朱子與門人論之至悉。蓋其言頗有不易解者。茲列其原文而後略釋其意。明道曰。

生之謂性。性卽氣。氣卽性。生之謂也。人生氣禀。理有善惡。然不是性中元有此兩物相對而生也。有自幼而善。有自幼而惡。是氣質然也。善固性也。然惡亦不可不謂之性也。蓋生之謂性。人生而靜以上不容說。纔說性時。便已不是性也。凡人說性。只是說繼之者善也。孟子言人性善是也。夫所謂繼之者善也者。猶水流而就下也。皆水也。有流而至海。終無所汚。此何煩人力之爲也。有流而未遠。固已漸濁。有出而甚遠。方有所濁。有濁之多者。有濁之少者清。濁雖不同。然不可以濁者不爲水也。如此則人不可以不加澄治之功。故用力敏勇則疾清。用力緩怠則遲清。及其清也。則卻只是元初水也。亦不是將清來換卻濁。亦不是取出濁來置在一隅也。水之清則性善之謂也。固不是善與惡在性中爲兩物相對。各自出來。此理天命也。順而循之則道也。循此而脩之。各得其分則敎也。

明道謂生之謂性。性卽氣。氣卽性者。以萬物悉受此乾元之一氣而生。有生莫不受氣。受氣則莫不有性。人爲萬物之靈。謂其性善於萬物則可矣。然仍是相對之善。人類萬物。善惡差等。自然不齊。此爲宇宙之眞相。故不謂性有清虛絕對之善也。宇宙之眞相卽是理。故曰人生氣禀理有善惡。然不是性中元有此兩物相對生。蓋善則中節之謂。惡則過不及之謂。無善則無惡。無惡則無善。豈是二物也。故曰善固性。惡亦不可不謂之性。緣受氣卽有性矣。乃更明己之所言是氣質之性。凡人說繼善之性及孟子道性善。並是人生而靜以上本然之性。與今茲所立言者不同。卒乃謂氣質之惡可以敎訓人事變化。比之水之清濁。清濁同是一水。善惡同是一性。惡者可善。濁者可清。在乎人力澄治之功。天命道敎。皆是物也。

明道未顯言本然之性。故學者疑其未備。張橫渠嘗與明道論定性功夫。明道答以書。甚能超然契於至善之本。所謂定性書者也。其言曰。所謂定者。動亦定。靜亦定。無將迎。無內外。苟以外物爲外。牽己從之。是以己性爲有內外。且以己性爲隨物於外。則當其在外時。何者爲在內。是有意絕外誘不知性無內外也。既以內外爲二本。則又惡可遽語定哉。夫天地之常。以其心普萬物而無心。聖人之常。以其情順萬物而無情。故君子之學。莫若廓然而大公。物來而順應。此明道發明主靜之說而立至善之標準者也。夫能廓然大公。物來順應。則其心與天地同量。性安有不定者哉。

二、仁說　明道最善言仁。仁之義至廣至大。而亦無乎不在。故曰。觀雞雛可以觀仁。蓋豈惟雞雛。盈天地間並育並行。莫不足觀仁也。又曰。滿腔子是惻隱之心。惻隱之心。仁之端也。由此惻隱之端。擴而充之。則是仁而已矣。乃綜論仁之全體曰。若夫至仁。則天地爲一身。而天地之間。品物萬形。爲四肢百體。夫人豈有視四肢百體而不愛者哉。聖人仁之至也。獨能體是心而已。曷嘗一離多端而求之自外乎。故能近取譬者。仲尼所以示子貢求仁之方也。醫書以手足風頑謂之四體不仁。爲其疾痛不以累心故也。夫手足在我。而疾痛不與知焉。非不仁而何。世之忍心無恩者。其自棄亦若是而已。全書七　又曰。醫書言手足痿痺爲不仁。此言最善名狀。仁者以天地萬物爲一體。莫非己也。認得爲己。何所不至。全書二　此言最切近。而氣象甚大。然明道言仁。尤莫善於識仁篇。其言曰。學者須先識仁。仁者渾然與物同體。義禮信智皆仁也。識得此理。以誠敬存之而已。不須防檢。不須窮索。若心懈則有防。心苟不懈。何防之有。理有未得。故須窮索。存久自明。安待窮索。此道與物無對。大不足以明之。天地之用皆我之用。孟子言萬物皆備於我。須反身而誠。乃爲大樂。若反身未誠。則猶是二物有對。以己合彼。終未有之。又安得樂。訂頑意思。乃備言此體。以此意存之。更有何事。必有事焉而勿正。心勿忘。勿助長。未嘗致纖毫之力。此其存之之道。若存得便合有得。蓋良知良能。元不喪失。以昔日習心未除。卻須存習此心。久則可奪舊習。此理至約。惟患不能守。既能體之而樂。亦不患不能守也。（全書二）識仁篇先說仁與物同體。以見仁之大。後乃言識之之方。在於隨事精察。勿忘勿助。能識仁體。自有萬物皆備之樂。學者加以存養之功。久則可庶幾於此矣。

三、致良知　良知良能之說。始於孟子。明道亦數言之。故嘗曰。良知良能。皆無所由。乃出於天。不繫於人。（全書二）此以良知良能。爲天所賦。人所受。不待學習而能。亦孟子仁義固有之說也。樂記曰。人生而靜。天之性也。感於物而動。性之欲也。不能反躬。天理滅矣。蓋出於天者。卽是天理。繫於人者。不免人欲。人欲所蔽。良心以微。故曰。人心莫不有知。唯蔽於人欲。則亡天德也。（全書十）然則學者修養之道。惟在去其人欲。以復此良知良能之天理耳。王陽明專言致良知。本於明道之意者爲多。

第七章　程伊川（生於仁宗明道二年卒於徽宗大觀元年年七十五）

二程開洛學之宗。然明道早卒。若非伊川。則洛學之統。且中衰矣。劉蕺山嘗曰。小程子大而未化。然發明有過於其兄者。小程子學者初稱廣平先生。後居伊陽。始稱伊川。伊川名頤。字正叔年十八。上書闕下。勸仁宗黜世俗之論。以王道爲心。遊太學。胡安定瑗試諸生以顏子所好何學論。得伊川論大驚。延見處以學職。同學呂原明希哲。卽以師禮事之。治平熙寧間。大臣屢薦。皆不起。哲宗初。擢崇政殿說書。士人歸其門者甚盛。伊川亦以天下自任。議論褒貶。無所顧忌。時蘇軾在翰林。有重名。一時文士多歸之。其徒不樂拘檢。以伊川爲迂。兩家門下。迭起標榜。遂分黨爲洛蜀。伊川爲學。本於至誠。其見於言動事爲之間。疏通簡易。不爲矯異。其接學者以嚴毅。嘗瞑目靜坐。游定夫楊龜山立侍不敢去。久之乃顧曰。日暮矣。姑就舍。二子者退。則門外雪深尺餘矣。明道嘗謂曰。異日能使人尊嚴師道者。吾弟也。若接引後學。隨人才而成就之。則予不得讓焉。有易傳文集經說語錄等。

(一)宇宙論

伊川嘗謂張繹曰。我昔爲明道先生行狀。我道與明道同。異時欲知我道者。求之此文可也。蓋伊川學說。多同於明道。玆特就伊川所獨得者述之。明道之學。每以綜合爲體。伊川之學。每以分析立說。此二程所由大同小異者也。後來陸王學派。近於明道。朱子學派。近於伊川。故明道之宇宙觀爲氣一元論。伊川之宇宙觀爲理氣二元論。朱子承伊川。其說益密。要之理氣二元說。是伊川先啟之也。伊川曰。離了陰陽便無道。所以陰陽者是道也。陰陽氣也。氣是形而下者。道是形而上者。形而上者則是理也。二程全書十六此謂道卽理。又曰。天地之道。至順而已矣。先天不違。亦順理而已矣。全書四十一 理與氣雖有形上形下之別。然二者亦不相離。故因天地之造化以明之曰。有理則有氣。有氣則有理。鬼神者數也。數者氣之用也。同上 又就物名以論理氣曰。物之名義。與氣理貫通。夫天之所以為天。本何為哉。蒼蒼焉耳矣。其所以名之曰天。蓋自然之理也。名出於理。音出於氣。字書由是不可勝窮矣。同上 此言理為萬物所同。氣則有清濁厚薄之別。以名喻理之一。以音喻氣之殊。又曰。天地日月。其理一致。月受日光而不為虧。月之光乃日之光也。地氣不上騰。天氣不下降。天氣下降至於地。中生育萬物者。乃天之氣也。同上 蓋假日月二物。以喻理之通于萬物也。然至朱子而後理氣之說始詳矣。

伊川論宇宙之化育。雖就陰陽之氣推之。而實本於自然之道。故曰。一陰一陽之謂道。道非陰陽也。所以一陰一陽道也。全書四 然自然之道。日新不已。其生生不窮。而非有取於故也。故曰。道則自然生萬物。今夫春生夏長了一番。皆是道之生。後來之生。不可道却將既生之氣。後來却要生長。道則自然不息。全書十六 又申之曰。眞元之氣。氣之所由生。不與外氣相雜。但以外氣涵養而已。若魚之在水。魚之性命。非是水為之。但必以水涵養。魚乃得生耳。人居天地氣中。與魚在水無異。至於飲食之養。皆是外氣涵養之道。出入之息者。闔闢之機而已。所出之息。非所入之氣。但眞元自能生氣。所入之氣。正當闢時。隨之而入。非假此氣以助眞元也。若謂既反之氣。復將為方伸之氣。必資於此。則殊與天地之化不相似。天地之化。自然生生不窮。更復何資於既斃之形。既返之氣。以爲造化。近取諸身。其闔闢往來見之鼻息。然不必須假吸復入以爲呼。氣則自然生。人氣之生。生於眞元。天地之氣。亦自然生生不窮。至如海水陽盛而涸。及陰盛而生。亦不是將已涸之氣却生水。自然能生。往來屈伸。只是理也。盛則便有衰。晝則便有夜。往則便有來。天地中如洪爐。何物不銷鑠。按眞元卽是理。屈伸往來是氣。往而必來。屈而必伸。是理。理是能生。氣是所生。能生者生生不已。故氣自然不窮。不必以前氣復爲後氣。致能所倒置也。又論陰陽變化無窮之妙曰。天地之化。既是二物。必動已不齊。譬之兩扇磨行。便其齒齊不得。齒齊既動。則物之出者何可得齊。轉則齒更不復得齊。從此參差萬變。巧歷不能窮也。全書二　伊川謂人爲萬物之靈。長不異明道。以爲天地儲精得五行之秀者爲人。又謂天地交而萬物生於中。純氣爲人。繁氣爲他物也。

(二)倫理說

一性說　伊川性說。比於明道益密。亦本性善說。顏子所好何學論曰。天地儲精。得五行之秀者爲人。其本也眞而靜。其未發也五性具焉。形既生矣。外物觸其形而動於中矣。其中動而七情出焉。曰喜怒哀懼愛惡欲。情既熾而益蕩。其性鑿矣。蓋伊川早年已得子思孟子論性之精意如此。又曰。性無不善。而有不善者才也。性卽是理。理則自堯舜至於途人一也。才稟於氣。氣有清濁。稟其清者爲賢。稟其濁者爲愚。全書十九　就性卽理而論。自無聖賢愚不肖之氣稟而論。則不免有淸濁善不善之分。故謂生之謂性。是只說氣稟。曰性字不可一槩論。生之謂性。止訓所稟受也。天命之謂性。此言性之理也。今人言天性柔緩。天性剛急。言天然皆生來如此。此訓所稟受也。（全書二十七）又曰。性相近也。性一也。何以言相近。曰此只言氣質之性。也如俗言性急性緩之類。性安有緩急。此言性者。生之謂性也。（全書十九）蓋伊川至是亦分天地之性與氣質之性爲二種。與橫渠同。乃曰。論性不論氣不備。論氣不論性不明。（全書七此二語亦有引作明道說者）於是以爲性之本謂之命。性之自然者謂之天。自性之有形者謂之心。自性之有動者謂之情。其實一也。情則有善不善矣。伊川言性。蓋性氣並論。性說於以大備。嘗曰。孟子言性之善。是性之本。孔子言性相近。謂其稟受處不相遠也。又謂揚雄韓愈言性皆是才。伊川實博稽古來聖賢之說。而後自成其性說焉。

二　知行合一論　王陽明力主知行合一之說。然伊川實先發之。其言曰。知至則當至之。知終則當遂終之。須以知爲本。知之深則行之必至。無有知之而不能行者。知而不能行。止是知得淺。雖飢不食烏喙。人不蹈水火。止是知也。人不爲善。只是不知。（全書十六）蓋知之則未有不能行者矣。惟王陽明論知行合一。重在行。伊川則似重在知。故曰。君子以識爲本。行次之。今有人焉。力能行之。而識不足以知之。則有異端者出。彼將流宕而不知反。內不知好惡。外不知是非。雖有尾生之信。曾參之孝。吾弗貴矣。（全書二）此伊川與陽明之所以異也。

三致知格物　伊川嘗曰。涵養須在敬。進學則在致知。蓋致知格物者。爲學之要義也。故曰。學莫大於致知。養心莫大於禮義。（全書十八）以禮義養心。卽是敬也。又答人問學曰。莫先於正心誠意。誠意在致知。致知在格物。格至也。如祖考來格之格。凡一物上有一理。須是窮致其理。窮理亦多端。或讀書講明義理。或論古今人物。別其是非。或應事接物而處其當。皆窮理也。（全書十九）窮理卽是格物。格物卽是致知。或問格物須物物而格。抑格一物可通衆理。答曰。怎生便會該通。若只格一物便通衆理。雖顏子亦不敢如此。道須是今日格一件。明日又格一件。積習既多。然後脫然自有貫通處。（同上）伊川格物說。後朱子取之。蓋重在經驗上立論者也。

伊川又分知爲二種。曰見聞之知。非德性之知。物交物則知之。非內也。今之所謂博物多能者是也。德性之知。不假見聞。（全書二十八）德性之知。殆卽所謂良知良能。雖與經驗所得有別。然亦必有以致之。故曰。知者吾之所固有。然不致則不能得之。而致知必有道。故曰致知在格物。（同上）又曰。致知在格物。非由外鑠我也。我固有之也。因物有遷。迷而不知。則天理滅矣。故聖人欲格之。（同上）蓋格物乃能致知。見聞之知與德行之知。有相待而成者矣。

四主敬　伊川敎人進德修業。不出涵養須用敬。進學則在致知二語。致知已如前述。敬者已制內之極功。故曰。切要之道。無如敬以直內。（全書十九）又曰。敬則無己可克。學者始則須絕（全書六）入敬之道。始於威儀。而進於主一。故曰。威儀嚴肅。非敬之道。但致敬須從此入。（同上）又曰。但惟是動容貌整思慮則自然生敬。敬只是主一也。主一則既不之東。又不之西。如是則只是中。同上凡閑邪存誠皆敬之事。故曰敬是閑邪之道。閑邪存其誠雖是兩事。然亦只是一事。閑邪則誠自存矣。天下有一箇善。一箇惡。去善卽是惡。去惡卽是善。全書十九大抵能居敬則善自來。是以敬爲百事之本也。

第八章　二程同時之性情說

二程之時。道學方興。學者多究心於性命之際。其論性情者固已衆矣。雖文章之士。猶往往致意於此。惟歐陽修作性辨。以爲性者聖人之所罕言。六經之所不論。論之無益。殆有見於當時言性者之紛紛而爲是言耶。茲掇錄其最著者一二家於此。

一司馬光　司馬君實之於學。亦甚博大。時與邵張二程諸人往還講論。然不喜孟子。故作疑孟。而好揚雄文中子之書。爲潛虛以擬太玄。其論性說者。以爲近於揚雄。嘗作性辨。略謂孟子以爲人性善。其不善者。外物誘之也。荀子以爲人性惡。其善者。聖人敎之也。是皆得其一偏而遺其本實。夫性者人之受於天所以生者也。善與惡必兼有之。猶陰與陽也。雖聖人不能無惡。雖愚人不能無善。其所受有多少之殊耳。善至多而惡至少者爲聖人。惡至多而善至少者爲愚人。善惡相半者則爲中人。又疑孟曰。告子云。性之無分於善不善。猶水之無分於東西。此告子之言失也。水之無分於東西。謂平地也。使其地東高而西下。西高而東下。

豈決導所能致乎。性之無分於善不善。謂中人也。瞽瞍生舜。舜生商均。豈陶染所能變乎。孟子曰。人無有不善。此孟子之言失也。丹朱商均自幼及長所日見者堯舜也。不能移其惡。豈人之性無不善乎。

二王安石　王介甫始亦爲儒家之學。故言仁義。貴王賤霸。而欲施周官之治於當世。至新法之病。而論者訾之。嘗作原性。非孟荀揚韓四家。曰夫太極者。五行之所由生。而五行非太極也。性者五常之太極也。而五常不可謂之性。此吾所以異於韓子。且韓子以仁義禮智信五者謂之性。而曰天下之性惡焉而已矣。五者之謂性而惡焉者。豈五者之謂哉。孟子言人之性善。荀子言人之性惡。夫太極生五行。而後利害生焉。而太極不可以利害言也。性生乎情。有情然後善惡形焉。而性不可以善惡言也。此吾所以異於二子。孟子以惻隱之心人皆有之。因以謂人之性無不仁。就所謂性者如其說。必也怨毒忿戾之心人皆無之。然後可以言人之性無不善。而人果皆無之乎。孟子以惻隱之心爲性者。以其在內也。夫惻隱之心與怨毒忿戾之心。其有感於外而後出於中者。有不同乎。荀子曰。其爲善者僞也。就所謂性者如其說。必也惻隱之心人皆無之。然後可以言善者僞也。而人果皆無之乎。荀子曰。陶人化土而爲埴。埴豈土之性也哉。夫陶人不以木爲埴者。惟土有埴之性焉。烏在其爲僞也。且諸子之所言。皆吾所謂情也。習也。非性也。揚子之言爲似矣。猶未出乎以習而言性也。古者有不謂喜怒愛惡欲情者乎。喜怒愛惡欲而善。然後從而命之曰仁也義也。喜怒愛惡欲而不善。然後從而命之曰不仁也不義也。故曰有情然後善惡形焉。然則善惡者情之成名而已矣。又性情辨曰。性情一也。世有論者曰性善情惡。是徒識性情之名而不知性情之實也。喜怒哀樂好惡欲。未發於外而存於心。性也。喜怒哀樂好惡欲發於外而見於行。情也。性者情之本。情者性之用。故吾曰性情一也。彼曰性善無它。是嘗讀孟子之書。而未嘗求孟子之意耳。彼曰情惡無它。是有見於天下之以此七者而入於惡。而不知七者之出於性耳。故此七者人生而有之。接於物而後動焉。動而當於理則聖也賢也。不當於理則小人也。彼徒有見於情之發於外者爲外物之所累。而遂入於惡也。因曰情惡也。害性者情也。是曾不察於情之發於外而爲外物之所感而遂入於善者乎。蓋君子養性之善。故情亦善。小人養性之惡。故情亦惡。故君子之所以爲君子。莫非情也。小人之所以爲小人。莫非情也。彼論之失者。以其求性於君子。求情於小人耳。自其所謂情者。莫非喜怒哀樂好惡欲也。舜之聖也。象喜亦喜。使舜當喜而不喜。則豈足以爲舜乎。文王之聖也。王赫斯怒。當怒而不怒。則豈足以爲文王乎。舉此二者而明之。則其餘可知矣。如其廢情。則性雖善何以自明哉。誠如今論者之說。無情者善。則是若木石者尙矣。是以知性情之相須。猶弓矢之相待而用。若夫善惡則猶中與不中也。曰。然則性有惡乎。曰。孟子曰養其大體爲大人。養其小體爲小人。揚子曰人之性善惡混。是知性可以爲惡也。介甫以性情爲一。類於劉向性情相應說。至謂可適於善。可適於惡。則類揚雄也。

三蘇軾　朱子以近世蘇東坡胡文定公之言性。皆類告子。蓋以性爲無善無不善也。東坡易傳曰。古之君子。患性之難見也。故以可見者言性。以可見者言性。皆性之似也。君子日修其善以消其不善。不善者日消。有不可得而消者焉。小人日修其不善以消其善。善者日消。有不可得而消者焉。夫不可得而消者。堯舜不能加焉。桀紂不能逃焉。是則性之所在也。又曰。性之所在。庶幾知之。而性卒不可得而言也。又曰。陰陽交而生物。道與物接而生善。物生而陰陽隱。善立而道不見矣。故曰繼之者善也。成之者性也。又曰。昔於孟子以爲性善。以爲至矣。讀易而後知其未至也。孟子之於性。蓋見其繼者而已矣。夫善。性之效也。孟子未及見性。而見其性之效。因以所見者爲性。猶火之能熟物也。吾未見火。而指天下之熟物以爲火。夫熟物則火之效也。東坡之言亦甚辨。然孟子是言性之本。非但言性之效也。東坡又非揚雄之言性善惡混。爲性與才相混。故曰。夫善惡者。性之所能之。而非性之所能有也。且夫言性者。安以其善惡哉。雖然揚雄之論。則固已近之。曰人之性善惡混。修其善則爲善人。修其惡則爲惡人。此其所以異者。唯其不知性之不能以有夫善惡。而以爲善惡皆出乎性也。而已。又申論善惡之說爲性所本無。曰。夫太古之初。本非有善惡之論。唯天下之所同安者。聖人指以爲善。而一人之所獨樂者。則名以爲惡。天下之人。固將卽其所樂而行之。孰知聖人唯其一人之獨樂。不能勝天下之所同安。是以有善惡之辨。而諸子之意。將以善惡爲聖人之私說。不已疎哉。卒又以情爲性。與王介甫之意略同。要之東坡言性。實自告子性無善無不善一語所衍而成者也。

已上三家論性。大抵略近告子揚雄。雖亦欲折衷衆家。而究其所論。多屬於才。而罕見及性命之本。東坡尤敎爲不可言不可見之說。閃倏滉瀁。不可捉捕。蓋又雜於禪。朱子特以著之雜學辨中。三家之學。殆皆未能洞徹天人一貫之大原。故立論不能無所闕也。

第九章　程門諸子

程門自龜山三傳而得朱子。程學益大。故今述朱子以前程學諸子。有嘗及二程之門者。有受業程子門人者。要皆舉其最著者焉。

程門以謝上蔡良佐。楊龜山時。游廌山酢。呂藍田大臨。並號四先生。然廌山遺書不傳。蓋程門諸子。多雜於禪。上蔡尤甚。而游楊並所不免。今述上蔡龜山藍田三先生及他程學諸子於下。

一　謝上蔡

謝良佐。字顯道。壽春上蔡人。明道知扶溝事。上蔡往從之。明道謂人曰。此秀才展拓得開。將來可望。一說上蔡初見明道自負該博舉史書不遺一字。明道曰。賢卻記得許多。可謂玩物喪志。上蔡聞之。汗流浹背。因止記誦之學。從事涵養。後復學於伊川。嘗與伊川別一年。復見。問其所進。曰。但去得一矜字耳。伊川曰。何故。曰。檢點病痛盡在此處。伊川歎曰。所謂切問而近思者也。顯道登元豐八年進士。徽宗時召對。求監局。得西京竹木場。坐口語下獄。廢爲民。朱子謂上蔡說仁是覺。分明是禪。伊川之門。上蔡自禪學來。其說亦有差。今傳上蔡語錄三卷。後象山橫浦之學。皆略近於上蔡云。

明道嘗說仁者以天地萬物爲一體。故謂天地生生之大德曰仁。上蔡承之。以心爲仁。且言仁者活物。非死物也。其說曰。心者何也。仁是已。仁者何也。活者爲仁。死者爲不仁。今人身體麻痺。不知痛癢。謂之不仁。桃杏之核。可種而生者。謂之仁。言有生之意。推此仁可見矣。學佛者知此。謂之見性。遂以爲了。故終歸妄誕。聖門學者見此消息。必加功焉。故曰。回雖不敏。請事斯語矣。雍雖不敏。請事斯語矣。仁操則存。舍則亡。（語錄上）又論仁與天理之關係曰。仁者天之理。非杜撰也。故哭死而哀。非爲生也。經德不回。非干祿也。言語必信。非正行也。天理當然而已矣。當然而爲之。是爲天之所爲也。聖門學者大要以克己爲本。克己復禮。無私心焉。則天矣。（同上）上蔡所謂杜撰。卽是人欲。天理卽是仁。杜撰卽是不仁也。故又曰。所謂天理者。自然底道理。無毫髮杜撰。今人乍見孺子將入於井。皆有怵惕惻隱之心。方乍見時。其心怵惕。卽所謂天理也。要譽於鄉黨朋友。內交於孺子父母兄弟。惡其聲而然。卽人欲耳。天理與人欲相對。有一分人欲。卽滅却一分天理。有一分天理。卽勝得一分人欲。人欲纔肆。天理滅矣。任私用意。杜撰做事。所謂人欲肆矣。同上此上蔡本克己復禮爲仁之說。用孟子惻隱爲仁之端之義。以明順其良心而行。斯合於天理。並合於仁矣。

上蔡論鬼神祭祀之理。以爲祖宗精神。卽是自家精神。朱子嘗取之。又曰。動而不已其神乎。滯而有迹其鬼乎。往來不息神也。摧仆歸根鬼也。致生之故其鬼神。致死之故其鬼不神。何也。人以爲神則神。以爲不神則不神矣。知死而致生之。不智。知死而致死之。不仁。聖人所以神明之也。語錄又言敬是常惺惺法。則近於禪矣。

二　楊龜山 生於宋仁宗皇祐五年卒於高宗紹興五年年八十三

明道喜龜山。伊川喜上蔡。然龜山獨享耆壽。遂爲南渡洛學大宗。朱晦庵張南軒呂東萊之學。皆其所自出。然龜山之夾雜異學。故不下於上蔡也。

楊時。字中立。南劍將樂人。熙寧九年進士。調官不赴。以師禮見明道於潁昌。明道喜甚。每言楊君會得最容易。其歸也。目送之曰。吾道南矣。明道沒。又見伊川於洛。年已四十。事伊川愈恭。橫渠著西銘。龜山疑其近於兼愛。與伊川辯論往復。聞理一分殊之說。始豁然無疑。由是浸淫經書。推廣師說。歷仕州郡。並有治績。召爲侍講。多所獻納。伊川自涪州謫居歸。學者凋落。多從事佛學。惟龜山上蔡不變。其卒謚曰文靖。學者稱龜山先生。有龜山集三十五卷。三經義辨、語錄等。

龜山之哲學。與明道同。爲氣一元論。言通天地只是一氣。宇宙間千態萬狀。不外一氣之離合聚散而已。張橫渠亦近此。蓋一元氣是宇宙之實體。其生滅變化。則實體之現象也。故論死生如冰之釋於水。又以儒教性說與佛說比較。曰總老言（卽常總當時名僧）經中說十識。第八庵摩羅識。唐言白淨無垢。第九阿賴耶識。唐言善惡種子。白淨無垢。卽孟子之言性善是也。言性善可謂探其本。言善惡混。乃是於善惡已萌處看。荆公蓋不知。（語錄）據此則龜山亦持性善論者也。又謂格物致知。以得修齊治平之道。而行之以誠。蓋合中庸與大學之說而一之。其言曰。致知必先於格物。物格而後知至。知至斯知止矣。此序也。蓋格物所以致知。格物而至於物格。則知之者至矣。所謂止者。乃其至處也。自修身推而至於平天下。莫不有道焉。而皆以誠意爲主。苟無誠意。雖有其道。不能行。中庸論天下國家有九經。而卒曰所以行之者一。一者何。誠而已。蓋天下國家之大。未有不誠而能動者也。然則非格物致知。烏足以知其道哉。大學所論誠意正心修身治天下國家之道。其原乃在乎物格推之而已。若謂意誠便足以平天下。則先王之典章法物。皆虛器也。故明道先生嘗謂有關雎麟趾之意。然後可以行周官之法度。正謂此爾。（文集答學者）自餘所論。大抵二程之緒也。

三　呂藍田

呂大臨。字與叔。藍田人。與兄大忠字晉伯。大鈞字和叔。並游張程之門。與叔初學於橫渠。橫渠卒。乃東見二程。與叔故深淳近道。而以防檢窮索爲學。明道語之以識仁。且以不須防檢。不須窮索開之。與叔默識心契。豁如也。作克己銘以見志。始與叔博極羣書。至是涵養益粹。言如不出口。粥粥若無能者。嘗賦詩曰。學如元凱方成癖。文到相如始類俳。獨立孔門無一事。只輸顏子得心齋。伊川贊之曰。古之學者。唯務養性情。其他則不學。今爲文者。專務章句。悅人耳目。非俳優而何。此詩可謂得本矣。元祐中爲太學博士。秘書省正字。卒年四十七。有文集詩說大學說中庸說等。

與叔與程子問答中庸喜怒哀樂未發之中一節。卽起豫章延平看未發以前氣象宗旨。此於宋學至有關係。玆具錄之。

與叔曰。中者道之所由出。程子曰。此語有病。與叔曰。論其所同。不容更有二名。別而言之。亦不可混爲一事。如所謂天命之謂性。率性之謂道。又曰。中者天下之大本。和者天下之達道。則性與道。大本與達道。豈有二乎。程子曰。中卽道也。若謂道出於中。則道在中內。別爲一物矣。所謂論其所同。不容更有二名。別而言之。亦不可混爲一事。此語固無病。若謂性與道。大本與達道。可混而爲一。卽未安。在天曰命。在人曰性。循性曰道。性也。命也。道也。

各有所當。大本言其體。達道言其用。體用自殊。安得不爲二乎。與叔曰。既云率性之謂道。則循性而行莫非道。此非性中別有道也。中卽性也。在天爲命。在人爲性。由中而出者莫非道。所以言道之所由出也。程子曰。中卽性也。此語極未安。中也者。所以狀性之體段。如稱天圓地方。遂謂方圓爲天地可乎。方圓既不可謂之天地。則萬物決非方圓之所出。如中既不可謂之性。則道何從稱出於中。蓋中之爲義。自過不及而立名。若只以中爲性。則中與性不合。子居對以中者性之德。却爲近之。子居和叔子與叔曰。不倚之謂中。不雜之謂和。程子曰。不倚之謂中。甚善。語猶未瑩。不雜之謂和。未當。與叔曰。喜怒哀樂之未發。則赤子之心。當其未發。無所偏倚。故謂之中。以此心應萬物之變。無往而非中矣。孟子曰。權。然後知輕重。度。然後知長短。物皆然。心爲甚。此心度物。所以甚於權度之審者。正以至虛無所偏倚故也。有一物存乎其間。則輕重長短皆失其中矣。又安得如權度乎。大人不失其赤子之心。乃所謂允執厥中也。大臨始者有見於此。便指此心名爲中。故前言中者道之所由出也。今細思之。乃命名未當耳。此心之狀。可以言中。未可便指此心名之曰中。程子曰。喜怒哀樂之未發謂之中。赤子之心。發而未遠於中。若便謂之中。是不識大本也。與叔曰。聖人智周萬物。赤子全未有知。其心固有不同矣。然推孟子所云。豈非止取純一無僞。可與聖人同乎。非謂無毫髮之異也。大臨前日所云。亦取諸此而已。今承敎。乃云已失大本。

茫然不知所向。聖人之學。以中爲大本。雖堯舜相授以天下。亦云允執厥中。何所準則而知過不及乎。求之此心而已。此心之動。出入無時。何從而守之乎。求之於喜怒哀樂未發之際而已。當是時也。此心卽赤子之心。此心所發。純是義理。安得不和。前日敢指赤子之心爲中者。其說如此。來教云赤子之心。可謂之和。不可謂之中。大臨思之。所謂和者。指已發而言之。今言赤子之心。乃論其未發之際。純一無僞。無所偏倚。可以言中。若謂已發。恐不可言心。程子曰。所云非謂無毫髮之異。是有異也。有異者得爲大本乎。推此一言。餘皆可見。與叔曰。大臨以赤子之心爲未發。先生以赤子之心爲已發。所謂大本之實。則先生與大臨之言。未有異也。但解赤子之心一句不同耳。大臨初謂赤子之心。止取純一無僞與聖人同。孟子之義亦然。更不曲折一一較其同異。故指以爲言。未嘗以已發不同處爲大本也。先生謂凡言心者。皆指已發而言。然則未發之前。謂之無心可乎。竊謂未發之前。心體昭昭具在。已發乃心之用也。程子曰。所論意雖以已發者爲未發。及求諸言。却是認已發者爲說。辭之未瑩。乃是擇之未精。凡言心者。指已發而言。此固未當。心一也。有指體而言者。寂然不動是也。有指用而言者。感而遂通天下之故是也。惟觀其所見如何耳。大抵論愈精微。愈易差也。

程門自四先生之外。當推尹和靖焞。王福淸蘋。焞字彥明。洛陽人。於洛學最爲晚出。而守師說最醇。胡五峰以爲程氏後起之龍象。黃東發以爲不失師傳。和靖在程門天資最魯。而用志最專。朱子亦曰和靖直是十分鈍底。被他只一個敬字做工夫。終做得成。又云和靖不觀他書。只是持守得好。他語錄中說持守涵養處分外親切。蘋字信伯。福淸人。信伯師事伊川。於其同門楊龜山輩爲後進。而龜山最許可之。以爲師門後來成就者惟信伯也。(按信伯少時常師龜山後又師伊川)而朱晦庵最貶之。其後王陽明又最稱之。全謝山曰。予讀信伯集頗啓象山之萌芽。其貶之者以此。其稱之者亦以此。象山之學本無所承。東發以爲遙出於上蔡。予以爲兼出於信伯。蓋程門已有此一種矣。按信伯高宗時應詔陳言。謂堯舜禹湯文武非傳聖人之道。傳其心也。非傳聖人之心。傳己之心也。此已開心學之緒。如震澤記善錄所載諸語。以不偏之謂中。不易之謂庸。非程子語。或問致知之要。曰宜近思。且體究喜怒哀樂未發之中。又曰。莫被中字礙。只看未發時如何。又曰伊川言顏子非樂道。則何所樂。曰心上一毫不留。若有所樂。則有所倚。功名富貴固無足樂。道德性命亦無可樂。莊子所謂至樂無樂。凡此皆大與晦庵異者也。

四　胡五峯

胡宏字仁仲。崇安人。文定公安國之季子也。父子兄弟並一時碩學。仁仲自幼志於大道。嘗見龜山於京師。又從侯師聖於荆門。(師聖字仲良明道門人)優游衡山二十餘年。玩心神明。不舍晝夜。

張南軒師事之。學者稱五峯先生。著有胡子知言詩文集皇王大紀易外傳等。東萊以知言過於正蒙。實開當時湖湘之學統焉。

五峯之論心性。頗有自得之處。謂心無死生。性無善惡。南軒晦庵。皆以爲病。知言曰。或問心有死生乎。曰無生死。曰然則人死其心安在。曰子既知其死矣。而問安在耶。或曰。何謂也。曰夫唯不死。是以知之。又何問焉。或曰未達。胡子笑曰。甚哉子之蔽也。子無以形觀心。而以心觀心。則其知之矣。朱子論之曰。心無死生。則幾於釋氏輪迴之說矣。天地生物。人得其秀而最靈。所謂心者。乃虛靈知覺之知。猶耳目之有見聞耳。在天地則通古今而無成壞。在人物則隨形氣而有始終。知其理一而分殊。則又何必爲是心無生死之說。以駭學者之聽乎。然五峯所謂無生死之心。亦是指虛靈知覺之性。對於形體之有生滅者言之。故謂心無生死以言心性一致。至妙而不測者也。故曰。氣之流行。性爲之主。性之流行。心爲之主。又曰。有而不能無者。性之謂與。宰物不死者。心之謂與。感而無自者。誠之謂與。往而不窮者。鬼之謂與。來而不測者。神之謂與。此以心性鬼神比論。以見心體之久大而統御一切。是無死生之義也。南軒晦庵。疑其高遠。非敎人之道。故欲删其說。於知言之中耳。五峯論性。承子思天命謂性之說。以性爲宇宙根本原理。其義至廣。故曰。大哉性乎。萬理具焉。天地由此而立矣。世儒之言性者。類指一理而言之爾。未有見天命之全體者也。世儒殆指孟荀揚諸儒。五峯見性具萬理。而先儒率以相對之善惡言性。類於僅指一理。實以性爲絕對至善也。知言又曰。或問性。曰性也者。天地之所以立也。曰然則孟軻氏、荀卿氏、揚雄氏之以善惡言性也非與。曰性也者。天地鬼神之奧也。善不足以言之。況惡乎哉。或又曰。何謂也。曰某聞之先君子曰孟子所以獨出諸儒之表者。以其知性也。某請曰。何謂也。先君子曰孟子之道性善云者。嘆美之辭。不與惡對也。朱子以是謂五峯主性無善惡。性無善惡。卽是以性爲絕對之善。非相對之善。故引文定公之言。謂孟子亦言性爲絕對之善也。此絕對之善。起乎善惡形象之上。爲天地所以立。然盡吾之心。則可以盡善。可以盡性。故心所以成性。其言曰。天命之謂性。性天下之大本也。堯舜禹湯文王仲尼六君子先後相詔。必曰心而不曰性何也。曰心也者。知天地。宰萬物。以成性者也。六君子盡心者也。故能立天下之大本。人至於今賴焉。朱子以成性字可疑。然五峯之意。自如此。大抵近告子性無善無不善之語。五峯承文定家學。朱子特予告子言性。而謂近世蘇東坡胡文定公皆如此也。

五　李延平

朱子之學。出於李延平。延平之學。出於羅豫章。豫章名從彥。字仲素。南劍人。崇寧初見楊龜山於將樂。驚汗浹背。曰不至此幾枉過一生。嘗與龜山講易。至乾九四之爻。龜山曰。伊川說甚善。卽鬻田裹糧。往洛見伊川。故豫章亦程門弟子。然從龜山最久。與龜山延平。並稱南劍三先生。豫章操存涵養最深。故一傳於李延平而益邃。再傳於朱晦庵而理學大成矣。
延平名侗。字愿中。南劍人。年二十四。聞郡人羅仲素傳河洛之學於龜山。遂往學焉。仲素不爲世所知。延平冥心獨契。於是退而屛居。謝絕世故。餘四十年。簞瓢屢空。怡然有以自適也。其始學也。默坐澄心。以驗夫喜怒哀樂未發之前氣象爲何如。久之而知天下之大本眞在乎是也。既得其本。則凡出於是者。雖品節萬殊。曲折萬變。莫不該攝洞貫。以次融釋。各有條理。如川流脈絡之不可亂。大而天地之所以高厚。細而品彙之所以化育。以至經訓之微言。日用之小物。玩之於此。無一不得其衷焉。由是操存益固。涵養益熟。泛應曲酬。發必應節。其事親從兄。有人所難能者。隆興元年十月。汪應辰守閩。幣書迎延平。至之日。坐語而卒。年七十一。
朱子早年出入於釋老。及再見延平。而後以程子之學爲歸。嘗記延平事曰。李先生不著書。不作文。頽然若一田夫野老。又曰。李先生終日危坐。而神彩精明。略無隤墮之氣。又曰。先生少年豪勇。夜醉馳馬數里而歸。後來養成徐緩。雖行一日里路。常委蛇緩步。如從容室中也。又曰。李先生敎人大抵令於靜中體認大本未發時氣象分明。卽處事應物。自然中節。此乃龜山門下相傳指訣。又曰。熹早從先生學。受中庸之書。求喜怒哀樂未發之旨。未達而先生沒。余竊自悼其不敏。若窮人之無歸。聞張欽夫得衡之胡氏學。則往從而問焉。欽夫告余以所聞。亦未之省也。暇日料檢故書。得當往還書藁一編。題曰中和舊說。獨恨不得奉而質諸李氏之門。然以先生之所已言者推之。知其所未言者。其或不遠矣。朱子蓋自述其淵源於延平者如此。

朱子輯平日所聞於延平者。以爲問答二卷。延平之學。可於此見之。其論中庸未發之要曰。聖門之傳中庸。其所以開悟後學無餘策矣。然所謂喜怒哀樂未發之謂中者。又一篇之指要也。若徒記誦而已。則亦奚以爲哉。必也體之於身。實見是理。若顏子之歎。卓然見其爲一物而不違乎心目之間也。然後擴充而往。無所不通。則庶乎其可以言中庸矣。又曰。人固有無所喜怒哀樂之時。然謂之未發。則不可言無也。又答朱子論夜氣曰。示諭夜氣說甚詳。亦只是如此。切不可更生枝節尋求。卽恐有差。大率吾輩立志已定。若看文字。心慮一澄然之時。略綽一見。與心會處。便是正理。若更生疑。卽恐滯礙。伊川語錄中有說明道嘗在一倉中坐。見廊柱多。因默數之。疑以爲未定。屢數愈差。遂至令一人敲柱數之。乃與初默數之數合。正謂此也。夜氣之說。所以於學者有力者。須是兼旦晝存養之功。不至梏亡。卽夜氣淸。若旦晝間不能存養。卽夜氣何有。疑此便是日月至焉氣象也。又論靜坐曰。某曩時從羅先生學問。終日相對靜坐。只亡文字。未嘗及一雜語。先生極好靜坐。某時未有知。退入室中。亦只靜坐而已。羅先生令靜看喜怒哀樂未發之中。未發時作何氣象。此意不唯於進學有力。兼亦是養心之要。元晦偶有心恙。不可思索。更於此一句內。求之靜坐看如何。往往不能無補也。秦漢以來學者不聞教人默坐澄心。宋以來此風始盛。延平承龜山豫章之緒故反覆以此爲朱子言之曰看未發之中曰存夜養曰靜坐其義一也。

第十章　張南軒（生于高宗紹興三年卒于孝宗淳熙七年年四十八）

張栻字敬夫號南軒。廣漢人。遷於衡陽。父浚宋丞相封魏國公諡忠獻。有易解書詩禮春秋中庸解及文集等。南軒早從胡五峯問程氏學。五峯一見知其大器。即以所聞孔門論仁親切之指告之。南軒退思若有得也。五峯曰聖門有人吾道幸矣。南軒益自奮厲作希顏錄以見志。歷知撫州嚴州。召爲吏部郎兼侍講。所言皆修身務學畏天恤民抑僥倖屏讒諛之事。於是宰相憚之。近習尤不悅。退而家居累年。孝宗念之。詔除舊職。將有公輔之望而卒。世咸惜之。嘉泰中賜諡曰宣。有文集論語解孟子說等。

一、性說　南軒性說。頗與二程橫渠相似。亦多所發明。其言曰太極動而二氣形。二氣形而萬物化生。人與物俱本此者也。原物之始。亦豈有不善者哉。其善者天地之性也。而孟子道性善。獨歸之人者何哉。蓋人稟二氣之正。而物則其繁氣也。人之性善。非被命受生之後而其性施而是善也。性本善而人稟夫氣之正。初不隔其全然者耳。若物則爲氣所昏而不能以自通也。惟人全夫天地之性。故有所主宰而爲人之心。所以異於庶物者獨在於此也。此辨人之受性異於庶物者甚精。

二、儒佛之辨　宋儒每詳儒佛之辨。視前代爲精。南軒與問答亦論此事。問爲佛學者言人當常存此心。令日用之間眼前常見光爍爍地。此與吾學所謂操則存者有異同否。曰某詳佛學所謂。與吾學之云存字雖同。其所以爲存者。固有公私之異矣。吾學操則存者。收其放心而已矣。收其放心。則公理存。故於所當思而未嘗不思也。所當爲而未嘗不爲也。莫非心之所存故也。佛學之所謂存心者。則欲其無所爲而已矣。故於其當有而不知有也。於所當思而不之思也。獨憑藉其無所爲者以爲宗。日用間將做所用。其云令日用之間眼前常見光爍爍地。是弄此爲作用也。自前一切以爲幻妄物。則盡廢自利自私。此不知天故也。此以心之公私爲儒佛之別者也。

三、義利之辨　南軒最明於義利之辨。其言曰。學者潛心孔孟。必求其門而入。以爲莫先於明義利之辨。蓋聖賢無所爲而然也。有所爲而然者。皆人欲之私。而非天理之所存。此義利之分也。自未知省察者言之。終日之間。鮮不爲利矣。非特名位貨殖而後爲利也。意之所向。一涉於有所爲。雖有淺深之不同。而其爲徇己自私。則一而已。朱子述行狀後曰。公之教人。必先使之有以察乎義利之間。而後明理居敬。以造其極。又曰。公嘗有言曰。學莫先於義利之辨。至哉言也。亦可謂度前聖之所未發。而同於性善養氣之功者與。

南軒文集中。多有言修養實踐之功者。今略述一二。如曰力貴乎壯。工夫貴乎密。若不密。雖勝於暫。終不可久。（答喬德瞻）又曰主一之功。艱難曲折甚多。要耐苦辛長遠。勿舍則漸有味。（答潘叔昌）又曰理義固須玩索。然求之過當。反害於心。涵養栽培。日以深厚。則玩索處自然有力。又曰平時病痛。所貴銷磨矯揉之。不可徒自悔恨。於胸中反添一病。遺書中所謂罪己責躬不可無。却不可留在胸中是也。又曰急迫之與因循。只是一病。不失之此。則失之彼。滅於東而生於西。要須本原上用功。其道莫如敬。則弊可漸滅。（已上並與呂子約）又論當時之弊曰。學者徇名忘實。此眞可憂。但因此遂謂理學之不可講。大似懲噎廢食。是因盜　爲害者。而遂謂　之不可爲可乎。（寄周子充）又曰近世議論。眞所謂謀其身則以枉尋直尺爲可以濟事。謀人國則忘親苟免爲合於時變。世所號爲賢者。正墮在此中。此風方熾。正道湮微。率獸食人。甚可愧也。又曰議論往往墮一偏。孟浪者卽要功生事。委靡者一切放倒。爲害則均。（並與朱元晦）蓋其議論親切可味如此。宜朱子尤善之與。

第十一章　朱晦庵（生於宋高宗建炎四年卒於寧宗慶元六年年七十一）

朱子名熹。字元晦。亦稱仲晦。亦曰晦庵。父名松。字喬年。號韋齋。與李延平同學於羅豫章。舉進士。歷官司勳吏部郎。以不附和議忤秦檜去國。行誼爲學者所師。朱子十四歲而韋齋公病亟。嘗屬朱子曰。藉溪胡原仲。白水劉致中。屏山劉彥仲三人。學有淵源。吾所敬畏。吾卽死。

汝往事三人。謂胡憲劉勉之劉子翬也。登紹興十八年進士第。授同安主簿。後自同安徒步見李延平。其學益大進。乃盡棄從前一切空遠不切之言。而以二程子之學爲歸。孝宗即位之初。詔求直言。朱子上封事。言金之不可和。而陳帝王格物致知之學。時相湯思退方倡和議。除朱子武學博士。待次歸。淳熙五年。出知南康軍。訪白鹿書院遺址。奏復其舊。爲學規俾守之。十五年。除提點江西刑獄。入奏對。孝宗欲處以清要。除兵部郎官。以足疾奉祠。林栗嘗與朱子論易西銘不合。至是劾朱子本無學術。徒竊張載程頤緒餘。謂之道學。所至輒攜門生數十人。妄希孔孟歷聘之風。邀索高價。不肯供職。其僞不可掩。詔朱子依舊職江西提刑。朱子辭免。會葉適疏與栗辯。乃黜栗知泉州。除朱子直寶文閣主管西京嵩山崇福宮。未踰月再召。朱子又辭。嘗以口陳之說有所未盡。乃投匭進封事。陳六事。疏入。夜漏下七刻。孝宗已就寢。亟起秉燭讀於終篇。明日除崇政殿說書。力辭。光宗即位。歷知漳州潭州。寧宗即位。除煥章閣待制侍講。時韓侂胄居中用事。朱子上疏斥言左右竊柄之失。除知江陵府。辭。詔依舊煥章閣待制提舉南京鴻慶宮。二年。沈繼祖爲監察御史。誣朱子十罪。詔落職罷祠。門人蔡元定亦送道州編管。四年。以年近七十乞致仕。五年。依所請。明年卒。年七十一。嘉泰中。賜謚曰文。理宗寶慶三年。追封信國公。改徽國。朱子之學。大抵窮理以致其知。反躬以踐其實。而以居敬爲主。全體大用。兼綜條貫。表裏精粗。交底於極。嘗謂聖賢道統之傳。散在方册。

聖經之旨不明。而道統之傳始晦。於是竭其精力以研窮聖賢之經訓。其餘百家之支二氏之誕。不憚深辯而力闢之。所著書有易本義、啟蒙、蓍卦攷誤、詩集傳、大學中庸章句或問、論語孟子集註、太極圖通書西銘解、楚辭集註辯證、韓文考異、所編次有論孟集議、孟子指要、中庸輯略、孝經刊誤、小學、通鑑綱目、宋名臣言行錄、家禮、近思錄、程氏遺書、伊洛淵源錄。理宗淳祐元年。以朱子與張周二程並從祀孔廟。明洪武初。詔以朱子書立於學宮。學者咸宗之。

(一)太極及理氣二元論

朱子之純正哲學。取之周濂溪程伊川者爲多。故伊川之理氣二元論。至朱子益趨精密。朱子嘗論理與氣之關係曰。所謂理與氣。決是二物。但在物上看。則二物渾淪。不可分開各在一處。然不害二物之各爲一物也。若在理上看。則雖未有物。而已有物之理。然亦但有其理而已。未嘗實有是物也。(答劉叔文)又論理與氣之先後曰。理氣本無先後之可言。然必欲推其所從來。則須說先有是理。然理又非別爲一物。卽存乎是氣之中。無是氣則是理亦無掛搭處。(語類)朱子既以理搭於氣而行。又謂理氣不可分先後。蓋認理氣爲決然二物。此所以名之爲理氣二元論也。故又曰。天地之間。有理有氣。理也者。形而上之道也。生物之本也。氣也者。形而下之器也。生物之具也。是以人物之生。必稟此理。然後有性。必稟此氣。然後有形。(答黃道夫)於是乃論理與氣在宇宙間之作用曰。氣則能凝結造作。理卻無情意。無計度。無造作。只此氣凝聚處。理便在其中。且如天地間人物草木禽獸其生也。莫不有種。定不會無種了。白地生出一個物事。這個都是氣。若理則只是個潔淨空闊底世界。無形迹。他卻不會造作。氣則能醞釀凝聚生物也。（語類）此論理氣二者性質之異。蓋理爲萬物所具之性。在人類則爲仁義禮智信五常。氣則萬物所具之質。如金木水火土五行也。故曰氣則爲金木水火。理則爲仁義禮智。（同上）五行卽萬物所由生之元素矣。

今更卽朱子所謂理氣與太極之關係考之。則太極適與理對。故曰太極只是一個理字。（語類）又曰太極非是別爲一物。卽陰陽而在陰陽。卽五行而在五行。卽萬物而在萬物。只是一個理而已。因其極至。故名曰太極。（同上）然則太極卽理。理卽太極可知。蓋宇宙間一切現象分之又分。至於無可分。此無可分之至極而存焉者。卽太極也。故太極必唯一。必絕對。謂之曰理。猶若與氣相對也。乃別立太極之名以名之。太極與理同體而異名。是宇宙之初焉。故曰未有天地之先。畢竟也只是理。有此理便有此天地。若無此理。便亦無天地。無人無物。都無該載了。有理便有氣流行。發育萬物。（同上）又曰太極只是天地萬物之理。在天地言則天地中有太極。在萬物言則萬物中各有太極。未有天地之先。畢竟是先有此理。動而生陽。亦只是理。靜而生陰。亦只是理。（同上）然則此理之極至。爲存於天地未生以前之本源。故理卽太極。若以朱子之理氣說與易及周子之所謂太極者比較論之。則朱子所謂理。當周子所謂太極。朱子所謂氣。當周子所謂陰陽兩儀。是以朱子但說理氣二元也。

萬物由太極生。既如上說。今更考朱子所論太極與萬物之關係。朱子說萬物與太極之關係有二。一曰萬物體統一太極。二曰萬物各具一太極。宇宙間萬物莫不從太極生矣。合此能生之本。是萬物體統一太極。窮其所生之殊。是物物各具一太極。故曰人人有一太極。物物有一太極。合而言之。萬物體統一太極也。分而言之。一物各具一太極。（朱子的學）當時或有以此難朱子者。答之曰。萬物之生同一太極者也。而謂其各具。則亦有可疑者。然一物之中。天地完具。不相假借。不相陵奪。（周子全書跋）物物同由此太極生。物物同分得此理。一即萬也。萬即一也。萬物各具一太極。復何疑乎。或問曰。一理之實。而萬物分之以為體。故萬物各具一太極。如此說則太極有分裂乎。朱子答之曰。本只是一太極。而萬物各有稟受。又各自全具一太極爾。如月在天。只一而已。及散在江湖。則隨處而見。不可謂月分也。（語類）此喻至瞭。又推理一分殊之旨。謂理雖同而氣無不異。蓋同是一理。而稟受者有多有少。有偏有全也。故曰。如一海水。或取得一杓。或取得一擔。或取得一椀。都是這海水。（語類）然即謂理異。亦無不可。故曰。論萬物之一原。則理同而氣異。觀萬物之異體。則氣猶相近。而理絕不同也。氣之異者。純駁之不齊。理之異者。偏全之或異。（答黃商伯）又曰。若論本原。即有理然後有氣。故理不可以偏全論。若論稟賦。則有是氣然後理隨以具。故有是氣則有是理。無是氣則無是理。是氣多則是理多。是氣少卽是理少。又豈可不以偏全論耶。（答趙致道）然人物受氣何以有偏有全。則又申論之曰。晝夜運而無已。便是陰陽之兩端。其四邊散出紛擾者。便是游氣。以生人物之萬殊。如麵磨相示。其四邊只管層層散出。天地之氣。運轉無已。只管層層生出人物。其中有粗有細。如人物有偏有正。（語類）夫此有粗有細有偏有正生生不已而自然不齊者。便是理也。理則無終。而氣則有終。惟理無終。故生生無窮。生生無窮者。卽是太極也。而所生之物。既受形氣。自然有衰滅之時。物之衰滅。非太極生生之理。有所衰滅。生生之理。直是相續不斷。故一方受形氣有終之衰滅。一方又起太極不息之生長。故曰太極如一本身上分爲枝榦。又分而生花生葉。生生不窮。到得成果子。裏面又有生生無窮之理。生將出去。又是無限個太極。更無停息。只是到成果實時。又却略少歇。也不是生到這裏。自合少止。所謂終始萬物莫盛乎艮。艮止是生息之意。（語類）天地亦不過陰陽之一物。亦是陰陽之氣所生。故天地有時亦須混沌一番。是氣之有終也。然同時便生新天地。重新生人生物。是理之不息也。或問天地會壞否。曰不會壞。只道相將人無道極了。便一齊打合混沌一番。人物都盡。又重新起。（語錄）又曰。或問天地壞也不壞。曰既有形氣。如何不壞。但一個壞了。便有一個生得來。（同上。前一條云不壞者。卽是壞。以其將重生。恐人誤爲滅。故云不壞。此條更瞭）又論天地初生時之形狀曰。天地始初混沌未分時。想只有水火二者。水之滓脚便成地。今登高而望。羣山皆爲波浪之狀。便是水泛如此。只不知因甚時凝了。初間極軟。後來方凝得硬。語類 天地初生只是氣。氣是陰陽。陰陽即水火。故云先有水火二者也。又推人之初生曰。或問生第一個人時如何。曰以氣化。二五之精合而成形。釋家謂之化生。今物之化生者甚多。如蝨然。同上 又曰。生物之時。陰陽之精自凝結成兩個。蓋是氣化而生。如蝨子自然爆出來。既有此兩個一牝一牡。後來却從種子漸漸生去。便是以形化。萬物皆然。同上 朱子蓋由其宇宙二元論以組織精密之萬物發生說如此。

(二)性說

朱子性說蓋本之橫渠伊川。分天地之性。與氣質之性。其言曰。有天地之性。有氣質之性。天地之性則太極本然之妙。萬殊之一本也。氣質之性。則二氣交運而生。一本而萬殊者也。生理大全 又曰。論天地之性。則專指理而言。論氣質之性。則以理與氣雜而言之。又曰。以理言之則無不全。以氣言之。則不能無偏。同上 此數語已括朱子論性之大旨。雖本之張程。仍自其理氣二元而一以貫之。程朱皆曰性即理也。此便是指天地之性。朱子嘗綜論天命性道理心情之關係。如曰仁義禮智性也。惻隱羞惡辭讓是非情也。以仁愛。以義惡。以禮讓。以智知。心也。性者心之理也。情者性之用也。心者性情之主也。同上 又論性與情之關係曰。性者心之所具之理。情者性之感於物而動者也。又論性與命之關係曰。自天所賦與萬物言之謂之命。以人物所稟受於天言之謂之性。（學的）又釋心之爲義曰。心者人之神明。所以具衆理而應萬事者也。（同上）又論道與理之關係曰道卽理也以人所共由而言之則謂之道以其各有條理而言之則謂之理。（同上）又論性與生之關係曰性者人之所得於天之理也生者人之所得於天之氣也。（同上）又曰性者人所稟於天以生之理也渾然至善未嘗有惡。（同上）此卽性卽理之意矣。天地之性卽是理。故無不善。氣質之性。理與氣雜乃有不善此其大略也。

朱子嘗以氣質之說既立而後言性始備。亞夫問氣質之說始於何人。曰此起於張程。某以爲極有功於聖門。有補於後學。讀之使人深有感於張程。前此未曾有人說到此。如韓退之原性中說三品。說得也是。但不曾分明說是氣質之性耳。性那裏有三品來。孟子說性善。但說得本原處。下面卻不曾說得氣質之性。所以亦費分疏。諸子說性惡與善惡混。使張程之說早出則這許多說話。自不用紛爭。故張程之說立則諸子之說泯矣。因舉橫渠形而後有形質之性。善反之則天地之性存矣。故氣質之性。君子有弗性者焉。又舉明道云論性不論氣不備。論氣不論性不明。二之則不是。且如只說個仁義禮智是性。世間卻有生出來便無狀底是如何。只是氣稟如此。若不論那氣。這道理便不周匝。所以不備。若只論氣稟這個善這個惡。卻不論那一原處。又卻不明。此自孔子曾子子思孟子理會得後。都無人說這道理。（語類）此可見朱子言性。本於張程矣。

(三)修養之工夫

朱子爲學。以格物致知窮理居敬爲主。嘗舉程子涵養須用敬。進德則在致知二語教人。然格物致知與居敬窮理。本是一貫。故曰格物致知。是窮此理。學的上 又論格物之工夫曰。格物十事。格得九事通透。卽一事未通透不妨。一事只格得九分。一分不通透。最不可。須窮到十分處。同上 又曰格物致知。只是一事。格物時卽是致知。同上 然格物致知。須在讀書。故論讀書法曰。讀書之法。在循序而漸進。熟讀而精思。字求其訓。句索其旨。未得於前。則不敢求於後。未通乎此。則不敢志乎彼。先須熟讀。使其言皆若出於吾之口。繼以精思。使其意皆若出於吾心。同上 又曰。讀書無別法。只要耐煩子細。是第一義。同上 朱子本重在道問學。故時以讀書爲窮理之本也。

又論敬曰。敬不是萬慮休置之謂。只是隨事專一謹畏不放逸爾。非專是閉目靜坐。耳無聞。目無見。不接事物。然後爲敬。整齊收歛這身心。不敢放縱。便是敬。嘗謂敬字似甚字。却似箇畏字。語類 然朱子承延平之學。亦偶言靜坐。如曰。延平先生嘗言。道理須是日中理會。夜裏却去靜坐思量。方始有得。依此法去做。眞是不同。學的 蓋朱子固嘗以靜坐敎人。惟不專主靜坐耳。

第十二章　朱子門人

(一)蔡西山

朱子之門。西山蔡季通爲領袖。季通名元定。建陽人。父發。博覽羣書。號牧堂老人。以程氏語錄。邵氏經世。張氏正蒙。授西山曰。此孔子正脈也。西山深涵其義。既長。辨晰益精。聞朱文公名。往師之。文公叩其學。大驚曰。此吾老友也。不當在弟子列。四方來學者。必俾先從西山質正焉。慶元元年。韓侂胄禁僞學。御史沈繼祖奏朱熹剽竊張載程頤之餘論。寓以喫菜事魔之妖術。以簧鼓後進。張浮駕誕。私立品題。收召四方無行誼之徒。以益其黨伍。相與衣粗食淡。衣褒帶博。潛形匿跡。如鬼如蜮。其徒蔡元定佐之爲妖。乞送別州編管。西山曰。化性起僞。惡得無罪。遂謫道州。郡縣捕甚急。西山毅然上道。文公與諸所從游百餘人。送別蕭寺。坐客愁歎有泣下者。文公視西山不異平時。因曰。友朋相愛之情。季通不挫之志。可謂兩得之矣。杖履同其子沈。行三千里。脚爲流血。至春陵。遠近從者日衆。或謂宜謝生徒。西山曰。彼以學來。何忍拒之。若有禍患。亦非閉門塞竇所能避也。貽書戒諸子曰。獨行不愧影。獨寢不愧衾。勿以吾得罪故遂懈。一日謂沈曰。可謝客。吾欲安靜以還造化舊物。閱三日卒於貶所。嘉定三年。賜謚文節。西山從文公游最久。精識博聞。同輩皆不能及。尤長於天文地理樂律歷數兵陣之說。凡古書盤錯肯綮。學者讀之不能以句。西山爬梳剖析。細入秋毫。莫不暢達。文公嘗曰。人讀易書難。季通讀難書易。又曰。造化精微。惟深於理者能識之。吾與季通言而不厭。

也。西山處家以孝弟忠信儀刑子孫。而其教人也以性與天道爲先。自本而支。自原而流。聞者莫不興起。著有大衍詳說律呂新書燕樂原辨皇極經世太玄潛虛指要洪範解八陣圖說等。子淵沆沈並躬耕不仕。西山之學。律呂象數最長。於哲學非有獨得之說。然蔡氏一門父子兄弟並朱學之股肱。西山造次不達。以身殉道。尤爲難能。述之以見當時所謂僞學之禁有如此也。

（二）蔡九峯

蔡沈字仲默。西山季子也。隱居九峯。當世名卿求訪不就。自勝衣趨拜。入則服膺父教。出則師事晦翁。晦翁晚年訓傳諸經略備。獨書未及爲。環顧門下生。求可傳者。遂以屬九峯。洪範數學久失其傳。西山獨心得之。未及論著。亦曰成吾書者沈也。九峯沈潛反覆者數十年而後成書。因數以推理。究極精微。學者重焉。其書經集傳序曰。二帝三王之治本於道。二帝三王之道本於心。得其心。則道與治可得而言矣。何則。精一執中。堯舜禹相授之心法也。建中建極。商湯周武相傳之心法也。曰德曰仁曰敬曰誠。言雖殊而理則一。無非所以明此心之妙用也。至於言天則嚴其心之所自出。言民則謹其心之所由施。禮樂教化。心之法也。典章文物。心之著也。家齊國治而天下平。心之推也。心之德其盛矣乎。二帝三王。存此心者也。夏桀商紂。亡此心者也。太甲成王。困而存此心者也。存則治。亡則亂。治亂之分。顧其心之存不存何如耳。後世人主有志於二帝三王之治。不可不求其道。有志於二帝三王之道。不可不求其心。求心之要。舍是書何以哉。然書傳晚出。亦頗與朱子之說有異同也。

(三)黃勉齋

朱子之門人才雖多。然眞能得其師傳。爲有體有用之學者。則推黃勉齋。勉齋名幹。字直卿。閩縣人。受業朱子。夜不設榻。不解帶。少倦則微坐一倚。或至達曙。朱子以其子妻之。嘗知安慶府。方金人破黃州沙窩諸關。淮東西皆震。安慶安堵如故。以承議郎卒。諡文肅。先是朱子編禮書。獨以喪祭二編屬勉齋。病革。以深衣及所著書授勉齋。手書與訣。勉齋持心喪三年。著有經解及勉齋文集。黃東發日鈔曰。乾淳之盛。晦菴南軒東萊稱三先生。獨晦菴先生得年最高。講學最久。尤爲集大成。晦菴既沒。門人如閩中則潘謙之楊志仁林正卿林子武李守約李公晦。江西則甘吉父黃去私張元德。江東則李敬子胡伯量蔡元思。浙中則葉味道潘子善黃子洪。皆號高弟。獨勉齋先生強毅自立。足任荷負。如輔漢卿疑惡亦不可不謂性。如李公晦疑喜怒哀樂由聲色臭味者爲人心。由仁義禮智者爲道心。如林正卿疑大易本爲垂教。而伏羲文王特借之以卜筮。如眞公刊近思錄。先近思而後四書。先生皆一一辨明不少恕。凡其晦翁沒後。講學精審不苟如此。晦庵於門人中。獨授之屋。妻之女。奏之官。親倚獨切。夫豈無見而然哉。

(四)陳北溪

陳淳字安卿龍溪人少習舉子業林宗臣奇之曰此非聖賢事也因授以近思錄及朱子守漳乃往請教朱子告之曰凡閱義理必窮其原北溪聞而爲學益力朱子數語人以南來吾道喜得陳淳後十年復往見朱子陳其所得朱子已寢疾語之曰如今所學已見本原所闕者下學之功爾自是所聞皆切要語凡三月而朱子卒北溪追思師訓益自奮厲義理貫通洞見條緒嘉定九年嚴陵守鄭之悌率僚屬延講郡庠北溪歎陸學全用禪家宗旨認形器之虛靈知覺爲天理之妙不由窮理格物而欲經造上達之境乃發明吾道之體統師友之淵源用功之節目讀書之次序爲四章以示學者所著有論孟大學中庸口義詩禮女學性理字義詳講等書有集五十卷

北溪之學多述師訓雖少特見而實有融會貫通之妙性理字義於心性命道等字能集衆家而明其精義是理學之秘要也又北溪語錄論仁曰自孔門以後無識仁者漢人只以恩愛說仁韓子因遂以博愛爲仁至程子而非之曰仁性也愛情也以愛爲仁是以情爲性矣至哉言乎然自程子之言一出門人又一向離愛言仁而求之高遠不知愛雖不可以名仁而仁亦不能離乎愛也上蔡遂專以知覺言仁夫仁者固能知覺而謂知覺爲仁則不可若能轉一步觀之只知覺處純是天理便是仁也龜山又以萬物與我爲一爲仁夫仁者固與

萬物爲一。然謂與萬物爲物爲仁則不可。若能轉一步觀之。只於與萬物爲一之前。純是天理流行。便是仁也。呂氏克己銘。又欲克去有已。須與萬物爲一體方爲仁。其視仁皆若曠蕩在外。都無統攝。其實如何得與萬物合一。洞然八荒。如何得皆在我闥之內。殊失孔門向來傳授心法本旨。至文公始以心之德愛之理六字形容之。而仁之說始親切矣。此亦見北溪總合羣言而欲折衷於朱子者也。

第十三章　陸象山　生於紹興九年卒於光宗紹熙二年年五十四

陸象山名九淵。字子靜。金谿人。父賀有六子。九思九敍九臯九韶九齡而象山其季也。七八歲時。聞人誦伊川語。曰伊川之言奚爲與孔子不類。後十餘歲。讀書至宇宙二字。解者曰四方上下曰宇。往古來今曰宙。忽大省曰。元來無窮。人與天地萬物皆在無窮之中者也。乃援筆書曰。宇宙內事。乃己分內事。己分內事。乃宇宙內事。又曰。宇宙便是吾心。吾心卽是宇宙。東海有聖人出焉。此心同。此理同也。西海有聖人出焉。此心同。此理同也。南海北海有聖人出焉。此心同。此理同也。千百世之上。至千百世之下。有聖人出焉。此心此理。亦莫不同也。登乾道八年進士。淳熙二年。呂伯恭約象山及其季兄復齋與朱晦庵會於信州鵝湖寺論學。自是有朱陸異同之論。頗相往復而交誼益密。光宗卽位。除知荆門軍。明年卒。賜諡文安。有全集及語錄。

（一）象山學說

象山少時已悟宇宙二字之義。謂宇宙卽是吾心。吾心卽是宇宙。後來講學。不過推闡此義。故謂心卽理也。此爲象山學說之根本。蓋理者充滿宇宙。萬物之所以序。彝倫之所以立。莫非此理。故曰此理在宇宙間。未嘗有所隱遁。天地之所以爲天地者。順此理而無私焉耳。人與天地並立而爲三極。安得自私而不順此理哉。（與朱濟道書）又曰此理充塞天地。天地鬼神且不能違異。況於人乎。誠知此理。當無彼己之私。善之在人。猶在己也。故人之有善。若己有之。人之彥聖。其心好之。（與吳子嗣書）又曰宇宙之間。典常之昭然。倫類之燦然。果何適而無其理也。（經義）又曰塞宇宙一理耳。上古聖人先覺此理。故其王天下也。仰則觀象於天。俯則觀法於地。觀鳥獸之文與地之宜。近取諸身。遠取諸物。於是始作八卦。以通神明之德。以類萬物之情。（與吳斗南書）又曰塞宇宙一理耳。學者之所學。欲明此理耳。此理之大。豈有限量。程明道所謂有憾於天地則大於天地者矣。謂此理也。三極皆同此理。而天爲尊。（與趙詠道書）象山蓋以此理爲宇宙之原則。同時又以此理爲政治道德之原則。故此理充塞宇宙。亦卽備於人心。能爲萬物之淵源。亦卽爲百行之標準。然心一也。心之作用則有異。故不能無公私邪正之別。順其良知良能之心爲正心公心。由其物欲陷溺之心爲邪心私心。所謂心卽理之心。卽是明良知固有之心而未嘗陷溺者也。故曰此理本天所以與我。非由外鑠我。明得此理。卽是主宰。

眞能爲主則外物不能移。邪說不能惑。（與曾宅之書）然則吾將全乎天之所以與我者。不外先明此理。理以拒物欲之來侵耳。旣明此理。則此心眞能爲主也。當使心一於理而不容有二。故曰心一理也。理一理也。至當歸一。精義無二。此心此理。實不容有二。（同上）又曰。仁卽此心也。此理也。（同上）心與理無二。而後能致於仁。所謂宇宙內事。皆吾分內事。其爲仁亦大矣。故又曰。萬物皆備於我。只要明理。（語錄）此象山心卽理說之大畧也。

象山言性。亦主孟子性善說。故曰。見到孟子性善處。方是見得盡。（語錄）又曰。蓋人受天地之中以生。其本心無有不善。吾未嘗不以其本心望之。（與王順伯書）又告學者曰。汝耳自聽。目自明。事父母自能孝。事兄自能弟。本無少缺。不必他求。在乎自立而已。（語錄）此皆言性善。然亦氣質各有不同。曰。俗人中氣質又有原薄輕重大小。（與董元錫書）又評韓退之原性曰。却將氣質做性說了。（語錄）則象山亦兼論氣質也。

要象山爲學。皆以一心爲主。而此心卽在於我。非自外有所增加。凡格物致知。皆是發明吾心以內之事。故曰。格物者格此者也。伏羲仰象俯法。亦先於此盡力焉耳。不然。所謂格物。末而已矣。（語錄）嘗謂六經皆我註脚。又曰。吾之學問與諸處異者。只是在我全無杜撰。雖千言萬語。只是覺得他底在我。不曾添一些。近有議吾者云。除了先立乎其大者一句。無伎倆。吾聞之曰。誠然。（同上）又曰。自立自重。不可隨人脚跟學人言語。（同上）此象山敎人爲學之方也。

(二)朱陸異同

宋學有朱陸兩派對立。後來或尊朱而抑陸。或尊陸而抑朱。故朱陸異同。亦哲學史上所不可不考者也。朱子嘗作書與學者云。陸子靜專以尊德性誨人。故游其門者多踐履之士。然於道問學處缺了。某教人豈不是道問學者多了些子。故游某之門者踐履多不及之。此可爲二家異同之定評。先是淳熙二年。呂伯恭約復齋象山會朱子諸人於信州鵝湖等。復齋謂象山曰。伯恭約元晦爲此集。正爲學術異同。某兄弟先自不同。何以望鵝湖之同。遂與象山議論致辯。至晚罷。復齋曰。子靜說是。乃爲一詩云。孩提知愛長知欽。古聖相傳只此心。大抵有基方築室。未聞無址忽成岑。留情傳註翻榛塞。著意精微轉陸沈。珍重友朋相切琢。須知至樂在於今。象山之詩甚佳。但第二句微有未安。復齋云。更要如何。象山曰。不妨一面起行。某沿途却和此詩。及至鵝湖。伯恭首問復齋別後新功。復齋舉詩。纔四句。元晦顧伯恭曰。子壽已上了子靜船了也。舉詩罷。遂致辯於復齋。象山曰。途中某和得家兄此詩云。墟墓興哀宗廟欽。斯人千古不磨心。濁流滴到滄溟水。拳石崇成泰華岑。易簡工夫終久大。支離事業竟浮沈。舉詩至此。元晦失色。至欲至下升高處。眞僞先須辨至今。元晦大不懌。於是休息。次日頗致辯。元晦之意。欲令人縱觀博覽。而後歸之約。復齋象山之意。先欲發明人之本心。而後使之博覽。朱以陸之教人爲太簡。陸以朱之教人爲支離。以此不合。象山更欲與元晦辯。以爲堯舜之前所讀何書。復齋止之。劉子澄趙景昭諸公拱聽而已。元晦歸後三年。乃和前詩云德業風流夙所欽。別離三載更關心。偶攜藜杖出寒谷。又枉籃輿度遠岑。舊學商量加邃密。新知培養轉深沈。只愁說到無言處。不信人間有古今。淳熙八年。象山訪朱子於南康。時朱子方爲南康守也。相與泛舟甚樂。朱子曰。自有宇宙已來。已有此溪山。還有此佳客否。乃請象山登白鹿洞書院講席。講君子喩於義小人喩於利一章。朱子曰。熹願與諸生共守勿忘此訓。以講義刻於石。後朱子註太極圖說。象山以無極非周子語。貽書致辯。往復至再。朱子最後答書。有各尊所聞各行所知之語。象山答書。以爲遽作此語。甚非所望。朱子亦自謝以爲前書詞氣粗率。既發即知悔之。已不及矣。則知二公於學術雖有爭辯。而交誼固甚篤也。象山語錄記象山一夕步月。喟然而嘆。包敏道侍。問曰。先生何嘆。曰。朱元晦泰山喬嶽。可惜學不見道。枉費精神。遂自擔閣。奈何。包曰。莫若各自著書。待天下後世之自擇。忽正色厲聲曰。敏道敏道。恁地沒長進。乃作這般見解。且道天地間有個朱元晦陸子靜。便添得些子。無了後便減得些子。蓋陸學尙簡易直截。朱學重學問思辨。朱學在即物窮理。陸學言心即理。一主於經驗。一主於直覺。一主於歸納。一主於演繹。此其所以卒異也。

第十四章　象山門人

象山之門。雖不逮程朱之盛。然亦多踐履篤實之士。惟其言學。益不免雜於禪矣。陸氏門人著者推甬上四先生。四先生者楊簡、舒璘、袁燮、沈煥是也。而煥實受業復齋。四先生之中。又推慈湖。慈湖之傳爲廣。茲略述之。

楊簡字敬仲。慈溪人。乾道五年。調富陽主簿。嘗反觀覺天地萬物通爲一體。非吾心外事。象山至富陽。夜集雙明閣。數提本心二字。敬仲問何謂本心。象山曰。君今日所聽扇訟。彼訟扇者。必有一是必有一非。若見得孰是孰非。卽決定爲某甲是某乙非。非本心而何。敬仲聞之。忽覺此心澄然淸明。亟問曰。止如斯耶。象山厲聲答曰。更何有也。敬仲退。拱坐達旦。質明納拜。遂稱弟子。已而沿檄宿山間。觀書有疑。終夜不能寐。曈曈欲曉。灑如有物脫去。此心益明。歷仕諸官。以理宗寶慶二年卒。年八十六。築室德潤湖上。更名慈湖。故學者稱慈湖先生。著述有甲乙稿、冠昏喪祭等記、己易、啟蔽等書。而己易則可見慈湖之哲學也。

慈湖之學。始本泛濫夾雜。象山引之入禪。遂趨於極端唯心說。全謝山謂壞象山敎者實慈湖。蓋象山之有慈湖。如陽明之有龍谿。共承師說而失之過高者也。慈湖作己易。謂天地卽我。易卽我。其言曰。易者己也。非有他也。以易爲書。不以易爲己。不可也。以易爲天地之變化。不以易爲己之變化。不可也。天地我之天地。變化我之變化。非他物也。私者裂之。私者自小也。又曰。自生民以來。未有能識吾之全者。惟覩夫蒼蒼而淸明而在上者。名之曰天。又覩夫隤然而博厚而在下者。名之曰地。淸明者吾之淸明。博厚者吾之博厚。而人不自知也。人不自知而相與指名曰。彼天也。彼地也。如不自知其爲我之手足而曰彼手也。彼足也。又曰。天卽己也天卽易也地者天中之有形者也吾之血氣形骸乃清濁陰陽之氣合而成之者也吾未見夫天與地與人之有三也。三者形也一者性也亦曰道也又曰易也名言之不同而其實一體也。慈湖以天地萬物消長變化不出人之一己。故自一己事業之外。不認天地之化育。以凡所謂禮儀三百威儀三千者皆非心外之物。眞近於萬法唯心之說。然慈湖行最可師。黃勉齋曰。楊敬仲集皆德人之言也。蓋與彼託於禪而行動放逸者異矣。

慈湖以外。則袁絜齋最著。絜齋之與慈湖不可連類而語。慈湖泛濫夾雜。而絜齋之言有繩矩。絜齋名燮。字和叔。鄞縣人。有集。嘗曰。人生天地間所以超然獨貴於物者。以是心也。心者人之大本也。此心存則雖賤而可貴。不存則雖貴而可賤。又曰。直者天德。人之所以生也。本心之良。未嘗不直。回曲繚繞。不勝其多端者。非本然也。又曰。此心此理。貫通融會。美在其中。不勞外索。象山之門。惟袁楊之書略具。故稍述於此。至於舒沈及槐堂諸子。則不復及焉。

第十五章　浙東永嘉之學

全謝山同谷三先生書院記曰。宋乾淳以後。學派分而爲三。朱學也。呂學也。陸學也。三家同時。皆不甚合。朱學以格物致知。陸學以明心。呂學則兼取其長。而復以中原文獻之傳潤色之。門庭徑路雖別。要其歸宿於聖人則一也。蓋呂東萊與朱陸友善。而其學則長於史書。故流爲浙東永嘉一派。朱子嘗論之曰。伯恭之學。合陳君舉陳同甫二人之學問而一之。永嘉之學。理會制度。編考究其小小者。惟君舉爲有所長。若正則則渙無統紀。同甫則談論古今。說王說霸。伯恭則兼君舉同甫之所長。要之浙東永嘉一派。好言政治。雖不必出於東萊。而當時相與講論。其功利之說。東萊宜必有所取焉。故諸子乃日昌言而不已也。同甫止齋水心。皆尤與東萊相契。所言關於哲學者良少。亦南宋有力之學派。特綜述東萊同甫水心三人於下。餘則略焉。

一　呂東萊（生於高宗紹興七年卒於孝宗淳熙八年年四十五）

呂祖謙。字伯恭。其先河東人。徙壽春。復徙婺州。伯恭少時性極褊。後因病中讀論語。至躬自厚而薄責於人。有省。遂終身無暴怒。與朱晦庵張南軒友善。登隆興元年進士。歷官遷著作郎。主管明道宮。卒。謚曰成。所著有春秋左氏傳說。左氏博議。呂氏家塾讀詩記。又集宋文鑑。與朱子同集近世錄。餘多未成書。伯恭固亦受業程氏之門人。初治性理之學。深通經術。如麗澤講義等。注重踐履。出言甚醇。後乃博習於史事。朱子曰。伯恭之學。大概尊史記。不然則與陳同甫說不合。同甫之學。正是如此。蓋其言亦實有開永嘉永康之緒者。如史說曰。三王四事。皆於平常處看。惟孟子識聖人。故敢指日用平常處言之。揚子不識聖人。乃曰聰明淵懿。冠乎羣倫。把大言語來包羅。全謝山以此爲水心識中庸祖述憲章一條所本。又周禮說曰。教國子以三德三行。立其根本。固是綱舉目張。又須教以國政。使之通達治體。古之公卿。皆自幼時便教之以爲異日之用。今日之子弟。卽他日之公卿。故國政之是者則教之以爲法。或失則教之以爲戒。又教之以如何整救。如何措畫。使之洞曉國家之本末源委。然後他日用之。皆良公卿也。自科舉之說興。學者視國事如秦越人之視肥瘠。漠然不知。至有不識前輩姓名者。一旦委以天下之事。都是杜撰。豈知古人所以教國子之意。然須知上之人所以教子弟。雖將以爲他日之用。而子弟之學。則非以希用也。蓋生天地間。豈可不知天地間事乎。此在當時眞深切有用之言。又曰。人二三十年讀聖人書。一旦遇事。便與里巷人無異。或有一聽老成人之語。便能終身服膺。豈老成人之言過於六經哉。只緣讀書不作有用看也。伯恭之意。蓋欲教人以爲學與致用爲一事耳。

二　陳龍川

陳亮。字同甫。永康人。學者稱爲龍川先生。爲人才氣超邁。善談兵。任俠。屢遭大獄。歸家益厲志讀書。自孟子以下。惟推王通。其學主於致用。而非當時所謂性理之說。嘗曰。研窮義理之精微。辨析古今之同異。原心於秒忽。較理於方寸。以積累爲工。以涵養爲正。晬面盎背。則於諸儒誠有愧焉。至於堂堂之陣。正正之旗。風雨雲雷交發而並至。龍蛇虎豹變見而出沒。推倒一世之智勇。開拓萬古之心胸。自謂差有一日之長。與朱子論皇帝王霸之學。數以書往還朱子雖不與。而亦不能奪也。蓋以爲治之道。三代不必盡合天理。漢唐不必盡是人欲。意蓋主於適用。而朱子以爲是義利雙行。王霸並用之說。然同甫生當宋室偏安夷狄交侵之際。見世之君子徒以道德性命爲高。其言美而不切於事。故不恤昌言功利。以經綸天下爲己任。其豪情盛概。故有足多也。

三　葉水心

永嘉之學。其原亦出於程門。雖言功利。而放恣不如永康之甚。陳君舉最爲當時所稱。蓋其考覈經制典章。將以見諸行事。者所言類醇恪平實。葉水心稍晚出。文采視君舉不啻過之。議論雖若泛濫無所歸宿。亦綜會近理。水心字正則。永嘉人。淳熙五年進士。官至知建康府。兼沿江制置使。晚年奉祠。凡十三年卒。謚忠定。有水心文集別集習學記言等。全謝山曰。水心天資高放。言砭古人多過情。其自曾子子思而下皆不免。不僅如象山之詆伊川也。要亦卓然不經人道者。未可以方隅之見棄之。乾淳諸老旣沒。學術之會。總爲朱陸二派。而水心斷斷其間。遂稱鼎足。蓋水心實長於譏評古今學術得失。於古書正僞道統之辨。多所考論。又以當時性理太極之說。出於繫辭。而繫辭不必盡孔子作。陰諷周張二程之學近於釋。嘗因范育序正蒙而總述講學大旨曰。文言上下繫說卦諸篇所著之人。或在孔子前。或在孔子後。或與孔子同時。習易者彙爲一書。後世不深考。以爲皆孔子作。故彖象揜鬱未振。而十翼講誦獨多。魏晉而後。遂與老莊並行。號爲孔老。佛學後出。其變爲禪。喜其說者。以爲與孔子不異。亦援十翼以自況。故又號爲儒釋。本朝承平時。禪學尤熾。豪傑之士。有欲修明吾說以勝之者。而周張二程出焉。自謂出入於佛老甚久。已而曰。吾道固有之矣。故無極太極動靜男女太和參兩形氣聚散絪縕感通。有直內無方外。不足以入堯舜之道。皆本於十翼。以爲此吾所有之道。非彼之道也。及其啟教後學。於子思孟子之新說奇論。皆特發明之。大抵欲抑浮屠之鋒銳。而示吾所有之道如此。然不悟十翼非孔子作。則道之本統尚晦。不知夷狄之學。本與中國異。而徒以新說奇論闢之。則子思孟子之說遂彰。范育序正蒙。謂此書以六經所未載。聖人所不言者。當浮屠老子辯。豈非以病爲藥。而與寇盜設郛郭助之捍禦乎。嗚呼。道果止於孟子而遂絕耶。其果至是而復傳耶。孔子曰。學而時習之。然則不習而已矣。

水心雖與朱子諸人善。而諷道學者蓋如此。

陳同甫與吳益恭書曰。四海相知。惟伯恭一人。其次莫如君舉。自餘惟天民道甫正則耳。伯恭規模宏闊。非復往時之比。欽夫元晦。已在下風矣。未可以尋常論也。君舉亦甚別。皆應刮目相待。正則俊朗穎悟。視天下事有迎刃而解之意。但力量不及耳。此君過六七年。誠難爲敵。獨未知於伯恭如何。觀同甫所說。則婺學浙學永嘉永康其淵源議論正不相遠。故契合尤深耳。

第十六章　魏鶴山及眞西山

嘉定以後。私淑朱子之學者。有魏鶴山與眞西山。並稱。黃百家曰。從來西山鶴山並稱。如鳥之雙翼。車之雙輪。不獨舉也。鶴山之誌西山。亦以司馬文正范文忠之生同志死同傳相比。後世亦無優劣之者。全謝山亦謂世之稱鶴山者。以並之西山。有如溫公蜀公。不敢軒輊。惟梨洲以鶴山卓犖。非西山之依傍門戶所能及而已。今合述之於此。

一　魏鶴山（生於宋孝宗淳熙五年卒於理宗嘉熙元年年六十）

魏了翁。字華父。邛州蒲江人。慶元五年進士。累官至權工部侍郎。與宰相史彌遠不合貶官。彌遠死。還朝爲禮部尚書。後知紹興府安撫使。卒謚文靖。宋史言鶴山築室白鶴山下。以所聞於輔廣李燔者。開門授徒。士爭負笈從之。由是蜀人盡知義理之學。輔李並朱子門人。而鶴山與之友善者也。所著有文集九經要義。經外雜抄古今考等。

鶴山哲學。亦絕對之唯心論。其奏劄有曰。心者人之太極。而人心又爲天地之太極。以立兩儀。以命萬物。不越諸此。故天之神明。爲春秋冬夏。風雨霜露。地載神氣。爲風霆流行。庶物露生。其於人也。則清明在躬。志氣如神。蓋貫通上下。表裏民物。自繼善以及於成性。皆一本而分也。而人心之靈。則所以奠人極。人極立而天地位焉。此頗近楊慈湖之己易。又曰。古人位天地。育萬物。把做己職事。天地是我去做。五行五氣都在我一念宣節之後。世人自人。天自天。失其人之職。（師友雅言）其論修養之要曰。吾儒只說正心養心。不說明心。（答蔣重珍）又曰。聖人之心。如天地之運。純亦不已。如川之逝。不舍晝夜。雖血氣盛衰所不能免。而才壯志堅。始終勿貳。又曰。才命於氣。氣稟於志。志立於學。（夢筆山房記）又論無欲與寡欲之辨曰。聖賢言寡欲矣。未嘗言無欲也。所謂欲仁。欲立。欲達。欲善。莫非使人卽欲以求諸道。至於富貴所欲也。有不可處。己所不欲。有不可施。則又使人卽其不欲以求諸非道。歲積月累。必至於從心所欲而不踰矩。然後爲至。曾子得之。明六欲之目。孟子傳之。開六等之科。今曰自寡欲以至無欲。不其戾乎。曰。性不能無感。性之欲也。知誘物化。則爲私欲。故聖人雖使人卽欲以求道。而於季康子。於由求於申棖。曷嘗以其欲爲可乎。胡仁仲之言曰。天理人欲。同行異情。以此求之。則養心之說備矣。（濂溪先生祠堂記）又謂人生有剛柔。故有善惡。在變化氣質。則可以至聖賢矣。

二　眞西山（生於孝宗淳熙五年卒於理宗端平二年年五十八）

眞德秀字景元。後更希元。建之浦城人。慶元五年進士。官至參知政事。卒謚文忠。學者稱西山先生。自韓侂冑立僞學之名。以錮善類。凡近時大儒之書。皆顯加禁絕。西山晚出。獨慨然以斯文自任。講習而服行之。黨禁既開。正學遂明於天下。宋史詹體仁傳言郡人眞德秀早從其游。問居官蒞民之法。體仁曰。盡心平心而已。盡心則無愧。平心則無偏。西山能守而行之。所著有文集。讀書記。四書集編。文章正宗。大學衍義等。

西山答問曰。德行謂得之於天者。仁義禮智信是也。收放心。養德行。雖曰二事。其實一事。蓋德性在人本皆全備。緣放縱其心。不知操存。自致賊害其性。若能收其放心。卽是養德行。非有二事也。又曰。程子曰。涵養用敬。進學在致和。蓋窮理以此心爲主。必須以敬自持。使心有主宰。無私意邪念之紛擾。然後有以爲窮理之基本。心既有所主宰矣。又須事事物物各窮其理。然後能致盡心之功。欲窮理而不知持敬以養心。則思慮紛紜精神紛亂。於義理必無所得。知以養心矣。而不知窮理。則此心雖清明虛靜。又只是個空蕩蕩底物事。而無許多義理以爲之主。其於應事接物。必不能皆當。釋氏禪學。正是如此。故必以敬涵養。而又博學審問謹思明辨以致其知。則於清明虛靜之中。而衆理悉備。其靜則湛然寂然。而有未發之中。動則泛應曲當。而爲中節之和。天下義理。學者工夫。無有加於此者。自伊川發出。而文公又從而闡明之。此言主敬與致知二者相待爲用。不可偏於一也。西山於舊說頗能綜貫。得力惟亦罕所發明耳。

第十七章　元之程朱學派

元以異族侵據北方。終以代宋。雖享祚日淺。而開國之初。文儒頗集。蓋自石晉以來。燕雲諸州久爲異域。宋之諸儒迭起。而聲教不通。及趙江漢以南冠之囚。講程朱之學於北。於是姚樞竇默許衡劉因之徒。聞而慕之。至是理學之傳始廣。繼有吳澄之經學。姚樞之文學。北方之學。一時稱盛矣。趙江漢先生名復。字仁甫。德安人。元師伐宋屠德安。姚樞在軍前。凡儒道釋醫卜占一藝者。活之以歸。而江漢在焉。樞與言奇之。至燕以程朱之書教授。學子從百餘人。樞爲建太極書院。以周程而後。其書廣博。學者未能貫通。乃原羲農堯舜所以繼天立極。孔子孟顏所以垂世立教。周程張朱所以發明紹續者。作傳道圖。而以書目條列於後。樞後退隱蘇門。以傳其學。然聞江漢之緒而興起者。當推許魯齋劉靜修二人最著。

一　許魯齋（生於宋寧宗嘉定二年卒於元世宗至元十八年年七十三）

許衡字仲平。號魯齋。河內人。流離世亂。嗜學不輟。嘗從日者游。見尙書義疏。請就宿手抄以歸。既而避難徂徠山。始得王弼易註。夜思晝誦。言動必揆易義而後發。其言行往往有卓越常人者。人亦稍稍從之。訪姚樞於蘇門。得伊洛新安遺書。乃還謂其徒曰。昔者授受殊孟浪也。今始聞進學之序。若必欲相從。當率棄前日所學。從事小學之灑掃應對。以爲進德之基。衆皆曰唯。遂相與講誦。諸生出入惟謹。客至見之。惻然動念。皆慚濡而出。世祖卽位。召至京師。授國子祭酒。尋謝病歸。至元二年。以安童爲右丞相。使魯齋輔之。八年以爲集賢大學士。兼國子祭酒。十八年定授時新歷。歷成而還。十八年卒。謚文正。有魯齋遺書。

魯齋論學。多切近之言。不徒爲高遠。如曰。凡事一一省察。不要逐物去了。雖在千萬人中。常知有己。此持敬大略也。又曰。日用間若不自加提策。則怠惰之心生焉。惰怠心生。不止於悠悠無所成。而放僻邪侈隨至矣。又曰。耳目聞見。與心之所發。各以類應。如有種焉。今日之所出者。卽前日之所入也。同聲相應。同氣相求。未嘗小差。不可不愼也。又曰。凡事理之際有兩件。有由自己底。有不由自己底。由自己底有義。在不由自己底有命。在歸於義命而已。又曰。汲汲焉毋欲速也。循循焉毋敢惰也。非止學問如此。日用事爲之間。皆當如此。乃能有成。此皆身體力驗之言。而人人所可勉爲者也。又言學者以治生爲亟。曰。爲學者治生最爲先務。苟生理不足。則於爲學之道有所妨。彼旁求妄進。及作官嗜利者。殆亦窘於生理之所致也。士君子當以務農爲生。商賈雖爲逐末。亦有可爲者。果處之不失義理。或以姑濟一時。亦無不可。若以教學與作官規圖生計。恐非古人之意也。王陽明極詆魯齋此語。以爲有誤後進。然魯齋之言。自有深意也。

二　劉靜修（生於宋理宗淳祐四年卒於元世宗至元三十年年四十五）

劉因字夢吉。雄州容城人。初讀訓詁疏釋之說。輒嘆曰。聖人精義。殆不止此。後於趙江漢復得周程張邵朱呂之書。始曰。吾固謂當有是也。至元十九年。詔徵爲承德郞右贊善大夫。敎近侍子弟。未幾以母疾辭歸。二十八年。以集賢學士嘉議大夫召。固辭不就。帝曰。古所謂不召之臣者。其斯人之徒與。三十年卒。謚文靖。有靜修文集。學者稱靜修先生。

元代儒者。當推許魯齋劉靜修吳草廬三人。草廬稍晚出。魯齋靜修。蓋元所藉以立國者也。

二子之中。魯齋功最大。數十年彬彬號名卿大夫者。多出其門。於是國人始知聖賢之學。靜修享年不永。所及不遠。然持身高潔。實不可及。陶宗儀輟耕錄曰。初許魯齋應召。道過眞定。劉靜修謂曰。公一被命而起。無乃速乎。魯齋曰。不如此則道不行。及靜修不受集賢之命。或問之。乃曰。不如此則道不尊。此可以見二子之爲人矣。其學雖兼宗濂洛。而實以朱子爲歸宿。故曰。邵至大也。周至精也。程至大也。朱子盡其大。盡其精而貫之以正也。

第十八章　元之朱陸調和派

宋之末季。而學者朱陸之爭未泯。元時吳草廬鄭師山則思會和二家。以言學者也。全謝山曰。草廬出於雙峯。固朱學也。其後亦兼主陸學。蓋草廬又師程氏紹開。程氏常築道一書院。思和會兩家。又曰。繼草廬而和會朱陸之學者。鄭師山也。草廬多右陸。而師山則右朱。斯其所以不同。然師山之學。不及草廬之顯也。

一　吳草廬（生於宋理宗淳祐九年。卒於元順宗元統元年。年八十五）

吳澄。字幼清。號草廬。撫州崇仁人。年二十。應鄉試中選。越五年。而元革命。程鉅夫求賢江南。起草廬至京師。以母老辭歸。至大元年。爲司業。英宗卽位。遷翰林學士。泰定元年。爲經筵講官。卒。追封臨川郡公。諡文正。著有五經纂言。草廬精語。道德經註及文集等。

草廬亦頗論理氣。如曰。自未有天地之前。至既有天地之後。只是陰陽二氣而已。本只是一氣分而言之。則曰陰陽。又就陰陽而細分之。則爲五行。五行卽二氣。二氣卽一氣。氣之所以能如此者何也。以理爲之主宰也。理者非別有一物在氣中。只是爲氣之主宰者卽是。無理外之氣。亦無氣外之理。人得天地之氣而成形。有此氣。卽有此理。所有之理謂之性。此理在天地則元亨利貞是也。其在人而爲性。則仁義禮智是也。草廬精語 又以理氣與老子之有無比較曰。其無字是說理字。有字是說氣字。同上 又辨天理人欲曰。主於天理則堅。徇於人欲則柔。堅者凡世間利害禍福富貴貧賤。舉不足以移易其心。柔則外物之誘。僅如毫毛。而心已爲之動矣。同上 又論讀書之用曰。所貴乎讀書者。欲其因古聖賢之言以明此理存此心而已。此心之不存。此理之不明。而口聖賢之言。其與街談巷議塗歌里謠等之爲無益。同上 嘗言朱子於道問學之功居多。而陸子以尊德性爲主。問學不本於德性。則其蔽必偏於語言訓釋之末。故學必以德性爲本。庶幾得之。議者因此謂草廬爲陸氏之學。精語 又曰。朱陸二師之爲敎一也。而二家庸劣門人。各立標榜。互相詆訾。至於今學者猶惑。嗚呼甚矣。道之無傳。而人之易惑難曉也。此並可見草廬和會朱陸二家之意。

二　鄭師山

鄭玉。字子美。徽州歙縣人。覃思六經。尤邃春秋。絕意仕進。而勤於敎學。門人受業者甚衆。所居至不能容。學者相與卽其地構師山書院以處焉。至正十四年。除翰林待制奉議大夫。不起。十七年。明兵入徽州。守將將要致之。不許。爲所拘囚。自縊死。著有周易纂註。春秋經傳闕疑。師山集等。

師山嘗以太極圖說與西銘比較曰。太極圖說其斯道之本源與。太極之說。是卽理以明氣。西銘之作。是卽氣以明理。太極之生陰陽。陰陽之生五行。豈有理外之氣。天地之塞吾其體。天地之帥吾其性。豈有氣外之理。天地之大。人物之繁。孰能出於理氣之外哉。二書之言雖約。而天地萬物無不備矣。（跋太極圖說西銘）此非精於周張之書者不能道。又論朱陸異同曰。陸子之質高明。故好簡易。朱子之質篤實。故好邃密。各因其質之所近。故所入之途不同。及其至也。仁義道德。豈有不同者。同尊周孔。同排佛老。大本達道。豈有不同者。後之學者。不求其所以同。惟求其所以異。江東之指江西。（江東朱子派江西陸子派）則曰此怪說之行也。江西之指江東。則曰此支離之說也。此豈善學者哉。朱子之說。敎人爲學之常也。陸子之說。才高獨得之妙也。二家之說。又各不能無弊。陸氏之學。其流弊也如釋子之談空說妙。至於鹵莽滅裂。而不能盡夫格致之功。朱子之學。其流弊也如俗儒之尋行數墨。至於頹惰委靡。而無以收其力行之效。然豈二先生垂敎之罪哉。蓋學者之流弊耳。（送葛子熙序）又論自來學術之得失曰。程子曰。敬者聖學之所成始成終。秦漢以來。非無學者。而曰孟軻死。千載無眞儒。何也。不知用力於此。而溺於訓詁詞章之習。故雖專門名家。而不足以爲學。皓首窮經。而不足以知道。儒者之罪人耳。近世學者。忠恕之旨。不待呼而後唯。性與天道。豈必老而始聞。然出口入耳。其弊益甚。則又秦漢以來諸儒之罪人。王居敬字序嘗謂學者曰。斯道之懿。不在言語文字之間。而具於性分之內。不在高虛廣遠之際。而行乎日用常行之中。以此窮理。以此淑身。以此治民。以此覺後。庶乎無媿於古人矣。行狀師山之學。可謂切實平近矣。

第十九章　元之陸學派

象山之學。當時雖有慈湖絜齋及槐堂諸子。其後衰微不振。元時專治陸學者。當推江西之陳靜明。浙東之趙寶峯。宋元學案合以爲靜明寶峯學案。

一　陳靜明

陳苑。字立大。江西上饒人。人稱爲靜明先生。幼業儒。不隨世碌碌。嘗有授以金丹術者。弗之信。既得陸象山書讀之。喜曰。此豈不足以致吾知耶。又豈不足以力吾行耶。而他求耶。於是盡求其書及其門人如楊敬仲、傅子淵、袁廣微、錢子是、陳和仲、周可象所著經學等書讀之。益喜益知。益行。或病其違世所尙。答曰。理則然耳。是時科舉方用朱子之學。聞靜明說者。譏非之。毀短之。又甚者欲求中之。而靜明誓以死不悔。一洗訓詁支離之習。從之游者。往往有省。由是人始知陸氏學。生平剛方正大。毅然以昌明古道爲己任。困苦終其身。而拳拳於學術異同之辨。有憂天下後世之心。人之所是。不苟是也。人之所非。不苟非也。其弟子有祝蕃、李存、舒衍、吳謙、所稱江東四先生者也。然靜明遇書不傳。故其學說罕得而考焉。

二　趙寶峯

趙偕字子永。慈溪人。學者稱寶峯先生。志尙敦實。不事嬌飾。嘗習舉業。曰是富貴之梯。非身心之益也。棄不治。及讀慈湖遺書。恭默自省。有見於萬象森羅渾爲一體。吾道一貫之意。曰道在是矣。何他求爲。乃確然自信三代之治可復。而百家之說可一也。遂隱於大寶山之麓。講學以敎後進。或勸之仕。曰吾故宋宗子也。非不欲仕。但不可仕。且今亦非行道之時也。遺文後人集爲文華集二卷。

寶峯之學。以靜虛爲宗。然往往墮於禪門。蓋慈湖之餘習。頗論靜坐。示葉伯奇曰。凡除合應用之事外。必入齋莊之所靜坐。又曰凡得此道融化之後。不可放逸。所寶者淸泰之妙。猶恐散失。宜靜坐以安之。又曰。凡日夜靜坐之後。若卽寢席。無非此道。若非此道。不卽寢席。庶不失雖寢而不寢之妙。又曰凡行住坐臥。雖未能精一。亦必有事焉。雖應酬交錯之間。未能無間斷。無忘可也。此大類禪家功夫。雖非陸學之正要。其人行檢可稱。故不得以此議之也。又題修永齋曰。萬物有存亡。道心無生死。又安閒吟曰。人無固必自然安。有意於安便不安。人無動靜自然閒。有意於閒便不閒。

中國哲學史五終

第三編下　近世哲學史(明淸)

第一章　明代哲學總論

黃宗羲明儒學案。最號詳贍。各分別其流派。曰崇仁學案。吳康齋胡敬齋諸人曰白沙學案。陳白沙曰河東學案。薛敬瑄曰三原學案。王石渠諸人曰姚江學案。王陽明曰浙中王門學案。曰江右王門學案。曰南中王門學案。曰楚中王門學案。曰粵閩王門學案。曰止修學案。李見羅曰泰州學案。王心齋諸人曰甘泉學案。湛甘泉曰諸儒學案。方孝孺曹月川羅整庵諸人曰東林學案。顧涇陽高景逸諸人曰蕺山學案。劉念臺太沖出於王學。故述王門尤悉。嘗綜論明一代理學所長。曰有明文章事功。皆不及前代。獨於理學。前代之所不及也。牛毛繭絲。無不辨晰。眞能發先儒之所未發。程朱之闢釋氏。其說雖繁。總是只在迹上。其彌近理而亂眞者。終是指他不出。明儒於毫釐之際。使無遁影。此蓋推學術後勝於前之例。而以明儒見解爲勝也。然理學實至宋而備。明儒更卽其緒而紬繹發明之。使其條理粲然可覩。陽明之於陸學。厥功尤偉。殆所謂青出於藍而勝於藍也。

明初開國。承元世學風。程朱之學尤盛。於是崇仁吳康齋河東薛敬瑄講學標宗。風致漸廣。大抵恪守紫陽家法。言規行矩。不愧儒林。然尙修不尙悟。專談下學。不及上達也。至陳白沙始啟靜養之端。雖出於康齋。而自開門戶。固已遠希曾點。近慕堯夫矣。至陽明倡良知之說。卽心是理。卽知是行。卽工夫是本體。直探本原。最爲簡截。前此諸儒學朱而才不逮朱。終不出其範圍。陽明嗣陸而才高於陸。幾與紫陽並立。自是程朱與陸王分爲二大學派。當時若鄒東廓主戒懼。聶雙江主歸寂。羅念庵主無欲。最稱新建功臣。卽湛甘泉之體認。李見羅之止修。亦足互相表裏。逮於蕺山提清誠意。約歸愼獨。而良知之學益臻實地。淸初王學多承蕺山之傳。此有明一代理學思想變遷之大略也。兹編所述。則僅及其最著者。可以考焉。

第二章　吳康齋（生於明太祖洪武二十四年卒於憲宗成化五年年七十九）

吳與弼。字子傅。號康齋。撫州崇仁人。十九歲至京師。從楊文定溥學。讀伊洛淵源錄。慨然有志於道。遂棄舉子業。謝人事。獨處小樓。玩四書五經諸儒語錄。體貼於身心。不下樓者二年。氣質偏於剛忿。至是覺之。隨下克之之功。居鄉躬耕食力。弟子從游者甚衆。康齋謂婁諒確實。楊傑純雅。周文勇邁。雨中被蓑笠。負耒耜。與諸生並耕。談乾坤及坎離艮震兌巽於所耕之耒耜可見。歸則解犁。飯糲蔬豆共食。陳白沙自廣來學。晨光纔辨。康齋手自簸穀。白沙未起。康齋大聲曰。秀才若爲懶惰。卽他日何從到伊川門下。又何從到孟子門下。一日刈禾。鎌傷厥指。康齋負痛曰。何可爲物所勝。竟刈如初。嘗嘆箋註之繁。無益有害。故不輕著述。英宗欲召用之。堅辭歸。康齋上無所傳。而聞道最早。身體力驗。只在走趨語默之間。出作入息。刻刻不忘。久之自成片段。所謂敬義夾持。誠明兩進者也。一切玄遠之言。絕口不道。嘗稱李延平不措。其性質言行。亦有類延平者。其論爲學大體曰。聖賢所言。無非存天理去人欲。聖賢所行亦然。學聖賢者舍是何以哉。存天理去人欲。爲宋明學者所同言。無程朱陸王之別。康齋此言。實爲簡要。又示細密至微之修養法曰。食後坐東牎。四體舒泰。神氣淸朗。讀書愈有進益。數日趣同此。必又透一關矣。又曰。人生但能不負神明。則窮通死生皆不足惜矣。欲求如是。其惟愼獨乎。董子云。人之所爲。其美惡之極。乃與天地流通。往來相應。噫。天人相與之際可畏哉。又曰。學至於不尤人。學之至也。吾聞其語矣。未見其人也。又曰。心是活物。涵養不熟。不免動搖。只常常安頓在書上。庶不爲外物所勝。嘗有詩曰。澹如秋水貧中味。和似春風靜後功。此可以見康齋之所養矣。

第二章　薛敬軒（生於明太祖洪武二十五年。卒於英宗天順八年。年七十三）

薛瑄。字德溫。號敬軒。山西河津人。自幼書史過目成誦。後從師講習濂洛諸書。歎曰。此問學正路也。因盡棄其舊學。永樂間發進士第。宣德初。授監察御史。三楊欲識其面。令人要之。辭曰。職司彈事。豈敢私謁公卿。三楊嗟歎焉。差監湖廣銀場。手錄性理大全。通宵不寐。遇有所得。卽便劄記。出爲山東提學僉事。先力行而後文藝。人稱爲薛夫子。英宗復辟。後爲禮部右侍郞。兼翰林學士。一日召對便殿。英宗衣冠未肅。敬軒凝立不入。英宗知之。卽改衣冠。敬軒乃入。後致仕家居。從學者甚衆。著有詩文集讀書錄等。

敬軒之論理氣。論理氣無先後。無無氣之理。亦無無理之氣。又言氣有聚散。理無聚散。以日光飛鳥喩之理。如日光。氣如飛鳥。而日光雖不離其背。實未嘗與之俱往。而有間斷之處。亦猶氣動而理雖未嘗與之暫離。實未嘗與之俱盡。而有滅息之時。又論爲學之要曰。爲學之要。莫切於動靜。動靜合宜者便是天理。不合宜者便是人欲。又曰人心一息之頃。不在天理。便在人欲。未有不在天理人欲而中立者也。此論天理人欲之分至確。定天理人欲旣不兩立。則將致於天理。當以克己爲首。然克己最不易。故曰二十年治一怒字。尙未消磨得盡。以是知克己最難。然則必能主靜以歸於敬。乃能克己。是以敬軒恆論敬與靜二字。靜則心常爲主矣。如曰常沈靜則含畜義理而應事有力。又曰主靜以立其本。愼動以審其幾。又曰人不主敬。則此心一息之間。馳騖出入。莫知所止也。又曰不能克己者。志不勝氣也。又言居敬窮理二者之相資曰。居敬有力。則窮理愈精。窮理有得則居敬愈固。又曰初學事見居敬窮理爲二事。爲學之久。則見得居敬時敬以存此理。窮理時敬以察此理。雖若二事。而實則一矣。乃綜論工夫曰。工夫切要在夙夜飲食男女衣服動靜語默應事接物之間。於此事事皆合天則。則不外是矣。

第四章　曹月川

曹端。字正夫。號月川。河南澠池人。自幼不妄言動。年十七。讀五經皆遍。師事馬子才彭宗古。爲學遠有端緒。永幾戊子舉於鄉。後授山西霍州學正。宣德甲寅卒。年五十九。月川初得元人謝應芳辨惑編。心悅而好之。故於輪迴禍福巫覡風水時日世俗通行之說。毅然不爲所動。父敬祖。爲善於鄉。而勸行佛老之善以爲善。月川朝夕以聖賢崇正闢邪之論諷於左右。父亦感悟。樂聞月川條其人倫日用之事可見之施行者。爲夜行燭一書。言人處流俗中媚夜行。視此則燭引之於前矣。

月川之學。以力行爲主。守之甚確。一事不容假借。然非徒事於外者。蓋立基於敬而體驗於無欲。因心功之微。以極事爲之著。多可稱者。其理氣之論。見於太極圖說辨戾文略云。周子謂太極動而生陽。靜而生陰。則陰陽之生。由乎太極之動靜。而朱子之解極明備矣。其曰有太極則一動一靜而兩儀分。有陰陽則一變一合而五行具。亦不異焉。又觀語錄。却謂太極不自會動靜。乘陰陽之動靜而動靜耳。遂謂理之乘氣。猶人之乘馬。馬之一出一入而人亦與之一出一入。以喩氣之一動一靜。而理與之一動一靜。若然則人爲死人。而不足以爲萬物之靈。理爲死理。而不足以爲萬物之原。理何足尙。而人何足貴哉。今使活人騎馬。則其出入行止疾速。一由乎人馭之如何爾。活理亦然。不察者信此則疑彼矣。信彼則疑此矣。故爲辨戾以告同志君子。月川之意。蓋以理馭氣也。其論修養之要曰。人之所以可與天地參三才者。惟在此心。非是軀殼中一塊血氣。又曰。事心之學。須在萌上著力。又曰。人要爲聖賢。須是猛起。如服瞑眩之藥。以黜深錮之疾。眞是不可悠悠。又曰。學者須要識得靜字分曉。不是不動便是靜。不妄動方是靜。故曰無欲而靜。到此地位。靜固靜也。動亦靜也。

第五章　胡敬齋（生於宣宗宣德九年卒於憲宗成化二十年年五十一）

胡居仁。字叔心。餘干人。學者稱爲敬齋先生。弱冠游吳康齋之門。遂絕意科舉。築室梅溪山中。事親講學之外。不干人事。久之欲出游以廣聞見。歷浙入金陵。從彭蠡而返。歸與鄉人婁一齋羅一峯張東白設學會。敬齋之學。得力於敬。故其持守可觀。嚴毅清苦。左繩右矩。每日必立課程。詳書得失以自考。雖器物之微。區別精審。沒齒不亂。明儒學案曰。敬齋以有主言靜中之涵養。尤爲學者津梁。然斯言也。即白沙所謂靜中養出端倪。日用應酬隨吾所欲。如馬之御銜勒也。宜其同門冥契。而敬齋必欲議白沙爲禪。一篇之中。三致意焉。蓋敬齋近於狷。白沙近於狂。不必以此而疑彼也。按敬齋白沙雖同事康齋。同言主靜。然得力處自不同。敬齋敬說。原於程朱居敬窮理之緒。而體驗入於精微。故以白沙爲猶近乎禪。其說持敬之要曰。端莊整肅。嚴威儼恪。是敬之入頭處。提撕喚醒。是敬之接續處。主一無適。湛然純一。是敬之無間斷處。惺惺不昧。精明不亂。是敬之效驗處。又論調息非存心之法曰。人以朱子調息箴爲可以存心。此特調氣耳。只恭敬安詳。便是存心法。豈假調息以存心。以此存心。害道甚矣。此可知敬齋與白沙靜中養出端倪之說。固稍有異趣也。蓋康齋亦言靜。敬齋之所謂靜。但如康齋而未似白沙也。故曰靜中有物。則只是常有箇操持主宰。而無空寂昏塞之患。

又曰。眞能主敬。則自無雜慮。欲屛思慮者。皆是敬不至也。又曰。心常有主。乃靜中之動。事得其所。乃動中之靜。並見居業錄。

第六章　陳白沙（生於明宣宗宣德三年卒於孝宗弘治十三年年七十三）

陳獻章字公甫。新會白沙里人。又號石齋。弘治初。舉於鄉。會試中乙榜。入國子監讀書。已至崇仁受學於康齋。歸卽絕意科舉。築陽春臺。靜坐其中。不出閾外者數年。成化二年。復游太學。祭酒邢讓試和楊龜山此日不再得詩。見白沙作。驚曰。卽龜山不如也。颺言於朝。以爲眞儒復出。由是名動京師。門人益進。後屢薦不起。有白沙子集。

白沙自序爲學曰。僕年二十七。始發憤從吳聘君學。其於古聖賢垂訓之書。蓋無所不講。然未知入處。比歸白沙。杜門不出。專求所以用力之方。既無師友指引。日靠書冊尋之。忘寐忘食。如是者累年。而卒未有得。所謂未得。謂吾此心與此理。未有湊泊脗合處也。於是舍彼之繁。求吾之約。惟在靜坐。久之。然後見吾此心之體。隱然呈露。常如有物。日用間種種應酬。隨吾所欲。如馬之御銜勒也。體認物理。稽諸聖訓。各有頭緒來歷。如水之有源委也。於是渙然自信曰。作聖之功。其在玆乎。其與賀克恭書曰。爲學須從靜坐中養出箇端倪來。方有商量處。又曰。心地要寬平。識見要超卓。規模要闊遠。踐履要篤實。能此四者。可以言學矣。又與謝元吉書曰。人心上容留一物不得。才著一物。則有礙。且如功業要做。固是美事。若心心念念只在功業上。此心便不廣大。便是有累之心。是以聖賢之心。廓然若無。感而後應。不感則不應。又不特聖賢如此。人心本體皆一般。只要養之以靜。便自開大。明儒學案曰。白沙之學。以虛爲基本。以靜爲門戶。以四方上下往古來今穿紐湊合爲匡郭。以日用常行分殊爲功用。以勿忘勿助之間爲體認之則。以未嘗致力而應用不遺爲實得。遠之則爲曾點。近之則爲堯夫。此無可疑者也。故有明儒者不失其矩矱者亦多有之。而作聖之功。至白沙而始明。至文成而始大。向使白沙與文成不作。則濂洛之精蘊。同之者固推見其至。隱與之者亦疏通其流別。未能如今日也。蓋白沙主靜坐。蓋將避勞擾會得道理。議者謂白沙類禪。亦以此云。

第七章　王陽明（生於明憲宗成化八年卒於世宗嘉靖七年年五十七）

王守仁。字伯安。餘姚人。其學初溺於任俠之習。再溺於騎射之習。三溺於詞章之習。四溺於神仙之習。五溺於佛氏之習。正德丙寅。始歸正於聖賢之學。先是陽明三十五歲。上封事。下詔獄。廷杖四十。既絕復甦。尋謫貴州龍場驛驛丞。備嘗艱苦。一夕忽悟格物致知之理。因知聖人之道。吾性自足。自是以心卽理、知行合一、致良知三者敎人。劉瑾死。始去謫所。知廬陵縣。歷官至左僉都御史。撫巡南贛。平宸濠有功。封新建伯。明儒學案曰。陽明之學。始泛濫於詞章。繼而徧讀考亭之書。循序格物。顧物理吾心。終判爲二。無所得入。於是出入於佛老者久之。及至居夷處困。動心忍性。因念聖人處此。更有何道。忽悟格物致知之旨。不假外求。其學凡三變而始得其門。自此之後。盡去枝葉。一意本原。以默坐澄心爲學的。有未發之中。始能有發而中節之和。視聽言動。大率以收斂爲主。發散是不得已。江右以後。專提致良知三字。默不假坐。心不待澄。不習不慮。出之自有天則。蓋良知卽是未發之中。此知之前。更無未發。良知卽是中節之和。此知之後。更無已發。此知自能收斂。此知自能發散。不須更期於發散。收斂者感之體。靜而動也。發散者寂之用。動而靜也。知之眞切篤實處卽是行。行之明覺精覺處卽是知。無有二也。居越以後。所操益熟。所得益化。時時知是知非。時時無是無非。開口卽得本心。更無假借湊泊。如赤日當空而萬象畢照。是學成之後。又有此三變也。陽明所著有詩文集有五經臆說古本大學旁釋朱子晚年定論及其門人所記之傳習錄等。

(一)心卽理說

陽明承陸象山之心卽理說。故陸王同爲心學。蓋言心卽理。則簡易直截。易以得入也。陽明嘗於象山文集序發其意曰。析心與理爲二。而精一之學亡。世儒之支離。外索刑名器數之末。以求明其所謂物理者。而不知吾心卽物理。初無假於外也。佛老之空虛。遺棄其人倫事物之常。以求明其所謂物理者。而不知物理卽吾心。不可得而遺也。此推尊象山而陰以諷朱子學派之流於支離。又曰。心外無理。心外無事。全書一 又曰。夫物理不外於吾心。外吾心而求物理。無物理矣。遺物理而求吾心。吾心又何物耶。全書二 蓋以一心爲人生行爲之標準。心卽理之要義已詳於陸象山章。茲不贅述焉。

(二)知行合一說

陽明知行合一之義。其所謂知者。重在事上之知而非謂玄漠無朕之理上之知也。故凡政治道德之跡。知其善則必能行。知其惡則必能去。蓋專指人事之知。知與行不相離。是爲眞知。故曰知是行的主意。行是知的工夫。知是行之始。行是知之成。若會得時。只說一個知。已自有行在。只說一個行。已自有知在。（全書一） 陽明主先天良心之說。以爲人類依自然之性而動。知其爲善。未有不行者。只是知有不至耳。故曰未有知而不行者。知而不行。只是未知。（同上） 乃論知行不可分爲二。曰知之眞切篤實處。卽是行。行之明覺精察處。卽是知。知行工夫本不可離。只爲後世學者分作兩截用功。失却知行本體。故有合一並進之說。眞知卽所以爲行。不行不足謂之知。（全書二） 又以此爲聖學要旨。曰知者行之始。行者知之成。聖學只一個功夫。知行不可分作兩事。（全書一） 門人徐愛問知行合一之旨。答之曰大學言如好好色。見好色屬知。好好色屬行。只見色時已是好。非見而後始立心去好也。今人却謂必先知而後行。且講習討論以求知。俟知得眞時方去行。故遂終身不行。亦遂終身不知。（同上） 此言先知後行。則有終身不行之弊也。

(三)良知說

陽明三十七歲春至龍場。始悟格物致知。至年五十時。乃揭出致良知三字教人。嘗曰。某於良知之說。從百死千難中得來。非是容易見得到此。此本是學者究竟話頭。又曰。自孔孟既沒。此學失傳幾千百年。賴天之靈。偶復有見。誠千古之一快。百世以俟聖人而不惑者也。全書八

陽明蓋合大學之致知及孟子之良知爲一。以成致良知之語云。

陽明以良知爲固有。故曰。良知之在人心。無間於聖愚。天下古今之所同也。全書二 又曰。良知之在人心。亙萬古塞宇宙而無不同。同上 又曰。自己良知原與聖人一般。同上 又曰。良知之在人心。則萬古如一日。全書六 又曰。良知良能。愚夫愚婦與聖人同。全書二 又曰。良知原是完完全全是的還他是。非的還他非。全書三 此見良知爲普遍存於先天者也。故良知卽足爲倫理上百行之標準。嘗曰。知善知惡是良知。同上 又曰。這良知還是你的明師。同上 又曰。夫良知之於節目時變。猶規矩尺度之於方圓長短也。全書二 然則惟良知可以判斷善惡。依良知而行。卽合於天理。故曰。心之本體。卽天理也。天理之昭明靈覺。所謂良知也。全書五 是良知卽天理。卽心之本體之昭然不昧者。故曰。良知是天理之昭明靈覺處。故良知卽是天理。思是良知之發用。全書二 又曰。良知卽是未發之中。卽是廓然大公寂然不動之本體。人人之所同具者也。同上 又曰。體卽良知之體。用卽良知之用。寧復有超然於體用之外者乎。同上 心之體用並爲良知之體用。近世心理學者。以心之作用。有知情意三種。今更卽知情意以求陽明所謂良知。(一)

心之意之作用之關於良知者。如云心之虛靈明覺。卽所謂本然之良知也。其虛靈明覺之良知應感而動者謂之意。(全書二十二。) 此謂良知之動則爲意也。又曰能戒愼恐懼者是良知也。(全書二) 又曰人若知這良知訣竅。隨他多少邪思枉念。這裏一覺都自消融。(全書三) 蓋良知能戒愼恐懼能制遏邪念皆意之事也。(二)情之作用之關於良知者。如云良知只是一個天理自然明覺發見處。只是一個眞誠惻怛。便是他本體。(全書二) 良知之眞誠惻怛。是情之見於行事之前者。又曰人於尋常好惡。或亦有不眞切處。惟是好好色惡惡臭。則皆是發於眞心。自求快足。曾無纖假者。(全書五) 好惡是情之並見於行事之前後者。又曰雖小人之爲不善。既已無所不至。然其見君子。則必厭然揜其不善而著其善。(全書二) 揜其不善。是慚沮之情之見於行爲後者也。又言充良知惻隱之情則爲仁。曰見孺子將入井。必有惻隱之理。(同上) 又曰若良知之發。更無私意障礙。卽所謂充其惻隱之心。而仁不可勝用矣。(全書一) (三)知之作用之關於良知者。如云良知常覺照。(全書二) 覺照所以覺善惡。卽前云知善知惡是良知者也。又云若時時刻刻。就自心上集義。則良知之體。洞然明白。自然是是非非。纖毫莫遁。(同上) 又曰凡所謂善惡之機。眞妄之辨者。舍吾心之良知。亦將何所致其體察乎。(同上) 又曰是非之心。知也。是非之心。人皆有之。卽所謂良知也。(全書五) 又曰這些子看得透徹。(些子指良知) 隨他千言萬語。是非誠僞。到前便明。合得的便是。合不得的便非。(全書三) 又曰嘗試於心。喜怒哀懼之感發也。雖動氣之極而吾心良知一覺。卽罔然消沮。或遏於初。或制於中。或悔於後。全書二 此並知之作用矣。由斯以談。則凡心體之作用無不具於良知之中。孟子雖言良知。要至陽明始加以精密之解釋。能致其良知。則亦何所不盡乎。

已上心卽理說。知行合一說。良知說。爲陽明學之三綱領。三者相待而成。又揭去人欲存天理六字。以爲三者一貫之正鵠。陽明生平講學之要。不出乎此矣。最後又有所謂四句敎者。曰無善無惡心之體。有善有惡意之動。知善知惡是良知。爲善去惡是格物。亦有謂此四句敎非陽明之本。而門人所託者也。然實可括王學大意。至於陽明論性。則承孟子。推其良知良能說。以性爲善。其宇宙觀雖罕所發明。亦時論一心契合天地萬物之妙。茲不復悉述焉。

第八章　湛甘泉

湛若水。字元明。號甘泉。廣東增城人。從學於陳白沙。不赴計偕。後登弘治乙丑進士。歷官南京禮吏兵三部尙書。致仕。嘉靖庚申卒。年九十五。陽明同時。相與講學。而略有異同者。惟甘泉與羅整庵而已。然陽明以外。則甘泉之門爲盛。陽明標致良知爲宗旨。甘泉標隨處體認天理爲宗旨。學者遂以王湛之學。各立門戶。其間爲之調停者。謂天理卽良知也。體認卽致也。何異何同。然甘泉論格物。條陽明之說。有四不可。而已之說有五善。陽明亦言隨處體認天理。爲求之於外。終不可以强合。二家往復之書。詞繁不載。甘泉大意謂陽明訓格爲正。訓物爲念頭。格物是正念頭也。苟不加學問思辨行之功。則念頭之正否未可據。此其大略也。甘泉答顧箬溪曰。僕之愚見則於聖賢常格內尋下手。庶有自得處。故隨處體認天理而涵養之。則知行並進矣。又答陳宗亨曰。謹獨格物。其實一也。格物者至其理也。學問思辨行所以至之也。是謂以身至之也。所謂窮理者如是也。近而心身遠而天下。暫而一日久而一世。只是格物一事而已。格物云者。體認天理而存之也。又答陽明曰。格者至也。物者天理也。格卽造詣之義。格物者卽造道也。知行並進。學問思辨行。皆所以造道也。故讀書親師友酬應。隨時隨事。皆求體認天理而涵養之。無非造道之功。誠正修功夫。皆於格物上用。家國天下。皆卽此擴充。無兩段工夫。此卽所謂止至善。又曰。格物之意。以物爲心意之所著。兄意只恐人舍心求之於外。故有是說。不肖則以爲人心與天地萬物爲體。體物而不遺。認得心體廣大。則物不能外矣。故格物非在外也。格之致之。心又非在外也。於物若以爲心意之著見。恐不免有外物之病。甘泉旣言隨處體認天理。又言知行並進。又言求放心。嘗作心性圖說。其學在當時亦自樹一幟者也。

第九章　羅整庵（生於憲宗成化元年卒於世宗嘉靖二十六年年八十三）

羅欽順字允升。號整庵。吉之泰和人。弘治五年進士。授翰林編修。擢南京國子司業。後爲南京吏部尚書。卒諡文莊。整庵家居。每平旦正衣冠危坐觀書。獨處無惰容。自序爲學云。昔官京師。逢一老僧。漫問何由成佛。渠亦漫舉禪語爲答。佛在庭前栢樹子。意其必有所謂。爲之精思達旦。攬衣將起。則恍然而悟。後官南雍。聖賢之書。未嘗一日去手。潛玩久之。漸覺就實。始知前所見者。乃此心虛靈之妙。而非性之理也。自此研磨體認。積數十年。用心甚苦。年垂六十。始了然有見乎心性之眞。而確乎有以自信。蓋整庵初由禪入。後乃歸於儒。有困知記。整庵存稿。

整庵之學。不偏主程朱。亦不偏主象山。故於諸家各有所是非。而莫精於其論理氣。困知記曰。自夫子贊易。始以窮理而言。理果何物也哉。蓋通天地亙古今。無非一氣而已。氣本一也。而一動一靜。一往一來。一闔一闢。一升一降。循環無已。積微而著。由著復微。爲四時之溫涼寒暑。爲萬物之生長收藏。爲斯民之日用彝倫。爲人事之成敗得失。千條萬緒。紛紜膠轕而卒不克亂。有莫知其所以然而然。是卽所謂理也。初非別有一物。依於氣而立。附於氣以行也。或者因易有太極一言。乃疑陰陽之變易。類有一物主宰乎其間者。是不然。夫易乃兩儀四象八卦之總名。太極則衆理之總名也。云易有太極。明萬殊之原於一本也。因而推其生生之序。明一本之散爲萬殊也。斯固自然之機。不宰之宰。夫豈可以形迹求哉。斯義也。惟程伯子言之最精。叔子與朱子。似乎小有未合。今其說具在。必求所以歸於至一。斯可矣。程伯子嘗歷舉繫辭形而上者謂之道。形而下者謂之器。立天之道曰陰與陽。立地之道曰柔與剛。立人之道曰仁與義。一陰一陽之謂道數語。乃從而申之曰。陰陽亦形而下者也。而曰道者。惟此語截得上下最分明。元來只此是道。要在人默而識之也。學者誠以此言精思潛玩。久久自當有見。所謂叔子小有未合者。劉元承記其語有云。所以陰陽者道。又云。所以闔闢者道。竊詳所以二字。固指形而上者。然未免微有二物之嫌。以伯子元來只是此道觀之。自見渾然之妙。似不須更著所以字也。所謂朱子小有未合者。蓋其言有云。理與氣決是二物。又云。氣强理弱。又云。若無此氣。則此理如何頓放。似此類頗多。惟答何國材一書有云。一陰一陽。往來不息。卽是道之全體。此語最爲截直。深有合於程伯子之言。然不多見。不知以何者爲定論也。蓋整庵主明道之氣一元論。故於伊川晦庵之主理氣二元者。有所非。其言亦有深足資參證者。陽明作朱子晚年定論。以示整庵。整庵貽書考其年月。論其不合。此外闢佛諸語亦精。

第十章　王學諸子

陽明始講學。從游者不過鄉里之士。而徐曰仁。愛。蔡希淵。宗兗。朱守中。節。從學最先。陽明嘗曰。徐曰仁之溫恭。蔡希淵之深潛。朱守中之明敏。皆予所不逮也。自後四方來受業者甚衆。終明之世。王學之傳徧天下。然及其末流。競慕心法。以頓悟相高。不顧事功。有僅以默坐調息爲王學本領者。又或外以狂逸爲高。而身踐蔑棄禮義之事。無所忌憚。是以深爲後人詬病。陸稼書至以明之所以亡。歸咎於王學。然王學亦不盡放蕩之士。當時如徐橫山、錢緒山、歐陽南野、季彭山、鄒東廓、陳九川等。其後如黃石齋、劉念臺等。皆踐節篤實。學術氣節。兼有可尙者也。明儒學案述王門學案。分地域系之。列爲七派。今不可悉述。但略舉最著者如下。

王龍谿　王畿。字汝中。號龍谿。山陰人。弱冠受業陽明。陽明門人益進。不能徧授。多先學於龍谿與錢緒山。故二人當時最爲高足弟子。緒山篤實。而龍谿資悟超絕。盛有才辯。陽明沒後。屢歷東南講會。以爲宗盟。先是陽明以無善無惡心之體。有善有惡意之動。知善知惡是良知。爲善去惡是格物。四句教人。緒山以此四句爲陽明教人定本。龍谿則以非究竟之教言。是一時權法。蓋體用顯微。只是一機。心意知物。只是一事。若悟得心是無善無惡之心。意卽是無善無惡之意。知卽是無善無惡之知。物卽是無善無惡之物。蓋無心之心則藏密。無意之意則應圓。無知之知則體寂。無物之物則用神。天命之性。粹然至善。其機自不容已。無善可應。惡固本無。善亦不可得而有也。是謂無善無惡。若有善有惡。則意動於物。非自然之流行。著於有矣。自然流行者。動而無動。著於有者。動而動也。意是心之所發。若是有善有惡之意。則知與物一齊皆有。心亦不可謂之無矣。後人以此爲龍谿之四無教。

王心齋　王艮。字汝止。號心齋。揚州人。三十八歲時。始爲陽明弟子。先是心齋至陽明之門。相與反覆辨論。曲盡端委。心大折服。乃執弟子禮。陽明語門人曰。吾曩擒宸濠。一無所動。今乃爲斯人所動。是眞學聖人者。然心齋言動奇嬌。時或以爲狂。陽明深戒之。所著有心齋全集。其格物說謂格如格式之格。卽絜矩之謂也。吾心一矩也。天下國家如一方形。矩正則方形亦正。故心正則天下國家亦正。方形正則格成。故曰物格。其說甚新。心齋與龍谿在陽明之門。並稱二王。

鄒東廓　鄒守益。字謙之。號東廓。江西安福人。幼時羅整庵見而奇之。嘗謁陽明於贛州。爲父求墓表。殊無意從學。陽明顧與日夕講論。東廓忽悟曰。往吾疑程朱補大學先格物窮理。與中庸愼獨不相蒙。今始知格物卽愼獨也。遂稱弟子。陽明沒後。與呂涇野、湛甘泉、錢緒山、王龍谿、薛中離等講良知學。仕至南京國子祭酒。

楊晉庵　楊東明。號晉庵。河南虞城人。萬歷庚辰進士。北方爲王學者絕少。晉庵晚出。蓋聞王學於耿天臺之倫。相與講論。是時東林多詆陽明無善無惡心之體一語。而晉庵力爲之辨。其論理氣。以氣爲主。曰。盈宇宙間只是一塊渾淪元氣。生天生地生人物萬殊。都是此氣爲之。而此氣靈妙。自有條理。便謂之理。蓋氣猶水火。而理則其氣熱之性。氣猶薑桂。而理則其辛辣之性。渾是一物。毫無分別。又謂氣質之性四字。宋儒此論。適得吾性之眞體。非但補前輩之所未發也。蓋盈天地間皆氣質也。卽天地亦氣質也。五行亦陰陽也。陰陽亦太極也。太極固一氣也。特未落於質耳。東林言性。頗承此說。晉庵有論性臆言王學後流於禪。如羅念庵、顏山農、梁心隱、羅汝芳之徒。尤其甚者也。陳陳相因。殆無足述。茲並從略焉。

第十一章　劉念臺（生於明神宗萬歷六年卒於明福王弘光元年年六十八）

劉宗周字起東。號念臺。山陰人。初從許孚遠。叩爲學之要。告以存天理。遏人欲。遂謹識之。後與高攀龍相共講論。以半日讀書半日靜坐爲準的。崇禎初仕爲順天府府尹。以直諫斥歸。閉門靜坐。不見一客。門人固請講學。乃集儒紳會講。闡明伊洛主敬之旨。以愼獨爲要。後啟蕺山書院。從游者幾及千人。梓所述人譜以授學者。有朱子之致與陽明致知辨。福王立。爲吏部左侍郎。遂罷歸。弘光乙酉六月。山居聞變。絕食卒。

念臺之學。雖亦出陽明之緒。而兼宗程朱。明儒學案曰。蕺山之學。以愼獨爲宗。儒者人人言愼獨。唯蕺山始得其眞。盈天地間皆氣也。其在人心一氣之流行。誠通誠復。自然分爲喜怒哀樂。仁義禮智之名。因此而起者也。不待安排品節。自能不過其則。卽中和也。此生而有之。人人如是。所以謂之性善。卽不無過不及之差。而性體原自周流。不害其爲中和之德。學者但證得性體分明。而以時保之。卽是愼矣。愼之功夫。只在主宰上覺有主。是曰意。離意根一步。便是妄。便非獨矣。故愈收斂。是愈推致。然主宰亦非有一處停頓。卽在此流行之中。故曰。逝者如斯夫。不舍晝夜。蓋離氣無所爲理。離心無所爲性。佛者之言曰。有物先天地。無形本

寂寥。能爲萬象主不逐四時凋。此是他眞贓實犯。奈何儒者亦曰理生氣所謂毫釐之差。竟
亦安在而徒以自私自利。不可以治天下國家強生分別其不爲佛者之所笑乎。蕺山如此
指出眞是南轅北轍。界限淸楚有宋以來未有也按蕺山所謂愼獨之意極微妙。卽屛居獨
處一念萌起他人未知而己獨知之處卽是獨也。然獨之爲義。兼內外精粗而言之。嘗評朱
子語曰。朱子於獨字下補一知字。可謂擴前聖所未發。然專以屬之動念邊事。何耶。豈靜中
無知乎。使知有間於動靜則不得謂之知矣。又曰。心無存亡。但離獨位便是亡。又曰獨字是
虛位。從性體看來。則曰莫見莫顯。是思慮未起鬼神莫知也。從心體看來。則曰十目十手。是
思慮既起。吾心獨知時也。然性體中。卽在心體中看出。又曰。延平教人看喜怒哀樂未發時
作何氣象。此學問第一義功夫。未發時有何氣象可觀。只是查檢自己病痛到極微密處。方
知時雖未發。而倚著之私。隱隱已伏。纔有倚著。便來橫決若於此處查考分明。如貫虱車輪。
更無躱閃。則中體恍然在此。而已發之後。不待言矣。或問未發氣象從何看入。曰從發處看
入。如何用工夫。曰其要只在愼獨。問兼動靜否。曰工夫只在靜。故云主靜立人極。非偏言之
也。然則何以從發處看入。曰動中求靜。是眞靜之體。靜中求動。是眞動之用。體用一原。動靜
無端。心體本是如此。蕺山又以愼獨爲證人之要旨。證人者。卽自證其性。以見敬肆之分。人
禽之辨也。倣周子太極圖而爲人極圖。且說之曰。無善而至善。心之體也。繼之者善也。成之

者性也。繇是而之焉。達於天下者道也。此明人性至善。爲萬善之所由出。致其愼獨之功。則可去其不善而繼於至善矣。其首句蓋取陽明四句教之語而廣之。

第十二章　清代哲學總論

有清一代。哲學最爲不振。蓋自宋明以來。學者於理氣心性之辨言之綦詳。而程朱與陸王。屹然爲二大派。學者或主於此。或主於彼。有是非之論。而罕獨至之說。於是士人厭其空虛。復張漢學之幟。以宋儒爲不足道。故朱陸之爭。變而爲漢宋之爭。然皆各有所長。是以漢唐之訓詁。宋明之性理。清代之考證。終並行而不可偏廢者也。清初言王學者。多出自蕺山。其門人後亦多治程朱之學。而專主程朱以攻陽明。則陸稼書之徒尤甚。亦有欲折衷其間者。夏峯潛庵是也。顧黃本致用之儒。一爲朱學。一爲王學。已知兼取漢唐經義疏說。惟顏習齋獨明周禮六藝之教。於宋明學者。皆不許焉。其學卓然自立。亦可爲豪傑之士也。顧其傳未廣。惠戴以來。則漢學大盛。有爲身心性命之談者。鮮不笑爲迂闊者矣。東原復於性情之說。善惡之論。有所表見。至於宇宙之大原。固所不講。故條理未盡可觀。彭尺木之徒。又於此時援儒入釋。而哲學之思想。自是益微矣。文人學士。間偶一二篇。有妙解新義。終瑣瑣不成大家。亦靡得而述也。

清世考證之學。所以獨盛。而哲學反衰者。蓋由宋明性理學之反動。且宋明學者。關於宇宙倫理之說。發揮已無餘蘊。其所以闢佛老排異端者。亦已盡摧陷廓清之能事。而佛老之勢。又久已銷歇。不足復論。故士人但汲汲聲音訓詁之間。以求古人本意之所在。其弊雖流於繁碎。固時勢使之不得不然也。況於以經義八股取士。性理但爲空談。眞能讀書窮理身體力行者少。所謂言愈多而道愈晦。語愈精而行愈僞。宜有志之士。寧斂精於章句文字之末而不屑爲此膚廓無實之談也。惟清初諸家。猶有可稱。今次其大略於此云。

第十二章　孫夏峯（生於明神宗萬曆十二年卒於清康熙十二年年九十二）

清初諸儒。以夏峯最爲老師。夏峯在明世已有顯名。其學本出於陽明之緒。所言略近蕺山。而規模不逮。晚欲會合程朱陸王之異同。以歸於一。學者多尊仰之。夏峯名奇逢。字啓泰。一字鍾元。直隸容城人。後講學蘇門之夏峯。故學者稱夏峯先生。少與定興鹿忠節善繼友善。以聖學相砥礪。年十七。舉萬歷庚子鄉試。居京師。與左光斗、魏大中、周順昌、相尙以氣節。居喪一準古禮。率兄弟廬墓六年。家故貧。日食常不繼。嘗與鹿善繼論學。自晨至日昃。始得豆麪作羹。怡然無不足之色。自言從憂患困鬱中。默識心性本原。生平得力。實在此。天啓間。魏忠賢亂政。大興黨獄。左魏諸公。均被逮。夏峯不避危禍。力爲營救。義聲震一世。縉紳交薦。並不起。清初屢徵。亦隱居不出。晚渡河。慕蘇門百泉之勝。且爲康節魯齋講學地。遂移家居焉。築堂曰兼山。讀易其中。率子弟躬耕。四方來學願留者。亦授田使耕。所居成聚。夏峯持身務自刻砥。而與人無町畦。每晨起謁先祠畢。澄心端坐。雖疾病未嘗有惰容。有問學者。隨其高下淺深。必開以性之所近。使自力於庸行。上自公卿大夫。及野人牧豎工商隸圉武夫悍卒。壹以誠意接之。用此名在天下。所著有理學宗傳等書。

夏峯始與鹿忠節講學。以象山陽明爲宗。晚更和通朱子之學。其學以愼獨爲宗。而於人倫日用間體認天理。嘗言喜怒哀樂中節。視聽言動合禮。子臣弟友盡分。乃終身行之不能盡者。又言自七十以往。每閱十年。功加密。惟獨知之地。不敢自欺。無或懈而已。所著理學宗傳。表周程張邵朱陸薛王及羅念庵顧涇陽爲正宗。漢董子以下。迄明季諸儒中謹守繩墨者。次之。橫浦慈湖等議論有出入儒佛者。又次之。其言平實切理。門戶之見泯然矣。湯斌耿介。皆夏峯高弟。

第十四章　黃宗羲（生於明神宗萬曆三十七年卒於清康熙三十四年年八十六）

黃宗羲字太沖。號黎洲。又號南雷。餘姚人。父尊素。以劾魏閹死詔獄。莊烈帝卽位。黎洲年十九。袖長錐入都訟冤。至則魏閹已磔死。錐夙與忠端仇者。又錐殺獄卒。歸益肆力於學。師事劉蕺山。蕺山時越中承周海門之緒。援儒入釋。姚江之緒大壞。黎洲約吳越高才生力摧其說。時蕺山專言心性。而漳浦黃石齋兼及象數。人比之程邵兩家。黎洲曰。是開物成務之學也。乃出所學律歷諸書相質證。弟宗炎宗會。並負異材。黎洲自敎之。有東浙三黃之目。明末嘗糾合志士。舉義兵以禦清兵。且至日本乞援師。事不成。歸後奉母返里門。肆力著述。復舉蕺山證人書院之會。從之請學者數百人。嘗謂明人講學。襲語錄之糟粕。不以六經爲根柢。束書不讀。但從事於游談。學者必先窮經。經術所以經世。乃不爲迂儒。又謂讀書不多。無以證斯理之變。讀書多而不求於心。則又爲僞儒矣。故受其教者。不墮講學之弊。不爲障霧之言。其學盛行於東南。時有南姚江西二曲之稱。二曲者李中孚也。說者謂黎洲之學。以濂洛之統。綜會諸家。橫渠之禮敎。康節之象數。東萊之文獻。艮齋止齋之經術。水心之文章。莫不旁推交通。自來儒林所未有也。清世屢徵不起。平生著述甚富。嘗輯宋元儒學案。以志七百年儒苑門戶。又著明儒學案。爲明三百年理學之藪。又著易象數論。力辨河洛方位圖象之非。其餘不可勝紀。有南雷文定南雷文約其明夷待訪錄與留書。則言王佐之畧。顧炎武見之曰。三代之治可復也。

黎洲本蕺山高弟。故亦宗陽明之學。而以愼獨爲入德之要。愼獨者。卽所明致良知之功。故明儒學案力主陽明良知之論。亦見其淵源所自也。然嘗辨陽明四句敎無善無惡心之體一句爲非。又駁王龍谿性本空寂。隨物而有善惡之說。蓋黎洲意在致用。故不喜空虛之談而歸重於實踐也。故以修德爲心學之本。其明儒學案序曰。

盈天地皆心也。變化不測。不能不萬殊。心無本體。工夫所至。卽其本體。故窮理者。窮此心之萬殊。非窮萬物之萬殊也。是以古之君子。寧鑿五丁之間道。不假邯鄲之野馬。故其途亦不得不殊。奈何今之君子。必欲出於一途。使美厥靈根者。化爲焦芽絕港。夫先儒之語錄。人人不同。只是印我之心體。變動不居。若執定成局。終是受用不得。此無他。修德而後可講學。今講學而不修德。又何怪其舉一而廢百乎。

蓋能悟達心之本體。則充塞天地皆心。萬物萬殊。悉歸一心。先修德後講學。則陸王之教義然也。所云諸家語錄不同。可以證心體之變。若執而不化。則有礙實踐之受用。所見尤卓。其論政治如明夷待訪錄原君篇。以有生之初。人各自私也。人各自利也。天下有公利而莫或興之。有公害而莫或除之。有人君者出。不以一己之利爲利。使天下受其利。不以一己之害爲害。使天下釋其害。後之爲人君者不然。以爲天下利害之權。皆出於我。我以天下之利盡歸於己。以天下之害盡歸於人。亦無不可。使天下之人不敢自私。不敢自利。以我之大私爲天下之公。始而慚焉。久而安焉。視天下爲莫大之產業。傳之子孫。受享無窮。此無他。古者以天下爲主。君爲客。凡君之所畢世而經營者。爲天下也。今也以君爲主。天下爲客。凡天下之無地而得安寧者。爲君也。又原臣篇謂人之出而仕也。爲天下非爲君也。爲萬民非爲一姓也。當時國家觀念未明。而棃洲之言已能如此。可爲特識矣。

第十五章　顧亭林（生於明神宗萬曆四十一年卒於清康熙二十一年年七十）

顧炎武。崑山人。本名絳。字寧人。又號亭林。明季屢應試不第。遂棄舉業屏居山中。講求明體達用經世濟人之學。明亡。與同志共舉義兵不成。顧氏先世顯宦。其母王氏謂炎武曰。我雖婦人。受國恩矣。今必死。遂不食而卒。戒後人勿仕二姓。亭林自是益刻厲爲學。游歷西北諸邊塞十餘年。後卜居華陰。謂人曰。徧觀四方。惟秦人慕經學。重處士。持清議。華陰綰轂關河之口。雖足不出戶。而能見天下之人。聞天下之事。一旦有警。入山守險。不出十里之遙。若志在四方。一出關門。亦有建瓴之勢。乃定居焉。康熙間。詔徵鴻博之士。諸卿士爭欲致之。亭林豫告諸門人在京爲之辭曰。刀繩具在。勿速我死。所著有日知錄等書。尤長於音韻輿地之學。多所纂述。唐鑑學案小識曰。亭林貫通經史。上下古今。以卓犖不羣之材。抱俯仰無窮之志。足跡半天下。所交皆賢豪有道之士。而卒著書以老。使人追慕於簡策之間而不能置。夫亭林之爲通儒。人人能言之。而不知亭林之所以通。不在外而在內。不在制度典禮而在學問思辨也。是以平心察理。事事求實。凡所論述。權度惟精。往往折衷於朱子云。

亭林之學。宗尚程朱。力辨王陽明朱子晚年定論之謬。然其所論關於哲學者至尠。蓋理氣心性說。宋明人所言者已詳。故清之學者。每不深論也。亭林論爲學之要。曰博學於文。曰行己有恥。自一身以至天下國家。皆學之事。自臣弟友以至出入往來辭受取與之間。皆有恥之事。不恥惡衣惡食。而恥匹夫匹婦之不被其澤。故曰萬物皆備於我矣。反身而誠。又與友人書曰。大學言心不言性。中庸言性不言心。來教單提心字而未竟其說。未敢漫爲許可。以隳於上蔡橫浦象山三家之學。竊以爲聖人之道。下學上達之方。其行在孝弟忠信。其職在灑埽應對進退。其文在詩書三禮周易春秋。其用之身在出處辭受取與。其施之天下。在政令教化刑法。其所著之書。皆以撥亂反正。移風易俗。以馴至乎治平之用。而無益者不談。一切詩賦銘頌贊誄序記之文。皆謂之巧言而不以措筆。其於世儒盡性至命之說。必歸之有物有則五行五事之常。而不入於空虛之論。僕之所以爲學者如此。以質諸大方之家。未免以爲淺近而不足觀。雖然。亦可以弗畔矣夫。觀此可見亭林之志。蓋深非陸王簡易直截之風。故以平近著實者教人也。其日知錄上篇經術。中篇治道。下篇博聞。共三十餘卷。謂有王者起。將見諸施行。以躋斯世於治古之隆。而未敢爲今人道也。

第十六章　李二曲

李顒。字中孚。號二曲。西安盩厔人。家貧。無書。從人借讀。自經史百家至二氏之書。無不觀。遂以成學。隱逸自守。當事慕其名。踵門求見。力辭不得。則一見之。終不報謁。曰。庶人不入公府可也。再至。幷不復見。有餽遺者。雖十反亦不受。既而母卒。康熙九年。門人請南下入道南書院。發顧高諸公之遺書講之。聽者雲集。又開講於江陰靖江宜興。自後屢徵。皆以疾辭。閉門不與人接。惟顧寧人至則款之而已。晚年惟以所著四書反身錄教人。當是時。北則孫夏峯南則黃梨洲與二曲並號三大儒。夏峯自明時。已與楊左諸公爲石交。又孫高陽相國。折節致敬。易代後聲名益大。梨洲爲忠端之子。蕺山高弟。又從之海上。資望皆素高。獨二曲自孤寒。清苦中耿光四出。拔地倚天。視夏峯梨洲尤難。云門人集其遺書爲二曲集二十二卷。

二曲論學曰。天下大根本。人心而已矣。大肯綮。提起天下之人心而已矣。是故天下治亂。視人心。人心邪正。視學術。凡學在反身。道在守約。功在悔過自新。而必自靜坐觀心始。靜坐乃能至過。知過乃能悔。悔乃能自新。又言學者當先觀象山慈湖陽明白沙之書。闡明心性。眞指本初。以洞斯道之大源。然後取二程朱子及康齋敬軒涇野整庵之書。玩索以盡踐履之功。否則醇謹者乏通慧。穎悟者雜異端。無論言朱言陸。皆於道未有得也。是二曲之學。亦以心學爲始。嘗因心體論易曰。

求易於易。不若求易於己。人當未與物接。一念不起。卽此便是無極而太極。及事至念起。惺惺處。卽此便是太極之動而陽。一念知斂處。卽此便是太極之靜而陰。無時無刻而不以去欲存理爲務。卽此便是天行健。君子以自强不息。人欲淨盡而天理流行。卽此便是乾之剛健中正純粹精。希顏之愚。效曾之魯。斂華就實。一味韜晦。卽此便是歸藏於坤。觀師取友。麗澤求益。見善則遷。如風之疾。有過則改。如雷之勇。時止則止。時行則行。見可而進。知難而退。動靜不失其時。繼明以照四方。則兌巽震艮坎離。一一在己。而不在易矣。錫山語要蓋二曲之學。歸本一心。而注重踐履。或問入門下手之要。曰我這裏論學。卻不欲人閒講泛論。只要各人自覓各人受病之所在。知有某病。卽思自醫某病。卽此便是入門。又謂徒侈聞見博雜。以一事不知爲恥者。皆玩物喪志之類。去道愈遠矣。

第十七章　陸桴亭

陸世儀。字道威。號桴亭。江蘇太倉人。劉蕺山講學。桴亭嘗往聽講。明亡。遂隱居不出。久之。始應諸生之請。講學東林。已講於毘陵。復歸講里中。當事者屢欲薦之。力辭免。桴亭少嘗從事於養生之說。有所得矣。既而翻然悟。乃亟棄之。始雖事蕺山。而後歸宿於程朱。著思辨錄。凡十四類。前集曰小學。曰大學。曰立志。曰居敬。曰格致。曰誠正。曰修齊。曰治平。後集曰天道。曰人道。曰諸儒。曰異學。曰經子。曰史籍。自象緯律歷。以至禮樂兵刑政事之大。及歷代儒先異同得失。旁及異端。莫不窮究其所以然。立論一歸醇正。陸稼書序而刻之。

清初恪守程朱家法者。當時推二陸。卽桴亭與陸稼書也。桴亭教人先小學。後大學。以立志居敬爲本。以聖經八條目爲程。主敬守禮法。講明實用。然後漸進於天人之微。旁及百家之言。其先後次序。悉朱子遺法也。其論太極圖說。頗有發前人未言者。略錄數條如下。

周子作太極圖。發揮天地萬物之理。太極二字。原本繫辭。不過祖述孔子之舊。至於主靜立人極。人極二字。則自周子開闢出來。後半惟人也得其秀而最靈一段。都是說人極。人極與太極句句相對。則知人身與天地處處相合。絕非矯揉造作。故人能踐形。卽能盡性。能盡性卽能達天。天與人總是一理。此是周子獨得處。

周子定之以中正仁義而主靜立人極主靜二字是立人極之本。中正仁義又是主靜之實落處。此總是聖人盡性功夫。

中正仁義而主靜。周子立言應甚周。而然主靜之下。又自註曰。無欲故靜。無欲者無人欲也。無人欲則純乎天理矣。是周子以天理爲靜。以人欲爲動。主靜者主乎天理也。主乎天理。則靜固靜。動亦靜矣。豈有偏靜之弊乎。

太極圖說惟人也得其秀而最靈。形旣生矣。神發知矣。形生質也。神發氣也。有形生神發而五性具。是有氣質而後有性也。不落氣質不可謂之性。一言性便屬氣質。

桴亭又因此以論性。謂論性離不得氣質。一離氣質便要離天地。蓋天地亦氣質也。一離天地。則於陰陽外別尋太極。於陰陽別尋太極則太極不落於空虛。卽同於一物。又謂諸儒謂孟子道性善。只是就天命上說。未落氣質。然獨孟子人無有不善之言。是就人有生以後看。卽下愚濁惡。亦無有不性善者。蓋孟子論善。只就四端發見言。因其四端卽知其有仁義禮智。人人有四端。卽人人有性善也。不必說到渾然至善未嘗有惡然後謂之性善。此類並有深湛之思。而確然自有所見。其論性尤與羅整庵楊晉庵相出入也。

第十八章　湯潛庵（生於明熹宗天啟七年卒於清康熙二十六年年六十一）

湯斌。字孔伯。號荊峴。晚號潛庵。河南睢州人。順治九年進士。官至工部尚書。乾隆間賜謚文正。嘗從學夏峯於蘇門十年。爲學兼綜程朱陸王之長。其上孫徵君書。及答褚懷葛張仲誠顧亭林等書。皆以陽明與朱子並論。而志學會約有致良知爲聖學眞脈之語。蓋夏峯本主會合兩派。於所著理學宗傳見其意。潛庵本諸師說。而尤能持新安金谿之平。大指主於刻厲實行。以講求實用。無王學杳冥放蕩之弊。故爲異趣而同歸。官侍讀時。嘗被命進所作詩文。中有王守仁論。清聖祖問守仁之學如何。潛庵曰。守仁致良知之說。與朱子不相刺謬。且稱其直節豐功。不獨理學。嘗謂今諸儒之說已備。苟好學深思。人人可以聞道。患不力行耳。今雖橫說豎說。何曾一語出古人範圍。言愈多而道愈晦。語愈精而行愈僞。蓋慨乎言之。潛庵晚年。多主程朱之學。所著有洛學編。詩文集。語錄等。

當時陸稼書排王學甚力。潛庵答稼書書曰。竊嘗汎濫諸家。妄有論說。其後學稍進。心稍細。甚悔之。反復審擇。知程朱爲儒之正宗。欲求孔孟之道而不由程朱。猶航斷港絕潢而望至於海也。必不可得矣。故所學雖未能望程朱之門牆。而不敢有他途之歸。若夫姚江之學。嘉隆以來。幾遍天下。近年有一二巨公。倡言排之。不遺餘力。姚江之學遂衰。可謂有功於程朱矣。僕之不敢詆斥姚江者。非篤信姚江之學也。非博長厚之譽也。以爲欲明程朱之道者。當心。程朱之心學。程朱之學。窮理必極其精。居敬必極其至。喜怒哀樂。必求中節。視聽言動。必求合禮。子臣弟友。必求盡分。久之人心感孚。聲應自衆。卽篤信陽明者。亦曉然知聖學之有眞也。而翻然從之。僕已衰暮。學不加進。實深自愧。惟願默自體勘。求不愧先賢。或天稍假以年。果有所見。然後徐出數言。以就正海內君子。未晚。此時正未敢漫然附和也。潛庵雖未嘗顯詆陽明。其後固以程朱爲正宗矣。

第十九章　陸稼書（生於明崇禎三年卒於清康熙三十一年年六十三）

陸隴其。字稼書。浙江平湖人。康熙庚戌進士。授江南嘉定令。治行爲天下第一。又爲直隸靈壽令。與諸生講學。有松陽講義。後徵入京。爲四川道監御史。晚年屛居華亭泖上。以疾卒。乾隆初。賜諡清獻。人號爲當湖先生。著有三魚堂集。賸言。松陽講義。讀朱隨筆等。

稼書生明季混亂之後。嘉隆以來。陽儒陰釋者。並以陽明之學爲歸。於是稼書專宗朱子。以力闢其說。著學術辨三篇。與河南湯斌。山西范鄗鼎。往復辨論。剖析同異。頗爲親切。嘗謂聖門之學。雖一以貫之。未有不從多聞多見入者。欲求聖學。斷不舍經史。於是謂今之學者。無他。亦宗朱子而已。宗朱子爲正學。不宗朱子爲非正學。又作太極論。以爲論太極者。不在乎明天地之太極。在乎明人身之太極。又以朱子解太極。推本於敬。惟能敬然後能靜虛動直。而太極在我。其學術辨論陽明曰。陽明言性無善無惡。蓋亦指知覺爲性也。其所謂良知。所謂天理。所謂至善。莫非指此而已。故其言曰。佛氏本來面目。卽我們所謂良知。又曰。良知卽天理。又曰無善無惡。乃所謂至善。雖其縱橫變幻不可究詰。而其大旨亦可睹矣。究其說則人倫庶物。固於我何有。而特以束縛於聖人之教。未敢肆然決裂也。則又爲之說曰。良知苟存。自能酬酢萬變。非若禪家之遺棄事物也。其爲說則然。然學者苟無格物窮理之功。而欲持此心之知覺以自試於萬變。其所見爲是者果是。而非者果非乎。又況其心本以爲人倫庶物初無與於我。不得已而應之。以不得已而應之心。而處夫未嘗窮究之事。其不至於顚倒錯謬者幾希。其倡之者。雖不敢自居於禪。陰合而陽離。其繼起者。則直以禪自任。不復有所忌憚。此陽明之學所以爲禍於天下也。又論顧涇陽高景逸曰。涇陽景逸。深懲其弊。知夫知覺之非性。而無善無惡不可以言性。其所以排擊陽明者。亦可謂得其本矣。然則學也專以靜坐爲主。則其所重。仍在知覺。雖云事物之理。乃吾性所固有。而亦當窮究。然旣偏重於靜。則窮之未必能盡其精微。而不免於過不及。是故以理爲外。而欲以心籠罩之者。陽明之學也。以理爲內。而欲以心籠罩之者。高顧之學也。陽明之病。在認心爲性。高顧之病。在惡動求靜。稼書之學。以居敬窮理爲要。謂窮理而不居敬。則玩物喪志。而失於支離。居敬而不窮理。則將埽見聞。空善惡。其不墮於佛老。以至於師心自用。而爲猖狂恣睢者鮮矣。蓋儼然有程朱之氣象云。

第二十章　顏習齋（生於明崇禎八年乙亥卒於清康熙甲申年七十）

顏元。字渾然。號習齋。博野人。父昶爲蠡縣朱翁義子。遂姓朱。爲蠡人。甲申明鼎革。癸巳爲庠生。名朱邦良。習齋幼穎異。讀書二三過輒不忘。學神仙導引。娶妻不近。既而知其妄。乃爲折節讀書。父被掠去。久不得耗。母亦他適。習齋時思父涕泣。而事朱翁媼至孝。不自知非朱氏子也。久乃覺之。復歸宗顏氏。乃如關東尋父。得其墓於瀋陽。招魂題主奉而歸。遂棄諸生。終三年喪。始宗陸王學。未幾歸程朱。後乃悟堯舜之道在六府三事。宋明學者交失之。學既通。有志於用世。以道之顯晦爲己任。遂南游中州。張卜肆於開封。以閱人。所遇甚衆。倡實學。明辨婉引。人多歸之。然執宋儒之見者。比比未能化也。商水大俠李子青館習齋於家。見習齋攜短刀曰。君學者。顧善此乎。習齋謝不敏。子青一夕飲酣。欲授習齋拳法。月下踴躍自試。習齋笑曰。請姑與君爲戲。乃折竹爲刀。舞相擊。數合。中子青腕。子青擲竹拜服。深相結。蓋習齋自幼學兵法技擊馳射陰陽象緯。無不精。遇豪傑無貴賤無不深交之。其論治。以不法三代爲苟道。嘗論次井田封建學校鄉舉里選諸法。以爲王道可見施行。年三十。與王養粹共爲日記。凡言行善否。意念之欺歉。逐時自勘注之。嘗暮行委巷中。背癢欲搔。旋自省曰。昏巷無人。容貌不莊。何以服鬼神。又嘗曰。吾尊孔學而抑程朱。苟一事自欺。何以逃程朱之鬼責。故勇於改過。以聖人必可學。動必遵古禮。老而彌篤。鄉里有聖人之目。著存性存學存治存人四編。

一、存性　宋儒分別天地之性。氣質之性。以天地之性純善。氣質之性有惡。蓋原於理氣二元之說。習齋以性之善。卽在氣質。別無所謂天地之性。孟子言性善。卽是謂氣質之善也。故曰。理卽氣之理也。清濁厚薄純駁偏全萬有不齊。皆善也。其惡者引蔽習染耳。列七圖以明之。

二、存學　習齋以爲古之學一。今之學棼。古之學實。今之學虛。古之學有用。今之學無用。古之爲學也。明德親民止至善爲道。六德六行六藝爲物。八歲就小學。學小藝履小節。束髮就大學。學大藝履大節。爲學之序。春秋禮樂。冬夏詩書。爲學之時。故人多成材。宇內郅隆。自秦火後。訓詁於漢唐。帖括於宋明。徒遺經是問。而古聖教人成法。任其闕然。加之佛老乘間而起。以清淨虛無亂心性之正。儒者不能以全體大用廓清其間。反爲所雜。程朱陸王。非支離於誦讀。卽溷索於禪宗。學之亡也。轉甚。習齋乃教人以六藝爲學。冠昏喪祭。必遵古典。率子弟習禮習射習書數樂。得一節焉。卽習之。置日記以考德行。其於古人之學。不惟存之空言。而且存之實事。此存學編之大意也。

三、存治　古帝王教養之政七制。而後呂趙陵夷。至宋明而極。其尤甚者。卽兵專而弱。士腐而靡。二者之弊。不知所極。以天下之大。士馬之衆。一有寇亂。輒魚爛瓦解。黃巢之亂。洗物淘城。李自成張獻忠如霜風殺草。所過爲墟。三代田賦出甲。民皆習兵。斷不至如此其慘。士子平日讀書。閉戶傷首。如婦人女子。一旦出仕。兵刑錢穀。渺不知爲何物。安望輔世長民。三物賓興之世。學卽所用。用卽所學。雖流弊不至於此。故以井田周官之制。可以斟酌而施之於今。庶可臻於上理也。

四、存人　習齋以爲人生存一日。當爲生平辦事一日。不可不先自治。持身要莊竦。要愛惜精神。皆自治之事也。凡動靜語默。一當修之以禮。而守之以敬。能存養省察。誠恐愼獨。乃能推之治國平天下也。習齋老年以衰病。不能理他功。惟常習恭。覺萎怠習恭莊。覺放肆習恭謹。覺暴戾習溫恭。覺矜張習謙恭。覺多言習恭默。覺矯柔習恭安。其自治如此。皆就事上實地體驗。以存人道也。

習齋以自宋周濂溪得陳摶僧壽涯傳。以魏伯陽水火匡廓三五至精。爲太極圖。言性與天道主靜立儒宗。程朱因之。謂之道學。以爲遠述孔孟。高出漢唐諸儒上。實雜佛老。非孔孟之眞。故秦漢以來二千年。天下不得儒者之用。並佛老爲三教。而世運以雄俠爲興衰。於是深悟堯舜之道。在六府三事。周孔敎士以三物。孔子以四敎。靜坐禪也。讀書講注。空言也。坐使學人弱如婦人女子。以爲非去帖括。制與講注。靜坐之道。禍終此乾矣。既作存性存學諸編。嘗貽書孫夏峯陸桴亭論之。桴亭固謂孟子言性善。是指氣質。與習齋合。且亦言六藝也。晚年敎於肥鄉漳南書院。爲立規制甚宏。中曰習講堂。東一齋曰文事。課禮樂書數天文地理等科。西一齋曰武備。課黃帝太公孫吳諸子兵機攻守營陣水陸諸戰法射御技擊等科。東二齋曰經史。課十三經歷代史詩文等科。西二齋曰藝能。課水學火學工學象數等科。門內直東曰理學齋。西曰帖括齋。皆北向。凡習程朱陸王及制舉業者居之。欲羅而致之以引進之也。比空二齋。左接賓。右宿來學。門內左六房。設客榻。右六廈。容車騎。東更衣亭。西射圃。堂東北隅庖廚倉庫。西北積薪。立學規甚備。從游數十人。遠近翕然。習齋甫至。雨經月。漳水大盛。沒堂舍。習齋遂辭歸。門人傳其學者。蠡縣李塨字剛主。北平王源字崑繩尤著。

第二十一章　戴東原（卒於乾隆四十二年年五十五）

清世經學考證。度越前代。顧黃徽啟其端。閻百詩毛西河諸人。已見精審。要極盛於乾嘉之際。而惠戴實集其成。於是幖幟曰漢學。以別於宋。其是正文字。搜輯佚逸。有功於後學甚偉。惠氏三世傳經。松崖造詣尤邃。論者擬之漢儒何邵公服子愼之間。東原之學。出於江愼修。嘗稱其師以爲鄭康成後。罕其儔匹。漢學門戶。固異宋學。然愼修嘗注朱子近思錄。所著禮經綱目。亦本朱子儀禮經傳通解。故爲漢學而兼有性理之論者。當推江戴。視餘人爲詳。東原著原善孟子字義疏證。其說雖與宋儒不同。實是言倫理之專書。爲漢儒中僅見之作。其後阮元性命古訓論語論仁篇。焦循論語通釋。並出東原一派者也。今特述東原學說之略於此。

戴震字東原。休寧人。年十歲。塾師授以大學章句右經一章。問其師曰。此何以知爲孔子之言而曾子述之。又何以知爲曾子之意而門人記之。師云。此朱子云然。又問朱子何時人。曰南宋。又問曾子何時人。曰東周。又問周去宋幾何時。曰幾二千年。曰然則朱子何以知其然。師不能答。讀書一字必求其義。塾師略舉傳注訓解之意。不釋。師惡其煩。乃取說文解字令檢閱之。學之三年。通其義。於是十三經盡通矣。後學於江愼修。永。其學益進。於經義聲韻之學。多有著述。爲漢學大師。

東原以宋儒言性言理言道言才言誠言明言權言仁義禮智言智仁勇。皆非六經孔孟之旨。而以異學之言糅之。故就孟子字義開示。使人知人欲淨盡天理流行之語病。嘗言。朱子注大學開卷言虛靈不昧。便涉異學。其言以具衆理應萬事。尤非理字之旨。古人云理解者。尋其腠理而析之也。曰天理者。如莊周依乎天理。卽所謂彼節者有間也。古聖賢以體民之情遂民之欲爲得理。今人以己之意見不出於私爲理。是以意見殺人。咸自信爲理矣。中庸注言性卽理也。其可乎。於是乃論性曰。有天地然後有人物。有人物於是乎有人物之性。人與物同有欲。欲也者。性之事也。人與物同有覺。覺也者。性之能也。事無有失。則協於天地之德。理至正也。理也者。性之德也。（讀易繫辭論性）蓋宋儒分理與欲爲二。謂性卽理。東原反之。謂性卽欲。故宋儒謂欲者性以外之物。而義理者欲以外之物。東原則以欲在性中。而義理即在欲中。故又曰欲不流於私則仁。不溺而為慝則義。情發而中節則和。如是之謂天理。情欲未動。湛然無失。是為天性。（答彭進士書）又曰。理也者情之不爽失也。又曰。無過情無不及情之謂性。（孟子字義疏證）蓋宋儒祖子思言率性。率其性之善者而已矣。戴阮祖召誥言節性。節其性之欲使合於中而已矣。此其所異也。故戴氏之說。稍有近於古之性惡論。

東原之訓學者有二。曰私曰蔽。私生於欲之失。而蔽生於知之失。異氏尙無欲。君子尙無蔽。異氏之學。主靜以為至。君子強恕以去私。而問學以去蔽。又曰。君子之治天下也。使人各得其情。各遂其欲。勿悖於道義。君子之自治也。情與欲使一於道義。夫遏欲之害。甚於防川。絕情去智。充塞仁義。人之飲食也。養其血氣。而其問學也。養其心知。是以貴乎自得。血氣得其養。雖弱必強。心知得其養。雖愚必明。是以貴乎擴充。東原之意。以為人生而有欲。欲不可過。惟在因而制之。使勿悖道義耳。天下之人。能得其所欲。而節其欲之失。斯善之大者矣。

第二十二章　彭尺木

乾隆間為儒學而復皈依釋氏者。有羅臺山有高。汪大紳縉。彭尺木紹升。三人並有文采。臺山有尊聞居士集。大紳仿明趙大洲二通之作。著二錄三錄。以明經世之道。又著讀書四十偈私記。以通出世之法。尺木著述尤多。本字允初。自號知歸子。其論學之文。精心密意。紀律森然。談禪之作亦擇言爾雅。不涉語悪習。今錄尺木文一首以見當時援儒入釋之略。尺木讀古本大學曰。

大學一書古聖人傳心之學也。傳心之學。明明德一言盡之矣。親民者明德中自然之用。非在外也。民吾同體。親之云者。還吾一體而已矣。故下文不曰親民而曰明明德於天下。心量所周。蕩然無際。民視民聽卽吾視聽。民憂民樂卽吾憂樂。如明鏡物無不見。如太虛物無不覆。是謂明明德於天下。故曰一日克己復禮。天下歸仁焉。歸仁非在外也。亦還吾一體而已矣。至善者明德中自然之矩。所謂天則也。見龍无首。乃見天則。聖人以此洗心退藏於密。所謂至也。故道莫先於知止矣。知者明德之所著。察止外無知。知外無止。止外無知。是謂知本。知外無止。是謂知至。知至云者。外觀其物。物無其物。物無其物。是謂物格。內觀其意。意無其意。意無其意。是謂意誠。進觀其心。心如其心。心如其心。是謂正心。由是以身還身。以家還家。以國還國。以天下還天下。不役其心。不動於意。不殺於物。是謂身脩家齊國治天下平。而其機莫切於知本。至家國天下。以身爲本。而身以知爲本。故反復於本末之辨。而終之曰此謂知本。此謂知之至也。知本則知止。知止則知至。不其然乎。雖然本末易知也。知本矣而其功莫精於誠意。蓋亂吾知者意也。意之動而好惡形焉。是不可得而遽泯也。愼之於獨而已矣。愼之於獨。無有作好。無有作悪而已矣。如悪悪臭。如好好色言無作也。無作則無意矣。心廣體胖。此其徵也。淇澳烈文。德之所被。民不能忘。一誠之所貫決也。所謂誠於中形於外也。何以誠之。反之於獨而已矣。反之於獨。不昧其知。謂之自明。用其極者自明之極。本斯在是矣。緝熙敬止。其功也。仁敬孝慈信。一止也。極也。大畏民志。通天下之志也。意既誠矣。知斯至矣。知本之說也。然則學者宜知所以事心矣。心本無所有。所不可也。本無不在。有不在不可也。善事心者。納之於一矩而已矣。所謂正也。自身而家。自家而國。自國而天下。納之於一矩而無不修且齊焉。治且平焉。矩也者。所謂極也。至善也。絜矩云者。卽本以知末。止於至善。明明德於天下之實也。君子先愼乎德。反本而已矣。彼好惡拂人之性者。豈其性異人哉。舍本而逐末。卒爲天下僇。本其不可務乎。故曰自天子以至於庶人。壹是皆以修身爲本。

尺木之於儒家。本喜陽明之學。而不逮其好禪之深。如意無其意。心本無所等語。直是禪宗矣。後往深山習靜。參究向上第一義。久之又復家居。尋卒。此亦淸世理學之別派也。

中國哲學史六終

敬啟

『民國專題史』叢書，乃民國時期出版的著名學者、專家在某一專題領域的學術成果。所收圖書絕大部分著作權已進入公有領域，但仍有極少圖書著作權還在保護期內，需按相關要求支付著作權人或繼承人報酬。因未能全部聯系到相關著作權人，請見到此說明者及時與河南人民出版社聯系。

聯系人 楊光

聯系電話 0371-65788063

2016年3月28日